Betty Winkelman

Der goldene Gott

Historischer
Kriminalroman

Aus dem Amerikanischen
von Frank Böhmert

Aufbau Taschenbuch Verlag

Originaltitel
Belly of Stones

ISBN 3-7466-1355-8

1. Auflage 1996
Aufbau Taschenbuch Verlag GmbH, Berlin

Published by Arrangement with Betty Winkelman
Umschlaggestaltung Torsten Lemme
Satz LVD GmbH, Berlin
Druck Elsnerdruck GmbH, Berlin
Printed in Germany

1. Kapitel

Der Tag war heiß, drückend. Die Art von Tag, an der sich Raubtier und Beute zugleich versteckten, im Gestein, im Buschwerk oder in den Tiefen des Flusses. Sie versteckten sich nicht voreinander, sondern vor dem Sonnengott Re, dessen Feueratem jedem Tier und jeder Pflanze die Feuchtigkeit entzog, selbst dem lebenspendenden Fluß. Nur der Mensch streifte noch umher, das größte Raubtier von allen.

Leutnant Bak, befehlshabender Offizier der Medja-Polizei, stand am südlichen Ende der langgestreckten Befestigungsanlage von Kor in der Sonne. Um ihn herum waren gut dreißig Esel sowie die Körbe und Bündel verteilt, die sie durch die brennende Wüste getragen hatten. Auf den Mauerresten eines nahegelegenen Gebäudes, das vor langer Zeit eingestürzt war, saßen einige Speerträger, darunter hockte der Rest der Kompanie zwischen Bergen von Lehmziegeln und gaffte, flüsterte. Weiter zur Linken warfen vier Maurer, die einen eingestürzten Wall reparierten, neugierige Blicke herüber, wann immer ihr Aufseher nicht achtgab.

Der Schweiß rann Bak den sonnengebräunten, muskulösen Oberkörper hinab und tränkte seinen schenkellangen, weißen Schurz von der Taille bis zum Saum. Über seinem dicken, kurzgeschorenen, schwarzen Haar summte eine Fliege herum. Der süße Duft von gemähtem Getreide und der schärfere Geruch von Dung machten ihn niesen. Nie zuvor in seinen vierundzwanzig Jahren war ihm so heiß gewesen. Und nur selten zuvor hatte er sich so aufgeregt.

»Für nur ein Weizenkorn, Seneb, würde ich dir diese Last

auf den eigenen Rücken packen.« Er zeigte mit dem Amtsstab auf mehrere Längen schweren Ebenholzes, die mit Lederstreifen zusammengebunden waren. »Dann ginge es in die Wüste und du dürftest sie Tag um Tag schleppen, so, wie diese armen Tiere das durften.«

»Für jeden Esel, den du hier siehst, hatte ich derer zwei.« Senebs Gejammer war ebenso aufreizend wie die gekränkte Miene, die er zur Schau stellte. »Hätte ich so viele Kostbarkeiten in Semna zurücklassen sollen, nachdem der Beamte mir die anderen Tiere weggenommen hat?«

Bak schaute vom runden, fleischigen Gesicht des wohlbeleibten Händlers zu den bejammernswerten Geschöpfen um sie herum: Esel, so ausgezehrt, daß ihnen die Rippen hervorstachen, und so reisemüde, daß sie kaum stehen konnten. Alle waren sie wundgescheuert von schweren, schlecht ausbalancierten Lasten und übersät mit Peitschenstriemen. In den offenen Wunden tummelten sich Fliegen.

Er sah zu den schwarzen Kindern, die sich im kurzen Schatten des Festungswalles aneinanderdrängten. Fünf Mädchen und zwei Jungen, nicht älter als zehn, hohläugig, halbverhungert, schmutzverkrustet, zu schwach, um Angst zeigen oder auch nur empfinden zu können. Wie die Esel waren sie in einer Reihe aneinandergebunden gewesen. Ein hünenhafter, junger Medja-Polizist, der eine häßliche Peitschenstrieme auf dem Rücken des größten Mädchens verband, schaute auf. In seinen Augen stand Mordlust. Den Gesichtern der etwa zehn Soldaten nach zu urteilen, die beim Versorgen der Kinder und Tiere halfen, war er mit diesem Gefühl nicht allein. Bak hätte nur ein Stück fortzugehen brauchen, und dem Händler wäre irgendein tödlicher Unfall zugestoßen. Doch so sehr ihm diese Vorstellung auch behagte, seine Aufgabe war es, Maat zu dienen, der Göttin der Wahrheit und Gerechtigkeit, und nicht, die Entscheidung ihres Stellvertreters, des Kommandanten von Buhen, vorwegzunehmen.

Der für das Erheben der Zölle zuständige Schreiber hatte Bak von der Festungsstadt hierher gerufen. Strategisch bedeutungslos, war das schmucklose, baufällige Kor nur ein Rastplatz für durchziehende Truppen und Handelskarawanen. Da der Fluß stromaufwärts den Großteil des Jahres nicht schiffbar war, legten die Boote hier an, um die Handelsgüter zu entladen, die von den Stammeskönigen fern im Süden begehrt wurden, und hier wurden auch die exotischen und wertvollen Gegenstände an Bord genommen, die die Händler im Austausch erhielten.

»Waren die in Semna beschlagnahmten Tiere ebenfalls nicht reisefähig?« fragte Bak den Händler. »Hast du dich deshalb nicht in Iken gemeldet, wie es deine Pflicht gewesen wäre?«

Schweiß perlte auf Senebs Gesicht, das von der Sonne und seiner Anstrengung sich zu verteidigen, gerötet war. »Ich hielt es für das Beste weiterzuziehen, solang die Tiere ...« Er bemerkte seinen Fehler und schloß rasch den Mund.

»Solang sie noch laufen konnten?« schnappte Bak. »Bevor sie mitsamt den Kindern vor Hunger, Durst und Erschöpfung umkamen?«

Seneb straffte entrüstet die Schultern. »Wenn jemand für ihren schlechten Zustand verantwortlich ist, dann der Kontrolleur in Iken. Er haßt mich und findet immer einen Grund, mir etwas wegzunehmen. Ich wagte nicht anzuhalten, dabei blutete mir wegen meiner Diener, den Kindern und den armen Tieren schier das Herz.«

»Am Schurz klebt dir kein Blut, Seneb, nur an den Händen.«

»Du beschuldigst mich zu Unrecht, Herr. Ich habe sie bestraft, ja, aber nur in Maßen und wenn es nötig war.«

Bak stieß mit dem Zeh die fünf ledernen Peitschen an, die vor ihm im Sand lagen. Ihre Enden waren geknotet, um mehr wehzutun. »Die hier sprechen lauter als du, Seneb. Und wenn die Kinder von unserer guten Behandlung erst zutraulich geworden sind, werden ihre Zungen sogar noch lauter sprechen.«

»Du traust den Worten dieser elendigen Wilden mehr als denen eines respektablen Mannes aus Kemet?«

Bak nickte Psuro zu, dem stämmigen, pockennarbigen Medja, der die vier Diener Senebs bewachte; Männer weit aus dem Süden, aus dem Lande Kusch, dunkel wie Psuro, doch größer, gertenschlank und nackt, gekauft und bezahlt wie alles, was der Händler besaß. Mit den Armen hinterm Rücken standen sie da, die Handgelenke in hölzerne Fesseln gelegt.

»Bindet das Schwein.« Bak starrte Seneb verächtlich an. »Er bleibt gefangen, bis Kommandant Thuty das Urteil gefällt hat.«

»Das könnt ihr mir nicht antun!« rief Seneb. »Wer kümmert sich um meine Waren, um die Früchte meiner Arbeit aus all den langen Monaten, die ich flußaufwärts war?«

Bak blickte finster auf den Inhalt der Körbe und Bündel: lange, schwere Stoßzähne aus Elfenbein, Stücke von Ebenholz, Häute von Leoparden und langhaarigen Affen und Tieren, die ihm nicht bekannt vorkamen, Eier und Federn vom Strauß und irdene Krüge, gefüllt mit wertvollen Ölen. Zwei hölzerne Käfige enthielten lebende Tiere; einen halbwüchsigen Löwen der eine, drei junge Paviane der andere, allesamt ausgezehrt und vor Hitze hechelnd.

»Die Esel werden hier versorgt«, sagte Bak mit rauher Stimme. »Die wilden Tiere und die Kinder bekommen ihre notwendige Pflege in Buhen, und der Rest geht in die Schatzkammer.«

»Du kannst doch nicht alles beschlagnahmen, was ich habe!«

»Schaff dieses Schwein samt Anhang nach Buhen, Psuro.«

Seneb richtete sich zu seiner größten Höhe auf. »Das wird dich den Kopf kosten, Leutnant.«

»Muß ich erst betonen, daß mein und dein und der Besitz eines jeden Mannes aus Kemet in Wirklichkeit dem Königshaus gehört?« Bak schenkte ihm ein humorloses Lächeln. »Mich bestraft keiner dafür, dich als Mittelsmann zwischen dem Lande Kusch und unserer Königin Maatkare Hatschepsut ausgeschaltet zu haben. Du hast mißbraucht, was rechtmäßig ihr gehört.«

Seneb erbleichte.

Bak wandte sich Psuro zu. »Sollte er zufällig über Bord gehen, während du sie den Fluß hinunterbringst, ist's auch gut.« Das sagte er weniger um des Händlers als um Psuros willen, denn nun, da der Gedanke ausgesprochen war, mußte der Medja seine Fracht einfach heil abliefern.

»Nein!« rief der Händler. »Ich kann nicht schwimmen! Nein!«

Mit der Gewandtheit langer Übung stieß Psuro ihn auf die Knie und legte ihm die Handschellen so fest an, daß er aufwimmerte. In den Augen der fünf Mädchen erspähte Bak ein Leuchten der Genugtuung.

Bei seiner eigenen Genugtuung konnte er nicht verweilen. Sein Medja-Feldwebel Imsiba kam mitten durch die Menge gaffender Speerträger geschritten, musterte Senebs Tiere und murmelte einen Fluch in seiner Muttersprache. Dann erblickte er die Kinder. Er kniff das dunkle Gesicht zusammen, ballte die Hände zu Fäusten, schwenkte auf den gefesselten Händler um. Der duckte sich.

»Nein, Imsiba!« Bak sprang vor und packte den Feldwebel beim Arm, aus dem die Muskeln steinhart hervortraten. »Ihn zu bestrafen ist Sache des Kommandanten.«

Imsiba starrte den Händler mit glühenden Augen an. »Ich hoffe, er wird nicht milde sein, mein Freund, denn dann ...«

»Milde?« In Baks Lachen lag kein Humor. »Du hast Thuty doch oft genug beim Ausgleichen der Waagschalen zugesehen. Er kennt die Bedeutung dieses Wortes nicht.« Er bedeutete Psuro, die Gefangenen abzuführen. Erst als die Speerträger sie durchließen, hielt er es für sicher genug, Imsiba loszulassen. »Nun, was führt dich nach Kor?«

Der große Medja riß seinen Blick von Senebs Rücken los. »Ich war so zornig, daß ich es ganz vergaß. Der Kommandant läßt dich rufen.« Seine Stimme wurde unheilverkündend. »Dich und Nebwa.«

Bak sah zur Sonne, früher Nachmittag, und ächzte. »Es ist Stunden her, daß Nebwa den Fluß überquert hat, Imsiba. Ich glaube nicht, daß er noch stehen kann, geschweige denn vor Kommandant Thuty erscheinen.«

»Sag ihm, du konntest mich nicht finden. Erklär ihm ...« Truppenführer Nebwa schwankte, setzte die Füße weit auseinander und grinste über den Rand seiner angeschlagenen Trinkschale hinweg. »Erklär ihm, ich wär in die Wüste gegangen vor Gram, daß ihr beiden, die ihr mehr als Brüder für mich seid, mein heutiges Glück nicht mit mir teilen konntet.«

Die vielleicht zwanzig Männer, die im schattengefleckten Sand zu Füßen einiger Dattelpalmen lagen, lachten schallend. Ihr Sonnenbrand wies sie als Speerträger von Nebwas Fußtruppen aus, die noch nicht lange von der Wüstenpatrouille zurück waren. Der süßliche Duft des Dattelweines vermengte sich mit dem schärferen Geruch ihres Schweißes.

»Nebwa!« Bak verlangte es danach, eine der an der zerfallenden Wand lehnenden Wasseramphoren zu packen und sie bis zum letzten Tropfen über den Kopf seines Freundes zu entleeren. »Möchtest du, daß dich der Kommandant deines Ranges enthebt?«

Nebwa sah ihn stirnrunzelnd an. »Er hat Söhne. Hat er denn nie ihre Geburt gefeiert?«

Sein Feldwebel Ptahmose trat aus der Tür, gefolgt von einem runzeligen alten Mann, der einen unverkorkten Krug des prickelnden Weines trug. Nebwa streckte seine Schale vor. Der kleine, dunkelhäutige Feldwebel, ein zur Kahlheit neigender, drahtiger Mann, begriff die Lage auf einen Blick und schickte den Alten ins Haus zurück.

Bak war froh, daß wenigstens Ptahmose zu größerer Besonnenheit neigte. Er griff nach dem Arm seines Freundes. »Komm, Nebwa.«

Der Offizier entwich ihm, hob die Schale an die Lippen, um seine Kehle zu ölen, und begann zu singen:

»Sie ist wie der aufgehende Morgenstern
Zu Beginn eines frohen Jahrs.
Leuchtend hell, von weißer Haut ...«

Er lachte. »Sie ist nicht weiß!« Mit ausgestreckten Armen drehte er sich im Kreis. Aus seiner Trinkschale schwappte Wein. »Sie ist schwarz wie die Nacht und ebenso verführerisch!« Er packte Imsiba und schlang ihm einen Arm um die Schultern. »Eine großartige Frau, die mir gerade meinen Erstgeborenen geschenkt hat.«

Imsiba bekam unter seinem Gewicht Schlagseite. »Die Götter sind dir wahrhaftig wohlgesonnen, Nebwa. Aber nicht mehr lange, fürchte ich, wenn du nicht bald vor Kommandant Thuty erscheinst.«

Bak besah sich das Paar. Den nachlässigen, derbgesichtigen Nebwa, der Ranghöchster nach dem Kommandanten war, groß und muskulös und ebenso sonnenverbrannt wie seine Männer, vielleicht dreißig Jahre alt. Und Imsiba, eine halbe Handbreit größer, ein paar Jahre älter, so schwarz wie Obsidian, so geschmeidig und gewandt wie ein Löwe. Vor wenigen Monaten noch hatte Nebwa alle Medjaju für minderwertig gehalten und Imsiba ihn dafür verachtet. Die beiden Arm in Arm zu sehen, war stets eine Freude, aber Nebwas Trunkenheit trübte ihn doch sehr.

»Imsiba weiß, wovon er spricht«, sagte Ptahmose. »Der Kommandant ist kein Mann von großer Geduld.«

Bak stellte sich vor seinen Freund, packte dessen Schultern und schüttelte ihn. »Möchtest du, daß dein Sohn an seine Geburt als an den Tag zurückdenkt, an dem sein Vater jede Chance vertan hat, den Rang eines Kommandanten zu erreichen?«

»Ich habe nicht vor, mir Schande zu bereiten«, murmelte Nebwa.

»Dann solltest du mit uns kommen. Jetzt.« Bak unterstrich das letzte Wort mit einem weiteren Ruck.

Nebwa entschlüpfte dem demütigenden Griff und prostete Ptahmose und seinen Zechgenossen zu. »Bleibt, meine

Brüder, und laßt es euch gutgehen. Mit etwas Glück bin ich vor der Dunkelheit zurück.« Er kippte den Rest Wein hinunter, schenkte der Schale einen letzten, bedauernden Blick und warf sie ins Unkraut.

Ptahmose musterte seinen schwankenden Vorgesetzten. »Ich komme besser mit.«

»Ich brauch doch keine Amme«, grollte Nebwa.

»Wir haben noch ein Boot zurückzubringen.« Ptahmose zwinkerte Bak zu. »Wenn ich dich am Pier rauslasse und es allein ins Dorf bringe, kannst du dem Kommandanten um so schneller berichten.«

Bak ergriff Nebwas Arm und lenkte ihn auf eine kleine Anzahl Akazien zu, die am Ufer des Flusses wuchsen, einem funkelnden Streifen Wasser, der mehr als zweihundert Schritt nach Westen lag; Wasser, das sie überqueren mußten, um Buhen zu erreichen. Ihre beiden Feldwebel dichtauf, durchquerten sie ein ausgetrocknetes Feld, das mit den gelben Stoppeln gemähten Korns übersät war.

Nebwa stolperte über einen Erdklumpen und lachte über sich und die Welt im allgemeinen. »Ich habe einen Sohn, meine Brüder, einen Sohn!« Er hob die Hände und brüllte: »Ich habe einen Sohn!«

Verschreckt stieg ein Schwarm Tauben aus den Stoppeln auf, schwirrte über sie hinweg. Auf dem Feld nebenan kniete ein Mann, er wandte sich um und beschirmte seine Augen mit einem Bündel grüner Zwiebeln. Irgendwo schrie ein Esel, bellte ein Hund. Der Rest der Oase, die sich in einem langen Bogen von Dünen verbarg, lag still und ruhig; Mensch und Tier hatten sich in schattige Wäldchen und Lehmziegelhäuser geflüchtet. Bis auf einige wenige Parzellen lagen die Felder brach, die Bewässerungsgräben trocken, die Halme erschlafft. Bäume und Sträucher waren staubbedeckt und spröde vor Durst. Der Himmel war grellweiß und der Herr Re ein glühender Ball, der dem Horizont entgegensank.

Die nahe Stille, das schläfrige Land, selbst die unstete Brise voller Hitze und Wüstenstaub gaben Bak ein Gefühl des Wartens ein, des Erwartens. Kaum eine Woche zuvor hatte der Fluß anzuschwellen begonnen, und Bak war es, als hätte sich das Land um ihn herum, dieses Land Wawat, ein wenig ausgeruht, bevor die Fluten es überschwemmten und neues Leben hervorbrachten.

Nebwa verfiel wieder in sein Lied:

»Schlank der Hals, schimmernd die Brust,
Das Haar gar Lapislazuli ...«

Während der Offizier weiterdröhnte, Vers um Vers, erwog Bak verschiedene Wege, ihm vor dem Treffen einen klaren Kopf zu verschaffen. Eine Schale Öl sollte genügen, beschloß er, oder irgend etwas anderes, von dem ihm schlecht wird.

Traurig, daß er seinem Freund den Tag verderben mußte, ging er mit ihm zum Fluß. Die Akazien klammerten sich an das steile, zerfallende Ufer und neigten sich dem breiten Gewässer entgegen, als wollten sie Hapi ehren, den Gott des Flusses. Gegenüber, ein kleines Stück flußauf, war die große Festung von Buhen in der flirrenden Hitze kaum auszumachen, die reinweißen Mauern verschmolzen mit den bleichen Sandhügeln dahinter.

Ein Lufthauch ließ die staubigen Bäume rascheln, trennte die sterbenden Blätter von den lebenden. Gelb regneten sie auf zwei gedrungene, hölzerne Fischerboote hinab, die auf dem Streifen dunkler Erde lagen, der an der Wasserkante verlief. Nebwas Augen strahlten, kaum daß er die Boote erblickt hatte.

»Du bist mir ein Rennen schuldig, Bak.« Er stürzte die Böschung hinab, ließ sich von der losen Erde zum Bug des einen Bootes tragen. »Komm, Ptahmose! Bringen wir diesen Männern aus dem Norden ein, zwei Sachen über das Segeln bei, über das wahre Segeln.«

Bak murmelte einen Fluch. Aus dem Mund eines betrunkenen Nebwa klangen die letzten beiden Worte wirklich unheilvoll.

»Ich wette eine Monatsration Korn ...« Nebwa lehnte sich

schwer gegen das Boot und schob es mit einem gedämpften Ächzen kräftig auf das Wasser zu. »... gegen eine Amphore guten Nordweins, daß Ptahmose und ich vor euch beiden in Buhen sind.«

»Die Wette ist zu kostspielig für eine so leichte Fahrt«, sagte Bak und nickte zu der dunstverhüllten Festung hinüber. »Der Wind wird die ganze Zeit von achtern kommen.«

Nebwa unterdrückte ein Grinsen und schüttelte in gespieltem Mißfallen den Finger. »Nein, nein, mein Freund. Du verstehst nicht. Wir segeln bis ganz runter zum Bauch der Steine, bevor es über den Fluß geht. So haben wir es letztes Mal gemacht, als ihr gewonnen habt, und so machen wir es auch diesmal.«

Ptahmose lachte über das, was er für einen Scherz hielt. Imsiba spie ein paar Worte in seiner Muttersprache.

Bak starrte den Mann unter sich an. »Was wird aus Kommandant Thuty, Nebwa? Hast du ihn vergessen?«

Erneut versetzte Nebwa dem Boot einen festen Stoß, und es glitt ins Wasser. »Beeil dich, Ptahmose! Oder soll ich ohne dich fahren?«

Mit einem herzhaften Fluch sprang Bak auf die trockene Böschung und löste einen kleinen Erdrutsch aus. Halb rannte, halb schlitterte er hinab. Die beiden Feldwebel folgten. Ein oder zwei Schritte vor ihnen platschte er ins Wasser.

Nebwa, knietief im Fluß, das Boot vor der Brust, schaute nach hinten und sah das Trio kommen. Mit einem spitzbübischen Lachen hievte er sich an Bord, packte die Ruder und brachte das Schiff ins tiefere Wasser, außer Reichweite der anderen Männer.

»Nun segele ich zum Bauch der Steine«, sagte er und ließ es wie eine königliche Proklamation klingen. »Wenn ihr ein Rennen wollt, könnt ihr mitkommen. Wenn nicht, fahre ich allein.«

Bak ließ einen langen, empörten Atemzug heraus. Er haßte es, sich geschlagen zu geben, erst recht von einem

Mann, der zu betrunken war, um einen klaren Gedanken zu fassen.

»Ich komme!« rief Ptahmose. Er watete neben Bak und senkte die Stimme, damit Nebwa nichts mitbekam. »Wenn er so ist, ist nicht mit ihm zu reden, das weißt du doch. Ich werde aufpassen, daß er nicht über Bord geht.«

Bak wußte aus Erfahrung, daß Ptahmose auf diesem Flußabschnitt einer der besten Segler war, und nüchtern war Nebwa ebenso gut. Nur mit Glück hatten er und Imsiba das letzte Rennen gegen die beiden gewonnen.

»Na gut, Nebwa, da hast du deine Wette!« Bak senkte seine Stimme und sagte, zu Ptahmose: »Wir bleiben so dicht bei euch, wie wir können, falls ihr Schwierigkeiten bekommt.«

Der Feldwebel nickte, watete ins tiefere Wasser und schwamm zu Nebwas Boot. Bak platschte durch die Untiefen zu dem Boot, das Imsiba und er sich nach dem Verlassen Kors geliehen hatten.

Der große Medja war bereits dort. »Was für eine Dummheit!« Mit einem mächtigen Stoß schickte er das Gefährt ins Wasser. »Ich bin ein glücklicher Mann, wenn ich diesen Tag ohne Kentern überstehe - oder schlimmeres.«

Bak kletterte an Bord, und während das Boot unter ihm schaukelte, hastete er nach achtern zum Steuerruder. »Du solltest dem Herrn Amun danken, daß du nicht mit Nebwa segelst. Mein Kopf ist wenigstens nicht vom Wein verwirrt.«

»Stimmt. Nur befahren er und Ptahmose den Fluß das ganze Jahr hindurch und kennen seine Launen bei Hochwasser. Wir nicht.«

»Bestimmt wird sich die Strömung seit dem letzten Rennen nicht so sehr geändert haben. Es ist doch nicht mal einen Monat her.«

Mit ernstem Gesicht zog Imsiba sich an Bord. »Ich hab mir sagen lassen, daß die Flutwasser schon mit großer Kraft aus dem Bauch der Steine kommen. Der Fluß reißt die Erde mit sich, um seine Ufer dem neuen Bett anzupassen.

Und weiter im Süden raubt er auch schon Bäume und Vieh und Menschen von den tieferliegenden Parzellen.«

Bak schaute zu ihren Gegnern. Sie fummelten an ein paar verhedderten Leinen herum und trieben seitwärts den Fluß hinab. »Ohne Hilfe, was soll Ptahmose da machen, falls sie kentern? Ist er ein so guter Schwimmer, daß er Nebwa gleich mit retten kann?«

»So gut schwimmt kaum einer, mein Freund.«

Imsiba holte die Falleine ein, so daß die Rah den Mast hinaufglitt. Das schwere, weiße Segel breitete sich zu einem Rechteck aus, blieb aber selbst dann schlaff, als es zu seiner vollen Länge ausgezogen war, und die Rah fest an der Mastspitze lag. Bak klemmte sich das Steuer unter den Arm und legte sich in die Ruder, um weiter draußen eine Brise zu erwischen.

»Ich hoffe, deine Frau war sparsam, Nebwa«, rief er. »Wenn sie während der Monate kein Korn zurückgelegt hat, wird sie dir diese Wette nicht so schnell vergeben.«

Nebwa machte eine rüde Geste mit der Hand.

Baks Lachen verklang, als ihn ein schwacher Lufthauch auf die Wange küßte. »Wir dürfen nicht allzu weit voraussegeln, Imsiba, aber ich halte es für sicher genug, die Führung zu übernehmen. Ich möchte diese Wette nicht verlieren.«

Imsiba schenkte ihm ein trockenes Lächeln, dann schwenkte er das Segel mit Hilfe der Brasse um den Mast. Es flatterte und sackte wieder durch, dann blähte es sich in einer Bö auf, die das Boot über das Wasser schießen ließ. Bak winkte den beiden Männern – die sie nun hinter sich ließen – zum Abschied und brachte das Gefährt auf südlichen Kurs.

Breit und tief lag der Fluß vor ihnen, seine Wasser rötlich braun mit Streifen von Grün. Weit voraus, in Dunst gehüllt, lag der Bauch der Steine, eine Vielzahl von großen und kleinen Inseln, die den Fluß unpassierbar machten, außer beim höchsten Stand der Flut. Baks Pflichten hatten ihn nie weiter als bis zur ersten Insel geführt, und wie immer sehnte er sich danach, das Land dahinter zu sehen, dieses von Soldaten, Händlern und königlichen Gesandten zugleich gepriesene und verfluchte Land.

Mit einem raschen Blick nach hinten sah er Nebwa das Boot mit den Rudern wenden und Ptahmose das geflickte rote Segel hissen. Hinter ihnen war der Strom in der gleißenden Sonne wie geschmolzenes Gold, das an der Oase vorbeifloß, um sich in dem gelbbraunen Ödland der Sandhügel und Dünen zu verlieren. Er rückte seinen Hintern auf dem Balken zurecht und lehnte sich gegen den Rumpf. Imsiba und er lagen weit genug vorn, um gewinnen zu können, blieben aber auch nahe genug, falls Hilfe nötig war.

Blinzelnd erblickte er drüben die gewaltige Festung von Buhen. Hohe, weiße Mauern stiegen von den steinernen Uferterrassen empor, in gleichmäßigen Abständen von Türmen überragt. Auf den Wehranlagen wanderten die winzigen Gestalten von patrouillierenden Wachen umher. Zwei große, von Türmen flankierte Tore und ein noch breiteres Pylontor waren hinter den steinernen Pieren zu sehen, die sich weit in den Fluß erstreckten. Ein schnittiges Handelsschiff und zwei massige Frachter waren dort vertäut, und die gut ein Dutzend Boote um sie herum wirkten wie Zwerge. Von ein paar robusten Bäumen und Sträuchern am Ufer abgesehen, war das Umland der Festung bar jeden Lebens, eine sandbedeckte Ödnis, die in der Hitze flimmerte.

Bak empfand eine Verbundenheit, die ihn stets aufs neue erstaunte. Als er hierher gekommen war, auf den Strafbefehl der zornigen Königin, hatte er die Stadt und seine Arbeit als Polizeioffizier gehaßt. Wie schnell hatte sich das geändert.

Der Wind hielt sich, und sie glitten mit einer Geschwindigkeit dahin, die an Land unmöglich gewesen wäre. Das rote Segel hinter ihnen wurde größer, bis sie nur noch zehn Schritt voneinander trennten. Bak begann sich zu sorgen. Bald würden sie quer durch die Hauptströmung fahren und wenden müssen. Konnte Ptahmose das schaffen, wenn ihm nur der betrunkene Nebwa zur Seite stand?

Die Mauern von Kor, eine Fußstunde südlich von Buhen, tauchten aus dem Dunst auf. Imsiba richtete das Segel aus, und Bak lehnte sich ins Steuerruder, brachte das Boot quer zur Strömung. Nebwa beschrieb eine engere Wende und lag nun stromabwärts neben ihnen. Das rote und das weiße Segel standen im Wind und flatterten wild. Bak griff erneut nach den Rudern, sah Nebwa drüben das gleiche tun. Imsiba zog an einer Leine, um die Rah zu senken. Mit einem Schlag blähte sich das Segel auf und riß das Boot halb auf die Seite, schleuderte sie aus der Bahn. Der Rumpf schoß in einem gefährlichen Winkel über das Wasser, übersprühte sie mit Gischt.

»Beim Barte des Amun, Imsiba!« Bak warf sich ausgleichend gegen die höhere Seite. »Willst du uns umwerfen?«

Etwas in seiner Muttersprache murmelnd ließ der Medja die Rah fallen. Das Boot schaukelte, pendelte sich aus. Sie sahen einander an, dasselbe Bild im Kopf, und lachten in nervöser Erleichterung. Bak schaute zum anderen Boot, das nun zehn Schritt vorn lag und so gleichmäßig und anmutig dahinglitt wie ein großes Kriegsschiff. Der Wille zu siegen, so schien es, hatte Nebwa geholfen, einen Gutteil des Weinrausches abzuschütteln.

Baks Sorgen legten sich, wurden von der Erregung eines echten Rennens und dem festen Entschluß, Buhen als erster zu erreichen, davongespült. Er richtete den Bug flußabwärts und hielt das Boot gleichmäßig in der Strömung, während Imsiba eifrig das Segel zusammenlegte. Der erfahrenere und schnellere Ptahmose hatte bereits ein zweites Paar Ruder hervorgeholt und setzte sich, um Nebwa zu helfen. Ihr Boot entfernte sich, hielt auf das Westufer und den hochragenden Wall zu, der aus der südöstlichen Ecke von Buhen hervorragte. Dieser Turm war der nächstgelegene Teil der Festung, aber die Strömung floß hier vom Ufer fort und um die Piere herum.

Bak wußte, daß das Rennen verloren war, wenn sie

Nebwa folgten; sie lagen zu weit zurück. Darum nahm er Kurs auf die Spitze des vorderen Piers, in der Annahme, daß die Strömung sie zur Mitte des Flusses hin schneller tragen würde, als Nebwa fahren konnte.

Imsiba setzte sich, ein Ruder in jeder Hand, auf einen Balken und grinste. »Du schäkerst mit den Göttern, mein Freund.«

»Unsere Chance zu siegen ist klein, das weiß ich, aber ich gebe nicht auf, bevor ich es muß.«

»Tust du das je?« lachte Imsiba.

Die Strömung und festes Rudern trugen sie den Fluß schneller hinab, als Bak es sich erträumt hatte. Nebwas Gefährt verlor viel an Fahrt, als es sich dem Ufer näherte, und fiel bald zurück. Bak lachte lauthals, ihr Schwung und eine letzte, gewaltige Anstrengung würden sie zum Pier bringen, bevor Nebwa den festen Boden am Fuß der Vormauer erreicht hatte.

Imsiba schrie auf. Im selben Moment erblickte Bak direkt vor ihnen einen treibenden Palmbaum. Sein Magen verkrampfte sich, und er zerrte am Steuerruder. Der Bug krachte in die kurzen, knorrigen Wurzeln. Der Baum rollte herum, trug das Boot mit sich. Die Mastspitze senkte sich zum Wasser. Bak holte tief Luft, sprang über Bord und meinte, nicht weit entfernt Imsibas Aufklatschen gehört zu haben. Als der Fluß sich über ihm schloß und er in die kühleren Tiefen sank, schoß ihm etwas durch den Kopf: Nebwa hätte sich um Imsiba und ihn sorgen sollen, nicht umgekehrt.

Die Strömung riß ihn mit sich, wirbelte ihn herum. Er kämpfte gegen die aufkommende Panik an, gegen die Starrheit der Arme und Beine. Als er die Beherrschung über seinen Körper wiedererlangt hatte, sah er durch das Wasser nach oben, das sonnengesprenkelt und trübe von Schlamm war. Über ihm hingen die dunklen Umrisse des gekenterten Bootes und des frei dahintreibenden Baumes. Und, in den zerfetzten Palmwedeln gefangen, die Schattenfigur eines Mannes mit schlenkernden Gliedmaßen. Imsiba! Und das war kein Schwimmen; er war zu ruhig, hatte beim Sturz vom Boot wahrscheinlich das Bewußtsein verloren. Bak schoß nach oben, die Angst um seinen Freund trieb ihn voran.

Die schwarze Gestalt wurde weiß. Erleichterung durchflutete ihn. Das war nicht Imsiba. Dann rollte die Palme im Licht herum, und Bak riß die Augen auf. Seine Glieder wollten sich nicht mehr rühren, doch sein Schwung trug ihn weiter auf den Körper zu. Er wurde größer, bedrängender, hing über ihm wie eine Alptraumgestalt aus der Unterwelt. Das Gesicht war aufgedunsen und unnatürlich bleich. Der Kopf war zurückgeworfen, der Mund klaffte rund und rot, und die Augen glotzten, als wäre der Mann in seinen letzten Augenblicken vor etwas ganz Ungeheurem erschreckt. Vielleicht davor, für alle Ewigkeit im Fluß verloren zu sein, ohne irdischen Leib, in den sein Ka, sein unsterbliches Gegenstück, wieder einkehren konnte.

Bak verlor den Kopf. Er versuchte, zur Seite zu entfliehen, und verschluckte einen Mundvoll Wasser. Eine Handlänge neben diesen Augen, diesem Mund durchbrach er die Oberfläche. Eine farblose Hand trieb heran und berührte ihn an der Schulter. Keuchend und japsend warf er sich nach hinten.

Als der Fluß sich über ihm schloß, kam er wieder zu Sinnen. Er tauchte auf, hörte Imsiba seinen Namen rufen. Wegen des Wassers in seinen Ohren klang dessen Stimme weit entfernt und hohl. Bak winkte zur Antwort und sah den Palmbaum mit seiner grausigen Last vorbeitreiben. Das war kein Geschöpf aus der Unterwelt, sondern ein Mensch, weiß und blutleer, aufgebläht, mit dem Gesicht nach unten im Wasser. Ein Opfer des Flusses.

Als Bak einen Wedel ergriff, um den Baum auf seinem Weg flußabwärts zu bremsen, schoß ihm ein unbestimmtes Bild durch den Kopf. Da war etwas nicht ganz richtig gewesen an dem Toten. Er hatte nur den leblosen Rücken vor sich, im Geiste jedoch sah er die großen, entsetzten Augen und den klaffenden, roten Mund. Sein Gefühl, das etwas verkehrt war, wurde stärker. Neugierig und besorgt holte er tief Luft und tauchte, sich an dem Baum festhaltend, unter Wasser, um einen zweiten Blick auf das Gesicht zu werfen.

Der Mund stand tatsächlich weit offen. Aber das, was er für die geschwollene, vorgestreckte Zunge gehalten hatte, war zu gleichmäßig rund und am Ende abgeflacht. Er streckte die Hand vor, berührte es. Es war hart, aus Holz wohl, und steckte so tief, daß ein leichtes Ziehen es nicht löste. Entsetzt starrte er den Toten an. Was immer das sein mochte, man hatte es ihm in den Mund gestopft.

2. Kapitel

»Vorsichtig!« Bak tauchte von der Leiche weg, die Nebwa und Ptahmose ins Boot zu hieven versuchten. »Wir wollen ihn doch nicht gleich nochmal rausfischen.«

»Wir sind wie der Blitz zu deiner Rettung geeilt«, sagte Nebwa und zwinkerte seinem Feldwebel zu, »da werden wir wohl auch noch deinen Fang einholen können.«

Bak ignorierte die höhnische Bemerkung. Je weniger er sagte, desto schneller hörte Nebwa mit dem verfluchten Geprahle auf.

»Ziehen wir ihn rein.« Ptahmose packte den Oberarm des Mannes fester. »Jetzt!«

Die beiden zerrten kräftig. Das Boot schaukelte unter ihren Füßen und ließ Bak und Imsiba, die sich am Rumpf festklammerten, im Wasser auf und ab tanzen. Mit einem weichen Plumpsen fiel die Leiche ins Boot und sonderte Unterleibsgase ab, die nach Verwesung stanken. Wie Bak mit Befriedigung feststellte, schluckte Nebwa schwer. Augenscheinlich vertrug sich der Palmwein mit dem Gestank des Todes nicht so gut.

Nebwa brachte ein schlaffes Grinsen zustande. »Wenn du das nächste Mal kenterst, findest du hoffentlich eine Trophäe, die besser riecht.«

»Hör auf zu quatschen und räum ihn aus dem Weg«, grollte Imsiba. »Noch ein Mundvoll Wasser, und der ganze Schlamm, den ich geschluckt habe, zieht mich auf den Grund.«

Unter Geächze und Gefluche hoben Nebwa und Ptahmose den Toten auf und setzten ihn in den Bug. Während sie über ihm standen und sein erstarrtes, schreckenserfülltes Gesicht musterten, kletterte Bak an Bord. Er hielt sich am Mast fest, der nackt dastand, das ausgeblichene rote Segel plump um die Rah gewickelt. Imsiba taumelte an Bord und ließ sich auf einen Balken fallen, seine Beine vermochten ihn kaum zu tragen. Die Anstrengung, das Segel des gekenterten Bootes zu bergen und in das Leck zu stopfen, damit das Boot geschleppt werden konnte, hatte die beiden erschöpft.

Bak sah zum Ufer, einem Streifen gelben Sandes, der nur ab und zu von widerstandsfähigen Tamarisken unterbrochen wurde, die ihre Schatten weit über das Wasser streckten. An Buhen waren sie schon lange vorbei, aber erst als er nach hinten schaute, begriff er, wie lange. Die Festung war nicht mehr als ein verschwommener weißer Fleck in der Ferne.

»Kommandant Thuty wird gar nicht erfreut sein«, sagte er grimmig.

Ptahmose, ein langjähriger Militär, der seinen hohen Rang eines Hauptfeldwebels wohl zu schätzen wußte, riß sich vom Anblick des Leichnams los und tauschte rasch mit Bak die Plätze, um das Segel auszuschütteln. Imsiba sprang nach hinten und übernahm das Ruder.

Den zornigen Kommandanten aus seinen Gedanken verbannend, kniete Bak sich neben Nebwa. Das Gesicht des Ermordeten konnte er mit geschlossenen Augen sehen, aber er hatte noch keinen genaueren Blick auf seinen Körper geworfen. Die Haut war gräulich weiß. Bleiche Flecken und tiefe Furchen zeigten, wo das Fleisch von Felsen oder anderen Hindernissen getroffen worden war. Ein Fuß mit drei Zehen und das Fehlen eines Fingers bezeugten den Besuch eines hungrigen Fisches oder sonstigen Fleischfressers, eines jungen Krokodils vielleicht, das es nicht geschafft hatte, sein Festmahl zu behalten. Bak hatte schon Schlimmeres gesehen, denn der Fluß war ein grausamer Friedhof; ein solcher Anblick aber schaffte es immer wieder, ihm das Stoßgebet auf die Lippen zu bringen, er möge auf dem Trockenen sterben.

Er warf Nebwa einen fragenden Blick zu, denn der hatte jahrelang in Wawat gedient und kannte viele der Männer in den Garnisonen am Fluß. »Kennst du ihn?«

»Nie gesehen.«

Ptahmose, der geschäftig die Rah nach oben brachte, verneinte ebenfalls und wandte sich ab, um die Brasse einzustellen. Imsiba lenkte das Boot gegen die Strömung. Das Segel flatterte in der Brise, fing eine stärkere Bö und blähte sich. Der Bug glitt durch das gekräuselte Wasser und hielt auf den Pier zu.

Bak musterte den leblosen Mann, stellte sich vor, wie er lebendig und unversehrt ausgesehen haben mochte. Das Gesicht war wohlgeformt, so makellos wie ein Portrait von Maatkare Hatschepsut, das der Bildhauer idealisiert hatte, um sie jugendlich wirken zu lassen. Dunkle Augen, dunkle, gleichmäßige Brauen, kurzes, rotbraunes Haar, das sich kräuselte, wo es zu trocknen begann. Der Körper war von ebensolcher Vollkommenheit, war an Schultern, Taille und Hüfte, ja selbst in der Größe so gut proportioniert, daß er dem Bild eines Meisterkünstlers entsprungen sein mochte. Der schenkellange Schurz war aus feinstem Leinen, und der Gürtel war am Nabel mit einer bronzenen Schließe versehen, die sich im Stoff verfangen hatte. An einem Finger steckte ein goldener Ring, von dem die Einfassung abgebrochen war. Wahrscheinlich hatte sie einen Skarabäus enthalten.

»Ein vornehmer Mann, wie es aussieht«, sagte Bak. »Ein Offizier von edler Geburt?«

Nebwa ergriff den Saum des Schurzes und rieb das Gewebe zwischen den Fingern. »Ein Händler vielleicht. Schon so mancher, der Schiffe hinterm Bauch der Steine besitzt und mit den Stämmen weit im Süden Handel treibt, ist ein wohlhabender Mann geworden.«

Bak beugte sich vor, um einen genaueren Blick auf die Gürtelschnalle zu werfen. Er konnte den Teil eines gehämmerten Bildes erkennen, das Profil eines bärtigen Mannes, einer Gottheit. »Das ist kein Händler, soviel steht fest, aber er könnte ein Abgesandter unserer Herrscherin sein.«

»Da dürfte sich Thuty aber die Nägel abkauen!«

Neugierig ordnete Bak die Falten des Stoffes, um die Schnalle freizulegen. Auf dem winzigen Kopf prangte die mit zwei Federn versehene Krone des Herrn Amun. Er war eingerahmt von etwas, das wie Getreidegarben aussah, tatsächlich aber gebündelte Speere darstellte. Das Emblem stand für das Regiment von Amun, Baks alter Einheit in der Hauptstadt.

Er kniff die Augen zusammen. »Das ist doch nicht möglich!«

»Was denn?« fragte Nebwa. »Was ist los?«

»Nicht lange, bevor ich die Hauptstadt verlassen habe, fingen ein paar Offiziere damit an, diese Schnalle zu tragen. Männer wie ich, die ins Regiment von Amun eingetreten sind, kurz nachdem Menkhepere Thutmose es unter seine schützenden Fittiche genommen hat. Wir wollten damit unseren Stolz auf die Einheit ausdrücken, zu deren Wiederaufbau wir beitrugen. Dieser Mann gehörte nicht zu uns.«

»Bist du sicher? Sein Gesicht ist so verunstaltet, daß ihn vielleicht sein eigener Bruder nicht mehr erkennt.«

»Ich habe das Regiment vor nicht mal einem Jahr verlassen, Nebwa. So schnell vergeß ich doch meine Kameraden nicht.« Seine Stimme nahm einen harten Klang an. »Dieser Mann hatte kein Recht, die Schnalle zu tragen.«

Er betrachtete das verzerrte Gesicht, und sein Zorn verfloß. Wie auch immer der Mann an die Schnalle gekommen war, ob durch Diebstahl oder Kauf oder im Spiel, er hatte für seinen Betrug sicher hundertfach bezahlt.

Ohne sich weitere Mutmaßungen zu gestatten, beugte

Bak sich über den Ermordeten. Was er tun mußte, war eine Notwendigkeit, und er hatte sich lange genug davor gefürchtet. Er schob Daumen und Zeigefinger in die kalten, klammen Mundwinkel, ergriff das hölzerne Ding, das er zuerst für die Zunge gehalten hatte, und zog daran. Er rutschte ab, und das Ding blieb stecken. Die Galle in seiner Kehle hinunterschluckend, schob er die Finger tiefer hinein, griff fester zu, zog. Ein Holzgriff kam zum Vorschein, dann eine bronzene Klinge. Der leblose Kopf fiel nach vorn, das Kinn auf die Brust.

Baks Blick schoß von der besudelten Waffe, einem langen, schmalen Stechbeitel, zu dem herabhängenden Kopf des Ermordeten. Als er begriff, was geschehen war, bekam er eine Gänsehaut. Der rotgebeizte Griff war eine Handbreit lang und hatte den Rachen des Mannes ausgefüllt. Die schmale Klinge, anderthalbmal so lang, hatte ihm tief in der Kehle gesteckt. Das abgeflachte Ende, scharf und vom langen Gebrauch gekerbt, hatte ihm das Fleisch zerrissen und ihn innerlich bluten lassen, bis er keine Luft mehr bekam.

Nebwa erbebte. »Was ist das für ein Mensch, der einem anderen auf so grausame Weise das Leben nehmen kann?«

»Einer, der bis zum Überlaufen von Haß erfüllt ist.« Bak rutschte näher an den Körper und untersuchte erst das rechte, dann das linke Handgelenk. Keines zeigte Quetschungen oder Schürfwunden einer Fessel. »Oder der so voller Wut steckt, daß er darüber verrückt geworden ist.« Er fuhr mit den Händen durch das klamme, lockige Haar, konnte jedoch keine Schwellung finden.

»Wir sind bald am Pier«, sagte Imsiba. »Sollen Ptahmose und ich die Leiche von Bord bringen und zusehen, daß sie ins Haus des Todes kommt, während ihr dem Kommandanten berichtet?«

»Bringt sie von Bord, ja«, sagte Nebwa. »Aber besorgt jemand anderen dafür, sie wegzuschaffen. Wir haben Meru versprochen, die Boote bis zum Einbruch der Nacht zurückzubringen, und das werdet ihr tun müssen.«

Über dem Bug tauchte der nahe Nordpier auf. Bak erblickte einen Bootsmann, der sich über das Heck eines Frachters erleichterte, der daran vertäut war. Weiter stromaufwärts, ein kurzes Stück hinter dem Südpier und weit draußen in der Strömung, lag die Stelle, an der ihr Boot den Baum erwischt hatte. In Gedanken wanderte Bak gegen die Strömung bis zu der Stelle, an der das Wasser aus dem Bauch der Steine kam. Von dort war der Mann gekommen, das war sicher, aber von wie weit drinnen? Wie lange konnte ein Leichnam in diesen Gewässern unversehrt bleiben?

Ptahmose ächzte. »Lieber steh ich vor Kommandant Thuty als vor diesem alten Teufel Meru. Wenn er sieht, daß wir seinem Boot ein Leck verpaßt haben, wird selbst die Königin noch sein Wehklagen hören.«

»Ab und an muß jeder mal zum Klang einer ungestimmten Leier tanzen«, sagte Nebwa.

Bak schaute zum Herrn Re, der tief über dem westlichen Horizont hing, dann wägte er den Ruf des Kommandanten gegen die Notwendigkeit ab, sich Wissen zu verschaffen. »Imsiba und ich werden die Boote zurückbringen. Wir setzen euch am Pier ab und segeln weiter – mit der Leiche – zu der Stelle, wo die Fischer ihre Boote landen. Ich habe Fragen, die nur jemand beantworten kann, der sich sein Brot auf dem Fluß verdient.«

Imsiba sprach die Frage aus, die in den Augen der anderen stand. »Solltest du nicht erst einmal vor dem Kommandanten erscheinen, mein Freund?«

»Es ist sehr heiß dieser Tage, Imsiba, das tut den Toten nicht gut. Dieser Leichnam wird rasch Farbe und Form verlieren, wenn man sich nicht im Haus des Todes um ihn kümmert. Ich möchte, daß die Fischer ihn sich jetzt ansehen, bevor noch weitere Veränderungen eintreten.«

»Ich komme mit«, sagte Nebwa.

Bak legte seinem Freund eine Hand auf die Schulter. »Nein. Du mußt dem Kommandanten von unserem Fund berichten.«

»Was soll ich da schon groß berichten? Ich weiß gerade mal, wie er aussieht und womit er ermordet wurde.«

Bak grinste. »Ist es dir nicht lieber, mit einem Hauch von Wissen gerüstet zu sein als völlig ohne dazustehen?«

»Nun, Meru, was meinst du?« Bak wußte nicht, was schlimmer war: der widerliche Geruch des Todes, die Ausdünstungen des grauhaarigen Fischers, der auf der anderen Seite der Leiche hockte, oder der ranzige Fischgestank, der von dem halben Dutzend Boote am Strand aufstieg.

Den Mund gedankenvoll gespitzt, setzte Meru sich aufs knochige Gesäß und kratzte sich innen am Schenkel. »Er ist durch die Hände von jemand anderem gestorben, schätz ich.«

Imsiba, der bei dem beschädigten Boot stand, rollte die Augen himmelwärts. Drei junge Fischer, splitternackt, lächelten einander verschmitzt über die Netze hinweg an, die sie auf wackeligen Treibholzgestellen zum Trocknen aufhängten. Zwei waren so schwarz wie Meru, die Haut des dritten aber war heller, ein Zeichen für die vermischte Herkunft der Leute hier.

Bak, dem die Spiele der Dörfler wohlbekannt waren, flehte den Herrn Amun an, ihm Geduld zu schenken. »Deine Jahre haben dir Weisheit verliehen, alter Mann, aber selbst ich in meiner Jugend kann sehen, wie er sein Leben verloren hat.«

»Könnte ...« Merus Blick wanderte von der Leiche zu dem Loch im Bug seines Bootes. Seinem Mund entfuhr ein langer, todtrauriger Seufzer. »Könnte oben beim Bauch der Steine von einem Schiff geworfen worden sein. Hätte mitten im Fluß landen müssen, damit ihn die Strömung dorthin trägt, wo ihr ihn gefunden habt.«

Bak rang sich ein mildes Lächeln ab. »Das glaubst du doch selbst nicht. Die ganze Woche ist noch kein Schiff bis hinter Buhen gesegelt.«

Meru riß seinen Blick von dem Leck los und beäugte den Toten, seine kaputten Fingernägel arbeiteten sich zu seinem schmutzigen, zerfetzten Lendentuch hinauf. »Hab gestern vor Kor ein paar umgefallene Palmen gesehen. Könnte dort umgebracht worden sein, und dann hat ihn einer an einem Baum raus zur Strömung geschwommen.« Er lugte zu Bak hinüber, der eine Braue hob, und fügte rasch hinzu: »Ein starker Schwimmer.«

»Haut auch nicht hin, alter Mann.« Bak zeigte auf die Flecken und Striemen an dem wächsernen Körper. »Hat er die nicht gekriegt, nachdem er im Wasser lag?«

Der alte Fischer sah ihn listig an und betrachtete den beschädigten Bug aufs neue. »Als ich das letzte Mal zum Bauch der Steine gesegelt bin – auf diesem guten, starken Boot, das nun zu nichts mehr taugt...« Seine Stimme brach, er wischte sich eine nichtvorhandene Träne aus dem Augenwinkel. »... da hat mir ein Bauer erzählt, daß die alten Festungsmauern auf Dorginarti repariert werden. Starke Strömung, da oben. Vielleicht ist eine Mauer auf ihn gefallen und...«

»Sei nicht so ein Esel, Meru!« Imsiba stieß den alten Mann mit einem Knie gegen die Schulter, nicht fest genug, um ihn umzuwerfen, aber mit genug Kraft, um ihn daran zu erinnern, daß er auch mit dem Bauch im Staub liegen konnte. »Da oben sind Maurer, keine Zimmermänner.«

»Warum spielst du mit uns, alter Mann?« Bak tat nicht länger amüsiert. »Wir haben zugesagt, dein Boot binnen einer Woche reparieren zu lassen, und so wird es auch sein. Falls du glaubst, daß du mehr als eine Reparatur rausschlägst, wenn du dich dumm stellst, dann hast du dich getäuscht.«

Meru sanken die Mundwinkel hinab, und er schien einen Kloß im Hals zu haben. »Solange ich nicht fischen kann, müssen meine Kinder hungern.«

Bak sah ihn lange und eindringlich an. »Deine Kinder?«

»Sechse sind's. Die armen Kleinen.« Meru bedeckte das Gesicht mit den Händen, als drohte der Schmerz über ihren Hunger ihn zu übermannen.

»Ist dein Jüngster nicht Fischer wie du und hat selbst eine

Familie? Und trinkt und rauft er nicht gern? Haben meine Medjaju ihn nicht schon ein paar Mal eingesperrt?«

Imsiba wandte sich ab, um sein Grinsen zu verbergen. Die jüngeren Fischer klatschten sich auf die Schenkel und lachten schallend. Hinter ihnen sah Bak ein Trio mit raschen Schritten das Ufer entlangkommen. Ptahmose und zwei Medja-Polizisten, einer von ihnen trug zwei mit Leinen umwickelte Stangen über der Schulter, die Trage, nach der Bak geschickt hatte.

Meru ließ die Hände langsam sinken und seufzte. »Ich habe dem Jungen immer wieder gesagt, daß er mich noch ruinieren wird. Nun scheint er's geschafft zu haben.«

Mit einiger Mühe gelang es Bak, ernst zu bleiben. »Sieh dir diesen Mann an, Meru. Sieh ihn dir genau an und sag mir, welchen Weg er genommen hat.«

Elend vor Verzweiflung sah der alte Mann zu seinem Boot hinüber, aber ein kurzer Blick zu Bak ließ ihn sich rasch wieder dem Leichnam zuwenden. Breitbeinig ging er auf die Knie, kratzte sich eine Gesäßbacke und studierte den Toten. »Ist durch den Bauch der Steine gekommen, wie du dir schon gedacht hast.«

»Bestimmt nicht durch den ganzen Bauch«, vermutete Bak. »Semna, die südlichste Festung, ist mehrere Tagesmärsche entfernt. Von dort bis hier soll es viele Krokodile geben.«

»Krokodile. Felsbrocken. Bäume und Büsche zum Hängenbleiben. Ruhige Stellen und Stauwasser zum Reintreiben und nie mehr Rauskommen.« Meru schüttelte den angegrauten Kopf. »Kann noch nicht lange im Wasser sein. Höchstens einen Tag und eine Nacht.«

»Wo kommt er her? Was meinst du?«

»Bin nie weit in den Bauch der Steine rein, ja, aber was man mir so erzählt hat ...« Der alte Mann schürzte die Lippen und zog die Brauen zusammen, was wohl den Eindruck großer Nachdenklichkeit erwecken sollte. »Er könnte vielleicht von Iken gekommen sein. Das Wasser kann schon hoch genug sein, um ihn so weit zu tragen.« Sein skeptischer Tonfall negierte die Worte, noch während er sie aussprach. »Weiß nicht. Man sagt, da oben spuckt der Fluß seine Beute genauso oft aus, wie er's nicht tut. Und was er im Mund behält, ist ein Geschenk für den Herrn Sobek.« Den Krokodilgott.

Zufrieden, daß Meru ihm gesagt hatte, was er konnte, stand Bak auf. Die Festungsstadt Iken, hatte er gehört, war so groß wie Buhen, ein Handelszentrum, in dem Menschen aller Schichten zusammentrafen. Ein guter Platz für jemanden, der vorgab, mehr zu sein, als er war, oder der etwas nahm, das einem anderen gehörte.

»Habt ihr noch etwas zu eurer Verteidigung zu sagen?« wollte Kommandant Thuty wissen.

»Nein, Herr«, sagten Bak und Nebwa zugleich.

Thuty setzte die Ellenbogen auf die Stuhllehnen und legte die Fingerspitzen aneinander. Über diese Pyramide hinweg sah er die beiden finster an. Er war ein kleiner Mann, untersetzt, mit mächtigen Muskeln, die von dem Licht- und Schattenspiel der Fackel noch betont wurden, die in einem Wandarm neben der geschlossenen Tür brannte. Seine Brauen waren gerunzelt, sein Kinn vorgeschoben, und die harten Züge um seinen Mund herum erzählten von starken Männern, die gezittert hatten, daß ihre Sandalen quietschten.

»Ihr seid Männer, die ein Vorbild sein sollen für ihre Untergebenen. Ein leuchtendes Vorbild.« Thuty sah Nebwa scharf an. »Weder maßlose Trunkenheit ...« Seine Augen wanderten zu Bak, der neben seinem Freund stand. »... noch tollkühnes Handeln, das zur Zerstörung fremden Eigentums führt, wird sie auf den Weg von Recht und Ordnung bringen.«

»Nein, Herr«, sagten seine Opfer im Chor.

Der Kommandant sah die beiden abwechselnd finster an und ließ endlose Zeit verstreichen. Bak hätte sich gern anders hingestellt, aber er widerstand dem Drang. Wenn Nebwa, der bis zu seiner Ankunft hatte warten müssen, dort starr wie eine Statue stehen konnte, dann konnte er das auch.

Um sich vom Tänzeln abzuhalten, konzentrierte er sich auf den spärlich möblierten und trotzdem unordentlichen Empfangsraum. Um den Stuhl des Kommandanten herum standen ein halbes Dutzend dreibeinige Hocker und zwei flache Tische. An einer Wand lehnten ein Speer, ein Bogen mit Köcher und ein Schild; um den Stuhl herum quollen mehrere Körbe von Papyrusrollen über, und überall auf dem Boden lag Spielzeug verstreut, manches zerbrochen. Wann immer Bak den Raum betrat, war er über den ungebührlichen Anblick bestürzt – und traurig, wenn er an Azzia dachte, die Witwe des letzten Kommandanten, die den Raum für ihren Mann zu seinen Lebzeiten zu einem Hafen der Ruhe und Eleganz gemacht hatte.

Endlich erhob Thuty das Wort. »Mehr brauche ich wohl nicht zu sagen. Ihr seid erwachsene Männer und alt genug, eure Fehler zu erkennen. Also setzt euch und berichtet mir von eurem Fund.«

Froh, so leicht davongekommen zu sein, zog Bak einen Stuhl neben die zweite Tür, die angelehnt stand, um wenigstens ab und zu etwas lauwarme Luft aus dem Treppenschacht hineinwehen zu lassen. Nebwa stieß die Tür ganz auf und stellte sich neben ihn, eine Schulter an den Rahmen gelehnt. Bak erläuterte kurz und bündig, wie er die Leiche gefunden hatte und wie sie aussah.

»Ein vornehmer Mann oder ein Halunke.« Thuty stieß einen langen, unglücklichen Seufzer aus, stand auf und schritt über das Spielzeug hinweg, um die Vordertür zu öffnen. Aus dem Hof drangen Kinderlachen und fröhliches Gekreische herein. Ein willkommener Luftzug, der den Duft von Zwiebeln und Fisch mit sich trug, wehte durch den Raum und zum Treppenschacht hinauf. »Wir müssen ersteres annehmen, fürchte ich.«

Nebwa zwinkerte Bak verstohlen zu. »Wir dürfen es nicht riskieren, einen Mann zu vernachlässigen, dessen Vater mächtiger sein könnte als unserer.«

»Du bist ein großartiger Offizier, Truppenführer«, sagte Thuty trocken, »aber ich fürchte um deine Zukunft, wenn du nicht langsam lernst, Respekt für die politischen Notwendigkeiten aufzubringen.«

»Ich habe den Totenpriester angewiesen, vorerst nichts mit dem Leichnam anzufangen«, sagte Bak, um einer leichtsinnigen Antwort Nebwas zuvorzukommen. »Mit ein wenig Glück habe ich den Namen des Ermordeten heraus, bevor er in einem so schlechten Zustand ist, daß er beerdigt werden muß.«

»Mit ein wenig Glück«, sagte Nebwa, »kommt heute nacht ein Bote mit einer Vermißtenmeldung aus einer der anderen Festungen.«

Thuty schritt zu seinem Stuhl und rückte das dicke Kissen zurecht. Als er sich setzte, wurde aus Kinderlachen Geschrei. Seine Stimme nahm einen scharfen Ton an. »Wenn ich nicht bald eine Nachricht erhalte, wird sich sein Garnisonskommandant ganz schön verantworten müssen.«

»Der Mord ist vielleicht nicht länger als einen Tag her.« Bak mußte die Stimme heben, um über dem Weinen des Kindes gehört zu werden. »Kein kompetenter Offizier wird ihn als vermißt melden, bevor nicht gründlich nach ihm gesucht worden ist.«

»Er könnte auf eine Mission geschickt worden sein«, warf Nebwa ein. »Wenn ja, dann wird man ihn vielleicht für mehrere Tage nicht vermissen.«

Bak schüttelte den Kopf. »Weder ein Wüstenbewohner noch ein Dörfler würde einen bronzenen Beitel in seinem Opfer zurücklassen. Selbst wenn er nicht mehr repariert werden kann, so läßt sich die Bronze doch wiederverwenden.«

»Willst du damit andeuten, ihm hat ein Mann aus Kemet das Leben geraubt, in den sicheren Mauern einer Festung?« Thuty lehnte sich in seinem Stuhl zurück, strich sich mit den Händen über den Kopf und sah Bak mit einem dünnen Lächeln an. »Du hast noch nicht einmal seinen Namen, Leutnant. Findest du es nicht ein bißchen voreilig, so unschöne Vermutungen anzustellen?«

Bak verkniff sich die Antwort. Es war ein bißchen voreilig, das mußte er zugeben, aber ihm fiel keine Theorie ein, die schlüssiger gewesen wäre. »Sobald die Sonne aufgeht, besuche ich das Haus der Schreiber. Wenn er an Bord eines Schiffes aus Südkemet kam, dann muß er dort auf seinem Weg den Fluß hinauf sein Ziel angegeben haben. Die Schreiber erinnern sich bestimmt an ihn. Er war wohlgestaltet wie ein Gott.«

»Und wenn er darauf verzichtet hat, seine Anwesenheit bekanntzumachen?« fragte Nebwa.

Das Weinen kletterte die Tonleiter hinauf und ging in wütendes Kreischen über. Thuty kniff die Lippen zusammen. »Er wird auf einem der Wüstenpfade um Buhen herumgeschlüpft sein.«

Nebwa zog eine Grimasse. Daß die Garnisonspatrouillen es nicht schafften, die Nomaden daran zu hindern, ohne das Entrichten der Zölle an Buhen vorbeizukommen, war dem Kommandanten ein Dorn im Auge, und er kam immer wieder gern darauf zurück.

Bak, den das Kind ebenso nervös machte wie die Sticheleien, stand von seinem Hocker auf, durchquerte den Raum und schloß die Tür. Aus dem Gekreische wurde ein Flüstern. »Wenn ja, dann ist er der Halunke, für den ich ihn beim Anblick der Gürtelschnalle gehalten habe, und wir müssen uns mehr darum sorgen, was er flußaufwärts angestellt hat, als darum, ob er ein wichtiger Mann ist oder nicht.«

Thuty sah zur Tür, vielleicht auch zu Bak, mit etwas, das ein zustimmendes Lächeln sein mochte. »Erstatte mir Bericht, sobald du seinen Namen herausbekommen hast. Wenn er sich als Soldat erweist, schickst du einen Boten nach Süden zu seinem befehlshabenden Offizier.« Er schaute für einen Moment ins Leere, dann fügte er mit deutlichem Bedauern hinzu: »Wenn er von edler Geburt war und sein Mörder unerkannt bleibt, fürchte ich, du mußt flußaufwärts reisen und der Sache nachgehen.«

»Ich, Herr?« Bak war überrascht. Von der Reise zu einer abgelegenen Goldmine abgesehen, hatten seine Pflichten ihn nie mehr als ein paar Wegstunden von Buhen fortgeführt.

Nebwa runzelte die Stirn. »Den Tod dieses Mannes hat Bak nicht zu verantworten! Der liegt auf den Schultern seines Garnisonskommandanten.«

Thuty lehnte sich in seinem Stuhl zurück und strich sich mit den Fingern über den Bauch. »Gestern habe ich spätnachmittags eine Botschaft aus der Hauptstadt erhalten, die mir zusätzliche Befehlsgewalt über die Garnisonen beim Bauch der Steine verleiht.« Sein Blick wanderte zu Bak. »Darunter fällt auch das Aufrechterhalten der Ordnung, und deshalb habe ich beschlossen, dich mit der Auflösung sämtlicher schwerer Vergehen gegen die Herrin Maat zu betrauen, die innerhalb meiner Zuständigkeit verübt werden. Vor knapp vier Stunden habe ich entsprechende Botschaften an die Garnisonskommandanten und den Vizekönig ausgeschickt.«

Bak lächelte erfreut und geschmeichelt. Nie zuvor hatte der Kommandant ihm als Offizier oder Polizist besondere Beachtung geschenkt. »Ich danke für dein Vertrauen, Herr.«

Thuty nahm seinen Dank mit einem Nicken entgegen.

Die Freude wich der Sorge, und Baks Lächeln verblaßte. »Wenn ich den Fluß hinauf soll, dann schnell. Einen Mann zu suchen, der sich der Gerechtigkeit entziehen will, ist wie in der Wüste ein wildes Tier zu jagen. Je älter die Spuren sind, desto schlechter kann man sie lesen.«

»Es sind zu viele Fragen offen, als daß ich das jetzt entscheiden kann. Und ich habe noch eine andere Angelegenheit zu besprechen, die von ebensolcher Wichtigkeit ist, wenn nicht gar größerer.«

Bak war enttäuscht. Bevor er den Raum betreten hatte, wäre er nie auf den Gedanken gekommen, daß ihm mehr erlaubt werden sollte, als den Namen und Herkunftsort des Toten in Erfahrung zu bringen. Nun, da er für die Suche nach dem Mörder verantwortlich war, wollte er auch damit beginnen. Was sollte wichtiger sein, als die Waagschalen der Gerechtigkeit auszugleichen?

Thuty ließ Nebwa und ihn Platz nehmen, lehnte sich in seinen Stuhl zurück und griff nach einer stieligen Trinkschale, die neben seinem Ellenbogen auf dem Tisch stand. »Vor etwa zwei Monaten kam ein Kurier auf seinem Weg nach Kemet durch Buhen. Er hatte Botschaft von Amun-Psaro, einem mächtigen Stammeskönig aus dem Lande Kusch. Vielleicht habt ihr von ihm gehört.«

Bak kannte den Namen, wußte aber nichts über den Mann, dessen Einflußbereich weit im Süden lag, ein gutes Stück hinter dem Bauch der Steine.

Nebwa wurde ernst. »Ein Mann, den man im Auge behalten sollte. Einer, der großen Einfluß auf die anderen Könige in diesem verfluchten Land hat. Ich möchte die Armee nicht sehen, die er aufstellen kann, falls er je einen Grund findet, Krieg mit Kemet zu führen.«

»Ich auch nicht«, stimmte Thuty zu. »Wir und die anderen Garnisonen am Bauch der Steine wären die ersten. Ich bezweifle, daß wir ihn so lange zurückhalten könnten, bis Verstärkung kommt.«

»Hat ein Händler oder sonst jemand, der im Süden zu tun hat, ein Verbrechen verübt, das Amun-Psaro nicht durchschauen kann?« fragte Bak.

»Aber nein.« Thutys Lächeln ging so schnell, wie es gekommen war. »Sein Erstgeborener und Thronfolger, ein Kind von zehn oder elf Jahren, leidet an einer Krankheit, die kein Arzt hat heilen können. So schickte er einen Boten zu unserer Herrscherin Maatkare Hatschepsut höchstselbst, mit der Bitte, den Herrn Amun nach Kusch zu entsenden, um den Jungen zu heilen.«

»Ich kann mir die Ärzte in dieser scheußlichen Gegend gut vorstellen«, höhnte Nebwa. »Die schmieren doch höchstens mit ein bißchen giftigem Schlamm herum.«

»Keine Bitte, die man leicht ablehnt«, sagte Bak.

Thuty nickte. »Der Herr Amun und die ihn begleitenden

Ärzte sind aufgebrochen, so rasch es ging. Vor knapp einem Monat.«

Kein Wunder, daß der Kommandant das Problem des Ermordeten loswerden möchte, dachte Bak. Der Gott würde Buhen durchqueren und den Bauch der Steine hinaufreisen, und die Verantwortung für seine Sicherheit und sein Wohlergehen würde auf Thutys Schulter ruhen.

Thuty streckte die Beine aus, legte die Füße übereinander und nippte an seinem Getränk. »Seitdem kamen und gingen die Boten, einer nach dem anderen. Da die Festung von Semna am oberen Ende des Bauches der Steine liegt, auf der Grenze zwischen Wawat und Kusch, wurde sie zum Versammlungsort bestimmt. Die Zeremonien wurden festgelegt und über Anzahl und Rang derjenigen entschieden, die jede Partei begleiten sollen.« Er nahm einen weiteren Schluck und stellte die Schale auf den Tisch zurück. »Ich habe euch beide ausgewählt.«

Nebwa lächelte breit. »Wir dürfen den Gott nach Semna begleiten?«

Für einen Moment war Baks Enttäuschung wie weggewischt, und er sah sich schon im priesterlichen Gefolge. Dann schoß ihm durch den Kopf, wie der Leichnam über ihm im Wasser gehangen hatte. »Wann wird der Herr Amun erwartet?«

»In zwei Tagen, höchstens dreien.«

Die Absurdität der Lage hätte Bak fast laut auflachen lassen. Der Gott und der tote Mann, sie beanspruchten jeder zugleich seine volle Aufmerksamkeit. Dem konnte er nicht gerecht werden.

Thuty rutschte tiefer in den Stuhl. »Du, Nebwa, beschaffst die Männer, die die Barke des Gottes aus dem Wasser ziehen und sie flußaufwärts an den schlimmsten Stromschnellen vorbeibringen.«

Nebwas Lächeln erstarb angesichts einer so geringen Aufgabe.

»Deine Männer werden sich nur bis Iken abmühen müssen«, versicherte Thuty ihm. »Von dort an wird jeder Garnisonskommandant selbst Männer entsenden müssen, um die Barke über seinen Abschnitt der Stromschnellen zu ziehen, während der Schiffslotse von Iken die Verantwortung für die befahrbaren Abschnitte des Flusses übernimmt.« Er wartete auf Nebwas Nicken und sprach weiter. »Du hast noch eine wichtigere Aufgabe. Ich möchte, daß du dreißig deiner besten Männer auswählst. Eure Verantwortung wird es sein, den Herrn Amun zu schützen, mit eurem Leben. Für uns ist er der höchste aller Götter, für die Wilden in der Wüste aber ist er nur eine Statue aus Gold, eine Verlockung für jeden, der seinen Wohlstand mehren will.«

Bak war verwirrt. »Was soll ich denn dann tun, wenn nicht Wachen aufstellen?«

»Du wählst zehn deiner Medjaju aus. Während der Fahrt nach Semna werden sie mit Nebwas Männern zusammen über den Herrn Amun wachen. Dort angelangt, dienen sie als Ehrenwache von Amun-Psaro.«

Bak schwoll die Brust vor Stolz. Eine so wichtige Aufgabe übertragen zu bekommen, war wirklich eine Ehre.

»Du wirst an der Spitze deiner Männer stehen ...« Thutys Miene wurde säuerlich. »... vorausgesetzt, du wirst nicht flußauf gebraucht, um den Tod dieses elendigen Mannes aufzuklären. Falls du nach seinem Mörder suchen mußt, wird dein Feldwebel Imsiba dich vertreten.«

Back nickte knapp, so zerrissen von seinen entgegengesetzten Wünschen, daß er nicht wußte, was er sagen sollte. Er wollte sich Thutys Vertrauen als würdig erweisen und nach Iken gehen, oder aus welcher Festung der Tote auch immer gekommen war. Aber ebensosehr drängte es ihn danach, mit dem Herrn Amun zu fahren und die Freude und den Stolz seiner Männer zu teilen, wenn sie dem Gott und dem kuschitischen König dienten. Würde es ihm irgendwie gelingen, beides zu tun?

3. Kapitel

»Jeder Offizier, der nach Wawat kommt, sieht aus wie ein Gott und tritt auch so auf, jeder einzelne. Du wirst da keine Ausnahme gewesen sein, als deine Sandalen zum ersten Mal den Kai berührt haben, Leutnant.«

Bak hätte den obersten Schreiber am liebsten beim Genick gepackt und durchgeschüttelt. Der Mann war nicht auszuhalten. »Der, den ich beschrieben habe, war immerhin sterblich genug, daß ihn jemand umbringen konnte, Netermose.«

Irgendwo hinter Bak kicherte einer der zehn Schreiber, die an den weißverputzten Wänden des langen, schmalen Büros saßen.

Netermose, der am Ende des Raumes mit überkreuzten Beinen auf einer dicken Leinendecke saß, sah den Mann um Baks Beine herum einschüchternd an. »Hast du eine Vorstellung davon, wie viele Männer sich allein im letzten Monat hier haben registrieren lassen? Gut über hundert, die den Fluß hinauf wollten, und fast ebensoviele, die nach Kemet zurückkehrten. Und jetzt führt der Fluß noch wenig Wasser.« Er seufzte, fügte mit leidvoller Stimme hinzu: »Du hast nicht einmal den Hauch einer Ahnung, was hier in den nächsten Monaten zu tun ist, wenn die Wasser steigen.«

Bak kannte das Klagelied längst und ärgerte sich wie immer darüber, aber er hatte zu oft mit dem Mann zu tun, um ihn vor den Kopf zu stoßen. Also verkniff er sich eine scharfe Antwort und wandte sich zu den niederen Schreibern um. »Kennt von euch jemand den Beschriebenen?«

Die Männer schüttelten die Köpfe. »Nein«, »nie gesehen« und »kann mich nicht erinnern« purzelten ihre Antworten durcheinander.

»Er muß sich hier registriert haben lassen«, beharrte Bak.

Netermose fuhr sich nervös mit den Fingern über den Kopf, zerteilte die dünnen, schwarzen Strähnen, daß die rosafarbene Kopfhaut durchschimmerte. »Du erwartest doch wohl nicht, daß wir uns jeden merken, der durch diese Tür tritt!«

Bak starrte finster vor sich hin. Er hatte mit Worten das beste Bild gemalt, das er konnte, um zu vermeiden, was nun unausweichlich war. Er setzte eine offizielle Miene auf und sprach mit schneidiger Stimme: »Anscheinend habe ich nicht das Talent, jemanden zu beschreiben, Netermose, aber das Problem ist schnell gelöst.«

»Je eher, desto besser, Leutnant.«

»Ich brauche eine Stunde eurer Zeit, höchstens zwei.«

Netermose stieß einen weiteren seiner leidvollen Seufzer aus. »Was verlangst du von uns?«

»Sämtliche Schreiber hier begleiten mich ins Haus des Todes.«

Das Kratzen der Schilffedern, das trockene Wispern von auf- oder zurollendem Papyrus, das leise Rascheln von langen Leinenschurzen, alles machte einer tiefen, atemlosen Stille Platz.

»Sie werden sich den Mann ansehen, den ich fand«, fuhr Bak fort, »denn nur dann werden sie mit Gewißheit sagen können, ob sie ihn nun kennen oder nicht. In der Zwischenzeit machst du mir eine Liste aller anderen Schreiber, die sich hier im letzten Jahr abgerackert haben, und dann bist du selbst an der Reihe, ins Haus des Todes zu gehen.«

Netermose schnappte nach Luft. »Hast du den Verstand verloren, junger Mann?«

Bak sah ihn kühl an. »Ich könnte natürlich auch meinen Schreiber und ein paar meiner Männer deine Aufzeichnungen durchsehen lassen. Wenn der Tote von edler Abstammung war, wie ich vermute, dann wird diese Tatsache schon festgehalten worden sein. Nur fürchte ich, daß eine so ermüdende Arbeit eine Woche oder länger dauert.«

Weder konnte auch nur einer von Baks Medjaju lesen, noch hatte er eine Woche Zeit, den Toten zu identifizieren, aber Netermose war von dem Gedanken an falsch abgelegte Rollen und im Weg stehende Polizisten so außer

Fassung gebracht, daß er die List nicht zu durchschauen vermochte. »Das ist eine über alle Maßen ungehörige Behinderung.«

Bak hätte es nicht treffender sagen können. »Wenn wir den Namen dieses Mannes nicht herausbekommen«, sagte er mit weicherer Stimme, »dann wird er unter die Erde gebracht und vergessen. Und in einem Jahr oder so, wie sollen wir dann unser Versagen erklären, wenn sein Vater kommt und nach ihm sucht?«

Der oberste Schreiber zuckte zusammen. »Gut. Wir tun, was du für richtig hältst.«

Der Wächter, groß und muskulös und mit ungewöhnlich rotem Haar, lehnte mit einer schweißglänzenden Schulter an der Wand des doppeltürmigen Tores. Er grinste Bak an. »Du mußt heute sämtlichen Schreibern von Buhen den Magen verdorben haben, Leutnant. Wie soll die Stadt nun bloß ohne sie klarkommen?«

»Besser als sonst, das steht fest.« Bak mußte grinsen, obwohl der Tag so enttäuschend begonnen hatte – und so frustrierend. Von all den Schreibern, die ins Haus des Todes gekommen waren, hatte nicht einer den Ermordeten erkannt. Er hatte sich in Buhen nicht registrieren lassen.

Der Wächter lachte. »Hab in meinem ganzen Leben noch nicht so viele blasse Gesichter gesehen.«

Seine Fröhlichkeit zog die Aufmerksamkeit von zwanzig jungen, frischen Rekruten auf sich, die in losen Zweierreihen aus einem der Türme gelaufen kamen. Ein paar bremsten ab, die anderen traten ihnen in die Hacken. Ihr Feldwebel brüllte einen Befehl, sie ordneten sich erneut. Mit verdoppelter Geschwindigkeit marschierten sie aus dem breiten Streifen Schatten am Fuße der Zitadellenmauer hervor und hasteten die Straße hinauf ins blendende Vormittagslicht. Voller Mitgefühl sah Bak, der sich noch gut an seine Zeit als Rekrut erinnerte, ihnen nach, bis sie durch das mächtige, turmbewehrte Tor in den äußeren Wehranlagen verschwanden. Der Wall war ebenso massiv wie die innere Stadtmauer und umschloß ein nahezu viermal so großes, rechteckiges Gebiet.

Die Häuser und Werkstätten der Zivilisten, die die Garnison versorgten, drängten von beiden Seiten an die Hauptstraße heran. Anders als in der Zitadelle, wo die Straßen und Gassen übersichtlich angelegt waren, um Zugang zu den ordentlichen Häuserblocks zu ermöglichen, war die äußere Stadt ein Durcheinander zusammengezwängter Bauten, durch die aufs Geratewohl irgendwelche krummen Gassen führten. Offene Sandflächen, ummauerte Tiergehege und Barackenblocks füllten den Rest des Rechteckes aus, waren von Baks Standort aus jedoch nicht zu sehen.

»Ich fürchte, du wartest vergebens, Herr«, sagte der Wächter. »Höchstens ein Ruf des Herrn Amun könnte Nofery an einem so heißen Tag herauslocken. Sie versteckt sich vor der Sonne, als hätte sie Angst zu schmelzen.«

»Sie kommt schon noch. Ihre Neugierde kennt keine Grenzen.«

Der Wächter lachte. »Da kannst du recht haben. Aber meinst du wirklich, sie erkennt ihn wieder? Diese Schreiber jedenfalls nicht.«

Bak schenkte ihm ein schiefes Lächeln. »Es wäre nicht das erste Mal, daß ein Mann beschließt, die Schreibbüros und ihre Verzeichnisse zu umgehen, das Freudenhaus aber trotzdem besucht.«

Er richtete ein stilles Gebet an den Herrn Amun, daß es wirklich so gewesen war. Wenn nicht, dann mußte er seine Netze in immer größeren Kreisen auswerfen und einen Wettlauf gegen die Zeit führen, bis der Totenpriester es für notwendig erachtete, den Leichnam in ein sandiges Grab zu pflanzen oder einzubalsamieren. Und bei der großen Hitze konnte das nicht lange dauern.

Ein schriller Schrei des Entsetzens ließ Bak zu einer Staubwolke hinüberschauen, die sich in der Südwestecke der Festung erhob, wo die Eselskoppel lag. Wahrscheinlich waren die Viehtreiber gerade dabei, eine am Vortag gelieferte Herde mit Brandzeichen zu versehen. Nicht ganz so weit entfernt stiegen über den winkeligen Blocks ein halbes Dutzend schmale Rauchspiralen auf, dort lagen die Schmieden. Der stechende Geruch geschmolzenen Metalls und weißglühender Brennmaterialien mischte sich mit dem schwachen, allgegenwärtigen Mistgeruch und dem Duft von Fisch und Zwiebeln in heißem Öl.

Das leise Knirschen von Sandalen auf grobem Sand ließ Bak wieder in den Torweg schauen. Der weiße Umriß darin wurde größer, und bald kam eine korpulente alte Frau herausgestapft. Schweiß troff ihr von den Wangen, bildete unter den Armöffnungen ihres langen, weißen Gewandes dunkle Flecken und ließ ihr den Stoff am Rücken und zwischen den gewaltigen Hängebrüsten kleben.

Sie starrte Bak an. »Kannst du deinen Pflichten eigentlich nie frühmorgens oder abends nachkommen wie ein zivilisierter Mensch?«

»Hätte es dir besser gefallen, von mir aus dem Bett geholt zu werden, Nofery?« Er sprach grimmig, aber er zwinkerte amüsiert und freundlich mit den Augen. Sie schnaubte. »Du scherst dich einen Dreck darum, was mir gefällt.«

Der Wächter grinste von einem Ohr zum anderen. »Schätze, du kannst diesen Schreiberlingen mal zeigen, wie man sein Frühstück drinbehält, was, mein kleines Mutterschaf?«

Mit einem gezierten Lächeln klopfte sie ihm auf den Schritt. »Jetzt treibst du Spaß auf meine Kosten, aber laß nur. Wenn du erst wieder einmal mein Geschäft besuchst, wirst du dich noch nach meiner Gunst sehnen.«

Er preßte sich gegen sie, als hätte er stets nur sie und nicht eine der jungen Verführerinnen besucht, die in ihrem Freudenhaus ihr Brot verdienten.

Lachend schlug Bak dem Wächter auf die Schulter, ergriff Noferys Arm und zog sie einen Weg hinab, der auf der einen Seite von einem winkeligen Häuserblock und auf der anderen von einer hüfthohen Mauer begrenzt wurde, die den Sand davon abhalten sollte, in den tiefergelegenen Gehweg am Fuß der Zitadellenmauer hinunterzurieseln. »Wenn deine Zeit dir gehört, kannst du verführen, wen du magst, alte Frau, aber jetzt hast du etwas ganz für mich allein zu erledigen.«

Er konnte sehen, wie sehr ihr die Andeutung gefiel, sie könne noch immer einen Mann in ihr Bett locken, besonders einen strammen jungen Bock wie den Wächter, aber sie riß ihren Arm los und verbarg ihr Vergnügen hinter einer bösen Miene.

»Verwünscht sei der Tag, an dem ich einwilligte, für dich zu spionieren«, sagte sie. »Wäre ich nicht so großzügig mit meinen Versprechungen, bräuchte ich nicht ständig nach deiner Pfeife zu tanzen.«

Sie ging so schnell, daß Bak kaum hinterherkam. Für jemanden, der ausgenutzt wurde, hatte sie es ganz schön eilig.

Bak beobachtete Nofery mit brennenden Augen und einer Übelkeit, die ihn im Haus des Todes jedesmal überkam. Heiße, stickige Luft umhüllte ihn wie ein Mantel. Der Verwesungsgestank, die süßlichen Balsamierparfüme und der Mief von zeremoniellem Räucherwerk beleidigten seine Nase. Von dem schlecht gearbeiteten Docht einer Öllampe stieg Rauch auf, rankte sich durch die Luft wie eine Erscheinung aus der Unterwelt. Bak war schon viele Male hier gewesen, und die bedrückende Stimmung hatte es noch jedesmal geschafft, ihn sich vorkommen zu lassen, als stünde er auf der Schwelle zu einer Ewigkeit, auf die er noch in keiner Weise vorbereitet war.

Nofery stand neben einem schenkelhohen Balsamiertisch aus Stein und betrachtete den nackten Körper in der leichten Mulde. Falls sie den Toten je zuvor gesehen hatte, so blieb diese Tatsache hinter dem parfümgetränkten Leinenstück verborgen, das sie sich über Mund und Nase hielt.

»Erkennst du ihn wieder?« Bak glaubte nicht daran, denn sie hatte schon zu lange geschwiegen.

»Das Gesicht kommt mir bekannt vor. Doch.« Sie sah

ihn aus zusammengekniffenen, gerissenen Augen an. »Wenn du meiner Erinnerung auf die Sprünge helfen könntest, mit einer kleinen Gefälligkeit vielleicht ...«

Er verbarg seine Überraschung – und sein Mißtrauen – hinter einer Maske des Zorns. »Wir sind hier nicht auf dem Marktplatz, alte Frau. Du kannst über den Namen dieses Mannes doch nicht mit mir feilschen wie mit einem Händler über den Preis einer Zwiebel.«

»Ich besitze nichts, was der Rede wert wäre, und habe die besten Jahre hinter mir«, sagte sie mit trauriger Stimme. »Und muß mich in diesem harten, grausamen Land ganz allein durchbringen. Hast du denn kein Mitleid?«

Ungerührt lehnte er sich gegen den leeren Tisch zurück und kreuzte die Arme über der Brust. »Wer eine Melone essen will, muß die Ranken erst einmal so gut gießen, daß überhaupt eine Frucht heranreifen kann.«

Die Krähenfüße an Noferys Augen vertieften sich, deuteten ein Lächeln an. »Ich habe diesen Mann gesehen, quicklebendig. Vier oder fünf Monate ist es her. Er muß am selben Tag wieder gegangen sein, denn ich habe ihn nur das eine Mal gesehen.«

Sie hat ihn tatsächlich gesehen, dachte Bak. Er konnte sein Glück kaum fassen. »Und weiter?« fragte er, mit unbewegtem Gesicht und gleichgültiger Stimme.

»Mein Haus ist klein, aber das Geschäft wird täglich größer«, sagte sie traurig. »Wer ein Bier trinken will, muß bei dem auf dem Schoß sitzen, der beim Spiel sein Glück versucht. Wer in aller Ruhe ein Pläuschchen halten will, muß schreien, um über dem Lärm gehört zu werden. Wer ...«

Bak bezwang seine Ungeduld bei diesem Spiel, das ihm normalerweise Spaß machte, und schritt auf die Tür zu. Im angrenzenden Raum befand sich nichts als ein Korb voller sauberem weißem Leinen, das an den Rändern ausgefranst war, und ein paar Krüge und Töpfe aus gebrannter Erde. »Komm schon, alte Frau. Wenn du mir nichts zu sagen hast, dann such ich mir jemand besseres.«

Sie musterte ihn, schätzte seine Willenskraft ein. Er begegnete ihrem Blick, ohne etwas zu sagen, wartete nur. Sie öffnete den Mund, seufzte lang und schwer und wandte sich wieder zum Tisch um. »Ich bin an dem Tag früher als sonst zum Markt gegangen. Ich hörte lautes, wütendes Fluchen und bin gucken gegangen, wie andere auch. Ein Bootsmann – ich hatte ihn nie zuvor gesehen und seitdem auch nie wieder – verprügelte seinen Diener mit einem Stock. Der Junge war höchstens sechs oder sieben Jahre alt, ein Mischling. Er lag am Boden; Rücken, Arme und Gesicht waren blaugeschlagen und blutig. Bevor diejenigen von uns, die dazu in der Lage gewesen wären, das Geprügel beenden konnten, kam dieser Offizier ...« Sie nickte zu dem Toten. »... durch die Menge geschossen, riß dem Bootsmann den Stock aus der Hand und schleuderte ihn zur Seite. Dann drosch er mit seinem Amtsstab auf den Bootsmann ein, immer und immer wieder, bis der besinnungslos zu Boden ging.«

Die Geschichte klang glaubhaft, bis auf eine einzige Sache. Bak starrte die Frau lange und eindringlich an. »Von so einem Zwischenfall habe ich nichts gehört.«

»Warum solltest du auch. Denn als der Offizier sich bückte, um dem Kind zu helfen, wurde rasch klar, daß die Götter den Jungen weder mit einer Stimme noch mit Gehör gesegnet hatten. Der Offizier, der selbst wie ein Gott aussah, hob ihn mit ungewöhnlicher Zärtlichkeit auf, und wir machten ihm Platz, damit er ihn auf ein Kriegsschiff bringen konnte, das am Pier vertäut lag.«

Bak nickte sein Einverständnis. Wenn auch auf eine krude Weise, so war dem Kind zu Gerechtigkeit verholfen worden, und in der Augen der Zeugen war die Sache damit erledigt gewesen. Er ging zum Tisch und studierte das gräuliche Gesicht des Toten. Hätte sich jemand, der so nobel zu handeln vermochte, von den Schreibbüros ferngehalten, weil er sich für zu wichtig hielt, um sich registrieren zu lassen? Hätte er eine Gürtelschnalle getragen, die ihm in keiner Weise zustand? »Bist du dir sicher, daß das dieser Mann war?«

»War er. Frag irgendwen von den anderen, die an diesem Morgen auf dem Marktplatz waren, und er wird es bestätigen.«

Baks letzte Zweifel schwanden, und er schenkte ihr ein zufriedenes Lächeln. »Das hast du gut gemacht, alte Frau, sehr gut. Hast du vielleicht auch seinen Namen herausbekommen oder wo er hinwollte?«

Noferys Lächeln war um keinen Deut weniger gerissen als zuvor. »Ich brauche unbedingt ein größeres Haus. Ich war schon beim obersten Verwalter, aber mein Anliegen ist auf taube Ohren gestoßen. Über ihm steht nur noch der Kommandant, aber der wird mir allein nicht zuhören.«

»Du sagst mir alles, was du über diesen Mann weißt, alte Frau, und ich werde Thuty von deiner Sache überzeugen, obwohl ich fürchte, daß das nicht leicht sein wird.«

Mit einem siegreichen Lächeln trat sie vom Tisch zurück und auf die Tür zu. »Das Kriegsschiff war mit der Ablösung für die Festungen am Bauch der Steine bemannt. Die Truppen dürften in Kor von Bord gegangen und nach Süden marschiert sein, und er mit ihnen. Wie weit, weiß ich nicht.«

Als er begriff, daß sie sich abzusetzen versuchte, eilte Bak durch den Raum und erwischte sie beim Ellenbogen. »Du hast seinen Namen nie erfahren, oder doch?«

»Ich wollte!« Sie versuchte, ihren Arm aus seinem Griff zu befreien. »Er schien mir ein vornehmer Mann zu sein, und ich wollte ihn gern kennenlernen. Aber kaum jemand hatte ihn gesehen, und wenn, dann wußte er nichts über ihn.«

Verärgert, daß er sich so von ihr hatte austricksen lassen, schob Bak sie in den angrenzenden Raum. Ein Priester, der neben dem Korb kniete und das Leinen untersuchte, sah erschrocken auf. Hinter einer offenen Tür beugte sich ein Einbalsamierer über den Körper einer jungen Frau, die bäuchlings auf einem Balsamiertisch lag. Die Frau eines Offiziers, sie war in der vergangenen Nacht während der Entbindung gestorben. Mit Hilfe eines langen, schmalen Werkzeugs, das durch die Nase eingeführt wurde, kratzte der Einbalsamierer das weiche Innere ihres Kopfes heraus. Eine tiefe Schale, in die man nicht hineinsehen konnte, enthielt wahrscheinlich entweder den Körper des Ungeborenen oder ihre inneren Organe. An der linken Seite ihres Unterleibes klaffte noch immer der Schnitt.

»Du ziehst dein Wort doch nicht zurück, oder?« fragte Nofery bekümmert. »Ich sollte dir bloß alles erzählen, was ich weiß.«

Er schlang ihr einen Arm um die Schultern. »Ich gehe zum Kommandanten, wie ich versprochen habe. Aber nicht, bevor der Herr Amun gekommen und wieder gegangen ist.«

»Aber an seinem Besuch in Buhen werden viele Männer teilnehmen wollen.«

»Thuty hat zuviel um die Ohren, um dir jetzt zuhören zu können. Er wird sich deinem Flehen verschließen, und dann hast du jede Chance verspielt.«

Sie zog einen Schmollmund und schüttelte seinen Arm ab, stapfte einen kurzen Gang hinunter und öffnete die Tür zum Hof. Draußen standen Imsiba und der Händler Seneb. Bak dachte für einen Moment, sie würde anhalten, aber der gesunde Menschenverstand überwog, und sie eilte zu einer gemauerten Bank im Schatten der Platanen und Palmen, die an den hochaufragenden Mauern wuchsen. Mit einem Grunzen, das einen zwitschernden Sperling zum Schweigen brachte, ließ sie sich nieder und beugte sich über den kleinen Fischteich, um den süßen Duft der darauf treibenden Lotusblüten tief in die Lunge zu ziehen. Bak lächelte vor sich hin. So verärgert war sie nicht, daß sie zu ihren Geschäften zurückkehrte, bevor ihre Neugierde befriedigt war.

Den Geschmack des Todes noch immer auf der Zunge, schloß er hinter sich die Tür und musterte Seneb von Kopf bis Fuß. Dem dicklichen Händler waren die Arme auf den Rücken gebunden, sein Schurz war zerknittert und verdreckt. Obwohl er keinen blauen Fleck und keine Schramme hatte, schaute er wachsam und verängstigt drein. Es schien unwahrscheinlich, daß sich die Wege des Toten, der so nobel gehandelt hatte, daß selbst Nofery beeindruckt gewesen war, je mit denen dieses widerlichen Händlers gekreuzt hatten. Trotzdem, die Frage mußte gestellt werden, denn sie waren beide flußaufwärts gekommen.

»Hat dieser Schakal dir von seinen Reisen erzählt, Imsiba?«

Der große Medja wog den langen, schweren Stock in seiner Hand. »Mit ein wenig Überredung, ja.«

Bak setzte wenig Vertrauen in Worte, die mit dem Knüppel erzwungen worden waren, aber in Senebs Fall konnte er sich keine angemessenere Behandlung vorstellen. »Wie lange reiste er flußaufwärts?«

»Fünf Monate lang, behauptet er, und so steht es auch in dem Paß, den wir zwischen seinen Kleidern fanden.«

»Nofery hat unseren Mann vor vier oder fünf Monaten gesehen.« Bak wählte seine Worte mit Bedacht, um den Händler darüber in Unkenntnis zu lassen, wie wenig sie über den Toten wußten. »Er hat es versäumt, sich vorzustellen, bevor er weiter gen Süden zog.«

Der Medja nickte, er hatte begriffen. Wenn es nur vier Monate her war, daß der Tote in Buhen gesehen worden war, dann war Seneb zu diesem Zeitpunkt bereits weit im Süden gewesen, im Lande Kusch. Waren es fünf Monate, dann hätten sie einander begegnet sein können, aber die Wahrscheinlichkeit war gering.

»Ich übernehme diesen Schweinehund, Imsiba, und wenn ich mit ihm fertig bin, bringe ich ihn selbst in seine Zelle zurück.« Bak nahm dem Medja den Stock aus der Hand. »In der Zwischenzeit läßt du dir von Nofery alles erzählen. Danach kann sie gehen. Dann such Hori und schau, ob er heute morgen Glück gehabt hat.«

Hori war der Polizeischreiber. Bak hatte den Jungen bei

Tagesanbruch geweckt und mit der Anweisung losgeschickt, sämtlichen Garnisonsoffizieren und Feldwebeln eine Beschreibung des Toten zu liefern. Eine undankbare Aufgabe, aber sie war notwendig.

Imsiba nickte. »Ich werde ihn finden.«

Bak packte den Händler beim Genick und stieß ihn auf die Tür zu.

»Was ist das für ein Haus? Was soll ich hier?«

»Vor vielen Jahren, als dieses bejammernswerte Land Wawat noch nicht von unserem König regiert wurde, gehörte das Haus wohl den Lebenden. Heute ...« Bak riß die Tür auf und schob ihn über die Schwelle. »Heute beherbergt es die Toten.«

Der Gestank bremste Seneb ab, als ob er gegen eine Mauer gelaufen war. »Was hast du mit mir vor?«

Bak drückte seinem widerspenstigen Gefangenen die Finger in den Nacken und schob ihn durch das Gebäude bis in den Raum, in dem der namenlose Tote lag.

Als sie das Ende des Balsamiertisches erreichten, drückte Seneb die Hacken in den Boden. »Warum bringst du mich hierher? Was ...?« Sein Blick fiel auf das Gesicht des Ermordeten. Er blinzelte einmal, zweimal, lehnte sich vor. »Leutnant Puemre!« Er begann zu lächeln, grinste breit, brach in Gelächter aus.

Bak war so verblüfft, daß er das Genick des Händlers losließ. Er brauchte einen Moment, um zu begreifen, daß er den Namen erfahren hatte, und selbst dann war er zu verwirrt von der seltsamen Reaktion, als daß er sich über den unerwarteten Erfolg freuen konnte.

Seneb spazierte wie hypnotisiert den Tisch entlang, besah sich den beschädigten Fuß und die Hand, die Flecken und Schrammen. Beim Kopf hielt er an und flüsterte: »Du Schwein.« Und dann spuckte er dem Toten ins Gesicht.

»Seneb!« Entsetzt stürzte Bak sich auf den Händler und zerrte ihn ans Fußende des leeren Tisches. »Bist du so weit gesunken, daß du dich an einem leblosen Körper vergreifst?«

»Fünf lange Monate habe ich in meinem Herzen den Haß auf diesen Mann genährt«, höhnte Seneb. »Was erwartest du von mir? Daß ich mich neben ihn kniee und seinem Ka wortreich alles vergebe?«

Bak starrte seinen Gefangenen an und dachte nach. Senebs Karawane war den Fluß am gleichen Tag hinuntergekommen wie der Tote. Die beiden konnten irgendwo beim Bauch der Steine aneinandergeraten sein. Aber hätte Seneb dann mit solcher Überraschung, solcher Freude auf den Anblick seines toten Feindes reagiert? Erst recht, wenn ein Polizeioffizier dabei zusah?

»Was hat dir dieser Mann, dieser Leutnant Puemre, getan, daß er solchen Abscheu verdient?«

Der Händler verzog vor Groll das Gesicht. »Er hat sich über alle sterblichen Männer gestellt und sie für Schwächen bestraft, die er an sich selbst nicht sehen wollte.«

»Ich will Einzelheiten, Seneb, keine dürftigen, flachen Kommentare, wie jeder sie abgeben kann. Was hat er dir getan?«

»Er ...« Der Händler zögerte, als müßte er erst entscheiden, was, wenn überhaupt, er enthüllen sollte. »Er hat mich mit Geringschätzung behandelt.«

Bak preßte die Lippen zusammen. Er hob den Stock, hielt ein Ende unter Senebs Kinn und zwang ihn, den Kopf zu heben. Der Händler versuchte zurückzuweichen, aber der Tisch war seinen fleischigen Hinterbacken im Weg. Bak erhöhte den Druck. Senebs Rücken wurde durchgebogen. Mit seinen gefesselten Händen klammerte er sich am Rand der Mulde fest. Ängstlich riß er die Augen auf.

Mit einem geringschätzigen Lächeln zog Bak den Stock zurück, bis der Händler beinahe wieder aufrecht stehen konnte. »Spuckst du mich jetzt an? Oder sagst du mir, was ich wissen will?«

Mit einer Stinkwut in den Augen versuchte Seneb zu schlucken. »Als ich auf dem Weg den Fluß hinauf war, Richtung Kusch, nahm er mir meinen Paß weg und behielt ihn Tag um Tag, ohne einen guten Grund. Er scherte sich nicht um die Zeit, die ich verlor, oder die Güter, die ich für so gut wie nichts verkaufen mußte, nur um mich und meine Diener und Esel durchzubringen. Wenn ich nicht schließlich Gehör beim Garnisonskommandanten gefunden hätte, hätte er mich ausbluten lassen bis zum bitteren Ende.«

Baks Gedanken eilten zum vergangenen Morgen in Kor zurück, zu der Begründung des Händlers, warum er die Karawane so lange ohne Halt vorangetrieben hatte. Die Erinnerung ließ seine Augen drohend aufglühen. »Dann ist das der Kontrolloffizier, um den du auf deinem Rückweg in Iken hast herumkommen wollen?«

Seneb versuchte zu nicken, aber der Stock hielt sein Kinn zu fest. »So ist es.«

»Die Kinder kannst du zu der Zeit nicht dabeigehabt haben«, sagte Bak, Noferys Bericht noch im Ohr, »und die Esel müssen noch frisch gewesen sein. Welchen Grund hatte er, deinen Paß einzuziehen?«

»Gar keinen! Ich schwöre!«

Bak hob das Ende des Stockes einen Fingerbreit empor, entlockte dem Händler ein angstvolles Ächzen.

»Meine Esel waren mit ganz normalen Handelsgütern beladen, bestimmt. Steingut, Werkzeug, Glasperlen, Leinen. Nicht mehr und nicht weniger.« Senebs Blicke schossen in alle Richtungen, nur nicht zu seinem Inquisitor. »Wenn dein Medja daran gedacht hätte, meinen Paß mitzubringen, könntest du es selbst sehen.«

Bak hatte lang genug in Buhen gelebt, um die zahlreichen Schliche zu kennen, mit denen Händler, Soldaten und sogar die königlichen Gesandten versuchten, Dinge über die Grenze zu bekommen, ohne die erforderlichen Zölle zu bezahlen. Falsche Pässe waren nichts Außergewöhnliches. Er erhöhte den Druck auf den Stock, zwang den Händler so weit nach hinten, daß ihm die Augen hervortraten.

»Schon gut!« Seneb rollte der Schweiß von der Stirn in die Augen und ins Haar. »Da waren vier Esel in der Wüste angebunden gewesen, außer Sichtweite von der Straße. Zwei beladen mit guten Waffen und zwei mit Weinen aus den besten Weingütern Nordkemets. Er beschuldigte mich, sie versteckt zu haben – zweifelsohne hat ihm einer meiner Diener diesen Floh ins Ohr gesetzt, um sich für irgendeine angebliche Untat zu rächen –, und er bestand darauf, mich mit Stockschlägen *und* mit einer Geldstrafe zu belegen. Dabei wußte ich nichts von ihnen!« Sein Blick schoß zu Bak hinüber und wieder fort. »Ich schwöre zum Herrn Amun, daß es nicht meine waren! Hätte ich meine Lasttiere denn ohne Futter oder Wasser zurückgelassen?«

Bak war sich sicher, daß Seneb genau das getan hatte, und Puemre hatte die Aufgabe übernommen, dieses Unrecht wettzumachen, wie in Buhen, als er den Bootsmann verprügelte. Ein Mann von hohen Prinzipien. Oder doch nicht? Was war mit der Gürtelschnalle?

Bak schob den Gedanken zur Seite und sah den Händler verächtlich an. »Wie hast du es hinbekommen, daß der Garnisonskommandant dir mehr geglaubt hat als dem Leutnant Puemre?«

»Sie haben sich nicht gerade geliebt«, sagte Seneb mürrisch.

»Und wo du nun geleugnet hattest, etwas mit den versteckten Tieren und ihrer Last zu tun zu haben, ist dir ... wieviel verloren gegangen? Die Hälfte deiner Investitionen?«

Jede Antwort verweigernd kniff Seneb die Lippen zusammen.

Bak riß den Stock vom Kinn des Händlers fort, packte ihn beim Arm und drehte ihn zu dem toten Offizier herum. »Hast du diesen Mann umgebracht, Seneb?«

»Du beschuldigst mich des ...« Der Händler starrte ihn erschrocken an. »Nein!«

»Hast du ihn allein erwischt, am Fluß, irgendwo zwischen Iken und hier? Hast du dich von hinten an ihn herangeschlichen und ihn niedergeschlagen, so daß er keine Chance mehr hatte, sich zu wehren?«

»Nein!« rief Seneb. »Frag meine Diener. Frag diese elendigen Kinder aus Kusch. Sie werden es alle bestätigen. Ich habe die Karawane nie verlassen. Nicht ein einziges Mal.«

»Wir fragen sie«, sagte Bak grimmig.

Aber ob wir von ihnen die Wahrheit erfahren, dachte er. Sie alle haßten den Händler und brauchten ihn nicht länger zu fürchten. Sie mochten jetzt genauso bereitwillig lügen, um ihn bestraft zu sehen, wie sie vorher gelogen hätten, um ihn zu decken, weil er die Peitsche hielt.

»Leutnant Puemre, Inspektionsoffizier in Iken.« Nofery ließ sich jedes Wort auf der Zunge zergehen, als handelte es sich um einen erlesenen Wein. »Ich verstehe nicht, warum sich keiner der Schreiber an ihn erinnert. Er sah so gut aus, so männlich.«

Bak schob seinen dreibeinigen Hocker dichter an den Flur heran, um die Nachmittagsbrise abzubekommen, und nahm einen Schluck aus der angestoßenen Trinkschale. Das Bier, das sie ihm ausgegeben hatte, war nicht ihr bestes, aber es war genau, was er brauchte: dick genug, um die Zunge zu ölen, und bitter genug, um den Geschmack des Todes hinunterzuspülen.

»Sie erinnern sich nicht an ihn, weil sie ihn nie zu sehen bekommen haben.« Er nahm noch einen Schluck, rollte die herbe Flüssigkeit im Mund herum. »Ich bin anschließend noch einmal zu den Schreibbüros gegangen. Netermose konnte keinen Eintrag über einen Leutnant Puemre auf dem Weg nach Iken oder sonstwo den Fluß hinauf finden.«

Nofery ließ sich auf einen Hocker fallen, der unter dem wabbeligen Fleisch ihrer Schenkel verschwand. »Es sind schon etliche Einträge durch falsches Ablegen verlorengegangen.«

»Das laß mal Netermose hören, alte Frau«, sagte er mit einem schiefen Grinsen.

Er kippte mit dem Hocker zurück, lehnte den Kopf gegen den Türpfosten und besah sich den kleinen, engen

Raum. Seit er nach Buhen gekommen war, hatte er sich an die Fehler der Stadt gewöhnt und sich in ihren Mauern sogar manchmal zu Hause gefühlt, aber er konnte gut verstehen, warum Nofery ein besseres Quartier haben wollte. An den schmutzigen, zerkratzten Wänden reihte sich ein Regal voller Amphoren und Bierkrüge an das andere. An der hinteren Wand versperrte ein Tisch halb die verhangene Tür zum Hinterzimmer, auf ihm stapelten sich Steingutschalen, von denen die meisten in einem noch schlechteren Zustand als Baks waren. Vielleicht ein Dutzend dreibeiniger Hocker standen herum, auf dem einen ein sorgsam balancierter Haufen Lampen aus gebrannter Erde. Nach dem Haus des Todes waren die vermengten Gerüche von Schweiß, schalem Bier und verbranntem Öl beinahe angenehm.

»Was für eine falsche Schlange dieser Händler ist!« höhnte Nofery. »Einen so edlen Offizier zu ermorden ist einfach schändlich!«

Bak schaute in seine fast geleerte Trinkschale. »Wenn ich mir da bloß so sicher wäre wie du.«

Sie kniff die Augen zusammen. »Du zweifelst an seiner Schuld?«

»Wenn du einen Mann umbringst, alte Frau, gibst du mir dann als Zeugen deiner Unschuld elf Leute an, die dich verachten?«

Nofery rutschte mit ihrem ausladenden Hinterteil hin und her, nicht länger mit ihrer Bestimmtheit zufrieden. »Ich hoffe doch sehr, daß die Götter mich mit mehr Verstand gesegnet haben«, gab sie zu.

Bak ergriff den Bierkrug zwischen ihnen und füllte die Trinkschalen wieder auf. Als die frische Flüssigkeit auf die alte traf, spritzte die Hefe vom Boden hoch und wirbelte herum, als suchte sie einen Weg zu entkommen. Im großen und ganzen war Bak mit dem Tag zufrieden, aber er hatte das Gefühl, eher am Beginn als am Ende zu stehen. Die gesuchten Antworten waren gefunden, aber sie hatten neue Fragen aufgeworfen. Und die ließen sich in

Iken bestimmt beantworten. Am liebsten wäre er selbst dorthin gegangen, anstatt einen Boten zu schicken, wie Kommandant Thuty wollte. Aber Bak war von den Umständen umzingelt wie die Hefe in seiner Trinkschale.

Schließlich brach Nofery das Schweigen. »Man sagt, der Herr Amun reist gen Süden nach Semna, um den kuschitischen König Amun-Psaro zu treffen, und du begleitest ihn. Zusammen mit Nebwa.« Sie starrte auf die Schale in ihrer Hand. »Stimmt das?«

Der abrupte Wechsel des Themas und die vorgetäuschte Gleichgültigkeit in ihrer Stimme ließen Bak auffahren. »Du verblüffst mich immer wieder, alte Frau. Ich habe erst gestern nacht von unserer Mission erfahren.«

»Dann stimmt es also.«

»Nebwa begleitet ihn, ja.« Er war sicher, daß sie auf etwas hinauswollte, und fragte sich argwöhnisch, was es sein mochte. »Ich vielleicht nicht.«

Er berichtete ihr von der Entscheidung des Kommandanten, ihm die Zuständigkeit für alle größeren Vergehen gegen die Herrin Maat zu übertragen. Während er sprach, lugte eine junge Frau mit zerzausten Haaren um den Vorhang hinter Nofery herum. Ihre Lider hingen schläfrig herab, ihr Lächeln war langsam und träge. Bak grüßte sie mit einem geistesabwesenden Nicken. Er genoß die Fleischeslust wie jeder Mann, aber hier stimmten weder die Zeit noch der Ort.

»Weil Thuty also lieber abwarten möchte«, sagte er trübselig, »sitze ich oben auf der Mauer und möchte in beide Richtungen zugleich hinabspringen, wodurch ich natürlich überhaupt nicht runterkomme.«

Nofery beugte sich vor, um den Bierkrug aufzuheben, und grunzte vor Anstrengung. Sie ließ die Flüssigkeit in die Schalen plätschern und kicherte. »Wie ich dich kenne, mein teurer, junger Freund, schaust du dich bereits um, wie sich beides machen läßt.«

Mit einem sardonischen Lächeln hob er die Hand, um das Bier abzulecken, das über den Rand der Schale geschwappt war. Die junge Frau hinter dem Vorhang entblößte eine kleine, wohlgeformte Brust, streichelte sie, lockte. Er sah sie kaum. Die Worte der alten Frau waren wie der Stachelstock eines Viehtreibers, sie drängten ihn voran, hinderten ihn am Stehenbleiben.

Seine Gedanken blieben Nofery ebenso verborgen wie das Mädchen in ihrem Rücken. »Wenn du mit dem Herrn Amun flußaufwärts ziehst, sagt man, dann wirst du in Semna für einige Zeit dem König höchstselbst dienen.«

Ihr erneut zu beiläufiger Tonfall ließ ihn von seinen eigenen Wünschen zu den ihren umschwenken. Die Reise den Fluß hinauf konnte nichts mit ihrem Expandierungsvorhaben zu tun haben. Es sei denn ... »Was soll ich für dich tun, alte Frau? Durch die Dörfer um Semna spazieren und nach ein paar dunkelhäutigen Schönen für dein Geschäft Ausschau halten?«

Noferys Gesicht leuchtete auf, sie gluckste. »Heh, gute Idee! Nicht, daß ich daran gedacht hätte, aber ...« Ihr Gelächter verklang, und sie schüttelte den Kopf. »Nein, darüber rede ich nachher mit Nebwa. Er kann mir da besser helfen.«

Das Mädchen, dem es nicht gelungen war, Baks Aufmerksamkeit zu erheischen, zuckte mit den Achseln, trat zurück und ließ den Vorhang fallen.

Er war verwirrt. Was sollte Nofery denn sonst wollen? »Wenn du mir etwas zu sagen hast, dann spuck es aus. Bald kommt Imsiba, und dann habe ich keine Zeit mehr für deine endlosen Forderungen.«

Sie sah auf ihre Hände hinab, in eine stille Erinnerung versunken, die ihre Züge glättete und ihnen Wärme einhauchte. »Ich kannte Amun-Psaro einmal, vor vielen Jahren.«

»Du, alte Frau?« fragte Bak ungläubig.

»Kaum mehr als ein Kind war er, und trotzdem hatte er mehr von einem Mann als die meisten in meinem Bett. Stark und wild war er und gleichzeitig zärtlich und lieb. Selbst damals schon kein Mann wie jeder andere.«

»Wie kannst du so etwas behaupten? Du bist nie weiter als bis Kor gekommen. Das hast du mir selbst erzählt.«

Ihre gewaltige Brust hob und senkte sich unter einem übertriebenen Seufzer. »Vor über zwanzig Jahren ist es passiert, in unserer Hauptstadt Waset. Da war er noch Prinz, und die Soldaten Akheperenre Thutmosis' hatten ihn nach ihrem Sieg über seinen Vater nordwärts nach Kemet gebracht. Als Geisel.«

Bak fragte sich, ob sie die Wahrheit sagte. Der Krieg, von dem sie sprach, war der letzte, den die Armee von Kemet in diesem bejammernswerten Land geführt hatte. Und die Söhne besiegter Könige, die ihren Vätern eines Tages auf den Thron nachfolgen mochten, wurden üblicherweise nach Waset verschleppt, um im Königshaus von Kemet zu leben. Gemeinsam mit den Kindern der höchsten Männer des Landes aufgezogen, kehrten sie nach der Übernahme ihrer Sitten und dem Schließen enger Freundschaften in ihre Heimatländer zurück, und zwar meist als getreue Verbündete.

Von der Gasse drangen Stimmen herein, und so kippte Bak seinen Hocker wieder nach vorn und schaute durch die Tür. Imsiba stand vielleicht ein Dutzend Schritte entfernt und sprach mit einem Trio von Speerträgern. Bak leerte sein Bier in einem Zug und stand auf, bereit zu gehen.

»Und was mich betrifft ...« Nofery warf ihm einen Blick zu und lächelte affektiert. »Ich war jung und schön damals, begehrt von vielen Männern. So auch von Amun-Psaro.«

Das affektierte Lächeln überzeugte ihn: Zum zweiten Mal an diesem Morgen versuchte sie, ihn an der Nase herumzuführen. Mit dem allercharmantesten Lächeln beugte er sich vor und zwickte sie in die Wange. »Du warst niemals jung und schön, Nofery.«

Sie starrte ihn mit einer so bedrohlichen Miene an, daß er für einen Moment dachte, sie würde ihn ohrfeigen. Dann begann sie zu lachen, schallend und von ganzem

Herzen, daß jede Speckrolle unter ihrem langen, weißen Gewand ins Beben geriet.

Bak, den es ein wenig wurmte, sich über sie lustig gemacht zu haben, half ihr auf die Füße. »Komm, alte Frau. Imsiba ist da. Ich glaube, er hat den Nachmittag hauptsächlich damit verbracht, die armen Wesen auszufragen, die Seneb aus dem Süden mitgebracht hat. Wenn ja, dann hat er eine Belohnung verdient. Ein Krug Bier dürfte das richtige sein, aber von deinem besten.«

»Du willst, daß ich nach Iken gehe.« Imsibas Stimme war ausdruckslos, seine Miene mißbilligend.

Bak schob den Korb voller krustiger, faustgroßer Brotlaibe zur Seite und setzte sich auf die zweite Stufe der Freitreppe, die unters Dach führte. Feiner Staub schwebte ziellos in einem Streifen Sonnenlicht. »Der Kommandant hat gesagt, ›schick einen Boten‹, und da habe ich mich für dich entschieden.«

»Was ist mit Seneb? Ich habe noch nicht alle aus seiner Karawane befragt.«

Bak hatte sich genau überlegt, was er wollte, und er hatte nicht vor, dem Medja klein beizugeben. »Kann ich das nicht ebensogut machen wie du?«

Imsiba starrte finster vor sich hin. Bak lehnte sich gegen die Stufen zurück und sah sich in seinem Quartier mit der unbewußten Zufriedenheit eines Mannes um, der wußte, was es hieß, in einer Baracke zu wohnen. Der Raum, in dem sie saßen, war klein und sauber, mit einem festgestampften Erdboden und weiß verputzten Wänden. Ein Hocker stand gleich im Eingang, der andere in einer Ecke, mitten in einem Haufen Binsenkörbe, die von Papyrusrollen überquollen, dazu eine Schreibunterlage, Farb- und Wassertöpfe und all die Werkzeuge von Horis Gewerbe. Die eine Hintertür führte zu Baks Schlafkammer, die zweite zu der des Schreibers. Dazwischen lag ein großer, weißer Hund mit breiter Schnauze und Hängeohren und zuckte im Traum mit den Pfoten und dem buschigen Schwanz.

Sich ins Unvermeidliche fügend, ließ Imsiba sich auf den Hocker beim Eingang fallen, den Rücken der schmalen, brütendheißen Gasse zugewandt. »Was soll ich dort machen? Oder genauer gesagt, was sind deine besonderen Anweisungen über das Überbringen der Nachricht vom Mord an Leutnant Puemre hinaus?«

Bak sah seinen Freund mit gespielter Unschuld an. »Du stellst meine Motive in Frage, Imsiba?«

»Ich kenne dich zu gut, mein Freund, als daß ich mir eine Aufgabe von dir nur von außen ansehe, wenn sie anders ist als sonst.«

In Gelächter ausbrechend nahm Bak ein Brot aus dem Korb und warf es nach dem Medja, der es mit Leichtigkeit fing – und mit einem widerwilligen Lächeln.

»Eines Tages werde ich dich enttäuschen, aber heute nicht.« Wieder ernst, beugte Bak sich vor, die Ellbogen auf den Knien. »Wenn der Mörder Puemres gefaßt ist, ist der Fall erledigt, und alles, was ich von dir will, ist, meine Neugierde zu befriedigen. Wer brachte ihn auf so widerwärtige Weise um und warum? Aus welchem Grunde hat er sich hier in Buhen nicht registrieren lassen? Was hat es mit der Gürtelschnalle auf sich?«

Imsiba schüttelte den Kopf. »Wenn der Mörder gefaßt wäre, hätte Kommandant Thuty längst Nachricht bekommen, besonders wenn Leutnant Puemre von edler Abstammung gewesen ist.«

»Sollte man meinen, nicht wahr? Und doch hat Thuty bisher noch nicht einmal eine Vermißtenmeldung.« Bak hob zynisch eine Augenbraue. »Meinst du nicht, die Abwesenheit eines Offiziers sollte inzwischen bemerkt worden sein?«

»Vielleicht siehst du Geheimnisse, wo keine sind.« Der Medja sprach ohne rechte Überzeugung.

»Geh beim ersten Tageslicht nach Iken. Sprich mit dem Garnisonskommandanten und bekomme heraus, soviel du kannst. Wenn er keine Lösung parat hat, muß ich selbst los. Die Fährte des Mörders ist bereits zwei Tage alt. Bis du wieder hier bist, sind es drei und vier Tage, bis ich dort ankomme.«

»Bist du nicht ein bißchen voreilig, mein Freund? Kommandant Thuty muß erst einmal entscheiden, was du zu tun hast.«

»Der Ermordete war mit Sicherheit ein Offizier, Imsiba, und allem Anschein nach ein wohlhabender Mann.«

Der Medja murmelte einen Fluch in seiner Muttersprache. »Dieser Leutnant Puemre hätte zu keiner ungünstigeren Zeit ermordet werden können. Du solltest mit uns zusammen den Fluß hinaufreisen, statt deine Tage in Iken zu verbringen und im Schmutz zu wühlen.«

»Ich weiß nicht genau, wann der Herr Amun in Buhen eintrifft oder wie lange er bis Iken brauchen wird. Ich schätze, sechs oder sieben Tage, vielleicht mehr.« Bak kniff den Mund zu einer dünnen, störrischen Linie zusammen. »Ich hoffe, Puemres Mörder bis dahin in den Fingern zu haben.«

Imsiba sah zweifelnd drein. »Ich würde gern glauben, daß du das schaffst, mein Freund.«

»Dank Kommandant Thuty fühle ich mich wie ein Mann, dem zwei fette Tauben zugleich angeboten werden, obwohl er nicht einmal die Zeit hat, auch nur eine zu essen.« Baks Stimme wurde ernst. »Vielleicht gelingt es mir nicht, aber ich will sie beide versuchen.«

4. Kapitel

Kommandant Thuty schritt durch die Tür des großen Raumes, der ihm als Büro diente. Das Rätselraten über den Grund der Versammlung verstummte. Das Dutzend Offiziere innerhalb der vier roten Säulen, die die Decke stützten, trat zurück und machte den Weg zu dem Lehnstuhl frei, der leer an der hinteren Wand stand.

Nebwa beugte sich zu Bak und murmelte: »Wo steckt Imsiba?«

»Ich habe ihn nach Iken geschickt.« Bak hielt die Stimme ebenfalls gesenkt. »Er ist beim ersten Tageslicht aufgebrochen und sollte vor Sonnenuntergang zurück sein.«

»Du gerissener Hund.« Nebwa grinste. »Was hast du ihm aufgetragen? Dem Garnisonskommandanten dein Lob ins Ohr zu flüstern?«

Bak schnaufte. »Fragen, Nebwa, kein Lob.« Er schaute zum Kommandanten hinüber, und in seine Stimme schlich sich ein aus Frustration geborener Zorn ein. »Wenn ich Puemres Tod aufklären soll, dann möchte ich in Iken nicht blind vor Unwissenheit ankommen.«

Thuty zog seinen Stuhl von der Wand, stellte sich dahinter und legte die Hände auf die Lehne. »Vor einer knappen Stunde kam ein Bote aus dem Norden an«. verkündete er. »Wenn der Wind sich hält, wird der Herr Amun im Laufe des Nachmittages eintreffen.«

Ausrufe der freudigen Erwartung wogten durch den Raum. Selbst Bak, der in der Hauptstadt aufgewachsen war, nur eine halbe Wegstunde vom Haus des Gottes entfernt, war nicht immun dagegen. Seine Freude wurde bald von Bedauern getrübt, dem rasch Bestürzung folgte. Imsiba konnte es unmöglich schaffen, die heilige Prozession mitzuerleben. Und die so frühe Ankunft der Barke schränkte die Anzahl von Tagen, bis Amun Iken erreichte, auf nur vier oder fünf ein. Durfte Bak hoffen, Puemres Mörder in so kurzer Zeit zu fassen?

Mit erhobener Hand bat Thuty um Ruhe. »Ich gehe davon aus, ihr habt euren Männern alle gesagt, was ich erwarte, wenn die heilige Barke am Pier anlegt?«

»Ja, Herr«, sagten die Offiziere im Chor.

»Ich habe selten soviele Schurze und Schilde auf einmal in der Sonne trocknen gesehen«, murmelte Nebwa. »Die Dächer sind übersät, als wären sie das Ufer des Flusses, den gerade eine Armee erspäht hat, die zu lange in der Wüste war.«

Ein Offizier lachte leise. »Meine Männer haben ihre Speerspitzen poliert, bis die Klingen stumpf waren.«

Bak lächelte mechanisch, er war mit den Gedanken woanders. Seit er Kommandant der Medja-Polizei war, hatte er drei Männer gesucht, die anderen das Leben geraubt hatten. Zwei waren leicht zu fassen gewesen, denn sie hatten im Zorn gemordet und waren angesichts ihres Vergehens gegen die Herrin Maat zu gelähmt gewesen, um ihre Spuren verwischen zu können. Für die Aufklärung des dritten Mordes jedoch, dem an Thutys Vorgänger, hatte Bak Wochen gebraucht. Wenn Puemres Mörder bis jetzt nicht gefaßt war, konnte das auch hier der Fall sein.

Thutys Stimme, so hart wie Granit, drang in seine Gedanken ein. »Für unsere Herrscherin Maatkare Hatschepsut sind wir, die wir hier in Wawat die Garnisonen bemannen, nicht mehr als Aufpasser über die wertvollen Dinge, die auf ihrem Weg in die königliche Schatzkammer hier durchkommen. Der oberste Seher schätzt uns kaum höher ein.« Sein Blick schoß von einem Gesicht zum anderen. »Ich kann euch gar nicht oft genug sagen, wie wichtig es ist, den Herrn Amun und sein Gefolge in einer Weise zu empfangen, die seinem hohen Status unter den Göttern gebührt. Habe ich mich klar genug ausgedrückt?«

»Ja, Herr«, sagten die Offiziere, und Bak mit ihnen.

Diesmal war der Chor zerrissen, vom Erstaunen über Thutys offene Worte und von mehr Enthusiasmus durcheinandergebracht, als der Königin lieb gewesen wäre. Ihre Geringschätzung der Armee war eine ständige Irritation, die für einiges Gerede sorgte, wenn auch nur hinter vorgehaltener Hand. Hatschepsut besaß die Insignien der Macht. Aber wie lange noch, fragte man sich. Menkhepere Thutmosis, ihr Neffe und Stiefsohn, hatte den Thron von seinem Vater geerbt, als er noch ein kleines Kind gewesen war. Hatschepsut, die ihm nicht als Statthalterin hatte dienen wollen, hatte sich selbst gekrönt. Viele fanden, der inzwischen sechzehn Jahre zählende Erbe sollte seinen rechtmäßigen Platz einnehmen. Seine Pläne waren nicht bekannt, er hatte jedoch vor einigen Jahren begonnen, die Armee wieder zu einer leistungsfähigen und loyalen Streitmacht aufzubauen.

Thuty sah seine Offiziere lange an, als wollte er sichergehen, daß sie begriffen hatten. Dann nahm er Platz, um die Verteilung der Garnisonstruppen während des Aufenthaltes des Herrn Amun zu besprechen.

Bak zwang das Gefühl der Hoffnungslosigkeit nieder, das ihn zu übermannen drohte. Die Chance, Puemres Mörder rechtzeitig genug zu fassen, um mit dem Gott den Fluß hinaufreisen zu können, mochte klein sein, doch er gelobte, es zu versuchen. Da ihm im Moment nur ein Weg offenstand, nämlich Seneb und die Kinder aus dem Süden, wollte er mit ihnen beginnen.

Am anderen Ende des alten Wachhauses knallte eine Tür, gefolgt von dem Schlag, mit dem ein schwerer Holzriegel an seinen Platz fiel, um den Gefangenen in seiner Zelle einzusperren.

»Dieses Gezücht einer Schlange!« knurrte Bak den winzigen, kahlen Raum an, in dem er saß.

Wenige Männer erfüllten ihn mit solchem Abscheu wie Seneb, aber je öfter er den Händler sah, desto überzeugter war er, daß der Mann ebenso unschuldig am Tod Puemres war, wie er der endlosen Grausamkeit gegen all die Geschöpfe schuldig war, mit denen er durch die Jahre Handel getrieben hatte.

Irgendwo in dem Gebäude lachten Männer, klapperten Speere. Der Geruch von Linsen und Zwiebeln strich vom Dach herab und mischte sich mit dem ranzigen Geruch von Erbrochenem, das der Bäcker im Raum nebenan von sich gegeben hatte. Die Mittagszeit war kaum vorüber, der Herr Amun wurde erst in zwei, drei Stunden erwartet, und schon waren die ersten Feiernden am Umfallen.

Bak sprang auf, daß der Hocker über die festgestampfte Erde rutschte, durchquerte den Raum und öffnete eine verzogene, hölzerne Tür. Ihr Quietschen zog sieben dunkle, mißtrauische Augenpaare auf sich. Die Kinder aus Senebs Karawane saßen in einem losen Halbkreis auf dem nackten Boden. Ihre Körper waren sauber, das wollige Haar gestutzt, die Wunden verbunden. Der stämmige, pockennarbige Medja, der vor ihnen saß, war so in seinen holperigen Versuch versunken, ihre Zunge zu sprechen, daß er einen Moment brauchte, um seinen Offizier zu bemerken.

»Haben sie schon etwas gesagt, Psuro?« fragte Bak.

»Nicht ein Wort.« Der Medja blickte finster drein. »Jedes Mal, wenn ich den Raum verlasse, schnattern sie wie die Vögel, so schnell, daß ich kein Wort verstehe. Wenn ich zurückkomme, sind ihre Lippen wie mit Leim verschlossen.«

Bak war nicht überrascht. Die Luft um die Kinder herum war schwer von Mißtrauen. Er musterte sie einzeln, suchte nach einer Lücke in ihrer Mauer des Schweigens. Jedes Gesicht war verschlossen, jeder kleine Leib steif vor Furcht. Dann bemerkte er die Tätowierung zwischen den Augenbrauen des ältesten Mädchens, ein grobes Dreieck, das einen winzigen, weißen Halbmond trug. Der Kopf eines gehörnten Bullen, einer kuschitischen Gottheit. Das Kind hatte in einem gläubigen Haushalt gelebt. Hatte es auch gelernt, Respekt vor anderen Göttern als dem eigenen zu haben?

Betend, daß es so war, fragte er Psuro: »Wissen die Kinder, daß der Herr Amun heute nach Buhen kommt?«

Der Medja zuckte mit den Schultern. »Ich glaube nicht, Herr. Nicht eines spricht unsere Sprache.«

Bak nickte zufrieden. »Erzähl ihnen von seinem Besuch. Betone seine Großartigkeit, seine Güte und Freundlichkeit selbst denen gegenüber, die andere Götter haben.« Er sprach ruckweise, gerade so, wie ihm die Strategie einfiel. »Sag ihnen, daß sie bald in unsere Hauptstadt Waset kommen, dort werden sie den Priestern dienen, die in den Hallen von Amuns größtem Hause wandeln. Dann erzähl nichts mehr von dem Gott, sondern kehre zu unseren Fragen zurück.«

Seine Stimmung hob sich, je mehr der Plan Gestalt annahm. »In der Zwischenzeit suche ich Hori und schicke ihn zu dir. Ihr werdet die Kinder zusammen nach oben auf den Festungswall bringen, damit sie den Herrn Amun selbst sehen können. Vielleicht wird der Gott ihnen mit der Unterstützung von Horis Jugend und Fröhlichkeit die Zungen eher lösen als wir.«

Bak durchquerte den Empfangssaal, den weitläufigsten Raum im Anwesen des Kommandanten, dessen hohe Decke von einem Wald von achteckigen, roten Säulen gestützt wurde. Hori war gerade zum Wachhaus geeilt, ebensosehr von der Aussicht begeistert, für ein paar Stunden Polizist zu spielen, wie davon, die Ankunft des Herrn Amun oben vom Wall aus mitansehen zu können. Wenn auch nicht mehr, dachte Bak mit einem traurigen Lächeln, so habe ich heute immerhin jemanden glücklich gemacht.

Die Räume um den Saal herum summten vor Leben; diverse öffentliche Aufgaben wurden zwischen den Säulen erledigt. Ein jugendlicher Schreiber stand vor Thutys Büro und erklärte einem grauhaarigen Feldwebel, daß Unkosten genau abzurechnen und nicht nur grob zu schätzen waren. Auf einer an der Wand befestigten Bank saß ein Töpfer, Hände und Arme fleckig von getrocknetem Ton, und lauschte einem beleibten Schreiber mit schütterem Haar, der den künstlerischen Wert der schlanken, verzierten Vasen aus dem Lande Keftia pries, die er kopiert haben wollte. Nahe beim Eingang diktierte ein junger Bogenschütze dem öffentlichen Schreiber, einem müde wirkenden Mann in mittleren Jahren, einen Brief.

Bak war überrascht, wieviele Leute noch immer ihren Pflichten nachkamen. Obwohl der Herr Amun erst in frühestens einer Stunde erwartet wurde, hatte das gemeine Volk schon kurz nach dem Mittag zu den turmbewehrten Toren hinauszuströmen begonnen, die zum Ufer und zu den Piers führten. Die Medjaju und die Speerträger, die Nebwa zu ihrer Unterstützung entsandt hatte, hatten bereits drei Handgemenge aufgelöst und ein halbes Dutzend rauflustige Betrunkene sowie ein paar kleine Diebe verhaftet.

Dem Schreiber zunickend, trat Bak über die Schwelle eines langen, schmalen Flures. Die Mauern waren gelbgestrichen, ein vergeblicher Versuch, den düsteren Gang aufzuhellen. Eine große, schwarze Gestalt kam ihm entgegengeeilt.

»Imsiba!« Er klopfte dem Medja auf die Schultern, als hätte er ihn einen Monat lang nicht gesehen. »Ich fürchtete schon, du verpaßt die Ankunft des Herrn Amun!« Er hielt kaum inne, um luftzuholen. »Wie hast du es so schnell zurückgeschafft? Was war los in Iken?«

Durch die Tür zum Empfangssaal kam ein verhutzeltes altes Männlein gehinkt. Bak und Imsiba zogen sich an den Fuß der Treppe zurück, die zur Wohnung des Kommandanten im ersten Stock hinaufführte. Aus dem offenen Innenhof darüber fiel Licht auf die Stufen.

»Nun?« fragte Bak.

Mit einem erschöpften Lächeln ließ Imsiba sich auf die unterste Stufe fallen. Bleicher Staub, verkrustet vom Schweiß, bedeckte ihn von Kopf bis Fuß. »Der Kommandant von Iken, Woser sein Name, hat mich ohne Verzögerung empfangen. Ich wußte, wie begierig du auf meinen Bericht bist, also habe ich nur noch kurz bei den Baracken einen Happen gegessen und mir den örtlichen Klatsch angehört.«

»Haben sie den Mann gefaßt, der Puemre ermordet hat?« drängte Bak.

Der Medja hörte auf zu lächeln. »Bis jetzt nicht.«

»Dann muß ich nach Iken.«

»Kommandant Woser meint, du solltest deine Zeit besser damit verbringen, die Wahrheit aus diesem miesen Händler Seneb herauszuquetschen.«

Bak kniff die Augen zusammen. »Hast du ihm von meinen Zweifeln berichtet, was diesen Punkt angeht?«

»Habe ich.«

Oben auf den Stufen erklang ein Kichern. Ein dunkeläugiges Mädchen, nicht mehr als zwei Jahre alt, stand nackt über ihnen, nuckelte am Daumen, glotzte. Es verbreitete den scharfen Geruch eines Kindes, dem der Po abgewischt werden mußte.

Mit gerümpfter Nase stand Bak auf. »Laß uns woandershin gehen, Imsiba, bevor Thutys sämtliche Gören über uns herfallen.« Er musterte seinen Freund kritisch. »Wir gehen zum Fluß, dann kannst du ein Bad nehmen, bevor die heilige Barke eintrifft.«

Draußen auf der Straße fragte er: »Während wir unsere Zeit also mit Seneb verschwenden, was fängt Kommandant Woser da mit der seinen an?«

»Seine Offiziere werden sich der Angelegenheit annehmen. Er glaubt, sie kriegen den Namen des Mörders im Handumdrehen heraus.«

»Wenn Woser so zuversichtlich ist...« Bak hielt inne und sah Imsiba fest an. »Meinst du, er hat eine Vermutung, wer Puemre umgebracht hat, und braucht ihr bloß noch nachzugehen?«

»Ich glaube nicht, daß er auch nur einen Verdächtigen hat. Leutnant Puemre hat zum Zeitpunkt seines Todes eine Einheit Fußtruppen angeführt. Aber fünf Monate früher, als er nach Iken versetzt wurde, war er Inspektionsoffizier – wie das Schwein Seneb gesagt hat. Er hatte dieses Amt nur einen Monat lang inne. Sein hartes Durchgreifen hat ihm viele Feinde gemacht, praktisch jeden, der die Zölle zu umgehen versucht oder auf dem Rücken seiner Mitmenschen Geschäfte treibt.«

Bak flüsterte eine Verwünschung. Wenn der Mörder ein Händler war, konnte es Monate dauern, bis man ihn faßte – wenn überhaupt.

Sie hielten auf das doppeltürmige Tor zu, das über dem fernen Ende der Straße zum Hafen stand. Der Sonnengott Re hing hinter ihnen über dem Festungswall, tauchte die Wehranlagen und Türme in ein so grelles Licht, daß es in den Augen wehtat. Die Hauptstraße, auf beiden Seiten von den weißverputzten Wänden miteinander verbundener Gebäude umfaßt, lag da wie ausgestorben. Nur ein paar Nachzügler – eine Frau mit einem kleinen Baby, zwei

Soldaten, ein Schreiber – eilten zum Tor und zu der Menge draußen. Kurz vorm Ausgang wurde die Gleichmäßigkeit der Blocks von den freien Flächen zu beiden Seiten des Wachhauses unterbrochen. Ein weißgewandeter Priester, glattrasiert, eine Leopardenhaut um die Schulter geschlungen, hetzte an dem Gebäude vorbei und bog zum Haus des Garnisonsgottes Horus von Buhen ein, das die Stadt von einem hohen Erdhügel in der Ecke der Zitadelle aus überragte.

»Das wäre es dann also, mein Freund.« Ein Lächeln umspielte Imsibas Lippen. »Das Problem ist nicht länger das deine, und du kannst den Herrn Amun nach Semna begleiten, wie es sich gehört.«

Bak hob einen rauhen, faustgroßen Brocken milchigweißen Kalksteines vom Straßenrand auf. »Woser will keine Hilfe, das ist schon klar.«

»Er dient in Wawat seit etlichen Jahren, da kennt er Land und Leute besser als wir beide.« Imsiba winkte einem Soldaten zu, der über den Rand eines Daches lugte. »Er ist zuversichtlich, den Mörder früher oder später zu fassen zu bekommen, und so wird er es Kommandant Thuty in dem Bericht darstellen, an dem er bestimmt schon schreibt.«

Wosers Behauptungen klangen überzeugend, das mußte Bak zugeben. Aber mit Überzeugung sprachen viele, und mehr als nur ein paar gelangten trotzdem nicht ans Ziel. »Und Puemres Gürtelschnalle, was ist damit?«

»Bevor er nach Wawat kam, war er Leutnant im Regiment von Amun.« Der Medja schenkte Bak den mürrischen Blick eines Mannes, der nur zu gut weiß, daß er ein Feuer anfacht, das er hatte ersticken wollen. »Kommandant Woser hat es mir selbst gesagt. Seit wann, hat er nicht gesagt.«

»Es können nicht mehr als ein paar Wochen gewesen sein. Ich bin vor zehn Monaten weg. Zieh die fünf Monate ab, die er hier ist, und die Zeit, die man braucht, um von Waset den Fluß hinaufzukommen ...« Bak verstummte und schüttelte mißbilligend den Kopf. »Kein Wunder, daß Woser ihm zuerst die Inspektionen übertragen hat!«

»Wahrscheinlich hat er seine Ausbildung in einem anderen Regiment gemacht. Wie ich in den Baracken von denen gehört habe, die in diesem widerwärtigen Land an seiner Seite kämpften, war er in der Kriegskunst versiert und stellte sich furchtlos dem Feinde.«

»Nichtsdestotrotz ...« Bak kam zu dem einzig möglichen Schluß und verzog das Gesicht. »Wie hoch ist die Position seines Vaters in Kemet?«

Für einen Moment grinste Imsiba schief. »Ich habe nur erfahren, daß sein Zuname Nihisy lautet, aber man erzählt gern von seinem Mut und der Bereitschaft, sich mit seinen Männern abzugeben, obwohl er von edler Abstammung war.«

»Nihisy.« Bak spreizte die Arme, zuckte mit den Schultern. »Der Name sagt mir nichts, aber wenn er ein Adliger ist ...« Mehr brauchte er nicht zu sagen. Wosers Bericht würde schon sehr überzeugend sein müssen, um Thuty davon abzuhalten, Bak nach Iken zu entsenden.

Er drehte den Steinbrocken zwischen den Fingern, so daß die zahlreichen kleinen Kristalle in der Sonne glitzerten. Puemre, dachte er, muß dem Stein ziemlich ähnlich gewesen sein, hat nie zweimal das gleiche Gesicht gezeigt. Nofery hat ihn bewundert und Seneb ihm voller Haß den Tod gewünscht. Seinen Männern gegenüber hat er Heldenmut bewiesen, was nicht so leicht ist, und trotzdem hat er eine Gürtelschnalle getragen, ohne das Recht dazu gehabt zu haben, und seinen Rang hatte er höchstwahrscheinlich dem Einfluß seines Vaters zu verdanken.

»Wann hat man Puemre zum ersten Mal vermißt?«

»Sein Feldwebel Minnakht hat ihn am Morgen des Nachmittages als vermißt gemeldet, als wir ihn gefunden haben.«

Bak war Imsibas mitunter merkwürdige Ausdrucksweise gewohnt, aber wie immer mußte er den Worten ihren Sinn erst abringen. »Zwei Tage bevor du Woser berichtet hast, daß wir seine Leiche gefunden haben. Zwei volle Tage, und er hat Thuty nicht benachrichtigt. Wie hat er dir das erklärt?«

»Er hat keine Begründung abgegeben, und ich habe auch nicht danach gefragt.« Imsiba bedachte Bak mit demselben mürrischen Blick wie zuvor. »Kannst du deine Augen vor einem so kleinen Versäumnis nicht verschließen? Du wirst viel glücklicher sein, wenn du die Männer und mich als Amun-Psaros Ehrenwache anführst, statt Tag um Tag in Iken zu verbringen.«

So groß die Versuchung auch war, im tiefsten Innern wehrte Bak sich dagegen, Imsiba seinen Willen zu lassen. Er zog den Medja von der gepflasterten Straße. Das sandige Areal am Ende des Wachhauses war mit Baumaterialien übersät: trocknenden Ziegeln, Brettern verschiedener Längen, ein paar Steinplatten.

Er ließ den Stein fallen, wischte sich den Staub von den Händen und setzte sich auf einen Holzstoß. »Wenn Woser nicht einmal das Verschwinden eines Adligen meldet, was wird er dann noch alles versäumen?«

»Seine Garnison hält ihn für einen verdienten und ehrwürdigen Mann. Er wird tun, was zu tun ist.«

»Wird er das?«

Imsiba sträubten sich die Brauen vor Enttäuschung. »Wenn du nicht gewesen wärst, mein Freund, würde man meinen Männern und mir immer noch mit Mißtrauen begegnen, wie an unserem ersten Tag in Buhen. Nun, da die Zeit gekommen ist, daß wir eine Ehrung erhalten, mußt du auch an unserer Spitze stehen, denn ohne dich wird unserer Triumph nur schal sein.«

Bak hatte das Gefühl, entzweigerissen zu werden. »Weißt du denn nicht, wie gern ich euch begleiten würde, Imsiba? Aber ebensosehr will ich meine Pflicht erfüllen. Und wenn sie mich nach Iken ruft, dann muß ich gehen.«

Imsiba trat von einem Bein auf das andere, ihm gefiel die Entscheidung nicht.

Bak erhob sich von dem Holzstapel und rang sich ein Lächeln ab. »Eines kann ich dir versprechen, mein Bruder: Ich werde alles in meiner Macht stehende tun, um diesen Mord so schnell wie möglich aufzuklären. Mit etwas Glück wird der Herr Amun mir gewogen sein, und ich habe es geschafft, bis er in Iken eintrifft.« Er klopfte seinem Freund auf die Schulter. »Und jetzt such dir eine Ecke zum Schwimmen.«

Imsiba schenkte ihm ein halbherziges Lächeln und eilte die Straße zum Festungstor hinab. Bak hob den Kalksteinbrocken auf, schwang herum und schleuderte ihn, so fest er konnte, auf die Ziegelmauer zu, die den Erdhügel stützte, auf dem das Haus des Horus stand. Staub wallte über dem kleinen Loch auf, das der Stein schlug. Mit genug Zeit und einer ausreichenden Anzahl Steine hätte Bak die Grundmauern des Tempels freilegen können. Er betete, daß er genug Wissensbrocken zusammenklauben konnte, um den Mord an Puemre rechtzeitig aufzuklären, wie er Imsiba versprochen hatte.

Zusammen mit seinen Offizierskameraden stand Bak auf der Steinterrasse am Fuß des Pylontores, das die Gleichförmigkeit der Wehrmauern unterbrach, die zum Fluß zeigten. Seine Augen waren wie die von jedem Mann, jeder Frau und jedem Kind in Buhen fest auf die heilige Barke des Herrn Amun gerichtet, die an dem Pier vertäut lag, der sich vom Pylon aus in den Fluß erstreckte. Der lange, schlanke Rumpf, der Baldachin, der sich mittschiffs erhob und die heilige Barke darunter, alles war von Gold überzogen und glitzerte im grellen Nachmittagslicht. Das schlanke und elegante Bildnis eines Mannes, des Herrn Amun, geformt aus solidem Gold und so groß wie Baks Arm vom Ellbogen bis zur Faust, stand auf der Barke in einem goldenen Schrein. Während die weißgewandeten Priester an Bord ihre Dienste versahen, dümpelte die Barke ruhig auf dem Wasser, und die strahlend bemalten Widderköpfe an Bug und Heck hoben und senkten sich im Takt.

Bak schloß die Augen und wartete, daß das Glühen unter den Lidern nachließ. Als jemand, der seine Jugend in der Hauptstadt verbracht hatte, hatte er den Gott in seinem Schrein schon viele Male gesehen. Der Anblick verfehlte nie, ihn zu bewegen, aber er fühlte nicht mehr die aufrichtige Ehrfurcht der Männer und Frauen, die ihre Augen noch nie zuvor auf den größten aller Götter hatten richten dürfen.

Als er wieder richtig sehen konnte, suchte er den Fluß, die Piers und das Ufer nach seinen Männern und nach möglichen Störungsquellen ab. Die Besatzung des Kriegsschiffes, das die Barke flußauf gezogen hatte, vertäute das weitaus größere und schwerere Fahrzeug auf der anderen Seite des Piers. Die Flotte kleiner Boote, die hinausgesegelt waren, um den Gott zu empfangen, kehrte zum Ufer zurück. Ein zweites Kriegsschiff drehte weiter draußen bei und bereitete sich aufs Anlegen vor. Der dumpfe Klang der Trommel, die den Ruderern Rhythmus gab, war neben dem aufgeregten Gemurmel der Zuschauer kaum zu hören. Die Menge war überall, auf der Uferterrasse und den beiden anderen Piers, auf den Decks des Handelsschiffes und der beiden breitrumpfigen Frachter, die dort vertäut lagen. Die Medjapolizisten, deren Speerspitzen im blendenden Licht aufgleißten, wanderten durch die Menge, um zu helfen, wo es nötig war, oder um Ärger vorzubeugen.

Zufrieden, daß alles seine Ordnung hatte, wandte Bak seine Aufmerksamkeit erneut dem Pier zu. Kommandant Thuty, der Priester des Horus von Buhen und drei farbenprächtig gewandete, einheimische Prinzen standen nebeneinander vor der Barke, bereit, den Herrn Amun und sein Gefolge zu empfangen. Alle trugen breite und farbenfrohe Perlenkragen, Armbänder aus Gold oder Bronze und Ringe, die mit strahlenden Steinen besetzt waren. Bis auf den Priester trugen alle schartenlose neue Schilde, und der Glanz ihrer Waffen wetteiferte mit dem der Sonne. Ein Dutzend Soldaten und Schreiber warteten ebenfalls, geläutert und rasiert, um dem Gott und seinen geistlichen Repräsentanten zu dienen.

Hoch über dem Pylontor flatterten die roten Banner in

einer kräftigen Brise. Bak hoffte inständig, daß ein Hauch über die vor Hitze kochende Terrasse hinwegstrich und den Geruch von zu vielen Leibern auf zu kleinem Raum fortblies.

»Schweine!« Ein wütender Schrei auf der Terrasse unter ihm.

»Heh! Was soll das denn werden?« brüllte jemand anders.

Bak lehnte sich über die hüfthohe Mauer. Fünf kleine Jungen bildeten, sich an den Händen haltend, eine Kette und bahnten sich einen Weg durch die Menschenmenge. Das Gedränge war zu groß für solche Possen, die Terrasse zu überfüllt. Er spitzte die Lippen und pfiff ein Signal. Ein patrouillierender Medja kam herbeigelaufen. Augenblicke später war die Kette zerrissen, die Jungen gemaßregelt, die Erwachsenen zufrieden.

Als er wieder zum Pier schaute, schwenkte der Oberpriester, gewandet in feinem, weißem Leinen und geschmückt mit goldener Brustplatte und goldenen Armreifen, ein letztes Mal sein Räucherfaß. Priester niederen Ranges hoben die vergoldete Barkasse, eine kleine Ausgabe der Barke, unter dem Baldachin hervor. Sie legten sich die Tragstangen über die Schultern und folgten dem Oberpriester vorsichtig die Landungsplanke hinab, die Barkasse und ihre wertvolle Fracht hoch über ihren Köpfen balancierend. Als ihre Füße den Pier berührten, brachen die Zuschauer in Freudenschreie aus und drängten vor, um besser sehen zu können. Die Worte vermengten sich zu einem so lauten Brausen, daß ein Taubenschwarm aufstob und Baks Aufmerksamkeit auf die Wehranlagen lenkte. Er lächelte. Psuro, Hori und sieben großäugige Kinder standen oben auf dem nächsten Turm und starrten verzückt auf den Gott hinab.

Der Oberpriester geleitete die Prozession den Pier entlang, ihm folgten der Priester des Horus von Buhen, der Kommandant und die Prinzen. Hinter ihnen läuterten zwei Priester mit Weihrauch und Trankopfern den Weg des Herrn Amun, andere beschatteten seinen Schrein mit

Fächern aus Straußenfedern. Die von Buhen abgestellten Männer trugen entweder vergoldete Truhen, die die rituellen Gegenstände und Kleider des Gottes enthielten, oder leuchtend bemalte Standarten, die Amun und Horus und die anderen in Wawat wichtigen Götter symbolisierten. Als sie näherkamen, konnte Bak die Bewegung ihrer Lippen sehen, der Gesang jedoch ging im Tumult und Geschrei der inbrünstig Betenden unter. Und er selbst schrie ebenfalls, und das Herz schwoll ihm über vor Staunen und inniger Liebe.

Die Prozession näherte sich dem Pylon. Weihrauch hing in der Luft. Bak lehnte sich weit über die Mauer, um seine Offizierskameraden sehen zu können. Der Oberpriester schwenkte sein Räucherfaß dem Volk auf der gegenüberliegenden Seite zu, wandte sich um, schwenkte es zu Bak und seinen Nachbarn. Der beißende Rauch wehte dem Priester ins schmale, faltige Gesicht. Bak klappte der Mund auf, und er hätte beinahe vergessen, sich festzuhalten. Der Oberpriester war jemand, den er schon sein Leben lang kannte, der Arzt Kenamon, Lehrer und Freund seines Vaters, der ebenfalls Arzt war.

Kenamon geriet hinter Baks Landsleuten außer Sicht. Die Barkasse des Herrn Amun schien für einige Augenblicke über ihren Köpfen zu segeln und entschwand dann durch das Pylontor.

Kenamon, dachte Bak. Ein Arzt, den viele rufen, die in den Hallen des Königshauses wandeln. Wenn Puemres Vater ein Adliger war, dann mußte Kenamon ihn kennen.

»Mein Sohn.« Kenamon klopfte Bak mit langen, knochigen Fingern auf die Schultern. »Mein Herz ist voller Freude, dich wiederzusehen. Es ist ... wie lange her?«

Bak schenkte dem Priester ein breites, warmes Lächeln. »Knapp ein Jahr. Mein Onkel, hast du die Nacht etwa schon vergessen, in der ich in Tenethats Freudenhaus ohnmächtig geworden bin?«

Der alte Mann, der so klein und zerbrechlich aussah, als

ob ihn der leiseste Windhauch umpusten könnte, kicherte. »Ach ja, die Nacht, in der du die Aufmerksamkeit auf das wenig tugendhafte Benehmen etlicher Favoriten unserer Herrscherin gelenkt hast.«

Er riß in gespieltem Erschrecken die Augen auf, schlug sich mit der Hand auf den Mund und sah sich verstohlen um, als lauerte ein Lauscher in den abendlichen Schatten der Bündelsäulen, die den Vorhof vom Haus des Horus säumten. Dann lachten sie beide, der alte Mann mit verschmitzten Augen, der junge mit erfreuten. Kenamons hohe Stellung als Abgesandter des obersten Sehers hatte ihm weder Autoritätsgläubigkeit eingepflanzt noch seinen Sinn für Humor genommen.

Während ihr Lachen verklang, zog der alte Priester Bak in den breiten Schatten, den das Gotteshaus warf. Vor den großen, bemalten Wandreliefs von Horus und der Königin wirkte seine weißgewandete Gestalt kleiner als je zuvor.

Er musterte Bak von Kopf bis Fuß und nickte zufrieden. »Dein Exil scheint dir nicht geschadet zu haben. Du stehst immer noch aufrecht, ohne einen Mangel an Selbstvertrauen, und wie ich höre, hast du deinen Rang schon wiedererlangt. Ja, ich will meinen, dein Vater hat jeden Grund, stolz auf dich zu sein.«

»Wie geht es meinem Vater?« fragte Bak.

»Gut. Er ist zufrieden, auch wenn er sehnsüchtig darauf wartet, daß du in die Hauptstadt zurückkehrst.«

Kenamon redete weiter, berichtete ausführlich die Neuigkeiten, nach denen es Bak dürstete. Er hätte ihm ewig zuhören können, wenn da nicht das Problem mit Puemre gewesen wäre.

»Du weißt natürlich, daß ich hier in Buhen die Medja-Polizei anführe.«

»Ja.« Kenamon lächelte erfreut. »Der Vizekönig hat mir erzählt, daß Kommandant Thuty deine Männer und dich als Amun-Psaros Ehrenwache aufstellen wird.«

»Es ist ein großes Privileg, dafür ausgewählt worden zu

sein, aber ...« Bak berichtete von der erweiterten Zuständigkeit des Kommandanten und seiner eigenen, vom Fund des Toten und seiner Entschlossenheit, den Mord rasch aufzuklären, damit er den Gott flußaufwärts begleiten konnte. Schließlich schenkte er dem alten Priester ein Lächeln der Zuneigung. »Jetzt, wo ich weiß, daß du der Arzt bist, der mit dem Herrn Amun reist, vertraue ich auch eher darauf, daß der Prinz geheilt wird.«

Kenamons Miene wurde streng. »Wenn ich die Kranken oder Verletzten behandle, mein Sohn, dann bin ich nicht mehr als ein Werkzeug. Das Schicksal dieses Jungen liegt allein in den Händen des Herrn Amun, wie bei allen meinen Behandlungen, die da waren und noch kommen mögen.«

Bak fühlte, wie ihm das Blut in die Wangen schoß. »Das weiß ich, Herr, aber mit den Jahren ist mir aufgefallen, daß der Herr Amun dir und deinen Patienten öfter gewogen ist als denen, die sich von anderen Ärzten behandeln lassen.«

»Du bist genauso unverschämt wie dein Vater!«

Bak meinte, ein Zwinkern in den Augen des alten Mannes erspäht zu haben, aber es war wohl besser, das Thema zu wechseln. »Du mußt mir vergeben, mein Onkel, aber ich bin nicht nur gekommen, um von meinem Vater zu hören und unsere Freundschaft zu erneuern, sondern auch, um dich um einen Gefallen zu bitten, der mit diesem Mann zu tun hat, den ich im Fluß gefunden habe.«

Kenamons Augen klärten sich. »Du machst mich neugierig, mein Sohn. Was verlangst du von mir?«

»Er war ein Leutnant namens Puemre, der Festung Iken zugeteilt. Sein Vater könnte ein Adliger sein. Sein Name ist ...«

Kenamon ergriff Baks Arm. »Nicht Nihisy, hoffe ich.«

Bak erstarrte, alarmiert von der Sorge in Kenamons Stimme und Gesicht. »Was soll das heißen, mein Onkel?«

Der alte Priester rieb sich die Augen, als wischte er etwas fort, das er nicht sehen wollte. »Ich muß den Toten sehen, bevor ich es sicher weiß, aber wenn er der ist, der ich denke, dann ist sein Vater gerade zum Kanzler ernannt worden, von unserer Herrscherin Maatkare Hatschepsut höchstselbst.«

Von der Neuigkeit wie betäubt, schnappte Bak nach Luft. »Dann ist er einer der mächtigsten Männer Kemets!«

»Puemre war sein einziger Sohn, Bak, die Freude seines Lebens. Er wird nicht ruhen, ehe sein Tod gerächt ist.«

Bak lief ein Schauer über den Rücken. Die meisten gewaltsamen Tode waren Verbrechen aus Leidenschaft und so rasch gelöst, wie Kommandant Woser es Imsiba erzählt hatte. Wenn Woser irrte und Puemres Mörder mit Umsicht vorgegangen war, um die Wahrheit zu verbergen, dann mochte nicht einmal die allersorgfältigste Untersuchung seinen Namen enthüllen. Wenn das geschehen sollte, dann würde Nihisy die Aufmerksamkeit der Königin gen Wawat lenken. Köpfe würden rollen, wenn nicht im wörtlichen, dann im übertragenen Sinne, den ganzen Bauch der Steine entlang, und zuerst der Kopf des Mannes, der den Mörder nicht hatte fassen können.

»Ich könnte Woser den Hals umdrehen!« Thuty schritt durch seinen Empfangsraum zur Hoftür, schwang herum und starrte Bak und Kenamon an, als hätten sie ebenso falsch gehandelt wie Woser.

»Er konnte nicht wissen, daß Nihisy unser neuer Kanzler wird.« Kenamon beugte sich in Thutys Lehnstuhl zur Seite, um seine Trinkschale auf einen flachen Tisch zu stellen. »Die Hauptstadt hat keinen Boten nach Süden ausgeschickt. Ich sollte die Nachricht auf meinem Weg den Fluß hinauf selbst verbreiten.«

Bak, der am Pfosten der geöffneten Tür zum Treppenschacht lehnte, nippte an seiner Trinkschale. Der Wein war süffig und schwer, der beste, den es in ganz Wawat zu trinken gab. Der Duft von Zwiebeln, Linsen und gebratenem Fleisch, der durch die Hoftür drang, versprach ein Festmahl, das einem Gotte würdig war, und man hatte Bak dazu eingeladen. Doch er konnte weder den Wein noch den Duft genießen. Er konnte nur an die bevorstehende Entscheidung des Kommandanten denken und an die Last, die dann auf seinen Schultern ruhte.

»Woser hätte meine Aufmerksamkeit schon vor Monaten auf die adelige Herkunft Puemres lenken müssen, und doch hat er nicht eine Bemerkung in seinen Berichten gemacht. Und jetzt ...« Thutys Stimme wurde hart. »Jetzt ist der arme Kerl ermordet, und Woser blendet mich noch immer durch sein Schweigen.«

Wieder versuchte Kenamon abzuwiegeln. »Vielleicht nahm er an, daß Puemre sich hier ordnungsgemäß hatte registrieren lassen und dein oberster Schreiber dich längst von seiner Anwesenheit unterrichtet hatte.«

»Selbst wenn das stimmt, so erklärt es nicht, warum er keine Vermißtenmeldung abgegeben hat.« Thuty stampfte erneut durch den Raum, fuhr herum, sah Bak finster an. »Und es erklärt auch nicht, warum er Imsiba keinen schriftlichen Bericht über die ganze Angelegenheit mitgegeben hat.«

Bak war viel zu sehr darauf aus, Thutys Entscheidung endlich hinter sich zu haben, um seine Zeit mit nutzlosen Vermutungen zu verbringen. »Wünschst du, daß ich nach Iken gehe, Herr?«

Kenamon warf ihm einen Blick zu, in dem sich Sorge mit Stolz vermischte. Er hatte seine Meinung während ihres Weges vom Haus des Todes zum Kommandanten deutlich gemacht. Er fürchtete um die Zukunft seines jungen Freundes, aber er war stolz auf dessen edle Absichten.

»Nein, Bak, das wünsche ich nicht!« Thutys Augen funkelten. »Ich möchte, daß du mit dem Herrn Amun nach Semna reist. Aber dieser Trottel von Woser hat das unmöglich gemacht. Geh! Geh nach Iken. Bring diese Angelegenheit zu einem Ende.«

»Ich werde mein Bestes tun, Herr, das verspreche ich.«

Thuty hob seinen Amtsstab von einem der Hocker auf und setzte sich. »Ich schicke heute nacht einen Boten nach

Iken, mit einem Brief, der dir Autorität über Woser verleiht, soweit es den Mord an Puemre betrifft. Das wird ihm nicht gefallen, aber da laß ich ihm keine andere Wahl.«

Was, wenn mein Bestes nicht ausreicht, fragte Bak sich. Wenn ich diesmal versage? Er hatte Kenamon bereits gebeten, für ihn beim Herrn Amun vorzusprechen, aber vielleicht sollte er dem Gott auch gleich noch ein Opfer bringen. Eine fette Gans. Oder am besten gleich zwei.

5. Kapitel

»Paß auf dich auf, mein Freund.« Imsibas Blick war von Sorge umwölkt. »Ich fürchte, an den Toren von Iken begrüßt dich die Gefahr.«

Bak klopfte dem großen Medja auf die Schulter. »Ich wünschte, du könntest mitkommen, aber du mußt bei unseren Männern bleiben und dafür sorgen, daß sie sich gut auf die Reise den Fluß hinauf vorbereiten. Und du mußt mit Nebwa abmachen, wer welche Pflichten zu übernehmen hat. Und dem Arzt Kenamon jede erdenkliche Hilfe anbieten. Und ...«

Imsiba schnitt den Wortstrom mit erhobenen Händen und einem kaum merklichen Lächeln ab. »Ich habe unzählige Aufgaben, ich weiß, aber ich mache mir trotzdem Sorgen.«

»Du hast oft zu mir gesagt, unsere Einheit wäre die beste im ganzen Reich, und ich nehme zwei unserer besten Männer mit.« Bak nickte zu Kasaya und Paschenuro hinüber, die an der Wasserlinie knieten, vielleicht zwanzig Schritt von der Mauer entfernt, die das Südende der Uferterrassen stützte. »Reichen sie nicht aus, daß du ruhig schlafen kannst?«

Imsiba schaute zu den beiden Medjaju, die irgendein Wassertier beobachteten, das ihren Vorgesetzten verborgen blieb. Der jüngere der beiden, Kasaya, war der größte und stärkste Mann der Einheit, nicht sonderlich mit Klugheit gesegnet, doch von einer guten und freundlichen Natur. Paschenuro war kleiner, breiter gebaut, so schlau wie mutig und stand im Rang gleich unter Imsiba. Beide Männer trugen schwarzweiß gefleckte Schilde aus Kuhhaut und übermannsgroße Bronzespeere. Am Bund ihrer Schurze prangten Dolch und Schleuder. Zu ihren Füßen lag ein Wasserschlauch aus Ziegenleder.

»Ich hätte sie nicht besser auswählen können«, gab Imsiba zu, »aber sie werden nicht ständig bei dir sein können.«

Bak, der endlich aufbrechen wollte, sah zu der langen Sanddüne, die den Fluß weit entfernt im Osten begleitete. Orangene Streifen breiteten sich am Himmel aus, darunter Chepri, die aufgehende Sonne, ein Flammensplitter, der den Horizont versengte. »Ich mache mir weniger Sorgen wegen Puemres Mörder als wegen Kommandant Woser. Wenn er mir Steine in den Weg legen will – und nach dem, was du sagst, will er das –, dann wird meine Arbeit zehnmal so schwer sein.«

Imsiba folgte seinem Blick und dachte an den eigenen Marsch durch die Hitze. Er trat zurück. »Du weißt, wo du mich findest, falls du mich brauchst. Falls vorher keine Nachricht kommt, sehen wir uns in vier oder fünf Tagen.«

Bak verkniff sich einen letzten überflüssigen Befehl, lächelte zum Abschied und wandte sich ab. Den undeutlichen Fußstapfen folgend, die Kasaya und Paschenuro im Sand hinterlassen hatten, ging er den Hang hinab zum Fluß. Obwohl der Weg nach Iken nur einen halben Tag dauerte, wenn man nicht mit Eseln und Handelsgütern geschlagen war, würde er heiß sein, durstbringend und beschwerlich. Am besten brachen sie gleich auf.

Bak und seine Gefährten kannten das Uferstück zwischen Buhen und Kor während der kühleren Monate gut, in denen der Fluß niedrig stand. Sie hatten im Schatten der zähen Akazien und Tamarisken gefischt, waren mit Booten für einen entspannten Tag der Vogeljagd im Schilf getrieben und von den Felsen ins Wasser gesprungen, die die

Jahre wilder Hochwasser freigelegt hatten. Nun aber waren ihre Lieblingsstellen überschwemmt, wurden ganz oder teilweise von einem Fluß bedeckt, der nicht mehr freundlich war, und über allem stand sengend der Herr Re. Bäume und Felsen ragten aus dem schlammigen Wasser empor, Schilf und Grasbüschel waren verschwommene Flecken unter den Wellen. Vom hungrigen Fluß untergrabene Landzungen bröckelten ab, und goldene Dünen, geformt von den Winden, die über die westliche Wüste hinwegstrichen, verrieselten.

In Kor machten sie kurz halt, um mit einem Händler zu sprechen, der am Morgen mit einer Karawane aus dem Süden gekommen war.

»Wir waren drei Tage in Iken«, sagte der große, knochige Mann, dessen Haut von der Sonne zu Leder gegerbt war. »Das Wetter ist wie verhext, so heiß war es noch nie in den zehn Jahren, die ich jetzt flußaufwärts Handel treibe. Die Lasttiere mußten sich ausruhen. Und ich auch, ehrlich gesagt.«

»Wann bist du abgereist?« fragte Bak.

»Gestern. Am späten Nachmittag. Meine Männer sind gut bewaffnet, und die Wüste ist hier verhältnismäßig sicher, also haben wir die ganze Nacht genutzt.«

»Hast du irgend etwas von einem vermißten Offizier gehört?«

»Getuschel«, gab der Händler zu. »Nichts genaues, nur Gerüchte. Ich habe sie nicht beachtet. Wie kann in einer so großen und gutbesuchten Festung wie Iken ein Offizier verlorengehen?«

Eine gute Frage, dachte Bak.

Er war gerade mit einem Bauern am Feilschen um getrocknetes Hühnerfleisch und frisches Gemüse für einen Mittagsimbiß, als Paschenuro mit zwei Soldaten herbeieilte, die gerade mehrere Tage Wache auf einem hohen, kegelförmigen Hügel gleich in der Nähe hinter sich hatten. Bak kannte die Stelle, denn der Schuppen aus Stein und Lehmziegeln, der die Männer vor der Sonne schützte, stand zwischen Felsen, in die uralte Reliefs geschnitzt waren. Der Hügel war zwar kein Schrein, aber ein guter Ort, wenn man in Ehrfurcht vor längst vergangenen Zeitaltern stehen wollte.

»Glaube nicht, daß wir erkennen könnten, ob eine Leiche den Fluß runterkommt«, sagte der ältere der beiden, ein grauer Veteran von vielleicht vierzig Jahren.

»Sie hatte sich in den Wurzeln einer Palme verfangen«, sagte Kasaya.

Der jüngere Soldat, so kahl wie eine Melone, lachte. »Von unserem Posten aus ist ein Baum wie der andere. Und ein toter Mann sieht nicht viel anders aus als ein toter Ochse.«

Der Ältere sah den Zweifel auf Kasayas Gesicht und beeilte sich zu erklären: »Wir sind zu weit vom Fluß entfernt. Und außerdem sollen wir schließlich die Wüstenstraße bewachen.«

Bak beschrieb den Toten, obwohl er wie Meru glaubte, daß Puemre bei Iken ins Wasser gelangt war. »Ist jemand, auf den diese Beschreibung paßt, an eurem Posten vorbeigekommen?«

»Nein, Herr«, sagte der kahle Soldat. »Wir sahen überhaupt keine Offiziere und auch keine anderen Soldaten, die wir nicht kannten. Die einzigen Fremden waren Händler, Männer mit Karawanen.«

»Habt ihr vielleicht ...« Und Bak beschrieb ihnen ausführlich Senebs Karawane, die Männer und Kinder und Tiere.

»Natürlich haben wir die gesehen.« Der Ältere spuckte verächtlich aus. »Am liebsten wären wir sofort zu ihnen runter. Aber weil unser Feldwebel unsere Köpfe dem Truppenführer Nebwa serviert, so wie wir auch nur einen Fuß vom Hügel runtersetzen, mußten wir uns mit einem Signal nach Kor begnügen. Hoffe, es war zu was nütze.«

»Das war es.« Bak lächelte. »Man hat mich aus Buhen gerufen, und nun ist der Händler Seneb eingesperrt und wartet darauf, vor Kommandant Thuty zu stehen.« Sein

Lächeln erlosch. »Nun sagt mir, hat er oder jemand anders von ihnen je die Karawane verlassen?«

»Ich weiß nicht, was weiter flußauf passiert ist, aber von dem Moment an, als wir sie zum ersten Mal gesehen haben, bis zu ihrem Eintreffen in Kor hat sich nicht ein Mann von der Straße entfernt.«

Anstatt der Karawanenstraße durch die gelbbraunen Dünen zu folgen, beschloß Bak, dicht am Wasser zu bleiben. Während der Monate in Buhen hatte man ihm viel über den Bauch der Steine erzählt. Nun, da er die Möglichkeit hatte, mit eigenen Augen zu sehen, wie der Fluß seinen Weg durch die Felsen nahm, hatte er nicht vor, auf der Straße daran vorbeizuhetzen.

Südlich von Kor fanden sie den Fluß von Inseln zerteilt, manche groß genug für ein Haus, andere kaum mehr als Felsen, schwarzer Granit, der von den gischtenden Wassern ringsum naß glänzte. Die größte von ihnen war Dorginarti, in dessen neuen Lehmziegelmauern, die sich hoch über Felsen, Bäume und Buschwerk erhoben, Männer so emsig und zahlreich wie Ameisen herumkletterten. An dieser Stelle hatte einst auch schon eine Festung gestanden, sie war jedoch von den Hochwassern zerstört und von den Bauern der Umgebung für eigene Bauten geplündert worden.

Sie kämpften sich voran, tiefer in den Bauch der Steine hinein. Dort war der Fluß zornig und wild, so verschieden wie die Nacht vom Tage gegen den glatten, ruhigen Strom, der an Buhen vorbeifloß. Ansammlungen von Felsbrocken und Inselchen, manche kahl und trostlos, andere grünbewachsen, bildeten ein Labyrinth aus schmalen Kanälen und tosenden Stromschnellen. Wo der Weg frei war, floß das rotbraune Wasser flink und kraftvoll, meist jedoch sprang es über Felsen hinweg, stürzte tosend hinunter und drehte sich über unsichtbaren Hindernissen im Kreis, Farbe und Zustand verdeckt durch den Schaum. Hier sammelte es sich in stillen Becken, dort schwappte es durch enge Passagen oder stürzte Stufen glitzernden schwarzen Steines hinab. Und die ganze Zeit flüsterte und murmelte und sang es wie ein lebendes Wesen, eine Sirene.

Bak war beeindruckt von der rauhen Gewalt und Schönheit, und gleichzeitig war er entsetzt. Ein flüchtiges Bild von sich, wie er in einem Boot diese wilden Wasser hinunterfuhr, jagte ihm einen Schauer über den Rücken. Er verwarf den Gedanken als allzu fantastisch. Kein gesunder Mann würde sein Boot in ein solches Chaos führen.

In die andere Richtung erstreckte sich eine Welt aus goldenem Sand und schwarzen Felsen, verlor sich in dem rosigen Dunst, der Land und Himmel verband. Das andere Ufer war weniger vom Sand erstickt und sah auf die Entfernung bleich und verlassen aus, eine gequälte Welt aus Stein, von Sonne und Wind zerfressen, vom Flugsand abgeschliffen. Die aufgehende Sonne Chepri kletterte langsam das Himmelsgewölbe empor, entzog ihren Leibern die Feuchtigkeit, verbrannte ihre Haut und versengte das dürre Land. Trotz der Schilfsandalen brannten ihnen die Füße bei jedem Schritt. Sie machten oft halt, um sich in ein ruhiges Becken sinken zu lassen und ihren Durst zu stillen oder auch nur, um dem verrücktgewordenen Fluß zuzusehen.

Das Leben ging weiter, selbst inmitten der Ödnis. Krokodile sonnten sich auf Sandbänken oder glitten mit einem leisen Platschen ins Wasser. Vögel lärmten in den Akazien, die sich an winzige Erdnester klammerten. Wasservögel paddelten im Schilf herum, das in geschützten kleinen Buchten wuchs, oder glitten auf der Suche nach einer raschen Mahlzeit über das Wasser. Weder Menschen noch Häuser waren zu sehen, aber jedesmal, wenn sie auf eine geschützte Landzunge stießen, fanden sie ordentliche Reihen von Zwiebeln, Melonen oder Linsen, manchmal sogar Korn.

Die Felsenkette, die das Hinterland von Buhen bildete, kam langsam dichter an den Fluß heran und endete plötzlich in einer hohen, steilen Klippe über dem Wasser. Vier Soldaten, deren lange Speere in der Sonne gleißten, saßen oben auf den Felsen und beobachteten, wie Bak und seine Medjaju näherkamen. Es waren Wachen, wie er wußte, der Signalstation zugeteilt, die sich auf diesem höchsten Punkt der Gegend befand. Ihre Aufgabe war, ein wachsames Auge auf die umliegende Landschaft zu haben und jede wichtige Nachricht weiterzuleiten, die von flußauf oder flußab kam, am Tage mit Spiegeln und mit Feuern in der Nacht.

Bak ließ seine Männer bei einem ruhigen Becken zurück und stapfte eine steile Sandverwehung zur Klippe hinauf. Seine Füße sanken tief ein, und der Sand zerrte ihm an den Beinen, daß er sich schwer und unbeholfen vorkam. Es war eine Erleichterung, den nackten Fels zu erreichen und in seinen Rissen und Spalten hinaufzuklettern. Die Soldaten, drei Speerträger und ein Feldwebel, warteten auf dem Gipfel, hoch über dem Felswirrwarr des Bauchs der Steine. Bak las Neugierde in ihren Gesichtern und die Vorsicht, die ihrer Aufgabe angemessen war.

Der Feldwebel, ein kleiner und stämmiger Mann, dicht an Baks vierundzwanzig Jahren, mit jungenhaftem Gesicht und einem Körper, der nur aus Muskeln zu bestehen schien, überprüfte Baks Reisepaß und sah ihn dann lange und forschend an. »Nicht viele Männer klettern diese Zinne hinauf, um den Tag mit uns zu verbringen. Und du bist sogar ein Offizier.«

»Ich habe einen Grund«, versicherte Bak ihm mit einem freundlichen Lächeln.

Der Feldwebel blieb streng. »Und der lautet?«

Der Mann hatte die Pflicht, mißtrauisch zu sein, also sagte Bak: »Ich suche nach Hinweisen. Und da ihr hier Tag für Tag hoch über dem Fluß und der Wüste sitzt, könnt ihr mir vielleicht helfen.«

Der Feldwebel sah zum Fuß der Klippe hinab, zu den

beiden Medjaju, die sich im Wasser aalten. Ihm schien etwas zu dämmern. »Du mußt der Polizeioffizier von Buhen sein, der den Mann finden will, der Leutnant Puemre ermordet hat.«

Bak erstarrte vor Überraschung. »Ihr habt schon davon gehört?«

»Wir sahen deinen Medja-Feldwebel gestern hin und zurück wandern, und in der Nacht passierte ein Bote von Kommandant Thuty. Und heute morgen, als die Wüstenpatrouille unseren Nachschub brachte, erfuhren wir von deinem Auftrag. Die Nachricht hat sich in Iken so rasch verbreitet wie der Sand im Fluß.«

Bak runzelte die Stirn. Die Tatsache, daß Kommandant Woser die Botschaft weitererzählt hatte, war interessant, denn damit hatte er in aller Öffentlichkeit zugegeben, gegenüber seinem Vorgesetzten, Thuty, versagt zu haben. Aber falls dieses Eingeständnis noch eine tiefere Bedeutung hatte, so entzog sie sich Bak.

»Wir haben jede Menge Bier«, sagte der Feldwebel nun freundlicher. »Darf ich einen Krug mit dir teilen?«

Bak nickte zustimmend und folgte ihm in den Schatten eines Schilfdaches, das an eine plumpe Hütte aus Lehmziegeln gebaut war. Der Unterstand befand sich gleich unterhalb des Gipfels, zwischen den umgestürzten Mauern mehrerer alter Ruinen. Vier große, poröse Wasseramphoren lehnten an einer zerborstenen Mauer, und ein Dutzend kleinerer Krüge hingen am Gestell des Anbaus. Sie schaukelten sachte in der leichten Brise, die über die Klippe wehte und für ein wenig Luft sorgte.

Der Feldwebel band einen der Krüge los, zog den steinharten Lehmstopfen heraus und reichte den Krug seinem Gast. »Warst du schon einmal in Iken?«

»Nein«, gestand Bak. »Oberhalb von Kor kenne ich nichts.«

»Dann schau nach Süden. Heute ist es nicht so diesig, da kannst du es von hier aus sehen. Es ist nur eine Fußstunde entfernt.«

Gefiltert durch einen rosabläulichen Dunst, sah Bak die Mauern einer gewaltigen Festung über einer steilen Böschung aufragen, die parallel zum westlichen Ufer des Flusses verlief. Zwischen Böschung und Fluß zog sich eine Mauer dahin, schützte die Stadt, die sich auf der Ebene unterhalb der Festung ausdehnte. Nahe am Ufer standen Lagerhäuser und Speicher, in der Nähe der beiden Piers, die einen sicheren Hafen bildeten. Eine kurze Strecke flußabwärts war das Wasser nicht mehr ruhig, sondern wurde von Inseln und emporragenden Felsen zu den tückischsten Stromschnellen zerrissen, die Bak je gesehen hatte. In ihrem Schutz stand auf einer der größeren Inseln eine zweite Festung, eine kleinere, ein ummauertes Rechteck. Bak hatte gehört, daß Iken groß und blühend sein sollte, aber daß es größer als Buhen war, überraschte ihn doch. Wie bedauerlich, daß er nicht mit einem angenehmeren Auftrag dorthin unterwegs war.

Der Feldwebel saß mit dem Rücken gegen die Hütte gelehnt, und Bak ließ sich neben ihm nieder. Er nahm einen langen Zug der warmen, dicken Flüssigkeit. Das Bier war kräftiger als das in Buhen, und berauschender.

Er hob den Krug seinem Gefährten entgegen. »Ein außerordentliches Gebräu, Feldwebel ...« Er machte eine Pause, wartete auf den Namen.

»Sobekhotep.« Der Feldwebel nahm den Krug und trank. »Du hast Fragen, Herr?«

Nichts macht aus Fremden schneller Freunde als ein Krug Bier, dachte Bak. »Wie lange seid ihr schon ohne Unterbrechung auf Posten?«

»Neun Tage. Morgen werden wir abgelöst, bis unsere nächste Schicht fällig ist.«

»Habt ihr viel mit Iken zu tun?«

»Die Patrouille kommt jeden Morgen mit frischem Essen und Trinken.«

»Und mit dem Garnisonsklatsch wohl auch?« Bak grinste.

»Wir nützen niemandem etwas, wenn wir nicht wissen,

was um uns herum geschieht.« Sobekhotep sprach mit todernstem Gesicht und einem Zwinkern im Auge.

Bak sah zu den anderen Wachen hinüber, die am Rande der Klippe hockten und über den Fluß schauten. »Wie gut kanntest du Leutnant Puemre, Feldwebel?«

»Unsere Wege haben sich nie gekreuzt, aber ich wußte, wer er war.«

»Ich habe gehört, daß seine Männer viel auf ihn gehalten haben.«

»So sagt man.«

»Und seine Offizierskameraden, was dachten die über ihn?«

»Da kann ich dir nicht helfen, Herr. Meine Wege sind nicht die eines Offiziers.«

Bak hob den Bierkrug an die Lippen und nahm einen ordentlichen Schluck, um sein Erstaunen zu verbergen – und seine Neugierde. Er hatte keinen Zweifel, daß Sobekhotep genau wußte, was die anderen Offiziere in Iken von Puemre hielten. Aber entweder war der Feldwebel ein vorbildlicher Soldat, der zu loyal war, um über seine Vorgesetzten zu klatschen, oder aber er wollte nicht mit dem Finger auf jemanden zeigen, den er bewunderte – oder fürchtete.

Bak beließ es dabei, wenigstens für den Moment. »Wie lange ist es her, daß ihr von Puemres Tod gehört habt?«

Sobekhotep trank, die Brauen nachdenklich gerunzelt. »Wir hörten vor drei, vielleicht auch vier Tagen, daß er vermißt wird. Bis heute morgen die Patrouille kam, wußten wir nicht, daß sein Ka seinen irdischen Leib verlassen hat.«

»Ich habe ihn vor vier Tagen gefunden, als er an Buhen vorbeitrieb. Hast du oder haben deine Männer an dem Tag oder davor etwas im Fluß gesehen? Etwas, das sein Leichnam gewesen sein könnte?«

»Könntest du von hier aus eine Leiche ausmachen?« fragte Sobekhotep und schwenkte den Arm über den großen Fluß unter ihnen.

Nach Norden und Süden breitete sich, soweit das Auge reichte, ein ehrfurchteinflößendes Panorama von übereinandergeworfenen großen und kleinen Felsbrocken aus, manche gefranst von Gräsern, andere mit Büscheln von Mimosen bewachsen oder von Akazien und Palmen gekrönt, und um alle rankte sich das Wasser herum oder schwappte in Wellen darüber hinweg oder stürzte zwischen ihnen hinab. Was ein Stück Treibholz sein mochte, ein Krokodil oder ein Produkt seiner Einbildungskraft, tauchte in einem ruhigen Becken auf, trieb dann in eine starke Strömung, fiel einen Wasserfall hinab und verschwand im wirbelnden Schaum.

Bak sah zum Himmel hinauf, wo ein halbes Dutzend schwarzer Punkte kreisten. »Würde eine Leiche nicht Aasfresser anziehen?«

»Oh, ich habe keine Zweifel, daß sie jeden Happen im Wasser ausfindig machen können, aber da sie es bevorzugen, auf dem Trockenen zu fressen, werden sie wohl lieber nach etwas Ausschau halten, das schon ans Ufer getrieben worden ist.«

Bak fühlte sich wie ein Mann, der mit dem Kopf gegen eine Steinsäule krachte. »Habt ihr vielleicht ...« Verbissen beschrieb er Senebs Karawane zum zweiten Mal an diesem Morgen.

»Bestimmt haben wir die gesehen«, sagte Sobekhotep, »aber aus dieser Entfernung sieht eine Karawane wie die andere aus. Solange sie auf der Straße bleiben und sich benehmen, kümmern wir uns um unsere eigenen Sachen. Nur wenn wir marodierende Stämme ausmachen oder jemanden in Schwierigkeiten, signalisieren wir der Patrouille. Sie hat auf der Wüstenstraße für Ordnung zu sorgen.«

Bak nahm einen kräftigen Schluck. Es war Zeit zu gehen, obwohl es ihm nicht gefiel, genauso schlau wieder zu verschwinden, wie er gekommen war. Wie sollte er aus einem so verschlossenen Mann etwas herausholen? Wenn er ihm nur etwas anzubieten gehabt hätte, etwas Besonderes, das einem Mann schmeckte, der in einem Außenposten weitab vom Land seiner Geburt lebte. Vielleicht ...

Er reichte Sobekhotep den Krug und stand auf. »Hast du gehört, daß der Herr Amun gestern in Buhen eingetroffen ist?«

»Die Patrouille hat es uns heute morgen erzählt.« Der Feldwebel hob einen kleinen, glatten Stein auf und spielte damit. »Sein Abbild soll ganz wunderbar anzuschauen sein.«

Unter seiner ruhigen Stimme, die völlig teilnahmslos schien, bemerkte Bak die Erregung eines Mannes, der von nichts je so sehr geträumt hatte, wie den höchsten aller Götter mit eigenen Augen zu sehen.

Das Schuldgefühl bezwingend, daß er den Herrn Amun für einen so unwürdigen Zweck benutzte, begann Bak voller Begeisterung zu erzählen. »Er kam, ja, in einem goldbedeckten Flußboot, das von einem prächtigen Kriegsschiff den Fluß hinaufgezogen wurde, und ein zweites, ebenso großartiges Kriegsschiff folgte zu seinem Schutz. Er stand da, leuchtend wie der Herr Re, in einem Schrein aus Gold auf einer goldenen Barkasse. Der strahlende Tag verblaßte unter seinem Glanz.« Hoffentlich hatte er nicht eine zu dicke Farbschicht auf eine schlecht vorbereitete Oberfläche aufgetragen.

Seine Sorge war überflüssig. Sobekhotep war wie ein Kind, dem man ein Stück Honigkuchen vor die Nase hielt. »Du hast ihn richtig sehen können? Er war nicht in seinem Schrein versteckt? Jeder hat ihn sehen können?«

Bak setzte sich wieder und beschrieb ausführlich die Prozession des Herrn Amun, zuversichtlich, daß ihm der Feldwebel dies mit Informationen vergelten würde. Als er fertig war, ließ er die Stille wachsen, wartete. Sobekhotep saß still und stumm da, die Ellenbogen auf den Knien, das Kinn auf den verschränkten Fingern, ganz in das Bild versunken, das Bak ihm gemalt hatte.

Um ihn zu wecken, sah Bak himmelwärts, wo der Herr Re sich dem Mittag näherte. »Ich sollte gehen, bevor meine

Männer denken, du hast mich gefangengenommen«, witzelte er und kam auf die Füße.

Sobekhotep stand auf und klopfte ihm auf die Schultern. »Ich werde in Iken sein, wenn der Herr Amun eintrifft, und ihn mit eigenen Augen sehen, aber du hast mir eine Beschreibung geliefert, die ich nie vergessen werde. Ich danke dir, mein Bruder.« Er ließ die Hände sinken und wandte sich zu den aufgehängten Bierkrügen um. »Ich habe nichts, womit ich dir auch nur annähernd die Freude vergelten kann, die du mir bereitet hast, aber würdest du als Ausdruck meiner Dankbarkeit etwas Bier für deine Männer und dich annehmen?«

Bak nickte, sprachlos. Er war sich so sicher gewesen ... Aber nein, er hätte es besser wissen müssen. Sobekhotep war ein Ehrenmann. Er hätte eher sein Leben gelassen als etwas weitererzählt, das ihm vertraulich erschien.

Der Feldwebel band drei Bierkrüge los und reichte sie ihm. Bak dankte ihm mit einem Lächeln, von dem er hoffte, daß es seine Enttäuschung verbarg.

»Ich habe noch etwas für dich«, sagte Sobekhotep, während er ihn zum Rand der Klippe begleitete. »Eine Geschichte, die einem meiner Männer vorletzte Nacht erzählt worden ist. Ist bloß Klatsch. Klatsch, der auf dem unzusammenhängenden Geschwätz eines Betrunkenen beruht, der keinen klaren Satz mehr zustande bringt. Keine Ahnung, was du damit anfangen kannst, aber ich finde, du solltest es wissen.«

»Ich wäre dir sehr verbunden«, sagte Bak geistlos.

Der Feldwebel kniete sich zwischen seine Männer, und Bak setzte sich auf einen Felsklotz neben sie. Sobekhotep zeigte zu dem ältesten der drei, einem großen, hageren Mann mit dichtem, weißem Haar. »Das ist Meryre. Er ist vorletzte Nacht nach Iken gegangen, um seine Frau zu sehen. Sie ist jung und wird ihm bald ein Kind gebären, und er macht sich überflüssige Sorgen deswegen. Und weil mein Herz genauso weich ist wie seine Birne, laß ich ihn alle paar Nächte zu ihr.«

Meryre wurde rot wie ein Jüngling vor seiner ersten Liebsten.

Sobekhotep sagte: »Erzähl diesem Offizier, was du in Sennufers Freudenhaus für eine Geschichte gehört hast.«

»Ich kannte Sennufer schon, als wir noch grün hinter den Ohren waren«, begann Meryre. »Wir haben mal zusammen gedient, ist lange her, und seine Frau guckt jeden Tag nach meiner. Ich schau da immer vorbei, wenn ich nach Hause gehe, frage sie, wie's ihr geht, und trinke ein Bier mit ihm. Letztes Mal hat er mir eine so komische Geschichte erzählt, daß ich wirklich dachte, die ist im Bierschaum geboren.«

Meryre hielt inne, sah Sobekhotep und Bak an, als wäre er nicht sicher, ob er wirklich fortfahren sollte. Beide nickten ermutigend.

»Die Nacht davor wär ein Mann gekommen, sagt Sennufer. Sturzbetrunken, so daß er mit dem Zeh an der Schwelle hängenblieb und in die anderen Kunden gestolpert ist. Sennufer nahm ihn beim Arm und setzte ihn hin und hörte sich sein Geschwätz an, aber nur mit einem Ohr, weil er ja weiterarbeiten mußte.

Der Mann erklärte, die Herrin Hathor wäre gekommen und hätte sich ihm angeboten. Um ungestört zu bleiben, hätte sie ihn aus der Stadt zu einem Liebesnest in den Felsen gebracht und ihm dort endlos Bier serviert. Schließlich fielen ihm die Augen zu, und sie verschwand in seinen Träumen. Dann wachte er wieder auf, von Stimmen, lauten, wütenden Männerstimmen.«

Meryre rieb sich nachdenklich die Nase. »Er hat Sennufer erzählt, daß der eine Mann gehen wollte, aber der andere hat ihn von hinten gepackt und ihm ein Messer in den Mund gerammt. Der verletzte Mann versuchte sich freizukämpfen, aber der andere war stärker. Dann ist er zusammengebrochen, und der andere hat ihn in den Fluß geworfen.«

Bak saß unbeweglich da, er konnte sein Glück kaum fassen. Wenn er diesen Mann fand, diesen Zeugen, dann hatte er bald auch Puemres Mörder in den Fingern. Vielleicht war er sogar schon wieder in Buhen, bevor der Herr Amun überhaupt weitergezogen war.

»Ich kann dir ansehen, daß du diese Geschichte für wahr hältst«, sagte Sobekhotep.

»Sie paßt zu der Art und Weise, wie Puemre gestorben sein dürfte«, gab Bak zu. Er wandte sich wieder an Meryre. »Weißt du irgend etwas über den Mann, der Sennufer das alles erzählt hat?«

Meryre zuckte mit den Schultern. »Er war ein Handwerker, glaub ich, aber ich weiß nicht, wer er ist oder was er macht. Geh und frag Sennufer.«

»Das werde ich tun.«

Bak hätte dem Herrn Amun am liebsten lauthals brüllend gedankt. Er hatte es geschafft! Er hatte das Geheimnis um Puemres Tod aufgeklärt, bevor er auch nur einen Fuß nach Iken gesetzt hatte. Oder nicht? Konnte sich ein Mann, der so betrunken gewesen war, noch nach fünf langen Tagen an ein Gesicht erinnern, das er vielleicht nur einmal gesehen hatte?

6. Kapitel

Bak war so darauf erpicht, mit Sennufer zu reden, daß sie nur noch zweimal haltmachten, einmal zum Mittagessen und das zweite Mal an einem Wachturm, der auf einer Felskuppe über der Wüstenstraße hockte. Dort erfuhren sie nichts Neues. Als sie am Nordtor Ikens ihre Reisepässe vorzeigten, hatte der Herr Re den Bug seiner Sonnenbarke längst auf den westlichen Horizont ausgerichtet.

Einem ausgetretenen Weg folgend, durchquerten sie öde Sandverwehungen, bevor sie eine Vorstadt aus Stein und Lehmziegeln erreichten. Zur Abwehr des Sandes waren die Gebäude von einer geschwungenen Mauer umgeben. Die meisten waren teilweise zusammengefallen, einige wiesen Brandspuren auf, und alle waren sie mit Unmengen Sand bedeckt. Es war etliche Generationen her, daß man sie errichtet und in ihnen gelebt hatte, bevor sie in den Schreckensjahren der kuschitischen Herrschaft über Wawat dem Verfall anheimgegeben worden waren. Seit die Truppen Kemets Kusch vor siebenundzwanzig Jahren gänzlich unterworfen hatten, brauchte die Garnison nicht mehr so stark bemannt zu werden wie in den alten Zeiten, und so hatte man die Häuser niemals wieder instand gesetzt.

An den zerborstenen Mauern lehnten zerbrechliche Anbauten aus Stangen und lehmverschmierten Schilfmatten und sorgten für ein Minimum an Schutz. Die dunkelhäutigen Leute, die hier lebten, eindeutig Kuschiten, schauten mit scheuer Neugierde zu, wie die drei Fremden vorbeizogen. Bak nahm an, daß es sich um Durchreisende handelte, die hier ihr Lager aufgeschlagen hatten, um in diesem wichtigen Handels- und Produktionszentrum ihre Geschäfte zu tätigen. Thuty hatte Iken als »eine Stadt so groß wie Buhen« beschrieben, »siebenhundert Einwohner vielleicht, dazu halb soviele Soldaten und noch einmal doppelt soviele Zivilisten, die nur auf der Durchreise sind.«

Bald erreichten sie die untere Stadt, ein Gebiet voller Lagerhäuser, Werkstätten und großen Blocks weißverputzter Lehmziegelhäuser. Hier lebten die langjährigen Einwohner Ikens, Garnisonszulieferer aus Kemet und Kaufleute, die ebensooft in Begleitung ihrer Familien gekommen waren, wie sie darauf verzichtet hatten. Auf den zweiten Blick erwies sich die Hälfte der Häuser als unbewohnt, manche fielen in sich zusammen, andere waren ungestrichen und verwahrlost. Auch hier waren die äußeren Blocks von Mauerserpentinen umgeben, um den allesverschlingenden Sand abzuhalten.

Während sie ihren Weg durch die engen Straßen nahmen, streiften sie die Schultern von Soldaten und Schiffern, Schreibern, Handwerkern und Händlern, seltener die von Frauen, Kindern und Dienern. Weißgewandete Leute aus Kemet buhlten mit buntgekleideten aus Wawat und Kusch um Platz. Küchendüfte und der schärfere Geruch von Brenn- und Schmelzöfen, saurer Schweiß und süßes Parfüm, der allgegenwärtige Odem von menschlichen und tierischen Ausscheidungen und der fischige Moder des Flusses hingen in der stillen, heißen Luft wie ein unsichtbarer Dunst. Das Gemurmel der Stimmen, das Bellen von Hunden, das Krächzen des Federviehs, alles drang durcheinander. Weiter im Süden, wo die Lagerhäuser die Überhand gewannen, veränderte sich das Geräusch. Boote quietschten an der Hafenwand, Männer schleppten unter monotonem Gesang Getreidesäcke an Land, und die Fischer priesen ihre Tagesfänge an, daß sie ganz heiser wurden davon.

Über alldem stand die gewaltige, rechteckige Festung; ihre reinweißen Lehmziegelwälle wuchsen aus der Steilwand empor, die die Stadt nach Westen hin begrenzte.

Bak hatte gehört, daß Iken ein großes Handelszentrum war, aber er hatte keine Vorstellung davon gehabt, wie exotisch es war und wie vielfältig seine Bevölkerung, wie beeindruckend seine engen, winkeligen Gassen und dunklen Torwege waren. Er platzte vor Neugierde und Forscherdrang. Kaum imstande, sich im Zaume zu halten, betete er inbrünstig zum Herrn Amun, seine Arbeit möge bald erledigt sein. Die Stadt, sie lockte.

»Ich fürchte, ich kann dir nicht weiterhelfen, Herr«, sagte Sennufer. »Ich habe keine Ahnung, wer das war.«

Gänzlich ernüchtert ließ Bak sich auf einen niedrigen, dreibeinigen Hocker fallen und sah den kleinen, drahtigen Mann stirnrunzelnd an, der dem Feuerrot seiner dünnen Haare gewiß mit Henna nachgeholfen hatte. »Hast du eine Ahnung, warum er hierherkam und diese Geschichte erzählt hat?«

Sennufer zuckte mit den Schultern. »Wird wohl eine Sauflaune gewesen sein.«

»Eine gefährliche Laune. Wenn der falsche Mann davon Wind bekommen hat, würd' ich keine Handvoll Korn auf seine Chancen setzen, noch ein hohes Alter zu erreichen.«

»Da würde ich mir keine großen Sorgen machen.« Sennufer schaute zur schmalen Gasse hinaus, wo Paschenuro und Kasaya mit vier Speerträgern schwätzten. »Meryre hat die Geschichte falsch verstanden. Oder vielleicht habe ich sie auch aus Versehen so verdreht, daß er auf falsche Gedanken kommen mußte. Der Betrunkene hat nie behauptet, Zeuge eines Mordes gewesen zu sein; er sagte, er hätte *geträumt,* wie ein Mann einen anderen umbringt.«

Bak sah Sennufer stirnrunzelnd an, dann begutachtete er die Geschäftsräume, um nicht abweisend zu erscheinen: ein Freudenhaus wie Noferys, aber den hiesigen Umständen angepaßt. Zwei vollgestopfte Räume lagen zur Gasse hin, gegenüber die kahle Wand eines Lagerhauses. Das hintere Ende des Raumes, in dem sie saßen, war hüfthoch mit Bierkrügen vollgestapelt. Fleckige Schilfmatten bedeckten den festgestampften Erdboden. Ein Korb voller Trinkschalen, vier niedrige Tische und ein Dutzend abgenutzter Hocker standen herum. Die Tische waren mit Spielbrettern bemalt, für den Fall, daß jemand während des Trinkens ein Spielchen wagen wollte.

Der zweite Raum, in dem es nach Brot und Bier roch, war voller Leben. Zwei Diener, denen der Schweiß von den von Hitze und Anstrengung geröteten Gesichtern troff, schwätzten laut. Der eine bröselte angebackenes Brot in Bottiche, die eine gesüßte Flüssigkeit enthielten. Der andere rührte das gegorene Gebräu um und seihte die dicke Flüssigkeit in hohe Krüge ab, verschloß sie mit Lehmstopfen. Sennufer schien ein sparsamer Mann zu sein, der seine Ware selbst herstellte. Bak war froh, daß er sich nicht hatte in Versuchung führen lassen. Selbstgebrautes war zwar oft ein wahrer Göttertrunk, aber ebensooft haute es auch einen Ochsen um. Und da Sennufers Geschäft so nahe beim Wasser lag, war hier zweifelsohne eher die stärkere Sorte gefragt.

»Du hast bestimmt von Leutnant Puemres Tod gehört«,

sagte Bak. »Darf man nicht vermuten, daß dein betrunkener Freund Zeuge dieses Mordes geworden ist?«

»Aber sicher, kann schon sein. Vielleicht hat er aber auch nur gesehen, was aus dem Bierkrug kommt: Schlangen, Skorpione, Krokodile, manchmal sogar ein Mörder oder zwei.«

»Kannst du ihn beschreiben, diesen Mann, der von Mördern träumt?« fragte Bak trocken.

»Er war mittelgroß, weder dick noch dünn. Schwarzes, kurzgeschnittenes Haar und dunkle Augen. Er trug einen kurzen Schurz, hatte ein Steinmesser am Gürtel und war barfuß.« Sennufer bemerkte den verlorenen Ausdruck auf Baks Gesicht. »Ich weiß. Diese Beschreibung trifft hier in Iken auf jeden zweiten zu.«

»Meryre sagt, du hast ihn für einen Handwerker gehalten.«

»Den Eindruck hatte ich, ja.«

»Wieso?«

Nachdenklich rieb Sennufer sich ein Ohrläppchen. »Seine Hände vermutlich. Die Finger waren kurz und dick, die Handgelenke auch, und die Nägel waren schmutzig. Oder verfärbt. Das waren kräftige Hände, die Hände eines Mannes, der mit ihnen sein Brot verdient.«

»Würdest du ihn wiedererkennen, wenn er hier hereinspaziert käme?«

»Würde ich.« Sennufer zögerte, runzelte die Stirn. »Nehm ich doch an.«

Bak stand auf, um zu gehen. Eines stand fest. Das Gespräch mit Kommandant Woser konnte kaum enttäuschender geraten.

Bak und seine Männer wußten nicht, wie sie die Steilwand zur Festung hinaufkommen sollten, und fragten einen der vielleicht ein Dutzend Speerträger, die den Hafen bewachten. Der Mann zeigte auf einen Einschnitt in der Klippe, versicherte ihnen, daß es einen steilen Weg gäbe und erklärte ihnen, wie sie dorthin kamen. Der Weg war gut ausgetreten und brachte sie stracks hinauf, vor ein breites, mit einem Turm versehenes Tor. Nachdem sie ihre Pässe vorgezeigt hatten, kamen sie in eine Stadt, die Buhen sehr ähnlich war, mit Blocks von weißverputzten Häusern und schmalen, pfeilgeraden Straßen dazwischen.

»Geht zum Magazin«, sagte er Paschenuro und Kasaya. »Besorgt zu essen und zu trinken, genug für drei oder vier Tage, dazu Bettzeug und eine Kohlenpfanne und was wir sonst noch brauchen werden. Sprecht mit allen, die ihr trefft. Sprecht mit einem offenen, ehrlichen Gesicht, aber denkt euch auch was dabei. Reitet nicht zu sehr auf Puemres Tod herum, aber bekommt heraus, was ihr nur könnt. Sobald ich mit Kommandant Woser gesprochen habe, laß ich euch Nachricht zukommen, wo unser Quartier ist.«

Er verabschiedete sich und eilte zum Palast des Kommandanten, einem großen Haus mit einem säulengeschmückten Hof, in dessen umliegenden Räumen es von Schreibern wimmelte. Als er sich vorstellte, gaben die Männer um ihn herum Gleichgültigkeit vor, aber sie musterten ihn so genau wie ein Arzt eine offene Wunde. Er wurde eine Treppenflucht ins erste Stockwerk hinaufgeschickt, das wie beim Palast in Buhen als Wohnbereich des Kommandanten diente.

Woser, ein mittelgroßer Mann mit Bauchansatz, saß in seinem Empfangsraum in einem Armstuhl, über den das gelbbraune Fell eines Löwen drapiert war. Seiner Statur und den Falten an Mund und Augen sowie dem dichten, ergrauenden Haar nach zu urteilen, das ihm bis über die Ohrläppchen reichte, war er in den späten Vierzigern. Er begrüßte Bak, ohne sich zu erheben und mit einem so reservierten Lächeln, daß die Luft merklich abkühlte. »Du also bist Thutys Polizist. Leutnant Bak, richtig?«

Sein Tonfall war ätzend. Er ließ es klingen, als sollte Bak an einer Leine gehalten werden, zu Thutys Füßen.

»Du also bist Woser«, sagte Bak ohne jedes Lächeln. »Ein fähiger Kommandant, sagt man, aber zu sehr in die Alltagsgeschäfte verwickelt, als daß er seinem Vorgesetzten auch noch eine Vermißtenmeldung zukommen lassen kann.«

Woser errötete. »Ein Versäumnis, das ich bedaure.«

Bak, der gezwungen war stehenzubleiben, solange ihm kein Platz angeboten wurde, sah sich in dem sauberen, aber vollgestopften Raum um. Auf einem Tisch neben Woser lag ein Haufen Papyrusrollen. Mehrere niedrige Tische, Holztruhen, dreibeinige Hocker und zusammengeklappte Stühle mußten ihren Platz gegen Waffen und Rüstungen behaupten, die an der Wand aufgehäuft lagen, sowie gegen eine Vielzahl von Produkten aus Kusch, vielleicht beschlagnahmt oder auch nur gekauft: ein Korb mit Eiern und Federn vom Strauß, ein Haufen glänzender Felle und eine offenstehende Truhe voller schreiend buntem Perlenschmuck.

»Kommandant Thuty wußte nicht einmal, daß du einen Mann von hoher Geburt unter deinem Kommando hattest.«

»Dafür lasse ich mir keine Schuld aufladen«, sagte Woser störrisch. »Ich nahm an, Leutnant Puemre hatte sich in Buhen registrieren lassen, wie es sich gehört. Ich hatte keine Ahnung, daß dem nicht so war.«

Bak wußte, wenn er zu hart vorging, würde er auf unsicherem Boden gehen; aber Thuty hatte ihm Autorität über Woser verliehen, soweit es Puemres Tod betraf, und so machte er weiter. »Wäre es nicht politisch ratsam gewesen, einen Mann wie Puemre in den Berichten an deinen Vorgesetzten einmal zu erwähnen?«

Woser beugte sich in seinem Stuhl vor, die Augen so dunkel und leidenschaftlich wie die Stimme. »Puemre war ein guter Offizier, ein talentierter Kämpfer, aber das sind meine anderen Offiziere auch. Ich wollte ihn nicht über sie stellen, nur weil sein Vater zufällig ein Adeliger ist.«

Bak hätte am liebsten Beifall geklatscht. »Ich weiß deine Haltung zu schätzen, aber sie geht an den Tatsachen vorbei.«

»Entspricht es denn den Tatsachen, einen Mann, der gerade einmal ein paar Scharmützel mitgemacht hat, über Männer zu stellen, die wirklich im Krieg gewesen sind und ihre Tapferkeit vor dem Feinde bewiesen haben?«

»Nicht jeder hohe Offizier legt so ehrenwerte Maßstäbe an.«

Woser tat das Kompliment mit einer Handbewegung ab. »In weniger als einem Jahr kehre ich der Armee den Rücken, um meine Tage in Kemet zu verbringen, auf dem Stück Erde, das ich vor langer Zeit für treue Dienste bekommen habe. Mich können hochstehende Männer nicht mehr mit Ehrfurcht erfüllen.«

»Puemres Vater ist gerade Kanzler von Kemet geworden«, sagte Bak, »und die Königin leiht ihm ihr Ohr. Ihn hochstehend zu nennen, wäre eine Untertreibung.«

»Das ist Pech«, gab Woser mit einem flüchtigen, aber eindeutig zynischen Lächeln zu. »Eine Entwicklung, die ich nie erwartet hätte.«

Bak unterdrückte sein eigenes Lächeln. Es war an der Zeit, den Angriff abzumildern, aber nicht so sehr, daß Woser in die Offensive kam. »Kommandant Thuty hat mich nicht hergeschickt, weil er dir mißtraut«, sagte er, hart an der Wahrheit vorbeischleifend, »sondern weil er glaubt, daß ich den Mörder möglicherweise schneller fassen kann. Schließlich hast du noch etliche andere Pflichten und ich nur die eine. Der Mord an Puemre soll seinen Schatten nicht auch noch auf die Reise des Herrn Amun werfen.«

Obwohl Wosers Miene vorsichtig blieb, deutete er auf einen freien Hocker. »Nimm Platz, junger Mann. Ich habe das Mittagessen versäumt. Es mag spät sein, aber möchtest du eine leichte Mahlzeit mit mir teilen?«

Wenig später, einen Krug Bier, einen flachen Laib Brot und eine Schale dicken, schmackhaften Gemüseeintopf auf dem niedrigen Tisch neben sich, fühlte Bak sich schon etwas wohler mit Woser, wenn auch nicht weniger wachsam.

»Ich habe von dir gehört«, sagte Woser und tauchte etwas Brot in seine Schale, »und ich weiß, daß Thuty große

Stücke auf dich hält. Du sollst nicht nur den Mann gefaßt haben, der Kommandant Nakht ermordet hat, sondern zugleich auch noch den Diebstahl von Gold aus einer der Wüstenminen beendet haben, und eine Karawane gerettet hast du mit deinen Truppen auch noch.«

Maatkare Hatschepsut höchstselbst hatte befohlen, über das gestohlene Gold Stillschweigen zu bewahren, aber Gerüchte waren natürlich nicht zu vermeiden gewesen.

»Ich wüßte nicht, daß Gold auf irgendeine andere Weise als auf den staatlichen Schiffen aus Buhen hinausgelangt ist«, sagte Bak wahrheitsgemäß, denn der Dieb hatte keine Zeit mehr gehabt, seine Beute fortzuschaffen.

»Jedenfalls hast du Nakhts Mörder erwischt«, beharrte Woser. »Das weiß man am ganzen Bauch der Steine. Und auch von deiner siegreichen Schlacht mit den Stammeskriegern.«

Bak fischte ein Stück Sellerie aus dem Eintopf, ohne recht zu wissen, was er sagen sollte oder worauf Woser hinauswollte. »Ich hatte Glück. Der Herr Amun stand mir zur Seite und lenkte meine Gedanken und Handlungen.«

»Kein Grund, so bescheiden zu sein, Leutnant. Du bist ein außergewöhnlicher Soldat, ein guter und ...«

»Genug!« Bak lächelte, um den Worten ihren Stachel zu nehmen. »Zuviele Schmeicheleien machen mich mißtrauisch, was deine Motive angeht.«

Woser lachte leise. »Ich will nur darauf hinaus, daß die Aufgabe, die Thuty dir übertragen hat, deiner Talente nicht würdig ist. Wenn, wie ich glaube, Puemres Tod ein Unfall war, dann gibt es auch nichts zu ermitteln.«

Bak kniff die Augen zusammen. »Ein Unfall?«

Woser wischte das Innere seiner Schale mit einer Brotkrume aus und nahm den letzten Happen. »Thutys Nachricht zufolge wurde Puemre im Fluß gefunden, die Kehle so aufgeschlitzt, daß er an seinem eigenen Blut ertrunken ist. Meine Vermutung ist, daß er ausrutschte und ins Wasser fiel und flußabwärts zu den Stromschnellen getragen wurde, wo er sich die Kehle an einem scharfen Fels zerriß. Aus seinem Tod einen Mordfall zu machen, scheint mir die Sache nur zu komplizieren.«

Bak setzte seine Schale ab, legte den Kopf zurück und starrte Woser lange und eindringlich an. »Ich war es, der den Toten gefunden hat, und ich habe ihm auch die Mordwaffe aus der Kehle gezogen. Ein Beitel war ihm so fest und tief in den Schlund gerammt worden, daß ich ihn kaum herausbekommen habe. Ein Unfall war das wohl nicht.«

Woser zuckte nicht gerade zusammen, aber er schien sich eindeutig nicht mehr recht wohlzufühlen. »Dann hat ihn ein Händler ermordet, wie ich anfangs dachte. Einer von all denen, die Puemre in seinem Monat als Inspektionsoffizier vor den Kopf gestoßen hat.«

»Ich bezweifle, daß Kanzler Nihisy sich mit einer so schlichten Erklärung zufriedengibt, noch dazu, wenn sie sich nicht beweisen läßt.« Bak sah, wie Woser errötete. »Nun sag mir, Herr, falls du es weißt, wer hat Puemre zuletzt lebend gesehen?«

»Ich. Meine höheren Offiziere und ich.« Wosers Stimme klang so steif, wie er dasaß. »Wir hatten an dem Abend, an dem er verschwunden ist, eine Unterredung, hier in diesem Raum. Wir sprachen über den Herrn Amun und über die Aufgabenverteilung während der Fahrt nach Semna. Als wir Schluß machten, war es längst Nacht.«

Bak starrte den Älteren an. Woser sah mitgenommen aus, und das war es, was ihn verriet. Er glaubte – oder wußte vielleicht sogar genau –, daß einer der versammelten Offiziere den Mord begangen hatte. Kein Wunder, daß er Puemres Tod lieber hatte unter die Fußmatte kehren wollen!

»Ich gebe mir die Schuld«, sagte Woser, als hatte er Baks Gedanken erraten. »Ich hätte sie früher zusammenrufen sollen, dann hätten sie nicht im Dunklen zurückgemußt. Zu einer so späten Stunde treibt sich nur noch Gesindel draußen herum.«

Scheinbar einverstanden nickte Bak. Aber er hatte die Monatsberichte über Straftaten in Iken gelesen, und sie bestätigten diese Behauptung nicht. »Ich möchte mit allen reden, die in der entsprechenden Nacht hier gewesen sind. Ich will wissen, was sie gesehen haben. Wenn sie etwas gesehen haben.«

»Verstehe.« Mit sichtlicher Anstrengung sah Woser ihm in die Augen. »Mir wäre es lieber, damit bis morgen zu warten. Dann kann ich sie rufen lassen, wenn sie nicht so sehr von ihren militärischen Pflichten in Anspruch genommen sind.«

Bak war sich darüber im klaren, daß der Kommandant ihn hinhalten wollte, bis ... was? Bis seine Offiziere und er sich auf eine gemeinsame Geschichte geeinigt hatten? Bak hielt es für das beste, das Spiel mitzuspielen, damit sie glaubten, er wäre leicht zu handhaben. »Heute wäre mir lieber, aber morgen tut es auch. In der Zwischenzeit brauche ich eine Unterkunft für meine Männer und mich, irgendwo abseits der Baracken.« Er stand auf, um zu gehen. »Und ich möchte mir Puemres Unterkunft ansehen. Kannst du mir sagen, wo er gewohnt hat?«

Puemres Haus lag in der unteren Stadt, nicht weit von dem Häuschen entfernt, das der Oberschreiber Bak zugewiesen hatte. Dieses Viertel lag dicht am Fuße der Steilwand und wurde bereits langsam vom Schatten der Festung verschluckt. Die schmale Gasse war leer bis auf einen Straßenköter mit gelbem, glänzendem Fell, der in einem offenen Torweg ausgestreckt lag und hechelte, daß die schmale Brust zu zittern schien.

»Viel finden werden wir hier nicht«, sagte Kasaya und stapfte durch eine Sandwehe, die die gewundene Mauer nicht hatte abhalten können. »Wenn Kommandant Woser einen seiner Offiziere deckt, dann hat er längst jeden Fingerzeig beseitigen lassen.«

Bak hielt vor dem letzten Haus der Gasse. Die hölzerne Tür war verriegelt, um mögliche Eindringlinge zu verschrecken. »Irgendwo müssen wir beginnen. Außerdem soll Woser denken, daß ich jedes Sandkorn einzeln auflese, wenn es sein muß.«

»Ich denke, er soll glauben, daß du leicht zu täuschen bist.«

»Wenn er weiß, daß ich meine Untersuchung ernstnehme, wird er unruhig. Wenn er mich dabei für dumm hält, vielleicht auch leichtsinnig.«

Der Gesichtsausdruck des jungen Medja schwankte zwischen Verwirrtheit und Skepsis.

Bak hob den hölzernen Riegel an und drückte die Tür auf. Das Haus war klein, der einzige Raum maß fünf mal zehn Schritte und war des Lichtes und der Sauberkeit wegen weißgekalkt, dahinter befand sich eine kleine, mit Ästen und Palmwedeln nur leicht gedeckte Küche. Hinter einer Schlafmatte auf einem niedrigen Gestell führte eine Leiter zur Dachluke hinauf, die mit einer Matte aus Palmblättern verschlossen war. Eine zweite, viel kleinere Schlafmatte lag in der gegenüberliegenden Ecke auf dem Boden. Ein Hocker und drei geflochtene Truhen komplettierten die Einrichtung. Auf dem kleineren Bett lagen verschiedene Tierfiguren aus Lehm, ein geschnitztes Holzkrokodil und eine kaputte Puppe.

»Er muß den Jungen mitgenommen haben!« Bak war überrascht, ohne recht zu wissen warum. »Den stummen Jungen, von dem Nofery erzählt hat.«

Kasaya, selbst kaum mehr als ein zu groß geratenes Kind, war von Noferys Geschichte tief beeindruckt gewesen. »Vielleicht hat er ihn als Diener behalten. Ein Junge von sechs, sieben Jahren kann schon viele kleine Arbeiten verrichten, die einem das Leben leichter machen.«

»Wie konnten sie sich miteinander verständigen?« fragte Bak. »Und viel wichtiger, wo steckt der Junge jetzt?«

Die beiden Männer untersuchten den Raum nach Anzeichen kürzlicher Benutzung. Die Kohlenpfanne war kalt, das Steingutgeschirr abgewaschen und ordentlich an der Wand aufgereiht. Beide Schlafdecken waren glattgestrichen. Eine Truhe enthielt Männerkleidung: Umhänge und Schurze aus feinem Leinen, alles säuberlich zusammengelegt. Die nächste enthielt Sandalen, Rüstung und Handwaffen: Dolch, Keule, Schleuder. Eine kleinere Truhe enthielt Puemres Rasierzeug, Augenschminke und andere Toilettenartikel. Eine Durchsuchung der verschiedenen großen und kleinen Steingutkrüge förderte keine nennenswerten Vorräte zutage.

»Ich fürchte, der Junge ist abgehauen«, sagte Bak. »Und wenn hier nur noch so wenig Essen herumsteht, wird er auch nicht wiederkommen.« Er war nicht übermäßig besorgt. Der Junge konnte ganz in der Nähe sein, im Haus irgendeiner weichherzigen, mütterlichen Frau, die vielleicht selbst Kinder hatte.

Kasaya eilte zur Tür, um die sandige Gasse zu untersuchen. »Seit dem letzten starken Wind ist er hier nicht entlanggekommen. Wie lange das wohl her ist?«

»Geh und frag einen Nachbarn.«

Innerhalb von Minuten kam Kasaya mit einer dunkelhäutigen, jungen Frau von vielleicht fünfzehn Jahren zurück, die ein kleines Baby an die Brust hielt. Ihre Augen waren schwer vom Schlaf, als hätte der Medja sie bei einem Nickerchen gestört.

»Vorvorletzte Nacht war starker Wind«, sagte Kasaya. Er nickte zu der Frau. »Sprich, Herrin. Erzähl dem Leutnant, was du mir erzählt hast.«

Sie senkte die Augen, zu scheu, um mehr als zu flüstern. »Ich habe den Jungen seit der Nacht nicht gesehen, in der der Feldwebel nach Leutnant Puemre schauen kam.«

Baks Interesse war geweckt. »Der Junge war schon weg, bevor Puemre vermißt worden ist?«

Ihr Blick huschte über sein Gesicht und wieder fort, sie nickte.

Baks Gedanken purzelten übereinander, von einer Möglichkeit zur anderen. Irgendwie mußte der Junge vom Tod seines Herrn erfahren haben. War es möglich, daß er ihn hatte sterben gesehen? Strapazierte es nicht die

Glaubwürdigkeit, gleich zwei Zeugen anzunehmen? Der eine ein Betrunkener, der vielleicht alles vergessen hatte, der andere ein Taubstummer, der nichts weitererzählen konnte? Und beide verschwunden?

»Erzähl mir von dieser Nacht«, drängte er.

»Mein Mann war auf Wache, also lag ich allein auf dem Dach. Es war heiß, und das Baby quengelte. Ich konnte nicht schlafen. Ich sah den Jungen aufs Dach steigen und einen Moment im Sternenlicht stehen. Er trug ein Bündel auf dem Rücken. Ein Tuch, gefüllt mit ich weiß nicht was, jedenfalls so schwer, daß er richtig krumm stand. Er sah sich um wie ein verlorengegangenes Hündchen, das nach den Schrecken der Nacht Ausschau hält. Er fand nichts Bedrohliches – ich war wohl nicht zu sehen – und ging von Dach zu Dach bis zum anderen Ende des Blockes, dann verschwand er außer Sicht.«

»Und seitdem war er nicht wieder hier.«

Sie drückte ihr Kind fester an sich, zog Mut aus seiner Wärme. »Nein, Herr.«

Kasaya nickte zustimmend. »Ich fand Sand auf der Matte über der Leiter, also kann er auch nicht übers Dach reingeschlüpft sein.«

Bak besah sich den Raum. Wie aufgeräumt er war, wie verlassen er erschien. Wenn der Junge Puemres Tod miterlebt hatte, dann kam er nie wieder. Und er würde auch nicht so leicht zu finden sein, wie Bak zuerst angenommen hatte. Er ließ einen langen, frustrierten Seufzer fahren. »Wer ist seit Puemres Tod hier im Haus gewesen?«

Das Mädchen strich dem Baby über den dunklen Flaum. »Der Feldwebel ist immer wieder gekommen und sah jedesmal besorgter aus. Dann die Frau, die bald ein Kind kriegt und sich um das Haus gekümmert und gekocht hat. Und Soldaten, aber ich weiß nicht, wieviele, weil sie für mich alle gleich aussehen.«

Bak hatte nichts besseres erwartet, trotzdem fühlte er sich niedergeschlagen. Wenn hier so viele Leute ein- und ausgegangen waren, dann hatten sie sämtliche Hinweise, die Puemre hinterlassen haben mochte, längst vernichtet. Die Durchsuchung würde fruchtlos bleiben.

Er stellte noch ein paar Fragen, die nirgendwohin führten, und entließ die Frau. »Du kannst ebenfalls gehen, Kasaya. Dieses Haus ist aufgeräumt worden. Ich wüßte nicht, warum wir deine Zeit auch noch verschwenden sollten.«

Der Herr Re hing tief im Westen, tauchte die ganze untere Stadt in den Schatten der Klippe. Der Hafen lag still und ruhig, seine Wasser waren geschmolzenes Gold, in dem sich ein wolkenloser Himmel spiegelte. Eine leichte Brise lockte die Bewohner der Stadt zum abendlichen Treiben hinaus, gab Mensch und Vieh die Stimme zurück.

Bak kletterte die Leiter vom Dach hinab und sah sich im Raum um. Die Schlafmatten mußten noch durchsucht werden, dann konnte er gehen. Er kniete sich neben das Kinderbett und fragte sich, was Paschenuro dem Garnisonsmagazin wohl hatte entlocken können. Eine fette Ente wäre fein, dachte er, dazu ein Krug Bier, und es ist nur noch halb so schlimm, nichts über Puemres Tod herausgefunden zu haben. Oder, wo ich schon dabei bin, über sein Leben. Puemre hatte recht gut gelebt, wenn auch genügsam, als hatte er seinen Offizierskameraden - oder vielleicht sich selbst - beweisen wollen, daß er seiner edlen Herkunft den Rücken kehren konnte.

Während Bak die Decke ausschüttelte, dankte er dem Herrn Amun, daß gleich alles getan war. Er hatte nur einen kurzen Blick in das Haus werfen können, daß er sich mit seinen Männern teilen sollte, aber es hatte ideal ausgesehen: mit zwei Zimmern und wie Puemres Haus am Ende einer ruhigen Gasse gelegen. Er besah sich die Matte, auf der der stumme Junge geschlafen hatte. Sie war einmal gefaltet worden, um sie dicker und weicher zu machen, mehr wie ein Nest. Ohne recht zu glauben, daß es in dem festgestampften Erdboden darunter ein Versteck gab, hob er sie samt Bettzeug hoch.

Mit einem Klappern fiel ein zerbrochenes Stück Steingut herunter, eine gräuliche Scherbe, auf deren glatte Außenseite ein Bild eingekratzt war. Er hob sie auf. Die Linien waren grob und unsicher, von einer ungeübten Hand. Bak riß die Augen auf und pfiff leise. Die Zeichnung stellte einen Mann mit der großen Krone eines Königs dar, wie er sich über eine kleine Gestalt in einem Bett beugte. Hinter dem König stand ein zweiter Mann, ein Messer in der Hand, ausholend zum tödlichen Stich. Die Bedeutung war klar: der kuschitische König Amun-Psaro mit seinem kranken Sohn, und jemand - Puemre vielleicht? - versuchte, den König zu ermorden.

Tief und langsam atmete Bak ein, um sein hämmerndes Herz zu beruhigen. Stürzte er sich auf eine Lösung, deren Offensichtlichkeit trügerisch war? Warum sollte Puemre vorgehabt haben, Amun-Psaro zu ermorden, einen Mann, der seit vielen Jahren keinen Fuß mehr nach Kemet gesetzt hatte und es wahrscheinlich auch nur noch dieses eine Mal tun würde? Nein, die Vorstellung war absurd.

Er hörte ein Geräusch, das sachte Knirschen von Sand. Herumfahrend erblickte er ein tief gebräuntes Bein und einen kurzen weißen Schurz. Etwas erwischte ihn am Kopf, ließ ihn nach hinten rucken, und er merkte noch, daß er fiel. Dann wurde es Nacht um ihn herum.

Bak öffnete die Augen und versuchte, den Kopf vom Boden zu heben. Das Zimmer sprang so wild um ihn herum, daß sich ihm fast der Magen umdrehte. Sein Schädel drohte zu zerplatzen. Er schloß die Augen, schluckte. Nach einer Weile versuchte er es erneut. Diesmal schaffte er es, sich mit dem Rücken gegen Puemres Kleidertruhe aufzusetzen, die jetzt offenstand und leer war. Als das Zimmer sich zu drehen aufhörte und Bak die Bescherung sah, fluchte er aus vollstem Herzen. Derjenige, der ihn niedergeschlagen hatte, hatte alles auf den Kopf gestellt. Die Truhen waren leer, ihr Inhalt überall verstreut, und die Schlafmatten waren zerrissen. Die Lebensmittelkrüge waren auf den Boden ausgeleert worden, Korn über Mehl, Linsen über getrocknete Datteln. Sein Blick fiel auf ein gräuliches Gebrösel neben seinem Knie, und er fluchte noch einmal, diesmal lauter. Von der Scherbe mit dem Bild waren nur noch Krümel geblieben.

Der Unbekannte konnte während der Suche versehentlich daraufgetreten sein - aber Bak glaubte nicht auch nur einen Moment daran. Rasch spielte er die Möglichkeiten durch und fand eine bessere. Vielleicht war es nicht Puemre gewesen, der Amun-Psaros Tod wollte, sondern jemand anders, und Puemre hatte ihn bei den Vorbereitungen erwischt.

Bak hörte ein Geräusch, genau dasselbe sachte Knirschen von Sand wie zuvor. Er fuhr herum und packte gleichzeitig einen der Vorratskrüge, nicht gerade eine gute Waffe, aber besser als nichts. Um den Türpfosten schielte ein Mann, die Wange von einer langen Narbe verunstaltet, die Augen weit vor Erschrecken und Furcht. Bak kämpfte sich auf die Beine und auf die Tür zu, während die Welt um ihn herum noch unsicher war. Der Mann zog den Kopf zurück und floh. Als Bak die Schwelle erreichte, waren seine Beine zu zittrig, um ihn länger tragen zu können. Er klammerte sich an den Türpfosten und sah zu, wie der Mann am anderen Ende der Gasse um die Ecke verschwand.

Er ärgerte sich mehr über seine Schwäche als darüber, daß er den Mann nicht hatte fangen können. Jemand mit einer so scheußlichen Narbe sollte leicht wiederzufinden sein.

Bak ging die Gasse hinab, jede schnelle Bewegung vermeidend, um aus dem dumpfen Pochen in seinem Kopf kein rasendes Stechen zu machen. Von den Dächern klangen Stimmen hinab, Familien entspannten sich in der Abendkühle, derweil die Frauen die letzte Mahlzeit des Tages zubereiteten. Aus einem Torweg schnatterte ihn ein braunes Äffchen an. In der Ferne bellten Hunde, schrie ein Esel. Eine Ratte kam die Gasse hinaufgeschossen, in eine geöffnete Tür hinein, eine orangegefleckte Katze gleich hinterdrein. Iken mochte strahlendere Farben tragen als Buhen, aber soviel anders fand er es gar nicht; eine Grenzstadt voller Männer, Frauen und Kinder, Soldaten und Zivilisten. Lauter gewöhnliche Leute, die gewöhnliche Dinge taten.

Als er sich dem Ende des Blockes näherte, kam ihm aus der offenen Tür ihrer neuen Unterkunft das Aroma von Schmorbraten entgegengeweht. Mit einem breiten Lächeln legte er einen Zahn zu. Sie schienen im Magazin wirklich großzügig zu Paschenuro gewesen zu sein.

Er trat ein und folgte dem Duft auf einen kleinen, rechteckigen Hinterhof. Wie angenagelt blieb er auf der Schwelle stehen. Vor der brennenden Kohlenpfanne kniete eine attraktive junge Frau.

»Wer bist du?« herrschte er sie an.

Erschrocken sah sie auf, dann schenkte sie ihm ein dunkeläugiges Lächeln. »Ich bin Aset, die Tochter von Kommandant Woser.«

Für einen Moment fragte er sich, ob ihn der Schlag auf den Kopf so verwirrt hatte, daß er zum falschen Haus gegangen war. Unmöglich. »Was machst du hier?« Natürlich war diese Frage zu unvermittelt und ließ es auch an Takt fehlen. Die Frau kam auf die Füße. Ihr wohlgeformter Leib war in ein wadenlanges Gewand gehüllt, aber der Stoff war so durchscheinend, daß Bak jede Rundung sehen konnte, jedes Licht und jeden Schatten. »Dein Tag war lang und hart, Leutnant. Ich wollte dir die Abendstunden verschönern, mit Essen und Trinken und …« Sie zögerte, zuckte mit den Achseln. »Mit allen Annehmlichkeiten, die dir sonst noch in den Sinn kommen mögen.«

Er schluckte schwer und versuchte, die Hitze in seinen Lenden zu ignorieren. Die Frau war vielleicht sechzehn und reif, gepflückt zu werden. Sein gesunder Menschenverstand riet ihm jedoch, vor ihr auf der Hut zu sein. »Wo sind meine Medjaju, Kasaya und Paschenuro?«

Sie hob eine Braue, als war sie überrascht, daß er überhaupt an sie dachte. »Ich habe sie zur Küche meines Vaters geschickt.«

Die Warnsignale in seinem Kopf wurden lauter, halfen ihm, das Feuer in den Lenden zu ersticken. Die Baracken wären wohl angemessener gewesen, besonders wenn sie wollte, daß die beiden die Nacht über nicht hier waren.

Mit einem glutvollen Lächeln ergriff sie seine Hand und führte ihn zu der Bank, die man an die Rückwand des Hauses gemauert hatte. Daneben stand ein Weidenkorb mit zwei Weinkrügen, stieligen Trinkschalen und mehreren in Blätter eingeschlagenen Bündeln, Essen wohl, das die Diener ihres Vaters vorbereitet hatten. Auf dem einen Ende der Bank lag ein sauber zusammengelegtes Kleidungsstück, wahrscheinlich der Umhang, mit dem sie auf dem Weg vom Palast des Kommandanten zu dieser einfachen Behausung ihre Blöße bedeckt hatte. Eine angenehme Brise strich vom Dach herunter, trug die Hitze der Kohlenpfanne fort.

Sie ergriff einen Krug und eine Schale. »Wollen wir es uns ein wenig gutgehen lassen, bis das Essen fertig ist?«

Bak nahm den Krug, las den Jahrgang auf dem Stopfen und nickte anerkennend. Was für ein Spiel es auch sein mochte, sie spielte es mit Stil. Oder war es Wosers Spiel? »Ich nehme an, dein Vater glaubt, du wärst bei Freunden, Herrin Aset?«

»Ach, er läßt mich machen, was ich will.«

Aber sicher doch, dachte Bak; ein liebliches Ding wie du ist der Fluch eines jeden Vaters.

Sie setzte sich neben ihn, so dicht, daß er ihr süß duftendes Haar riechen und das winzige Muttermal in der Spalte zwischen ihren üppigen, runden Brüsten sehen konnte. »Machst du den Wein auf?« fragte sie.

Die Verlockung des Momentes abwehrend, brach er den Stopfen und füllte ihre Schale. Der Wein war von einem klaren, tiefen Rot und duftete schwer nach einer leckeren, doch undefinierbaren Frucht.

Sie nahm einen Schluck, lächelte und drehte die Schale,

damit seine Lippen die gleiche Stelle berühren konnten. »Trink, mein Bruder, und freue dich. Laß uns diese Nacht unvergeßlich machen.«

Mein Bruder, hatte sie gesagt. Der Kosename war ebenso verwirrend wie die Einladung. »Ich bin überaus geschmeichelt, daß du zu mir gekommen bist, Herrin. Du bist lieblich wie eine Gazelle, zu vollkommen, um dich an ein so unwürdiges Geschöpf wie mich zu verschwenden.«

»Du bist viel zu bescheiden.« Sie strich mit den Fingern seine Armmuskeln hinab, daß die Haut prickelte. »Mein Vater sagt, du wärst ein sehr mutiger Mann.«

»Dein Vater übertreibt.« Er stand auf, um ein wenig Abstand zu diesem leckeren Naschwerk zu bekommen.

Sie sah überrascht auf und schenkte ihm ein schmollendes Lächeln. »Gefalle ich dir nicht?«

»Du weißt es ganz genau.« Er kniete sich vor die Kohlenpfanne und ergriff einen Stock, dessen Ende geschwärzt war. »Du bist liebreizender als jede andere Frau, die ich kenne.« Er gab vor, das Feuer anzufachen, und suchte krampfhaft nach einem Weg, hier herauszukommen. Das letzte, was er wollte, war, daß ihn ein wütender Vater aus Iken herauswarf.

»Komm her.« Sie klopfte neben sich auf die Bank.

Er formte, was hoffentlich wie ein bedauerndes Lächeln aussah. »Es tut mir leid, Herrin Aset, mehr leid, als du dir vorstellen kannst. Aber ich habe mein Herz einer anderen versprochen.«

Die Entschuldigung war bittersüß, nicht annähernd wahr, aber auch nicht gelogen. Viele Monate zuvor hatte er sein Herz Azzia geschenkt, einer Witwe, deren Verlust zu frisch war, als daß sie sich schon wieder hatte verlieben können. Sie war ins weit entfernte Kemet abgereist, um ihren verstorbenen Gatten in seinem Grabmahl zu bestatten. Seither hatte Bak nichts von ihr gehört und wußte auch nicht, ob er je wieder von ihr hören würde. Trotzdem sehnte er sich nach ihr.

Aset hörte nicht einmal auf zu lächeln. Sie beugte sich

vor, daß ihr die runden Brüste aus dem Kleid lugten. »Sie ist nicht hier. Aber ich.«

Ein unverblümtes Angebot. Und gewiß, er hatte der Enthaltsamkeit vor einer Weile den Rücken gekehrt. Schließlich war Sehnsucht die eine Sache und auf eine flüchtige Hoffnung bauen die andere. Aber nicht jetzt, nicht mit Kommandant Wosers Tochter.

Eilige Fußtritte drangen aus dem Haus. Ledersandalen, dachte Bak, nicht die Schilfsandalen von Kasaya oder Paschenuro. Er schickte einen kurzen, aber innigen Dank an den Herrn Amun, daß er ihm die Weisheit verliehen hatte, von der Bank aufzustehen.

Ein schlaksiger junger Mann kam in den Hof geplatzt, die Hand am Dolch, das Gesicht scharlachrot vor Zorn. Er blieb stehen. Sein Blick schoß zwischen Aset und Bak hin und her. Verwirrung siegte über Zorn.

»Nebseny!« Das Mädchen erbleichte, sprang auf die Füße. »Was führt dich her?« Wenn ihre Überraschung geschauspielert war, dann gut.

»Dein Vater hat mich geschickt. Er nahm an, dieser Mann …« Nebseny sah Bak an, der mehr als eine Armeslänge von ihr entfernt war, und bemerkte, wie sie angezogen war. »Was machst du hier in diesem Haus?« herrschte er sie an, »und in einer so freizügigen Aufmachung?«

»Was ich mache, geht dich gar nichts an«, schnappte sie.

Ohne ein Wort packte er sie beim Arm und schob sie ins Haus. Den zusammengelegten Umhang ergreifend, eilte er ihr nach.

Bak folgte ihnen bis zur Vordertür. Als sie am Ende der Gasse verschwanden, atmete er langsam und erleichtert aus. Dank des Herrn Amun, einer ordentlichen Portion Glück und seinem gesunden Mißtrauen war er der Falle um ein Haar entschlüpft. Er ging in den Hof zurück und ließ sich auf die Bank sinken, unsicher, wer hier wem was angetan hatte. War es Wosers Spiel gewesen? Oder Asets? Der junge Nebseny hatte wirklich zornig ausgesehen, aber Aussehen konnte immer auch täuschen.

Bak begutachtete das Fleisch. Es war so braun und knusprig, daß es sich für den Herrn Amun geeignet hätte. Auch der Wein war hervorragend. Aber Bak aß und trank nicht gern allein. Er lauschte. Auf den Dächern spielten Kinder. Einer der Jungen war bestimmt bereit, eine Nachricht für Paschenuro und Kasaya zum Haus des Kommandanten zu bringen.

7. Kapitel

»Ihr wißt, was ihr zu tun habt«, sagte Bak und schaute von Paschenuro zu Kasaya.

Paschenuro befestigte seine Lederscheide am Gürtel und band den Leinenstreifen wieder zusammen. »Ich begleite Leutnant Puemres Einheit auf den Übungsplatz – oder wo auch immer sie heute hin muß – und rede mit dem Feldwebel Minnakht, um sein Vertrauen zu erlangen. Wenn ich Glück habe und der Herr Amun mir geneigt ist, wird er nicht nur unverblümt reden, sondern seine Männer ebenfalls dazu ermutigen.«

Bak schloß sein breites, vielfarbiges Perlenarmband, zupfte den Schurz zurecht und setzte sich auf das Bett, das nun zu einer Bank hochgeklappt war, neben seine sorgfältig zusammengelegte Schlafmatte und seine Sandalen, Kasayas Schild und einen Korb mit so frischem Brot, daß der ganze Raum danach duftete. Die Schlafmatten der beiden Medjaju, zwei klappbare Feldstühle und ein Korb mit haltbaren Lebensmitteln komplettierten die Einrichtung. Neben dem Durchgang ins andere, leere Zimmer stand ein kleinerer Korb mit Schreibgeräten und einigen Rollen.

»Zu welchem Zweck?« fragte er Paschenuro.

»Ich soll soviel über den Toten herausbekommen, wie ich nur kann, und ...« Der kräftig gebaute Medja ließ den Dolch in die Scheide gleiten, schob sie an eine bequeme Stelle und griff zu Schild und Speer, die bei der Wand lagen. »Mit aller List, zu der ich fähig bin, soll ich über die anderen Offiziere herausbekommen, was ich nur kann, ohne daß jemand es merkt. Besonders, wie sie und Puemre gearbeitet und die Feierabende verbracht haben und ob als Freund oder Feind.«

Bak grinste. »Das sollte dich den Großteil des Morgens auf Trab halten.«

»Den Großteil der Woche, schätz' ich.« Paschenuro lachte.

Bak wurde ernst und sah den jüngeren der beiden an. »Was hast du zu tun, Kasaya?«

Der hünenhafte Medja, der im Schneidersitz auf seiner Schlafmatte saß, gab einen Schlag Öl in die Hand und rieb sich Arme und Oberkörper ein. »Ich soll mit Puemres Nachbarn anfangen – was sie über ihn wissen, und mit welchen Leuten er sich traf, und wo er so überall war. Von den Leuten, die sie nennen, soll ich bloß die Zivilisten außerhalb der Garnison besuchen.«

»Mit den Männern in den Baracken rede ich ja schon«, erinnerte Paschenuro ihn.

Kasaya warf ihm für die überflüssige Bemerkung einen mißmutigen Blick zu. »Wenn ich den stummen Jungen finde, bringe ich ihn hierher und schütze ihn mit meinem Leben. Genauso, wenn ich den Handwerker finde, der soviel Bier in sich reinschüttet. Und beim Mann mit der Narbe, wenn ich von dem rauskriege, wo er wohnt oder ackert, dann soll ich weit weg bleiben, damit er denkt, daß du gar nichts von ihm willst.«

»Was ist mit der Frau, die das Kind kriegt?« fragte Paschenuro. »Die den Haushalt besorgt hat.«

Bak zog sich eine Sandale an und dachte dabei an das Bild aus dem Bett des stummen Jungen. Er hatte sofort eine Verschwörung vermutet, im Licht des neuen Tages jedoch schien diese Vorstellung aberwitzig. Warum sollte irgend jemand aus Kemet Amun-Psaro umbringen wollen? Er war ein mächtiger König, das schon, aber er herrschte über ein fernes Land. Ein so fernes Land, daß es eher eine Legende als wirklich vorhanden war.

Dennoch blieb ein winziger Verdacht bestehen, so irritierend wie ein Körnchen Sand im Augenwinkel. »Wenn sie für ihn und den Jungen geputzt hat, dann hat sie auch ihre Sachen gewaschen und die Betten gemacht. Mit ihr rede ich lieber selbst.«

»Gestern kam kurz nach Einbruch der Nacht ein Bote Amun-Psaros vorbei, auf seinem Weg nach Buhen«, sagte Woser. »Im Morgengrauen kam er zurück, mit Kommandant Thutys Antwort und neuen Anweisungen für mich.«

»Die königliche Gesellschaft ist nur noch ein paar Wegstunden von Semna entfernt!« Bak ließ sich auf den nächstbesten Hocker fallen. »Ich will es kaum glauben!«

»Bevor es dämmert, wird sie das Stadttor passiert haben. Dort wartet sie dann auf den Herrn Amun.«

»Es muß schlimm um den jungen Prinzen stehen.«

Woser schritt quer über den Hof und machte wieder kehrt. Sein Gesicht war von Sorge umwölkt. »Die lange Reise und die Wüstenhitze wären für jeden zuviel. Und ein zartes, kränkelndes Kind ...« Er schüttelte den Kopf, eine tiefe Falte zwischen den Augenbrauen. »Ich hoffe, Amun-Psaro weiß, daß der Herr Amun manchmal recht launenhaft ist, was seine Heilkunst angeht.«

Und ich hoffe, Kenamons Qualitäten als Arzt reichen aus, was diese Herausforderung angeht, dachte Bak, der die Sorgen des Kommandanten teilte.

»Die Barke des Gottes muß Buhen bereits verlassen haben«, sagte Woser und machte sich erneut auf den Weg durch den Hof, nur knapp einen Korb weißer Garnknäuel verfehlend, der neben einem Webstuhl stand, auf dem ein Stück feingewebtes Leinen eingespannt war. »Das Schiff dürfte die Tore von Iken in der Morgendämmerung erreichen. Der Herr Amun wird nur eine einzige Nacht im Haus der Hathor weilen, bevor es stracks nach Semna weitergeht.«

»Er macht bei den anderen Garnisonen am Bauch der Steine erst gar nicht mehr halt, um die Götter zu beehren?« Bak pfiff leise. »Wenn sie etwas so Heikles tun, muß es wirklich um Leben und Tod gehen.«

»Der Junge bekommt nicht mehr richtig Luft, sagt der Bote. Jeder Tag scheint sein letzter zu sein.«

Die beiden Offiziere sahen einander an, entmutigt von diesem Ablauf der Ereignisse, den sie nicht mehr beeinflussen konnten. Für einen Moment war ihr gegenseitiges Mißtrauen vergessen.

Woser kehrte als erster zu praktischeren Fragen zurück, zu Dingen, die sich kontrollieren ließen. »Unsere gesamten Pläne müssen geändert werden. Die Prozession zur Begrüßung des Herrn Amun wird stattfinden, aber die Übergabe von Geschenken, das Teilen von Speis und Trank und die Lustbarkeiten werden verkürzt. Wir müssen sofort zusätzliche Wachen aufstellen und zusätzliche Truppen auf Wüstenpatrouille ausschicken. Wir müssen ...« Er fuhr fort, die mannigfaltigen Aufgaben aufzuzählen, die erledigt werden wollten, und quetschte die Arbeit von vier Tagen in zwei.

Bak ließ seine Gedanken zu den eigenen dringlichen Erfordernissen schweifen. Wenn er seinen Platz an der Spitze seiner Männer einnehmen mußte, während sie als Ehrenwache Amun-Psaros dienten, dann blieben ihm nur zwei Tage, um Puemres Mörder zu fassen. Eine unmögliche Aufgabe, es sei denn, sie trieben die Zeugen auf, den stummen Jungen oder den Betrunkenen. Was das Bild anging, so konnte das Kind es hoffentlich ganz harmlos erklären.

Ihm kam ein neuer Gedanke. Vielleicht hatte Puemre aus unerfindlichen Gründen eine Abneigung gegen Amun-Psaro gefaßt. Vielleicht hatte er das Bild gekratzt, um dem kuschitischen König mit irgendeinem geheimnisvollen Zauber Unglück zu bringen. Wenn ja, dann hatte es geklappt; die Gesundheit des Prinzen nahm täglich ab. Aber wenn ich mich nun irre, dachte Bak. Wenn es doch eine Verschwörung gibt? Winzige Finger der Furcht strichen ihm den Rücken entlang. Bald würde Amun-Psaro in Semna weilen, nur einen Tag harten Marsches von Iken entfernt. Bei weitem zu nahe.

»Ich muß schleunigst mit der Arbeit fortfahren, die Kommandant Thuty mir aufgetragen hat«, sagte er. »Sind deine Offiziere hier, wie versprochen?«

Woser schaute grimmig drein, der Moment gegenseitigen Respektes war verstrichen. »Ich baue darauf, daß du weißt, was sie in dieser viel zu kurzen Zeit alles zu leisten haben.«

»Ich werde keinen von ihnen lange aufhalten«, versicherte Bak.

Truppenführer Huy lehnte sich über einen geborstenen Teil der Brustwehr und schaute auf die Dächer der unteren Stadt hinab. Bak stand neben ihm, hoch über der Steilwand auf einem teilweise zerfallenen Vorwerk, das aus der Ostmauer der Festung ragte. In weiter Vergangenheit war der Ausleger zweckmäßig gewesen. Nun, da die Armeen von Kusch längst besiegt waren und sich das Kriegsgeschäft nur noch auf Wüstenscharmützel beschränkte, nun, da eine mächtige Stadtmauer errichtet worden war, hatte das Vorwerk seinen Sinn eingebüßt und war dem Verfall anheimgegeben worden. Bak hatte auf Ungestörtheit bestanden, und er konnte sich weder in dieser noch in irgendeiner anderen Garnison einen ungestörteren Platz vorstellen.

»Puemres Personalakte zufolge hat er den Großteil seiner Jugend auf dem Landsitz seines Vaters bei Gebtu verbracht.« Huy spuckte einen Kern über die Brustwehr und steckte sich eine weitere Dattel in den Mund. »Ein Diener lehrte ihn Lesen und Schreiben. Ein tapferer und wohlangesehener Veteran, den ich einst kannte, unterwies ihn in den Kampfkünsten. Und der Gutsverwalter brachte ihm natürlich die Landwirtschaft bei.«

Der große, schlanke Offizier der Fußtruppen war annähernd fünfzig. Seine Augen waren strahlend blau, sein graues Haar noch kürzer gestutzt als Baks. Er sprach mit bitterer Stimme und ohne den geringsten Spott über die Erziehung des Toten, so daß deutlich herauszuhören war, welche Geringschätzung er für Menschen hegte, die ihren Erfolg Beziehungen und Privilegien zu verdanken hatten. Die lange, häßliche Narbe auf seiner rechten Schulter ließ keinen Zweifel daran, daß er sich seine Position gleich unter dem Kommandanten wohlverdient hatte.

Eine noch recht kühle Brise fuhr ihnen ins Haar. Schwalben schossen aus ihren in der löcherigen Wand versteckten Nestern, um bald wieder zu ihren zwitschernden Jungen zurückzukehren. Der Ausblick war großartig. Die untere Stadt mit ihren geweißten Dächern, ihren schmalen und geschäftigen Straßen und geschwungenen Mauern kuschelte sich an den Fuß der Steilwand. Eine unregelmäßige Reihe Tamarisken und Akazien zog sich am Fluß dahin, eine Linie üppigen Grüns, die die Häuser und den goldenen Sand der Wüste von den rotbraunen Fluten trennte.

In der dunstverhangenen Ferne, eine halbe Wegstunde nach Süden, beschrieb der Fluß eine schwungvolle Kurve durch die Wüste. Von einigen schwarzen Felseninselchen abgesehen, spitzzahnigen Hindernissen, denen ein erfahrener Lotse oder Kapitän leicht ausweichen konnte, floß der Strom breit und gefahrlos dahin. Unterhalb der Kurve ragten die beiden weißen Steinpiere Ikens in den Fluß, um die überraschend große Zahl von Schiffen zu beherbergen, die die gefährlichen Wasser des Bauches der Steine befuhren.

Die Festung von Iken war an der strategisch entscheidenden Stelle errichtet worden, wo der Fluß buchstäblich zerbrach, von Felsen und Inseln in Stücke gerissen wurde, um eine Vielzahl schaumbekränzter Stromschnellen zu bilden. Ein Stausee, der durch weiter flußab liegende Wasserfälle entstanden war, trennte die untere Stadt von einer länglichen, tränenförmigen Insel, auf der nur die zähesten und wasserverträglichsten Büsche und Bäume wuchsen. Dahinter ragten auf einer kürzeren, höheren Insel die Mauern der kleinen Festung empor, die Bak von Sobekhoteps Wachstation aus gesehen hatte; ein Gebäude, das den zweiten entscheidenden taktischen Vorteil gegenüber einer angreifenden Streitmacht bot.

Nachdem Bak sich die Gegend aus dieser Vogelperspektive gründlich eingeprägt hatte, wandte er seine Aufmerksamkeit wieder Huy zu. Er teilte die Auffassung des Truppenführers, daß ein Mann sich seine Stellung verdienen sollte, doch das behielt er für sich. »Du hast mir nur ein Leben voller ländlicher Vornehmheiten geschildert. Das erklärt aber nicht, wie Puemre sich für den Dienst im Regiment von Amun hatte qualifizieren können.«

Huy bedachte ihn mit einem kühlen Blick. »Das Problem, das die Armee heutzutage hat, ist Langeweile. Und Langeweile führt zu Ungeduld. Ihr jungen Offiziere mußtet euch nie einer fremden Armee entgegenstellen. Alles, was ihr macht, ist Tag für Tag in der Garnison zu sitzen und an eurer Beförderung herumzuwerkeln, bis ihr Schwielen am Hintern kriegt.«

Bak hätte den Mann für seine herablassende Art am liebsten durchgeschüttelt, und gleichzeitig dankte er ihm im Stillen für diese wunderbare Einleitung. »Soll das heißen, wir bringen Amun-Psaro am besten um, damit sich die anderen kuschitischen Könige gegen uns verbünden und unsere Offiziere endlich mal eine anständige Gelegenheit bekommen, Erfahrungen zu sammeln?«

Huy schnaubte. »Du würdest keine Witze reißen, wenn du ihnen je in der Schlacht gegenübergestanden hättest wie ich.« Er fuhr mit dem Finger die Narbe entlang. »Der Mann, der mir die verpaßt hat, kämpfte allein gegen vier, und doch verließ sein Mut ihn nicht. Das sind achtbare Feinde. Mehr als achtbare. Schreckliche, und sie bringen den Tod.« Sein Ernst, ob nun vorgespiegelt oder nicht, war beeindruckend.

»Bis vor zehn Monaten gehörte ich selbst dem Regiment von Amun an. Ich kannte meine Offizierskameraden. Leutnant Puemre hat nicht zu ihnen gehört.«

Huy sah ihn neugierig an. »Du warst bei den Fußtruppen?«

»Bei den Wagenlenkern.«

»Hmpf.« Huys Neugierde verflüchtigte sich, und er starrte auf die untere Stadt hinab, die Gedanken hinter einem Stirnrunzeln verborgen. »Er war kaum ein Mann, da schickte sein Vater ihn nach Iunu, wo er als Schreiber im großen Haus des Herrn Ptah diente. Später ging er nach Byblos, um dort als oberster Schreiber des königlichen Gesandten zu arbeiten. Nach seiner Rückkehr nach Kemet trat er als Offizier dem Regiment von Ptah bei. Zwei Jahre später – kurz nachdem du nach Buhen kamst, denke ich – wechselte er nach Waset ins Regiment von Amun. Dort blieb er gerade mal drei Monate, dann ging es nach Süden weiter.«

»Ein bewegtes Leben, wie es scheint.« Baks Stimme war so bitter, wie Huys gewesen war. »War er der geborene Wandersmann oder hatte er einen bestimmten Grund, ständig die Stelle zu wechseln?«

Huy schien etwas sagen zu wollen, zuckte dann jedoch nur mit den Schultern.

»Truppenführer Huy!« Bak sprach langsam und mit Bedacht, um jedes Mißverständnis auszuschließen. »Was du mir nicht aus freien Stücken sagst, werde ich in der Personalakte finden. Oder aus einer anderen Quelle erfahren. Vorzugsweise nicht von seinem Vater, dem Kanzler Nihisy, wenn wir alle vor dem Vizekönig stehen und der Vernachlässigung unserer Pflichten angezeigt werden – oder schlimmeres.«

Huy wandte sich ab, der Rücken steif, die Hände zu Fäusten geballt. Er ging ein paar Schritte die Brustwehr entlang, bis zu einer Stelle, wo ein großer, breiter Turm von der Mauer abgefallen und zerborsten war. Hinter seinem Kopf flog eine Wespe entlang. Schimpfend kam eine Schwalbe herabgeschossen, um ihr Nest vor ihm zu schützen, obwohl er es gar nicht bemerkt hatte. Zwei Wachen, die auf dem Hauptwall der Festung patrouillierten, begegneten sich auf einem entfernten Turm. Sie blieben stehen und sahen zu den beiden Offizieren auf dem Vorwerk hinunter – und klatschten vielleicht gerade über Puemres Tod und die Mission des Mannes, der so vertraulich mit ihrem Truppenführer redete.

»Du wirst seiner Akte entnehmen können, daß er ein sehr respektabler Schreiber war und ein guter Offizier: tapfer, talentiert in der Kriegskunst, ein einfallsreicher Taktiker. Als das erwies er sich auch hier in Iken.« Huy fuhr herum, das Gesicht dunkel vor unterdrücktem Zorn. »Er wußte, daß nur wenige Männer seine Fähigkeiten hatten, und dieses Wissen gab ihm eine grenzenlose Arroganz. Er wollte den Mond und die Sterne und die Sonne für sich allein, und was er wollte, das verschaffte er sich auch, ganz gleich, was aus denen um ihn herum wurde.«

»Er hat die Leute benutzt?«

»Er hat uns mit Füßen getreten.«

»Was genau wollte er? Deine Stellung?«

»Meine. Die von Kommandant Woser.« Huy lachte bitter. »Und Kommandant Thuty wird ihm garantiert auch im Weg gewesen sein, denn er hat kein Geheimnis daraus gemacht, daß er einst auf dem Thron des Vizekönigs sitzen wollte.«

Bak pfiff. »So hoch richten nur wenige ihren Blick.«

»Die Männer seiner Einheit glaubten, er würde eines Tages noch mit den Göttern wandeln. Seine Offizierskameraden, also auch ich, sahen ihn eher bei den Dämonen.«

Bak lehnte sich mit dem Gesäß gegen die Brustwehr und betrachtete den älteren Offizier. Huys Abneigung gegen Puemre war augenfällig. Die wenigsten Leute faßten eine so starke Abneigung ohne besonderen Grund. »Was genau hat er dir getan?«

Der ältere Offizier kniff die Lippen zusammen. »Mir gefiel seine Art nicht, das ist alles.«

Gereizt tat Bak einen langen Seufzer. »Und mir gefällt nicht, daß er die Gürtelschnalle des Regiments von Amun trug. Eine Schnalle, die nur denen verliehen wurde, die es wieder mitaufgebaut haben, und nicht solchen Emporkömmlingen wie ihm. Trotzdem verachte ich ihn nicht so tief wie du.«

»Ich war's nicht, der ihn ermordet hat!«

»Habe ich dich dessen beschuldigt? Nein! Ich bin nur dabei, nach dem Täter zu suchen.«

Huy hob einen Lehmziegelbrocken auf und schleuderte ihn zum Hauptwall hinüber. Das Geschoß krachte gegen die weiße Mauer und zerbarst zu Krümeln. Ein patrouillierender Wächter zuckte zusammen und fuhr herum. Als er seinen vorgesetzten Offizier als Urheber erkannte, salutierte er mit dem Speer und marschierte weiter.

»Sein erstes Scharmützel hat er sich mit der Bande eines Wüstenstammes geliefert, die Vieh aus den Dörfern am Fluß stahl.« Huy klopfte sich den Staub von den Händen. »Als ich ihm die Aufgabe übertrug, wies ich ihn an, sie in einen Hinterhalt zu locken, gefangenzunehmen und nach Iken zu bringen.« Der Offizier schüttelte mißfällig den Kopf. »Er wußte es natürlich besser. Eine Armee, die einer anderen einen Hinterhalt legt, ist feige; also marschierte er mitten durch die Wüste und wirbelte eine Staubwolke auf, die man noch in Semna sehen konnte. Anstatt einen Hinterhalt zu legen, geriet er mitten in den Dünen selbst in einen hinein; das Resultat war eine offene Feldschlacht. Unsere Verluste beliefen sich auf fünf, die des Feindes, der wie immer schlecht bewaffnet war, sogar auf zehn. Hätte Puemre getan, wie ich ihm befohlen hatte, wären sie alle noch am Leben.«

Bak sah die Zornesröte auf Huys Gesicht, der einen Fehler nicht zu verzeihen mochte, der jedem neuen Offizier hätte unterlaufen können. »Damit war es wohl noch nicht zu Ende.«

»Wie recht du hast!« Huy hob einen zweiten Brocken auf und zielte diesmal ein Stück von dem Wächter fort. »Als er sich für den überflüssigen Verlust so vieler Leben rechtfertigen mußte, schließlich hatte er ja den Untergang seiner gesamten Einheit riskiert, da wälzte er die Schuld auf mich ab.«

»Damit kann er doch unmöglich durchgekommen sein!«

»Zum Glück waren die Götter mir geneigt. Ich hatte

ihm meine Befehle vor Zeugen gegeben, und die konnten und wollten Kommandant Woser die Wahrheit wissen lassen.«

Ein triftiger Grund, einen Mann zu hassen, dachte Bak, aber war es auch Grund genug, ihn zu töten? »Was geschah in der Nacht von Wosers Versammlung? Die Nacht, in der Puemre verschwand?«

»Nichts Außergewöhnliches.« Huy lächelte fast. »Vom Anlaß der Versammlung abgesehen, versteht sich. Der Herr Amun beehrt uns nicht alle Tage mit seiner Gegenwart.«

»Wann habt ihr euch getroffen und für wie lange?«

»Wir erreichten den Palast des Kommandanten alle fünf kurz nach Abenddämmerung. Ich weiß noch, daß ein Diener gerade die Fackeln im Hof anzündete. Wir besprachen eine gute Stunde lang, was wir während des Besuchs des Gottes und der Reise nach Semna zu tun hatten. Nachdem wir uns einig waren, wer was machte, gingen wir wieder.«

»Setzt Woser seine Versammlungen immer so spät an?«

»Nur in dringenden Fällen wie diesem.«

Bak konnte sich nicht erinnern, daß Kommandant Thuty je eine Versammlung nach Einbruch der Dunkelheit angesetzt hatte. »Gab es an irgendeinem wichtigen Punkt keine Einigkeit?«

Huy lachte ohne einen Anstrich von Humor. »Mit Puemre gab es nie über etwas Einigkeit, ob nun wichtig oder nicht, solange er dabei nicht in das strahlendste Licht gerückt wurde, besonders wenn Männer von Rang und Namen beteiligt waren.«

»Wie in diesem Falle.«

Huy warf ihm einen verächtlichen Blick zu. »Wenn du uns die Schuld an Puemres Tod aufhalsen willst, nur weil wir ihn zuletzt gesehen haben, dann wird dein Ruf als kluger Polizist sich ebenso schnell verflüchtigen wie der Morgennebel über dem Fluß.«

»Ich erhebe keine Anklage, ich suche nach Antworten.« Bak bedachte ihn mit einem langen, abschätzigen Blick. »Wer, meinst du, hat ihn umgebracht?«

»Die Stadt wimmelt von Leuten, die hier nur kurz ihre Geschäfte abwickeln, und beim Zoll hat er etlichen von ihnen auf die Füße getreten.« Huy nickte zu den Gebäuden unterhalb der Steilwand. »Vielleicht ist er in einer dunklen Gasse einem von ihnen in die Arme gelaufen. Oder es war reiner Zufall, und ein Fremder hat ihn ermordet und mußte reißaus nehmen, bevor er ihm noch den Schmuck hatte rauben können.«

Diese Theorie klang plausibel, bis auf die Heftigkeit, mit der die Mordwaffe geführt worden war. »Wann hast du ihn zum letzten Mal gesehen?«

»Wir sind gleichzeitig aufgebrochen, alle fünf. Vor dem Palast haben unsere Wege sich getrennt. Ich sah Puemre die Straße zum Haupttor hinuntergehen, allein. Ich nahm eine andere, die mich nach Haus zu einem dringend benötigten Abendessen führte. Ich bin zwar nicht verheiratet, aber meine Konkubine und die Diener können es bezeugen.«

Später, als Bak sich seinen Weg durch eine geschäftige Straße bahnte, seinem Treffen mit dem Wachoffizier entgegen, ließ er sich Huys Worte durch den Kopf gehen. Konnte er der Mörder Puemres sein? Genug gehaßt hatte er ihn jedenfalls, und das aus gutem Grunde. Er besaß so etwas wie ein Alibi, nur war zu erwarten, daß die Angehörigen seines Haushaltes ihn so oder so deckten. Seine Theorie über Puemres Tod klang sehr nach Kommandant Woser, auf der anderen Seite aber war er mit ein bißchen Nachhilfe sehr offen gewesen. Ein ehrlicher Mann, der bemüht gewesen war, ein wahres Bild zu zeichnen. Vielleicht.

Leutnant Senu erinnerte so eindeutig an einen Affen, daß Bak ein Lächeln unterdrücken mußte. Er war Ende vierzig, klein und stämmig, mit breiten Schultern, schmalen Hüften und kurzen, krummen Beinen. Krauses, orangerotes Haar behelmte die derben Züge unter den dichten Augenbrauen. Seine Haut war zu hell, um Farbe zu bekommen; sie schälte sich wahrscheinlich schon sein ganzes Leben lang.

»Ich weiß ja nicht, was Truppenführer Huy erzählt hat«, sagte Senu. »Für ihn ist alles schnell vergeben und vergessen. Aber Puemre war ein Schwein. So einfach ist das.«

Der Wachoffizier, der vorgegeben hatte, sich von seinen dringlichen Aufgaben nicht freimachen zu können, hatte Bak vorgeschlagen, ihn auf seinem Inspektionsgang zu begleiten. So fand Bak sich erneut auf den Wehranlagen wieder, aber nicht auf dem alten, zerfallenden Vorwerk, sondern dem neuen Gürtelwall, der nördlich der Festung verlief. Bevor er sich zum Fluß hinbog, um Stadt und Garnison zugleich zu umfassen, folgte er für viele Schritte der Steilwand. Seine Wände waren blendend weiß, die Wege glatt, die Türme und Schießscharten scharfkantig und noch nicht vom Flugsand abgeschliffen.

Obwohl die Hitze während der frühen Morgenstunden gestiegen war, hatte der Wind zugenommen; er milderte das Sengen der Sonne, erfüllte die Luft jedoch auch mit nadelfeinem Sand. Bak, der den Sand schmeckte und ihn unter dem Schurz und in Augen, Nase und Ohren fühlte, dankte dem Herrn Amun, daß er nicht wie die Wächter den ganzen Tag auf diesen Wällen verbringen mußte.

»Huy hat Probleme erwähnt«, gab er zu. Er sagte es ohne Vorwurf, um Senu zur Zustimmung zu ermutigen.

»Probleme!« Er lachte rauh und zynisch. »Mit Puemre zu tun zu haben, hieß, ein Opfer zu werden.«

»Und der stumme Junge, der bei ihm gelebt hat, hat er ihn mißhandelt?«

»Den kleinen Ramose?« Senu schüttelte den Kopf. »Nein, er war gut zu dem Jungen. Wie zu einem Sohn. Aber das war natürlich etwas anderes.«

Bak sah den Offizier interessiert an. »Inwieweit?«

Sie näherten sich einem Wächter, einem großen, stämmigen, jungen Mann in einem schenkellangen Schurz, wie ihn die Offiziere trugen. An seinem Gürtel hingen Dolch und Schlinge, und er trug einen langen Speer und einen hellbraunen Schild aus Kuhhaut. Senu ließ ihn anhalten, befahl ihm stillzustehen, überprüfte seine Erscheinung und die Bereitschaft seiner Ausrüstung und schickte ihn weiter.

Auf dem Weg zum nächsten Wächter, der etwa zweihundert Schritt entfernt war, erklärte Senu ohne Nachhaken: »Mit Normalsterblichen ist Puemre gut ausgekommen. Mit Männern und Frauen von geringem Rang, die weder eine Bedrohung darstellten noch ein Hindernis. Und Ramose hat ihn angebetet. Der Junge hätte sein Leben für ihn gegeben, und das hat jeder sehen können, der die beiden zusammen erlebt hat.«

Bak richtete ein stilles Gebet an den Herrn Amun, daß dies nicht zutraf, sondern daß der Junge noch lebte. »Ich hab' mir sagen lassen, daß Puemres Männer ihn für einen fähigen Offizier gehalten haben.«

»Ach, sie mochten ihn schon. Aus gutem Grunde. Er war tapfer und gewitzt auf dem Schlachtfeld, der geborene Krieger, wenn ich je einen kannte.« Senus Blick schweifte nach Westen über die Wüste, deren wellende Dünen unter einem schmutziggelben Schleier lagen. Er blieb an einer dichteren Staubfahne hängen, die die Annäherung einer Karawane verhieß. »Bis auf einmal, ganz am Anfang, hat er nie einen Mann oder ein Gefecht verloren. Das gefällt den Truppen, da fühlen sie sich sicher - und stolz.«

»Und die Kriegsbeute ist auch größer«, sagte Bak sarkastisch.

»Ist nie einer mit leeren Händen zurückgekommen«, gab Senu zu und hielt inne, um sich mit der Spitze seines Amtsstabes am Knöchel zu kratzen. »Versteh mich nicht falsch. Sie hatten sich an die Vorschriften zu halten. Puemre wollte seinen kostbaren Ruf nicht riskieren, nur damit seine Männer sich die Baracken mit Beutestücken füllen konnten. Sie mußten alles von Wert abgeben, wie es sich gehört.«

Die Größe der Staubfahne ließ Bak vermuten, daß es sich um eine kleine Karawane wie Senebs handelte. »Ich hab' mir sagen lassen, er war ein harter und unnachgiebiger Inspektionsoffizier.«

Senu lachte kurz, es klang wie ein Bellen. »Er hat etlichen Händlern eine Lektion in Ehrlichkeit erteilt. Sind nur wenige an ihm vorbeigekommen, ohne die ordnungsgemäßen Zölle zu entrichten.« Ohne auch nur luftzuholen, fügte er leichthin hinzu: »Wenn du mich fragst, solltest du unter ihnen nach seinem Mörder suchen.«

Zu leichthin, fand Bak. Wie von Woser gelernt. »Hast du je von einem Händler namens Seneb gehört?«

Senu setzte ein verächtliches Grinsen auf. »Ein bis ins Mark verderbter Mann. Treibt Handel mit dem Fleisch und Blut und Unglück seiner Mitgeschöpfe, ob sie nun zwei oder vier Beine haben.«

Bak schlug eine Fliege fort, die um seinen Kopf brummte. »Puemre soll ihm das Leben zur Hölle gemacht haben, als er das letzte Mal hier war.«

»Vor ein paar Monaten.« Das Grinsen wich einem spöttischen Lächeln. »Ich verachte Puemre, aber in dieser Angelegenheit fand er meinen Beifall. Seneb wäre immer noch hier und ein ganzes Stück dünner, wenn Woser sich von seinem Gejammer nicht hätte erweichen lassen und ihm einen neuen Paß für die Reise flußauf gegeben hätte.«

»Er ist auf seinem Weg nordwärts nach Kemet nicht wieder hier durchgekommen?« fragte Bak, um die Angaben des Händlers gegenzuprüfen. Als Wachoffizier mußte Senu der erste sein, der jemanden die Tore der Stadt passieren sah.

»Bis jetzt nicht, aber das wird er schon noch.« Senu starrte ihn unvermittelt an. »Warum fragst du mich aus über das Schwein? Hat man ihn auch im Fluß gefunden? Ich schwöre, ich habe ihn nie angerührt.«

Bak hielt es für unschädlich, den Offizier zu beruhigen, und vielleicht löste es ihm die Zunge, von Senebs Leiden zu hören. »Er hat Iken umgangen, so hat er jedenfalls in Kor behauptet. Ich habe seine Karawane beschlagnahmt und ihn ins Wachhaus von Buhen stecken lassen. Er wird

Kommandant Thuty vorgeführt und so vieler Verbrechen gegen die Herrin Maat angeklagt, wie ich nur beweisen kann.«

Senu hielt an einer Schießscharte und schaute auf das Ödland hinaus. »Manchmal sind die Götter zu großmütig, und die Gerechtigkeit läßt sich Zeit, aber wenn die Bösen unter uns schließlich in die Knie gezwungen werden, gibt es nichts Befriedigenderes.« Er wandte sich um, und ein Lächeln breitete sich auf seinem Gesicht aus. »Ich danke dir, Leutnant, daß du mein Vertrauen erneuert hast.«

Dieser seltsam aussehende Mann begann Bak zu gefallen. »Was hat Puemre dir Schändliches getan?« Er nutzte Senus Freundlichkeit aus, aber er hatte keine andere Wahl. Die Zeit war zu knapp.

Der Wachoffizier nickte, als hatte er verstanden, und ging weiter. »Als er nach Iken kam, führte ich nicht die Wachmannschaften an, sondern die Fußtruppen. Er machte keinen Hehl daraus, daß er meinen Platz einnehmen wollte. Aber Woser bestand darauf, daß er sich erst als Inspektionsoffizier zu bewähren hatte, bevor er Männer anführte, deren Leben von seinem Können abhingen.«

»Eine einleuchtende Entscheidung.«

»Nicht in Puemres Augen«, schnaubte Senu. »Eines Tages kam eine Urkunde aus Waset, aus dem Königshaus. Plötzlich fand ich mich als Wachoffizier wieder, und meine Männer wurden von diesem Schwein angeführt.« Er sah weg, doch Bak hatte die Verletztheit in seinen Augen noch sehen können. »Ich habe mein ganzes Leben in der Armee verbracht, bin dem Feind auf dem Schlachtfeld gegenübergetreten und habe mich vom gewöhnlichen Soldaten zum Leutnant hinaufgearbeitet. Er brauchte bloß einen Brief zu schreiben.«

»Ich verstehe.« Die Worte klangen lahm in Baks Ohren, aber ihm tat es in der Seele weh, daß diesem Mann so übel mitgespielt worden war. »Will Woser das Unrecht nun ausgleichen, daß er hatte mittragen müssen?«

Senu hielt zwanzig Schritt vor dem nächsten Wachsoldaten, damit er nichts mitbekam. »Am Tag, als wir von Puemres Tod erfuhren, sagte er mir zu, daß ich meine Kompanie wiederbekomme, sobald der Herr Amun gekommen und wieder gegangen ist. Im Moment ist meine Arbeit als Wachoffizier wichtiger.«

Bak gab ihm die Zeit, den Soldaten zu inspizieren, bevor er seine letzte Frage stellte: »Ich will wissen, wann du Puemre zum letzten Mal gesehen hast und was du nach der Versammlung bei Woser getan hast.«

Senu akzeptierte die Frage bereitwillig, er hatte sie sicher erwartet. »Ich hab' mich von ihm und den anderen vorm Palast getrennt und ihn nie wieder gesehen. Ich bin stracks nach Haus in die untere Stadt gegangen, wo Frau und Kinder schon auf mich gewartet haben.«

Noch ein Mann, dessen Geduldsfaden von Puemre bis zum Reißen gespannt worden ist, dachte Bak. Noch ein Mann, der Zeugen hat, die bereitwillig jede Geschichte bestätigen werden, die er erzählt.

Bak hastete die Gasse entlang, drängte sich an einem halben Dutzend Speerträgern vorbei, die aus dem Palast des Kommandanten kamen, und eilte hinein. Er kam zu spät zu seinem Termin mit dem Leutnant, der die Kompanie Bogenschützen anführte. Der jüngste der anwesenden Schreiber verwies ihn zu den Wohnquartieren im ersten Stock. Immer gleich zwei Stufen auf einmal nehmend, fegte er das Treppenhaus hinauf.

»Du lernst es wohl nie, was?« Das Brüllen eines Mannes, die Stimme bekannt und unbekannt zugleich. »Erst Puemre und nun diese Schlange Bak.«

Bak hielt so abrupt inne, daß er sich an der nächsten Stufe fast den Zeh gestoßen hätte.

»Was kann ich denn dafür, daß die Männer mich schön finden?« Asets Stimme.

Bak hatte nichts übrig für Lauscher, und sein Gewissen drängte ihn, nicht weiter zuzuhören, aber er tat es. Schamlos.

»Du hast Augen für jeden in Iken außer mir!« Wieder die Stimme des Mannes.

»Kannst du mich von dieser Garnison fortbringen? Von dieser schrecklichen endlosen Sonne und Hitze, in der ich Falten bekomme und meine Haut zäh wie Leder wird, bevor ich zwanzig bin? Hast du mir Diener zu bieten und ein gutes Haus, wirst du mir schöne Kleider und Edelsteine schenken?«

»Du weißt genau, daß ich das nicht kann!«

»Dann geh und laß mich in Ruhe.«

»Aset! Nur wenige Männer sind so wohlhabend.«

»Puemre wars, und Leutnant Bak tritt genauso auf wie er. Ein solches Selbstvertrauen wird aus Wohlstand und Sicherheit geboren.«

Ich, fragte Bak sich. Ist sie wirklich so naiv, daß sie nur bis zur Haut eines Menschen sehen kann?

»Wenn Wohlstand alles ist, was du willst, dann geh doch zu ihm!« Die Stimme des Mannes kippte, offenbarte Schmerz und Zorn. »Wirf dich ihm an den Hals und schau, ob es mir was ausmacht!«

»Das werd ich tun. Wart's nur ab!«

Rasche Schritte wurden lauter. Bak schoß nach oben, um nicht beim Lauschen erwischt zu werden. Als er die oberste Stufe erreichte, kam der Mann durch die Tür geplatzt. Sie krachten ineinander, daß ihnen die Luft wegblieb, und fielen um, Arme und Beine auf der Schwelle verknotet.

»Oh, nein!« Mit großen Augen und offenem Mund kam Aset auf sie zugeeilt.

Sie kniete zu ihren Köpfen nieder und beugte sich über den Mann, ohne Bak eines Blickes zu würdigen, und auf ihrem Gesicht standen nicht mehr Überraschung und Erschrecken, sondern Besorgnis. Beide Männer kämpften sich auf, drängten sie zurück und starrten einander an. Der Mann, mit dem sie gestritten hatte, war Nebseny, derjenige, welcher sie am vergangenen Abend aus Baks Quartier fortgeholt hatte.

»Du!« spuckte Nebseny. »Das hätte ich mir denken können.«

Als Aset sah, daß er unverletzt war, setzte sie eine noch besorgtere Miene auf und wandte sich Bak zu. Sie legte ihm eine Hand auf den Arm und schenkte ihm ein zärtliches, bekümmertes Lächeln. »Geht es dir gut? Hat dieser Tolpatsch dir wehgetan?«

Bak sah die Wut in Nebsenys Gesicht und kam eilends auf die Füße, um einen Schritt zurückzuweichen. Er bot dem schlaksigen, jungen Mann eine Hand an, um ihm aufzuhelfen. Nebseny lehnte dies mit einem unwilligen Blick ab und stand auf.

Aset erhob sich und schritt durch den Hof, den Rücken durchgedrückt vor Entschlossenheit. Zwei Diener, die mit großen Augen von einem Durchgang zum hinteren Teil des Hauses aus zugesehen hatten, zogen sich hastig zurück, um nicht von ihr erwischt zu werden. Sie blieb vor einem Bogen und einem Lederköcher voller Pfeilen stehen, die neben der Tür zu Wosers Empfangszimmer an der Wand lehnten. Sie hob den Bogen auf, der fast so groß war wie sie selbst, dann den schweren Köcher und machte kehrt.

»Nimm dieses Zeug und verschwinde!« befahl sie und drückte Nebseny alles in die Hand. »Ich will dich und dein Zeug hier nie wiedersehen.«

Bak verfluchte die Götter und Aset gleich mit. Wegen Nebseny war er hierhergekommen.

»Dies ist nicht nur dein Zuhause, sondern auch ein öffentliches Gebäude, du selbstsüchtige ...« Nebseny bekam sich in den Griff und fügte mit einem Grinsen hinzu: »Keine Sorge, meine Teure. Ich werde die Tür nur noch verdunkeln, wenn dein Vater mich ruft.« Bogen und Köcher schulternd, wandte er sich ab.

Bak trat ihm in den Weg. »Ich bin gekommen, um mit dir über Leutnant Puemres Tod zu reden.«

»Geh mir aus dem Weg!«

»Kommandant Woser hat zugesagt, daß du mit mir redest.«

Nebseny bleckte die Zähne. »Ich habe nichts mit dem

Tod dieser Schlange zu tun, und ich habe auch keine Ahnung, wer ihn ermordet hat. Ich wünschte, ich wüßte es, denn derjenige hat die Garnison von einer Fäulnis befreit, die schlimmer ist als die in abgestandenem Wasser.«

Hier sprach natürlich die Eifersucht, aber was noch? »War er ein ebenso vollendeter Bogenschütze wie Fußsoldat?«

»Seine Fertigkeiten mit dem Bogen waren gleichwertig, mehr nicht.«

»Wie ich sehe, hast du ihm erfolgreich keinen Grund gegeben, dir Männer oder Pflichten abzunehmen.«

Aset schlüpfte um Nebseny herum. Sie stellte sich so dicht neben Bak, daß er die Wärme ihrer Schulter spüren konnte und ihr Haar seinen Arm berührte. Ihre Stimme war honigsüß. »Die Leutnants Nebseny und Puemre hatten vieles gemein. Der eine war bloß ein Soldat, der die guten Dinge des Lebens haben wollte, und der andere hatte sie und wollte bloß ein guter Soldat sein.«

Nach dem zu urteilen, was Bak mitangehört hatte, war ihre Bemerkung unwahr, zumindest soweit es Nebseny betraf. Ihre Worte sollten den Bogenschützen ebenso aufstacheln wie ihre Nähe zu Bak. Was hatte sie vor? Sie gegeneinander auszuspielen?

Nebseny gab vor, sie zu ignorieren. »Dann hast du also schon mit Huy und Senu gesprochen. Ich habe dem nichts hinzuzufügen.«

Er stieß Bak mit der Schulter zur Seite, auf Aset zu, und hastete die Treppe hinab, ohne auch nur einen Blick zurückzuwerfen. Das Mädchen ergriff Baks Arm, als bedurfte es einer Stütze, und sah zu ihm auf mit den großen, braunen Augen der Herrin Hathor. Ihre feuchten, roten Lippen näherten sich den seinen, luden ihn ein. Er war zu verärgert darüber, daß sie ihm das Gespräch mit Nebseny verdorben hatte, um irgendeine Art von Leidenschaft zu spüren. Die Nähe ihres Vaters und ihre Absicht, Iken wohlhabend und hochgestellt zu verlassen, waren auch nicht gerade verlockend.

Sanft, aber bestimmt schob er sie von sich und folgte Nebseny die Stufen hinab. Er verließ das Gebäude mit einem Seufzer der Erleichterung und einem traurigen Lachen über sich selbst. Zum ersten Mal im ganzen Leben nahm er vor einer schönen Frau reißaus.

Erst als er die Strecke zum turmbewehrten Tor schon halb zurückgelegt hatte, ging ihm auf, wieviel er aus dem knappen Wortwechsel mit Nebseny erfahren hatte. Der junge Offizier war in Aset verliebt und verrückt vor Eifersucht. Er hatte zu verstehen gegeben, daß das Mädchen Puemres Interesse zumindest ermuntert hatte. Wenn das kein Grund für einen Mord war, was dann? Und was Aset betraf, konnte sie Puemre ermordet haben? Ein Motiv mochte vorhanden gewesen sein, besonders wenn er sie abgewiesen hatte, aber sie schien Bak zu zart gebaut, um soviel Kraft aufbringen zu können.

8. Kapitel

»Hab keinen von beiden gesehen heut morgen.« Der drahtige Sennufer nahm ein zerknülltes Tuch vom Spieltisch und wischte sich den Schweiß von Gesicht, Nacken und Oberkörper. »Wenn sie auftauchen, sag' ich bescheid, daß du sie suchst.«

»Sie werden kommen«, versicherte Bak ihm von der Tür aus. »Wir wollten uns hier am frühen Nachmittag treffen.«

Das Freudenhaus stank nach Schweiß und vergorenem Brot. Drückend hing die Hitze in der Luft. Ein halbes Dutzend Männer, der sonnengegerbten Haut nach Schiffer, saßen auf dem festgestampften Erdboden und spielten. Wann immer einer die Stöckchen warf, jubelten oder fluchten die anderen, je nach Glück.

»Hast du den Handwerker gesehen, der von Mördern träumt?« fragte Bak. »Oder dich noch an irgend etwas erinnert?«

Sennufer warf sich das Tuch über die Schulter und spitzte

nachdenklich die Lippen. »Ich sehe immer noch seine Hände vor mir, den grauen Dreck unter den Nägeln, aber das habe ich dir schon erzählt.« Er zog einen Bierkrug aus dem Regal an der Wand und bot ihn Bak mit einem herzlichen Lächeln an. »Tritt ein, Leutnant. Du kannst dir ebensogut einen genehmigen, während du wartest.«

Bak formte ein Dankeslächeln und trat zurück, suchte nach einer taktvollen Fluchtmöglichkeit vor Hitze, Gestank und Lärm. »Ich muß noch jemanden im Hafen treffen. Sag meinen Männern, sie sollen dorthin kommen.«

Gräulicher Dreck. Zuerst hatte Sennufer die Hände des Betrunkenen als schmutzig beschrieben, ohne eine Farbe zu nennen. Nun sollten sie grau gewesen sein. Bak wollte kein Handwerk einfallen, bei dem man ein graues Material zu verarbeiten pflegte. Vielleicht trügte Sennufers Gedächtnis, und er hatte die Farbe erst nachträglich eingefügt.

Bak verschlang die letzten Bissen Fisch und warf die Verpackung in den Fluß. Für einen Augenblick behielten die großen Blätter ihre Form bei und trieben wie ein winziges grünes Boot dahin, dann aber wurden sie von der Strömung gepackt und auseinandergerissen. Er verließ den Schatten der Tamariske, deren Wurzeln von den steigenden Wassern schon umspült wurden, und stieg die Böschung hinauf. Der Hafen, in dem er den Lotsen Inyotef treffen sollte, den letzten der vier Offiziere, lag weiter flußauf.

In der Mittagshitze wurde die sandige Gasse nur von ein paar Schiffern, ein oder zwei Händlern und einer Hausfrau mit ihrer jungen Dienerin benutzt. Drei Männer kamen Bak entgegen, eine Karawane im Schlepptau. Das auf die Eselsrücken getürmte Heu machte ihn niesen. Dem Hafenbecken gegenüber befanden sich ein gutes Dutzend Lagerhäuser sowie ein paar kleinere Läden und Wohnhäuser. Dazwischen waren die zerfallenen Mauern mehrerer verlassener Speicher zu sehen, Zeugen einer längst vergangenen, fleißigeren Zeit, in der mehr Korn gebraucht worden war, um eine gewaltige und hungrige Garnison zu ernähren. An den Pieren lagen zwei breite Frachtschiffe, leichtere als in Buhen anzulegen pflegten, und ein schmalrümpfiges Handelsschiff; um sie herum waren kleine Boote vertäut.

Bak passierte eine Reihe von fünf miteinander verbundenen Lagerhäusern, deren Tore verschlossen und versiegelt waren, und machte im Schatten des Akaziengrüppchens halt, das sich zwischen den Pieren am Hafendamm erhob. Dort setzte er sich und schaute wartend aufs Wasser, die Knie unters Kinn gezogen.

»Leutnant Bak?« Eine Männerstimme in seinem Rücken.

Bak fuhr herum und sprang mit offenem Mund auf. »Inyotef?«

Der Mann vor ihm, ein mittelgroßer, schlanker und dennoch breitschultriger Mann mit krausem, ergrauendem Haar, brach in ein Lachen aus. »Beim Barte des Herrn Amun! Nie hätte ich mir träumen lassen, daß du der Polizeioffizier bist, mit dem ich zu reden habe!«

Bak klopfte ihm auf die Schultern. »Und mir wäre nie in den Sinn gekommen, daß der Lotse Inyotef in Wirklichkeit Kapitän Inyotef von der Königlichen Marine ist.«

»Nicht mehr, mein Junge.« Der Ältere trat zurück, um ihn in Augenschein zu nehmen. Die Bewegung war unbeholfen, denn er zog ein Bein etwas nach.

Tief luftholend sah Bak es an und gleich wieder woandershin. Der Anblick der gekräuselten braunen Narbe und des verformten Knochens unter dem Knie traf ihn wie ein Schlag in die Magengrube. Er trug die Schuld daran, daß dieser Mann ein Krüppel war.

»Inzwischen lotse ich Schiffe durch den Bauch der Steine.« Inyotef lächelte; entweder war er sich Baks Bestürzung nicht bewußt, oder er ignorierte sie. »Die Arbeit mag nicht so glanzvoll sein wie das Befehlen eines Kriegsschiffes, aber sie erfordert mehr Grips und Geschicklichkeit.«

»Wie lange bist du schon in Iken?« brachte Bak hervor.

»Drei Jahre diesmal.«

Dann mußte er gekommen sein, kurz nachdem das Bein abgeheilt war. Hatte man ihn nach Süden versetzt, weil ein so versehrter Mann nicht mehr für würdig befunden wurde, eines der großen königlichen Schiffe zu führen? »Diesmal?« wiederholte Bak.

»Ich habe am Nordpier ein Boot liegen. Komm, wir können dort reden.« Während er Bak das Ufer entlangführte, in einem Tempo, das seinem schweren Hinken spottete, erklärte er: »Mein erstes Kommando vor vielleicht fünfzehn Jahren hatte ich in Wawat. Dort lernte ich, Schiffe durch die Stromschnellen bei Abu zu bringen, und zweimal brachte ich auch welche durch den Bauch der Steine. Und so hab ich mich hierher beworben, als ich hörte, daß sie einen Lotsen brauchten.«

Bak versuchte, das Hinken zu übersehen und die Erinnerung zurückzudrängen, doch der Alpdruck wollte nicht verschwinden. Das Regiment von Amun war nach Mennufer gesandt worden, um auf der großen Sandfläche westlich der frühen Königsgräber Manöver zu halten. Sie waren von Waset per Schiff gekommen, und so hatte es auch wieder zurückgehen sollen. Neben anderen waren auch Baks Streitpferde auf dem Deck von Inyotefs Schiff untergebracht worden. Während der Kapitän und er von diesem und jenem schwätzten, wie man es auf einer so langen, müßigen Reise tat, hatten sie sich miteinander angefreundet.

Am Morgen der Rückreise hatte er sein Gespann, zwei edle braune Wallache, zur Planke geführt. Drei, vier Schritt entfernt standen vier Männer und sahen ihm zu, darunter Kapitän Inyotef. Eines der Pferde war so nervös, wie ein Pferd nur sein konnte. Die Planke jagte ihm Angst ein. Bak beruhigte es mit Worten und Streicheln und führte es zu dem schmalen Steg. Als seine Vorderhufe das Holz berührten, scholl ein herzhaftes Gelächter den Kai entlang. Das Pferd riß den Kopf zurück, daß Bak die Zügel entglitten, und dann fuhr es herum, erwischte Inyotef und zertrampelte ihm das Bein.

Bak war mit seiner Kompanie nach Waset gefahren, dank eines Kollegen seines Vaters hatte er sich jedoch über Inyotefs Genesung auf dem laufenden halten können. Der Bruch war schlimm gewesen; viele Tage lang hatten die Ärzte wenig Hoffnung gehabt, daß Inyotef die Schmerzen und die Entzündung überlebte. Der reine Wille hatte ihn über den Berg gebracht. Nachdem das Schlimmste vorüber gewesen war, hatte er täglich Fortschritte gemacht, bis er wieder laufen konnte. Mehr hatte Bak nicht gehört. Er hatte angenommen, daß Inyotef vollständig genesen war; zumindest hatte er das um jeden Preis glauben wollen.

»Du brauchst dich nicht mit Vorwürfen zu quälen«, sagte Inyotef. »Während ich wieder zu laufen lernte, wurde mir klar, daß ich nie wieder ein Kriegsschiff kommandieren würde. Das war nichts für mich, und ich rede hier nicht nur von meinem Körper, sondern auch von meinem Herzen.« Er blieb vor einem schlanken, weißen Boot stehen, das auf den Wellen tanzte, die gegen den Pier platschten. »Vom ersten Tag an hatte ich nach Wawat zurückkehren wollen, aber die Macht und die Aufregungen des Kommandos hielten mich in Kemet. Der Unfall gab mir endlich die nötige Ausrede.«

»Wie gern ich das glauben würde.« Die Worte entsprangen tief in Baks Seele.

»Ich schwöre bei den Göttern der Achtheit, daß dies die Wahrheit ist.« Inyotef klopfte ihm auf die Schulter. »Nun laß mich dir meinen ganzen Stolz vorführen, und dann reden wir über den Mord.«

Nach einem Vorwurf suchend, erforschte Bak seine Züge. Er fand keinen. Wenn er sich selbst auch nur so leicht hätte vergeben können.

Soweit es Bak betraf, war das Boot wie jedes andere auch, nur daß es besser in Schuß war. Inyotef sprach von dem Mast und den Beschlägen, dem Tauwerk und dem Segel wie über eine Geliebte. Er streichelte den Bug, hielt das Ruder mit einem zärtlichen Griff, liebkoste die Rundungen des Rumpfes mit den Augen. Und, was Bak viel wichtiger fand, den lebende Geschöpfe mehr kümmerten als tote Gegenstände, Inyotef bewegte sich mit der Gewandtheit eines Affen darauf; sein Gebrechen wurde durch die Vertrautheit gemindert.

Als er sich schließlich ausgetobt hatte, zog er eine Schilfmatte über den offenen Rumpf. »Meine freie Zeit verbringe ich meist hier«, erklärte er und bedeutete Bak, sich in den Bug zu setzen. »Mein Frau konnte sich mit dem Grenzerleben in Iken nie anfreunden, und so ist sie vor ein paar Monaten nach Kemet zurückgekehrt. Nun habe ich niemanden mehr, zu dem ich heimkehren kann.«

Bak wehrte sich gegen erneute Gewissensbisse. Inyotefs Leben war durch seinen Fehler in die Brüche gegangen, das war jedoch kein Grund, seinen Pflichten den Rücken zu kehren. »Du sollst zu denen gehören, die Puemre zuletzt lebend gesehen haben.«

Der Lotse zog ein zerfetztes Segel aus einem offenen Korb nahe dem Heck. »Wie du inzwischen sicher weißt, haben wir uns vor dem Palast des Kommandanten alle getrennt.« Er legte sich das Segel über die Beine und fädelte Zwirn durch eine große Bronzenadel. »Ich ging zum Badehaus, aber vor der Tür entschloß ich mich, doch lieber heimzugehen. Wie ich die Straße zum Haupttor hinabspazierte, sah ich plötzlich Puemre weiter vorn. Ich dachte daran, ihn einzuholen, aber da er kein sonderlicher Freund war, schien es mir der Mühe nicht wert.«

Bak begriff, daß er zwei verschiedene Richtungen einschlagen konnte. Er entschied sich für die offensichtlichere. »Wie lange warst du hinter ihm?«

»Ganz bis in die untere Stadt hinab.« Inyotef stach die Nadel durch das schwere Tuch und zog den Zwirn nach. »Am Fuße der Steilwand wandte er sich nach Norden und nahm eine Gasse zu seinem Haus. Ich ging meiner eigenen Wege, zuerst zu einem Spaziergang am Fluß und dann nach Haus.«

Bak war verblüfft. »Huy wohnt in der Festung, Senu und du aber nicht, und Puemre hat auch draußen gewohnt. Warum?«

»Ich kann natürlich nicht für Puemre sprechen, aber die meisten Frauen wohnen lieber in der unteren Stadt, wo die Häuser besser erhalten sind und der Markt näher dran ist.« Inyotef lächelte. »Woser hätte uns gern alle in der Garnison, aber wenn er darauf bestünde, gäbe es einen allgemeinen Aufstand. Der stärkste Mann ist nur so stark wie die Frauen in seinem Haus.«

»Beklagt sich Herrin Aset?« Bak grinste. »Oder ist sie es zufrieden, im Palast des Kommandanten hofzuhalten?«

Inyotef lachte. »Ihre Klagen sind endlos. Woser hört schon gar nicht mehr hin, wo er sowieso nichts ändern kann.«

Bak grinste noch mehr, aber er wurde rasch wieder ernst. »Deine Offizierskameraden nennen Puemre ein Schwein und eine Schlange. Ich nehme an, du stimmst ihnen zu.«

Nun klang Inyotefs Lachen bitter. »Beide Namen tun es. Wie ich schon sagte, er war kein Freund von mir.«

Bak sah den Lotsen prüfend an, suchte nach einem Anzeichen von Falschheit. Außer der Verachtung für den Toten sah er nichts als blanke Unschuld. Die Verachtung konnte er akzeptieren, die blanke Unschuld aber war verdächtig, besonders da Inyotef ihm so nachdrücklich zu verstehen gegeben hatte, daß er Puemre nicht hatte leiden können. »Jeder von ihnen hat eine unschöne Geschichte auf Lager. Du auch?«

»Puemre war arrogant, ichbezogen und prinzipienlos. Was gibt es mehr zu sagen?«

»Du könntest etwas genauer werden.«

Der Lotse schnaubte. »Warum sollte er sich um jemanden wie mich scheren? Ich hatte nichts, was er wollte.«

Bak beschloß, auf die Täuschung einzugehen – falls es eine war. »Hab dank für die Auskunft, mein Freund.« Er stand auf, um von Bord zu gehen. Das Boot hüpfte auf einer

Welle, so daß er sich am Mast festhalten mußte. »Ich habe noch einige Gespräche zu führen, aber wir sehen uns, sobald meine Zeit es erlaubt.«

Inyotef schaute ihn nur kurz an. »Ach, über kurz oder lang wirst du es eh erfahren.« Er sah so resigniert aus, wie er klang.

Bak mußte ein Lächeln unterdrücken. Der Lotse hatte wie seine Offizierskameraden ein Motiv, Puemre zu ermorden, und er zog es vor, sich nicht hinauszumogeln.

Inyotef senkte den Blick auf das zerrissene Segel, verbarg seinen Gesichtsausdruck in seiner Arbeit. »Puemre hat mich für wertlos gehalten, für jemanden, der aufgegeben hat, und er hat mich geschnitten.« Seine Stimme nahm eine zornige Färbung an. »Er hat allen unter die Nase gerieben, daß ich alt und schlapp sei und, anstatt Schiffe durch den Bauch der Steine zu lotsen, besser nach Kemet zurückgeschickt werden sollte. Er hat gesagt, ich könnte ja vielleicht eine Fähre auf einem der kleineren Kanäle im Norden betreiben, wo der Fluß durch die Sümpfe fließt.«

»Und das dir, dem ehemaligen Kapitän eines Kriegsschiffes.«

»Es tat weh.« Inyotef kniff die Lippen zusammen. »Wäre er noch am Leben, würde ich ihn vielleicht ...« Er blickte Bak in die Augen und lächelte freudlos. »Wer weiß schon, wozu ein Mann fähig ist, dem zu oft ein Stachel verpaßt wird?«

»Und so könnte also«, sagte Bak düster, »jeder der vier oder auch Kommandant Woser selbst Puemre ermordet haben. Jeder hatte ein Motiv und auch die Gelegenheit.«

Paschenuro stand direkt am Wasser und starrte in die Untiefen, die leichte Harpune gereckt, um den nächsten strammen Fisch zu erwischen, der vorbeigeschwommen kam. »Würden die unschuldigen Offiziere den Täter dekken?«

Der ganzen Geschichte überdrüssig, verzog Bak das Gesicht. »Sieht ganz so aus, oder?«

Nachdem er Inyotef verlassen hatte, war er unter den Akazien auf den stämmigen Medja gestoßen, der dort, mit einer Harpune und einem Schilfkorb bewaffnet, ihr Abendessen zu fangen suchte. Kasaya war nirgends zu sehen gewesen. Sie hatten eine Nachricht für ihn bei zwei Jungen hinterlassen, die auf dem Kai spielten, und waren der ungleichmäßigen Reihe von Tamarisken und Akazien gefolgt, bis sie eine flache Stelle gefunden hatten, die bereits unter Wasser lag. Der Wind hatte sich gelegt, und nun hingen winzige Staubpartikel in der Luft, tauchten den Himmel in ein merkwürdiges Gelbblau und bedeckten die Landschaft mit einem bräunlich-gelben Schleier. Die Luft war so ruhig und schwer, daß selbst die Vögel verstummten. Nur der Sirenengesang einer Stromschnelle weiter flußab war noch zu hören.

»Und der Plan, König Amun-Psaro zu ermorden?« fragte Paschenuro.

Bak sah zu dem langen, bräunlichen Stück Treibholz hinüber, das auf der Felseninsel gegenüber in der Sonne lag. Oder war es ein Krokodil? »Falls ein solcher Plan existiert – wovon ich noch nicht überzeugt bin – und sie ihn ausgeheckt haben, so müssen sie sich gegenseitig schützen, ganz egal, ob sie nun etwas mit dem Mord an Puemre zu tun haben oder nicht.«

»So sehr ich es auch versuche, mir will einfach kein Grund einfallen, warum Offiziere der Armee von Kemet einen kuschitischen König sollten ermorden wollen.«

»Mir auch nicht.« Bak watete knietief ins Wasser. Dick und schwer quoll der Schlamm zwischen seinen Zehen hervor, und die Strömung zerrte ihm an den Beinen. So heiß und verschwitzt, wie er war, wäre er am liebsten ein Stück geschwommen, aber er wollte sich den Schurz nicht naß oder schmutzig machen. »Ich setze eine Monatszuteilung Korn, daß Puemre aus persönlichen Gründen ermordet worden ist.«

Der Medja stieß mit der Harpune zu, erwischte einen Barsch genau in der Mitte. Der Fisch zappelte im Wasser, wühlte den Schlamm auf. Paschenuro zog ihn von der langen, dünnen Spitze und tötete ihn mit einem raschen Hieb.

Seine Beute zu den beiden kleineren Fischen in den Korb werfend, sagte er: »Die Männer der Garnison schätzen Kommandant Woser sehr. Sie wollen nichts Schlechtes über ihn hören. Wenn ihm seine Offiziere auch so ergeben sind, werden sie ihn decken, besonders wenn sie Puemre ebenfalls gehaßt haben.«

»Ich habe den Verdacht, daß seine Tochter Aset sich Puemre gegenüber ebenso aufreizend benommen hat wie bei mir.« Etwas Kaltes berührte Bak am Bein. Er fuhr erschreckt zurück. Ein stattlicher Katzenwels schoß davon, ideal für den Grill, wenn Bak nur eine Harpune gehabt hätte. »Sicher war sie weniger an ihm als Mann als an seiner edlen Herkunft interessiert, aber wenn er ihr irgendeinen Schaden zugefügt hat, dann hatte Woser einen guten Grund, ihn zu töten. Und der Bogenschütze Nebseny ebenfalls. Er hegt die Eifersucht eines abgewiesenen Liebhabers.«

»Es geht ein Gerücht in den Baracken um ...« Paschenuro schaute über den Wasserlauf zur Insel. »Das Krokodil hat sich lange genug gesonnt. Es will wieder ins Wasser.«

Der Baumstamm hatte kurze, dicke Beine bekommen und ein langes Maul voller Zähne. Bak verschwendete keine Zeit und watete an den Strand zurück. »Ein Gerücht, ja?« Er grinste. »Ich wußte doch, daß es sich lohnt, wenn du den Morgen bei den Truppen verbringst.«

Paschenuro hörte auf zu lächeln, bevor er noch recht begonnen hatte. Er stürmte ins Wasser und stieß zu. Sein vorderer Fuß geriet ins Rutschen, und er hatte Mühe, auf den Beinen zu bleiben. Der Fisch flitzte unversehrt davon.

»Die Herrin Aset soll ein Kind erwarten, und keiner weiß, von wem.«

Bak pfiff leise, er war überrascht und doch wieder nicht. »Sie ist zu sehr auf ein Leben in Reichtum und Bequemlichkeit aus, um sich einfach mit irgend jemand eingelassen zu haben. Wer soll der Auserwählte denn sein?«

»Die Leutnants Nebseny und Puemre liegen gut im Rennen. Oder es war ein unbekannter Händler, nur kann sich niemand erinnern, sie außerhalb des väterlichen Hauses je mit einem anderen Mann als einem Offizier oder Diener gesehen zu haben.«

»Dann wird's auch kein Händler gewesen sein.« Bak kniete nieder, um sich Wasser auf Gesicht, Arme und Brust zu spritzen. »Und Woser, was sagt der dazu?«

»Er soll schier geplatzt sein vor Wut.«

Bak hatte Vater und Tochter noch nicht zusammen erlebt. Er beschloß, genau darauf zu achten, wie sie miteinander umgingen, sobald sich die Gelegenheit ergab. Und er erneuerte seine Absicht, Aset auf Abstand zu halten. »Was hast du sonst noch gehört?«

»Viel Gutes über Puemres Fähigkeiten als Soldat. Selbst die Feldwebel, die ja immer am kritischsten sind, hielten große Stücke auf ihn. Er soll nur einmal einen Fehler gemacht und ein paar Männer verloren haben, weil seine hohen Ideale es ihm nicht gestatteten, den Feind in einen Hinterhalt zu locken. Es gibt ein wenig Gerede, daß Truppenführer Huy die Schuld daran trug, aber im großen und ganzen hält man ihn für einen fähigen und anständigen Mann, und die wenigsten, mit denen ich sprach, nehmen diesen Vorwurf ernst.«

Bak erhob sich wieder. Ein schwacher Lufthauch strich ihm über die tropfenden Schultern und erfrischte ihn für einen Moment. »Sind sich die Männer eigentlich im klaren, wie sehr Puemre von seinen Offizierskameraden abgelehnt wurde?«

Paschenuro beobachtete gespannt das Wasser, den Blick auf einen Schwarm kleiner Fische gerichtet. »Sie wissen es, aber sie verstehen es nicht. Besonders, weil sie für jeden von ihnen Respekt und Bewunderung hegen.« Er packte die Harpune fester, aber der große Fisch, auf den er hoffte, wollte nicht zum Vorschein kommen. »Du weißt es schon oder vielleicht auch nicht, aber jeder, den du des Mordes verdächtigst – außer Leutnant Nebseny –, hat vor langer Zeit mindestens eine goldene Fliege verliehen bekommen.«

Bak erstarrte zu Stein, diese Neuigkeit bestürzte und beschämte ihn. Goldene Fliegen wurden nur Männern von erwiesener Tapferkeit verliehen, und zwar von der Herrscherin höchstselbst. Obwohl es in diesem Falle noch ihr verstorbener Gatte oder sogar noch ihr Vater getan haben durfte. »Vor wie langer Zeit?«

»Vor siebenundzwanzig Jahren. Sie dienten im Heer von Akheperenre Thutmosis, während des letzten Krieges mit Kusch.«

Maatkare Hatschepsuts Bruder und Gatte. Kein so großer Krieger, wie sein Vater gewesen war, aber er hatte die Kuschiten für alle Zeiten geschlagen. Bak war froh, daß er bei den Gesprächen mit den Offizieren noch nichts von der Ehrung in Gold gewußt hatte. Seine Entschlossenheit, sie sich als Verdächtige vorzustellen, hätte darunter gewiß gelitten.

»Diese Nachricht ist ein Schlag«, gab er zu. »Wie kann ich so tapfere Männer des Mordes an einem Offizierskameraden anklagen?«

»Es kommt noch schlimmer«, sagte Paschenuro grimmig.

Bak schloß für einen Moment die Augen, um sich zu wappnen. »Nur zu.«

»Einigen Männern zufolge sind Truppenführer Huy und Leutnant Senu eines Nachts in einem Freudenhaus auf Puemre gestoßen. Sie verließen es vor ihm und wurden später draußen auf der dunklen Gasse gesehen, wartend. Am nächsten Morgen erschien Puemre grün und blau geschlagen vor seinen Leuten. Und er wollte die Männer, die ihn so zugerichtet hatten, nicht erkannt haben.«

Bak zog denselben Schluß, den die ganze Garnison gezogen haben mußte.

»Ein andermal«, fuhr der Medja fort, »fiel Puemre unter

merkwürdigen Umständen über Bord eines Schiffes, das von Leutnant Inyotef gelotst wurde. Dank des Herrn Amun und der Tatsache, daß Puemre wie ein Fisch schwimmen konnte, ging es gut für ihn aus.«

Tapfere Männer, dachte Bak zynisch. »Und was ist mit Nebseny?«

»Er hat mal öffentlich gedroht, Puemre zu kastrieren, aber ich habe nicht gehört, daß er es auch einmal versucht haben soll. Ein Grund für die Drohung war die Herrin Aset. Ein zweiter war Puemres Vorwurf, Nebsenys Bogenschützen hätten vor ein, zwei Monaten darin versagt, seine Fußtruppen während eines Scharmützels am Fluß zu decken.«

»Wenn die Offiziere dermaßen im Zwist lagen, taten es ihnen ihre Einheiten dann nicht nach?«

»Bis jetzt nicht, dank der Vernunft und Entschlossenheit ihrer Feldwebel, aber es scheint mir Unruhe zu geben. Der Bruch hätte wohl nicht mehr lange auf sich warten lassen.«

»Dann ist Puemres Tod ja genau zur richtigen Zeit gekommen.«

Bak hob eine Handvoll Steinchen und Scherben auf. Stück für Stück ließ er sie über das Wasser hüpfen, damit sein Körper etwas zu tun hatte, während er Paschenuros Ausbeute zu ordnen suchte. Zwei Fakten stachen hervor: Erstens, die Offiziere hatten ihm nicht mehr erzählt, als ganz Iken sowieso schon wußte. Zweitens:

»Vor siebenundzwanzig Jahren, wurden die Kuschiten da von Amun-Psaro angeführt?«

»Hab' ich auch schon vermutet«, grinste Paschenuro. »Ist aber falsch. Damals war er noch ein Prinz und gerade mal zehn, also zu jung für den Krieg.«

Mit einem Seufzer nahm Bak die letzte Scherbe von der Linken in die Rechte – und erstarrte. Das rechteckige Stück war von grünlichem Grau. Und in Iken wurde Geschirr hergestellt, um flußaufwärts verkauft zu werden. Der betrunkene Zeuge mußte ein Töpfer sein.

»Ich habe nichts gesehen!« Antef streute eine kleine Handvoll feinen Häcksel auf den Klumpen feuchten, gräulichen Tons und knetete ihn mit aller Kraft seiner dicken, kurzen Finger, seine ganze Unruhe hineinsteckend. »Gar nichts! Es war zu dunkel! Ich schwöre beim Herrn Khnum!«

Bak hielt seine Ungeduld mit einiger Mühe im Zaum. Der oberste Töpfer hatte erklärt, daß Antef einst ein begabter Handwerker gewesen war, heute aber nicht einmal mehr die mittelmäßige Ware anfertigen durfte, die nach Kusch verschifft wurde. Der Grund dafür lag auf der Hand. Antef hatte zittrige Finger, weniger aus lauter Angst als von zuviel Bier in zuvielen Jahren.

Bak kniete sich neben den kleinen, ergrauenden Mann und legte ihm beruhigend eine Hand auf die Schulter. »Ich werfe dir doch gar nichts vor, Antef. Ich will nur wissen, was in jener Nacht geschah.«

»Ich habe die Herrin Hathor gesehen. Sie ist zu mir gekommen und hat mir ihren herrlichen Leib gezeigt.«

Antef sah sich um, als wollte er sich vergewissern, daß seine Kollegen nicht lauschten. An der übertriebenen Art, wie sie in ihre Arbeit vertieft waren, sah Bak, daß sie es doch taten. Der Töpfer fuhr fort, und je mehr die Göttin seine Gedanken erfüllte, desto weniger zitterte er. Er erzählte die gleiche Geschichte, die Meryre weitergegeben hatte, aber mit allerlei Einzelheiten, die wohl weniger seinem Gedächtnis zu verdanken waren als dem Schliff wiederholten Erzählens.

Während der Töpfer sprach, sah Bak sich in der Werkstatt um, die in den geborstenen Mauern eines uralten Hauses in der unteren Stadt gelegen war. Das Geschäft ging gut, vier Töpfer arbeiteten hier, und jeder hatte noch einen Gehilfen, der ihm die Scheibe drehte. Über ihnen lagen Schilfmatten auf einem klapperigen Holzgestell und beschirmten sie und ihr Tun vor der Glut des Tages. Der Ton wurde zu zweit bereitet, ein Mann wässerte ihn, arbeitete ihn mit nackten Füßen durch und gab ganz nach Erfordernis Sand, gehäckseltes Stroh oder Dung hinzu, während Antef besondere Stücke mit der Hand knetete. Ein Jüngling, den der Vater geschickt haben mochte, damit er das Handwerk erlernte, trug die geformten Töpfe in einen ungedeckten Raum, wo sie zum Trocknen aufgereiht wurden. Der oberste Töpfer befeuerte einen zylinderförmigen Steinofen, der ihn fast überragte.

»Sie sagte, daß sie mit mir allein sein wollte, ohne einen Menschen, der uns zuschauen oder belauschen konnte, und dann nahm sie mich bei der Hand und führte mich aus den Mauern der Stadt hinaus.« Antef war tief in seine Geschichte versunken, die Augen auf einen Ort gerichtet, der Menschen mit weniger Einbildungskraft verborgen blieb. »Wir hielten oft, um uns zu küssen, und sie spielte zärtlich mit mir und ich mit ihr. Als wir schließlich zwischen den Felsen unser Nest fanden, warfen wir uns wie ausgehungert zu Boden.«

Eine so lebhafte Geschichte unterbrach Bak nur ungern. »Wo war das genau, Antef?«

Sich in die Wirklichkeit zurückkämpfend, schüttelte der Töpfer den Kopf. »Nördlich von hier, in den Felsen, von denen man auf das hintere Ende der langen Insel hinunterschaut.« Er zeigte vage Richtung Fluß. »Ein rauher und trostloser Ort, aber der Sand formt ein Bett so weich wie der Flaum eines frisch geschlüpften Entleins.«

Bak hatte die Felsdurchbrüche von der Stelle aus sehen können, wo er mit Paschenuro gesprochen hatte. Für einen Betrunkenen ein ganz schönes Stück. »Du hast noch mehr zu erzählen, wie ich weiß.«

Antef fuhr fort und beschrieb seine Nacht mit der Göttin bis in die schmutzigste Einzelheit, diesen Traum eines jeden Mannes. Seine Kollegen warfen Bak verstohlene Blicke zu, und ihre Münder zuckten von unterdrücktem Gelächter.

»Als sie mich schließlich völlig erschöpft hatte, da schloß ich die Augen und schlief ein. Als ich erwachte, war der Mond aufgegangen, und sie war wieder verschwunden.«

»Was hat dich geweckt?« fragte Bak.

»Gar nichts.« Antef sah ihm kurz in die Augen und dann wieder weg. »Gar nichts, ich schwöre!«

»Du hast zwei Männer gehört, stimmt's?« Bak sprach mit harter, selbstsicherer Stimme, als ob er selbst dabeigewesen war und nicht nur aus dritter Hand davon gehört hatte. »Du hast gesehen, wie sie stritten. Der eine wandte sich ab, wollte gehen. Der andere packte ihn von hinten. Ich weiß, was dann geschah – der eine erstach den anderen –, aber ich will es mit deinen eigenen Worten hören.«

»Nein! Ich hab' nichts gesehen!«

»Ich benutze den Stock nicht gern. Aber wenn es sein muß –«

»Es war dunkel, aber ...« Antefs Stimme brach, ihm sackte das Kinn auf die Brust. »Ja, er hat ihn umgebracht. Die Geräusche und das bißchen, was ich sehen konnte, waren eindeutig. Er stach ihn ins Gesicht oder vielleicht in den Hals, zog ihn zum Fluß und stieß ihn ins Wasser. Es ging alles so schnell ... Ich konnte gar nichts mehr tun, ich schwöre!«

Ein bißchen zu eilig, dachte Bak, aber Puemre wäre auch gestorben, wenn Antef sich eingemischt hätte. Und er dann vielleicht gleich mit. »Wie sah der Mörder aus?«

»Ich hab' sein Gesicht nie gesehen. Wenn, dann hätte ich es auch gesagt.« Antef begann zu schluchzen. »Ich fürchte mich und habe keine ruhige Minute, solange er frei herumläuft. Aber ich kann dir nicht helfen. Ich habe ihn bloß von hinten gesehen.«

Bak glaubte ihm. Er hatte zuviel Angst, um zu lügen.

»Ich habe jeden nach dem Jungen gefragt, den ich konnte«, sagte Kasaya, »aber niemand hat ihn gesehen. Er hing wie ein Schatten an Leutnant Puemre. Und nun ist es, als wär die Sonne weg und der Schatten nicht mehr zu sehen.«

»Ob er vielleicht auch ermordet und in den Fluß geworfen worden ist?« fragte Paschenuro.

»Antef hat nichts von einem Jungen gesagt.« Baks ernste

Stimme spiegelte die schreckliche Vorstellung wider. »Wir können nur beten, daß er nicht irgendwo anders ermordet worden ist.«

Die drei eilten die Reihe von Bäumen entlang, die den Fluß säumte. Kasaya, der beste Fährtenleser von ihnen, suchte den Boden links und rechts nach Spuren ab und nach Dingen, die ein Kind zurückgelassen haben mochte oder ein Mann, der die Beweise seiner Tat verschwinden lassen wollte.

Sie wurden langsamer, als sie sich ihrem Ziel näherten, einem Hügel gequälten schwarzen Granits, zerbrochen von glühender Sonne und kalter Nacht, verwittert von wehendem Sand und wütenden Fluten. Der Hügel stieg aus einer Ebene graubraunen Sandes empor, der aus der Wüste im Westen herübergeblasen worden war, und erstreckte sich bis zum nördlichen Ende der länglichen Insel, die unterhalb der Festungsstadt lag. Der Kanal zwischen Hügel und Insel war an der schmalsten Stelle nur zehn Schritt breit, dort sprang das Wasser eine Reihe von flachen, gischtenden Fällen hinab und wirbelte um scharfe, zerklüftete Felsen herum.

Sie bestiegen den Hügel und suchten zunächst nach dem geschützten Platz, wo Antef von der Herrin Hathor geträumt hatte. Seit Puemres Verschwinden hatte es mindestens zweimal heftigen Wind gegeben, so daß die Chance, noch Spuren zu finden, bestenfalls gering war. Aber sie mußten es wenigstens versuchen.

Bak stellte sich auf den größten Brocken Granit, die Hände auf den Hüften, und suchte mit den Augen das Felsdurcheinander und die Stromschnellen ab. Im Westen ruhte der Herr Re auf dem Horizont. »Der Mann mit der Narbe ist ein Waffenschmied, ja?«

»Wenn es der ist, den du gesehen hast, und er sollte es sein, dann heißt er Senmut.« Kasaya kniete auf einem flachen Felsen, der wie ein Backenzahn geformt war, und untersuchte eine vielversprechende Sandkuhle. »Der oberste Schmied hat erzählt, daß er für das Herstellen und

Richten von Speeren zuständig ist; er schärft die Spitzen und setzt sie auf die Schäfte.«

Paschenuro nahm Baks nächste Frage vorweg. »Wie ist seine Verbindung zu Leutnant Puemre?«

Kasaya ging zur nächsten Kuhle über. »Senmuts älteste Tochter, ein Mädchen von fünfzehn Jahren, ist diejenige, die ihm und dem Jungen das Haus besorgt hat.«

Bak runzelte die Stirn. »Wenn sie nicht mehr als seinen Haushalt gemacht hat, warum sollte ihr Vater mich dann niedergeschlagen und das Haus durchsucht haben?« Er trat über eine Lücke auf den nächsten, flacheren Stein. Als er in die kleine Sandkuhle schaute, grunzte er befriedigt. »Hier scheint Antefs Nest gewesen zu sein. Oder jemand anderes hat sich hier heimlich einen angetrunken.«

Die Medjaju eilten hinüber, um auf vier leere Bierkrüge zu starren, die in einer Spalte zwischen zwei verwitterten Felsen lagen. Ein gelblicher Fleck auf einem anderen Fels stank nach Urin. Nachdem Kasaya alles abgesucht und nichts weiter gefunden hatte, gingen sie dorthin, wo Antef gestanden haben mußte, und sahen auf die sandige Ödnis unter dem Hügel hinab. Irgendwo dort war Puemre ermordet worden.

Die Medjaju kletterten hinab und machten sich an die Arbeit, während Bak den restlichen Hügel absuchte. Die Schatten waren lang und tief, als Kasaya eine kleine, dunkle Stelle unter der dünnen Schicht Sand ausmachte, die seit dem Mord herübergeweht war. Es konnte sich um Blut handeln. Paschenuro eilte zum Fluß und arbeitete sich das Ufer entlang. Bald fand er einen bräunlichen Fleck auf einem Fels, der eine Armeslänge entfernt aus dem Wasser ragte. Blut oder nicht, der Fels wäre bestens dazu geeignet gewesen, sich Puemres Leichnam zu entledigen.

Die Dunkelheit kam bereits herab, als Bak den Fußabdruck fand, halb unter einem Felsbrocken, in einer Nische, die so klein war, daß sich nur ein Kind dort versteckt haben konnte. Von dieser Stelle aus mochte der taubstumme Ramose durch eine Lücke zwischen den Felsen gelugt und den Mord mitangesehen haben. Sie mußten den Jungen finden – falls er noch am Leben war.

»Ich hab was!« rief er, und seine Stimme bebte vor Erregung.

Laut krachte etwas neben ihm. Er sah sich um, unsicher über die Ursache des Geräusches, und bemerkte neben ihm auf dem Fels eine Scharte, sie war kaum zu sehen.

»Kopf runter, Leutnant!« brüllte Paschenuro und duckte sich in einen Spalt, der viel zu klein für ihn war.

Etwas flog an Baks Kopf vorbei, und wieder krachte es, lauter. Ein Stein! Jemand schoß mit einer Schleuder. In geübten Händen eine tödliche Waffe, wie die Soldaten von Wawat sie oft benutzten. Bak tauchte weg, rollte sich zwischen ein paar aufragende Felsen und lugte hindurch, um nach seinen Männern zu sehen. Kasaya duckte sich am Fuße des Hügels hinter einen Fels und starrte über das Wasser. Paschenuros Versteck lag noch dichter beim Fluß.

Ein Geschoß von der Größe eines Gänseeis flog über Baks Kopf hinweg und zerplatzte an dem Fels in seinem Rücken.

»Da steckt er!« rief Paschenuro. »Auf der Insel, hinter der Bodenwelle!«

»Ich sehe ihn!« brüllte Kasaya.

Bak hob vorsichtig den Kopf. Wie auf Kommando zeigte sich ein Mann und riß den Arm vor, und wieder krachte ein Stein neben Bak in den Fels, nur eine Armeslänge entfernt. Schon war der Mann wieder verschwunden. Im ersterbenden Licht hatte Bak nicht mehr als einen vagen, farblosen Umriß sehen können.

Er befand sich in keiner großen Gefahr – solange sie blieben, wo sie waren, konnte ihnen nichts geschehen –, aber er haßte es, so festgenagelt auf die schützende Dunkelheit warten zu müssen. Und er wollte den Angreifer unbedingt fassen. Er besah sich den Kanal zwischen Hügel und Insel, vielleicht konnte er hinüberschwimmen. Das Wasser floß schnell, und wenn man dem Schaum trauen durfte, fiel es vorn bei den Fällen auf verborgenes Gestein. Das Risiko war zu groß.

»Ich könnte vielleicht hinüberschwimmen.« Kasaya klang wenig überzeugt, auch er schien es für zu riskant zu halten.

»Laßt das Schwein abhauen.« Bak sah zu dem Abdruck des kleinen, nackten Fußes hinüber. Zum Glück hatte er ihn durch den Angriff nicht verwischt. »Ich habe hier etwas, das ihr euch ansehen solltet, solang es noch hell ist.«

Sie kehrten erst in der Nacht zu ihrem Quartier zurück, und da es in der fremden Stadt schwierig genug war, den richtigen Weg zu finden, sprachen sie nicht über das Vorgefallene. Bak fand den Angriff seltsam. Warum hatte der Mann eine Schleuder benutzt, wo ein Bogen doch eine wesentlich vielversprechendere Waffe gewesen wäre? Ihm fiel nur ein vernünftiger Grund ein: Ein Bogen und ein voller Köcher wären unmöglich schwimmend auf die Insel zu bringen gewesen.

Eine weitere Frage quälte ihn. Seine Männer und er hatten so gut wie nichts über Puemres Tod herausbekommen. Alles, was sie seit ihrer Ankunft erfahren hatten, wußte längst ganz Iken. Warum also sollte sie jemand umbringen wollen? Oder hatte der Angriff nur ihm gegolten? Die meisten Steine waren in seine Richtung geflogen. Hatte er etwas erfahren, von dem niemand anders wußte? Oder versuchte bloß einer von Wosers Offizieren, ihn einzuschüchtern? Er kaute auf der Frage herum wie ein Hund auf einem zähen Stück Leder, aber keine der Erklärungen war befriedigend.

Die Antwort kam ihm in der Stille der Nacht, während er hellwach auf der Schlafmatte lag, oben auf dem Dach, und seine Gedanken sich zwischen den Sternen verloren. Er allein hatte die Kritzelei auf der Tonscherbe gesehen. Wenn das jemandem genügte, um ihn einschüchtern zu wollen, dann mußte an der Zeichnung etwas dran sein. Was hieß, Amun-Psaros Leben war doch in Gefahr. Es durchrieselte ihn so kalt, daß sich die Härchen auf seinen Armen aufrichteten. Wenn Amun-Psaro durch einen Mann aus Kemet den Tod fand, dann war ein Krieg unabwendbar.

Bak mochte falsch liegen. Er hoffte es. Aber er mußte vom Schlimmsten ausgehen.

9. Kapitel

»Treibt mir den Jungen auf.« Während Bak die schmale Straße zur Festung hinauf und durch das Haupttor bis zur Schmiede hastete, gingen ihm wieder und wieder seine Anordnungen für Kasaya und Paschenuro durch den Kopf. »Wenn er noch lebt, müssen wir dafür sorgen, daß es dabei bleibt. Wenn er ermordet worden ist, müssen wir herausbekommen, wie und wann. Und von wem.«

Die Medjaju hatten ihr Quartier mit dem gleichen Gefühl von Dringlichkeit verlassen wie er. Der taubstumme Ramose mußte gefunden werden, und wenn er noch lebte, mußte Bak es irgendwie schaffen, sich mit ihm zu verständigen. Er mußte endlich die genaue Bedeutung der Zeichnung auf der Scherbe erfahren. Die Festung von Semna befand sich in beunruhigender Nähe von Iken, und damit auch Amun-Psaro. Schlimmer noch, sämtliche Verdächtigen würden den Herrn Amun auf seiner Reise den Fluß hinauf begleiten. Das Gefolge des Gottes wäre für einen potentiellen Attentäter die ideale Deckung, aus der heraus er seinen Zug machen konnte, um anschließend wieder einer von vielen in der Menge zu sein.

Bak betrat die für die wenigen Arbeiter viel zu große Schmiede. Ihre einst geweißten Wände hatten das schmutzige Braun von Flußschlamm angenommen. Vor langer Zeit, als die Festung vollständig bemannt gewesen war, hatte es in dem Gebäude von Handwerkern gewimmelt, die eine große und aktive Streitmacht hatten ausrüsten müssen. Nun, wo die Schlachten zu Scharmützeln geschrumpft waren und die meisten Waffen per Schiff aus dem Norden kamen, waren nur noch kleinere Anfertigungen und Reparaturen gefragt.

Auf der Schwelle verweilend, nickte er dem obersten Schmied zu, einem muskulösen Schwarzen von vielleicht dreißig Jahren, und sah sich nach dem Mann mit der Narbe um. Die heiße, stickige Luft war erfüllt vom klirrenden Gehämmer zweier Männer, die Bronzespitzen härteten. Der scharfe Geruch geschmolzenen Metalls erfüllte die Luft um den klobigen, steinernen Schmelztiegel, der auf einem Bett von Holzkohlen ruhte. Rasche, helle Schläge und das Prasseln von Steinsplittern auf hartgetretener Erde deuteten darauf hin, daß nebenan Pfeilspitzen oder irgendwelche anderen Kriegswerkzeuge aus Feuerstein geschlagen wurden. Aus einer offenen Tür wehte der Geruch feuchten Leders hinein, hinter ihr spannten mehrere Männer rötliche Häute auf hölzerne Rahmen, um Schilde herzustellen oder sie auszubessern.

Aus dem Hinterraum kam ein faßbrüstiger Mann mittlerer Größe getreten, dessen Wange von einer langen Narbe verunstaltet wurde. Er bemerkte Bak, riß erkennend die Augen auf und schwang herum, als wollte er fliehen. Aber das war unmöglich, denn es führte nur eine Tür der Schmiede nach draußen.

»Senmut!« bellte Bak, und das Hämmern und Klirren verklang. Das Dutzend Leute in den umliegenden Räumen gaffte hinüber.

Ein Ausdruck jämmerlicher Angst huschte über das narbige Gesicht. »Ich habe Leutnant Puemre nicht ermordet! Ich schwöre es!«

Damit, daß er gleich so weitreichende Untaten abstreiten würde, hatte Bak nicht gerechnet. »Wenn du wirklich so unschuldig bist, warum hast du mich dann niedergeschlagen? Warum das Haus durchsucht?«

Der oberste Schmied starrte die Gaffer so finster an, daß sie an ihre Arbeiten zurückhuschten. Er hockte sich neben die Eingangstür und lauschte auf jedes Wort, auf die kleinste Andeutung. Zweifelsohne hatte er vor, alles haarklein seiner Familie zu erzählen und halb Iken gleich mit.

»Ich habe nichts getan!« sagte Senmut. »Ich schwöre!«

»Und warum bist du geflohen, als du mich in Puemres Haus gefunden hast?«

»Wärst du etwa geblieben? Damit man dich für etwas verdächtigt, das du gar nicht getan hast?«

»Du bist so lange verdächtig, wie du mir keine befriedigende Erklärung lieferst.« Die Geduld verlierend, packte Bak ihn bei den Oberarmen und schüttelte ihn durch. »Nun rede! Keine weiteren Ausflüchte!«

Mit zitternden Knien wich Senmut zurück, die Augen voller Angst. »Ich wollte nach dem Jungen sehen, das ist alles. Ich schwör's! Dann sah ich dich da auf dem Boden liegen, mitten zwischen Puemres ganzem Zeug, und rannte weg.«

»Der Junge ...« Bak fiel auf, daß die Werkzeuge schwiegen. Die Handwerker lauschten zu eifrig, um auch noch arbeiten zu können. »Du kannst einen Krug Bier gebrauchen, Senmut.« An den obersten Schmied gewandt, fügte er hinzu: »Ich werde ihn nicht lange aufhalten.«

Ergeben vor Angst führte Senmut ihn einen Block weiter, in ein Freudenhaus, dessen Besitzer ein so dickes Bier verkaufte, daß es jeden Seiher verstopften mußte. Sauber und ordentlich war das Haus, die Wände frisch geweißt und der Boden mit Wasser gesprenkelt, um den Staub zu binden. In den Regalen reihten sich die Bierkrüge und Trinkschalen ordentlich aneinander, und zwischen den strohgefütterten Sitzkissen standen auch ein paar flache dreibeinige Hocker. Das starke und wohlschmeckende Gebräu war bestens geeignet, eine Mauer des Schweigens zum Einsturz zu bringen und eine Zunge zu lösen. Und eine anständige Portion Geduld wäre auch nicht schlecht, ermahnte Bak sich.

»Du wolltest also nach dem Jungen sehen«, sagte er im Plauderton. »Meinst du den taubstummen Ramose?«

Senmut sah ihn mißtrauisch an. »Er braucht ein neues Zuhause. Ich dachte, ich könnte ihn zu mir nehmen.« Mit gesundem Durst trank er von seinem Bier. »Eine Mutter kann ich ihm nicht bieten, meine Frau ist vor zwei Jahren gestorben. Aber meine Kinder haben ihn gern und meine älteste Tochter ist wie eine Mutter zu ihnen.«

Bak sah dem Schmied prüfend ins Gesicht, um zu sehen, ob er log. »Die Nachbarn haben den Jungen seit der Nacht nicht mehr gesehen, in der Puemre verschwand. Ich fürchte um seine Sicherheit.«

Mit seinen Arbeiterhänden umklammerte Senmut die Schale. »Der ist zäh, der Kleine. Der geborene Lumpensammler. Der kommt durch, wenn andere längst verhungern.«

»Puemre ist ermordet worden«, setzte Bak es ihm auseinander. »Dem Jungen kann leicht dasselbe zugestoßen sein.«

»Puemre war wie ein Sohn für mich«, sagte der Schmied mit rauher, verzweifelter Stimme. »Und Ramose wie ein Sohn für ihn. Ich werde für ihn sorgen wie für das Ungeborene meiner Tochter.« Da erst mußten Baks ernste Worte angekommen sein, denn Senmut schüttelte den Kopf und setzte die klägliche Imitation eines Lächelns auf. »Der Junge ist weggelaufen, das ist alles. Er war gestern morgen bei meiner Tochter, damit sie sieht, daß es ihm gutgeht. Auf dem Markt, kurz nachdem die Fischer ihren Fang hereingebracht haben.«

Überrascht und voller Erleichterung dankte Bak dem Herrn Amun. Senmuts Gesichtsausdruck jedoch, die so tiefe Verzweiflung, verwirrte ihn. »Deine Tochter hat für Puemre gekocht und ihm das Haus geputzt?«

Schniefend wischte Senmut sich mit dem Handrücken über die Nase. »Sie hat für ihn gesorgt, jawohl, und eines Tages wird sie für sein Kind sorgen.« Seine Stimme brach, und er bedeckte das Gesicht mit den Händen. Seine Schultern erbebten unter leisen Schluchzern.

Puemres Kind? Tröstend legte Bak ihm eine Hand auf den Arm. »Ich muß mit ihr reden, Senmut. Wo kann ich sie finden?«

Mutnefer war fast so alt wie Aset, aber damit hörte die Ähnlichkeit auch schon auf. So schön und anmutig Wosers einzige Tochter war, so reizlos und unscheinbar war Senmuts älteste. Aset war ein Mädchen aus dem Märchenreich; Mutnefer war eine hochschwangere Frau, die für ihren Vater und ihre sechs Geschwister zu sorgen hatte.

»Puemre hat mich geliebt und ich ihn.« Mit zitternder Stimme legte Mutnefer eine Hand auf ihr Ungeborenes. Sie trug ein weites Gewand aus gewöhnlichem Leinen, einen schlichten Bronzearmreif und so gut wie keine Schminke um die rotgeweinten Augen. »Er wollte uns mit zurück nach Kemet nehmen.«

Ihr Vertrauen in Puemres Versprechungen rührte Bak, der in der unüberdachten Küche hinter dem dreizimmrigen Haus auf einem Hocker saß. Sein Mitleid verbergend schaute er zu, wie sie einen Klumpen gut durchgearbeiteten Teiges in eine runde Backform aus Ton gab, die in einem Berg glühender Kohlen hockte, und sie mit einem Deckel versah. Im schattigen Torweg spielte ein nackter Zweijähriger, und ein Mädchen von vielleicht acht bückte sich über eine steinerne Reibschale und schob den Reibstein hin und her, um aus Korn Schrotmehl zu bereiten. Bak hatte zwei weitere Kleinkinder gesehen, das älteste etwa fünf; sie spielten auf dem Dach unter der strengen Obhut eines Zehnjährigen. Das zweitälteste Kind, ein Junge von vielleicht zwölf, war zum Fluß fischen gegangen. In Senmuts Haus mußte man für sein Brot arbeiten, sobald man alt genug dazu war.

»Ohne deine Hilfe, wie wollte dein Vater da für die ganze Schar sorgen?«

Ihr Lächeln war ebenso angsterfüllt wie ihre Stimme. »Sie hätten alle mitkommen sollen nach Kemet: mein Vater und meine Geschwister. Puemre hatte uns ein Haus auf dem Landgut seines Vaters versprochen, ein kleines Feld und sogar eine Dienerin für die Kleinen. Statt Waffen hätte mein Vater dann Feldwerkzeuge hergestellt.«

Ein rasch gemachtes und ebenso rasch wieder vergessenes Versprechen, dachte Bak. »Und du? Solltest du seine Frau werden oder ...«

Sie lachte ungläubig. »Ich habe doch kein edles Blut! Er hat mich geliebt, ja, und er wollte mich in sein Haus aufnehmen. Ich wäre für alle Zeit seine Favoritin gewesen, hat er gesagt, aber als seine Konkubine und nicht als seine Frau.«

Bak hielt es für besser, das Thema fallenzulassen, bevor sie ihm seine Zweifel ansah. Er wollte ihr nicht wehtun. »Wann hast du Puemre zum letzten Mal gesehen?«

»An dem Abend, als er verschwand.« Ihre Stimme sank zu einem unglücklichen Flüstern hinab. »Er brachte mich nach Haus, bevor er zum Palast des Kommandanten ging.«

»Was hat er so erzählt? Kannst du mir seine Stimmung beschreiben? War er zum Beispiel gutgelaunt oder traurig oder ängstlich?«

Mutnefer ging ins Haus und holte einen leichten Feldstuhl heraus. Seine geschnitzten und bemalten Beine sahen wie die zarten Köpfe von Wasservögeln aus, und die Sitzfläche war aus fein geflochtenem Leder. Ein so kostbares Stück konnte Bak sich im Palast des Kommandanten vorstellen, nicht jedoch in dieser einfachen Behausung.

Mutnefer bemerkte sein Interesse. »Puemre hatte gesehen, wie schwer ich wieder hochkam, wenn ich erstmal auf dem Boden saß, und so hat er mir den geschenkt, um mir das Leben zu erleichtern.« Tränen zurückzwinkernd stellte sie den Hocker in den schmalen Schatten der Mauer und setzte sich schwer.

Bak fragte sich, was er tun sollte, wenn sie nun ihr Kind bekam, gleich hier. Der Gedanke war beunruhigend – bis ihm einfiel, daß auf etlichen Dächern des Blockes Frauen zu sehen gewesen waren.

»An diesem Tag kam Puemre lange vor Dämmerung nach Haus. Ich kochte ihm immer das Abendessen und aß mit ihm und Ramose, dann nahm ich die Reste mit zu uns.« Sie schloß die Augen und schluckte. »Er hob mich hoch und wirbelte mich herum und war so aufgeregt, daß er in

Rätseln sprach. Vom König Amun-Psaro und vom Prinzen, von Rache und von einer großen Schlacht mit den Kuschiten. Er sagte, unsere Herrscherin Maatkare Hatschepsut höchstselbst würde ihm das Tapferkeitsgold verleihen und mehr.«

Bak hätte sie am liebsten umarmt. Sie hatte seine Erwartungen bei weitem übertroffen und ihm das Motiv für den Mord an Puemre geliefert. Er mußte irgendwie erfahren haben, daß Amun-Psaro von den Händen eines Rächers sterben sollte. Dieses Wissen hätte er mit einem Vorgesetzten teilen sollen, hatte es aber für sich behalten, um den Ruhm allein einzustreichen. Nun war er tot, für immer zum Schweigen gebracht. Seine Heimlichtuerei war unverzeihlich gewesen. Selbst wenn er seinen Offizierskameraden und seinem Kommandanten mißtraut hatte, so hätte er wenigstens Kommandant Thuty benachrichtigen müssen.

Bak stellte Mutnefer noch einige Fragen, aber vergebens. Genaueres hatte Puemre nicht ausgeplaudert. Wenn er nicht einmal ihr alles gesagt hatte, wem dann? Wieder stand Bak die Zeichnung auf der Tonscherbe vor Augen. Der Junge. Wem konnte man mehr erzählen als einem, der weder hören noch sprechen konnte?

»Dein Vater hat gesagt, du wärst Ramose gestern auf dem Markt begegnet.«

Das Gesicht bleich vor Sorgen, schaute Mutnefer auf ihre Hände hinab, die sie über dem aufgeblähten Bauch verschränkt hatte.

»Wenn er weiß, wer Puemre umgebracht hat, und ich habe Grund zu der Annahme, daß dem so ist, dann schwebt er in großer Gefahr.« Bak beugte sich vor, um sie zum Sprechen zu ermuntern. »Herrin. Ich muß ihn finden, bevor der Mörder ihn gefunden hat.«

»Ich weiß nicht, wo er steckt.« Sie rang die Hände. »Ich kann nicht mit ihm reden. Puemre hat es mir nie beigebracht. Aber es war zu sehen, daß er Angst hatte.«

»Hast du ihm zu essen gegeben?«

Sie biß sich auf die Lippen, nickte. »Was ich erübrigen konnte.«

»Wieviel Essen hat er aus Puemres Haus mitgenommen, als er fortlief?«

»Nicht viel. Das ist bestimmt längst alle.«

Dann dürfte er jetzt stehlen, um am Leben zu bleiben, dachte Bak, und was wäre dafür besser geeignet als ein Markt. »Wenn du ihn wiedersiehst, bringst du ihn dann zu mir?«

»Wenn ich es schaffe.« Sie schluckte schwer bei dem Versuch, tapfer zu sein. »Er hat niemandem vertraut außer Puemre, und jetzt ... Na ja, er kam zwar gestern zu mir, aber er ist gleich wieder weggelaufen.«

Bak stand auf. Das leise Mahlen des Reibsteines lenkte seine Aufmerksamkeit auf das dünne, stille Mädchen, das sich an der Reibschale zu schaffen machte. Er betete zum Herrn Amun, daß seine Kinder nie ein so hartes Leben würden führen müssen. »Meine Männer und ich haben diese Woche mehr Rationen, als wir brauchen. Wirst du ein paar davon annehmen als Dank dafür, daß du mir alles erzählt hast?«

Das Strahlen auf ihrem Gesicht freute ihn ebensosehr wie die erhaltenen Informationen.

Als er die schmale Gasse vor dem Haus hinablief, drang ein anderer Gedanke an die Oberfläche. Wenn es nur ein Offizier auf Amun-Psaro abgesehen hatte, warum sollten die anderen ihn dann decken? Konnte der Grund auf ein gemeinsames Erlebnis vor siebenundzwanzig Jahren im Krieg gegen Kusch zurückzuführen sein?

»Leutnant!« Es war der massige Kasaya, der die Straße von der Festung hinabgelaufen kam. »Ich habe schon überall nach dir gesucht, Herr. Kommandant Woser und seine Offiziere sind hinaus zur Gleitbahn gegangen.« Schweratmend blieb er vor Bak stehen. »Die Barke des Herrn Amun nähert sich Iken, zusammen mit Feldwebel Imsiba, Truppenführer Nebwa und der halben Garnison von Buhen.«

Bak lächelte erfreut. »Es wird herrlich, mal wieder ein freundliches Gesicht zu sehen und zur Abwechslung mit Offizieren zu reden, die geradeheraus und ehrlich sind.«

Kasaya grinste. »Vorher mußt du mit Kommandant Woser reden. Er will dich sofort sehen.«

»Hoffentlich nicht schon wieder schlechte Neuigkeiten.«

»Er hat mich nicht mit einer Auskunft beehrt.«

Baks Lachen war kurzlebig. Er umriß kurz seine Gespräche mit Senmut und Mutnefer und schickte Kasaya auf die Suche nach Paschenuro. Sie sollten alle Rationen, die sie entbehren konnten, zu Mutnefer bringen, sich eine Beschreibung des taubstummen Jungen geben lassen und zum Markt gehen. Er war sicher, daß der Junge dort über kurz oder lang auftauchen würde, und dann sollte wenigstens einer von ihnen gerade dort sein. Der Junge mußte gefunden werden und seine Geheimnisse irgendwie preisgeben. Nur dann war er außer Gefahr.

»Selten habe ich Leute so hart arbeiten sehen«, sagte Imsiba, den Blick auf die ferne Menschenmenge gerichtet. Über ihren Köpfen konnte man das Glitzern des Goldes sehen, den elegant nach oben gebogenen Bug der Gottesbarke, die nun nicht mehr von einem Kriegsschiff, sondern von Männern gezogen wurde. »Ich bete, daß der Herr Amun diese Mühen belohnt.«

»Du hast gehört, daß Amun-Psaro schon in Semna ist«, sagte Bak.

Imsiba setzte eine verdrossene Miene auf. »Ganz gleich wie groß und mächtig, wie kann man von einem Gott erwarten, daß er ein so krankes Kind heilt?«

»Was sagt Kenamon dazu?«

»Er spricht mit dem unerschütterlichen Gottvertrauen des Priesters und nicht als der praktische Arzt, der er ist. Aber je näher wir Semna kommen, desto öfter sieht man ihn knien und beten.«

Die düstere Stimmung des großen Medja war ansteckend.

Baks Herz wurde schwer von ernsten und unwillkommenen Gedanken.

Weder in der Laune zu reden noch mit der geteilten Stille recht glücklich, durchquerten sie das sandige Ödland. Baks Blick war nach vorn gerichtet, folgte dem Kurs der Gleitbahn, auf der die Barke des Herrn Amun an den überaus gefährlichen Stromschnellen unterhalb Ikens vorbeigeschleppt wurde. Schnurgerade und nahezu drei Schritt breit erstreckte sich die lange Bahn durch die Wüste. Auf einem Bett aus Schlamm lagen Holzbohlen nebeneinandergereiht, leicht angeschnitten, so daß sie eine Art Rinne bildeten. Der Schlamm war trocken und bröckelig, die Schollen knackten verbogen in der Sonne; aber ein paar Krüge Wasser, und er würde wieder glatt und weich sein, so schlüpfrig wie das frisch ausgelassene Schmalz einer fetten Gans.

Während sie sich der Barke näherten, trat Nebwa aus einer Gruppe Soldaten zurück und brüllte einen Befehl. Gut hundert Fußsoldaten aus Buhen strafften die dicken Seile, die vorn am Rumpf befestigt waren. Andere taten zu beiden Seiten der Barke das gleiche, um sie vor dem Kippen zu bewahren. Mehrere Männer eilten mit rundbäuchigen Krügen nach vorn.

Kommandant Woser und die Offiziere Huy, Senu, Inyotef und Nebseny standen zusammen mit Kenamon weiter seitab. Die niederen Priester und ein paar Soldaten, die für diesen Anlaß geläutert worden waren, knieten neben der goldene Barkasse des Herrn Amun und warteten darauf, sie auf die Schultern zu nehmen und neben der Barke hertragen zu dürfen. Die Türen des Schreins waren verschlossen und versiegelt, um das Abbild des Gottes vor dem Lärm und dem Staub der umliegenden Welt zu bewahren.

Ein zweiter Ruf Nebwas, und die Männer an den Tauen begannen zu ziehen. Muskeln wölbten sich, Schweiß glänzte unter der herzlosen Sonne, ein Vorarbeiter zählte in einer Singsangstimme den Takt. Sorgsam bemüht, nicht zwischen die Taue zu geraten, leerten die Wasserträger ihre

Krüge vor dem kiellosen Rumpf, dessen untere Hälfte weder mit Farbe noch mit Gold verziert war, und die Barke glitt auf dem Bett aus Stämmen voran.

Eine große, goldene Barke, die mitten durch die Wüste fährt, dachte Bak. Erstaunlich! Vielleicht nicht so erstaunlich wie der Transport und das Aufrichten der gewaltigen steinernen Obelisken in Waset, aber faszinierend war es trotzdem.

Gesichter röteten sich vor Anstrengung. Männer rissen die Münder auf und keuchten, manche grunzten, einer fluchte. Wasser plätscherte aus den Krügen. Die Barke kroch vorwärts, ihr hölzerner Rumpf ächzte und seufzte. Sie überwand einen Schritt, einen zweiten, einen dritten. Nebwa ging nebenher, beobachtete die Fortschritte mit einem wachsamen Auge für verhedderte Taue, einen gestürzten Mann, das geringste Anzeichen von Ärger. Zehn Schritt, und er rief erneut, brachte das Boot zum Halt, damit die Männer sich ausruhen konnten.

Bak entspannte Muskeln, von denen er gar nicht gemerkt hatte, daß sie angespannt gewesen waren, und sah sich nach seinen Männern um. Eine gemischte Garde aus Medja-Polizisten und den Speerträgern, die Nebwa ausgewählt hatte, formte im Abstand von vielleicht dreißig Schritt ein ungefähres Oval um das Schiff. Andere standen auf einer Anhöhe im Westen, weit verstreut, aber nicht so weit, daß sie sich nicht mit einem Pfiff oder Ruf hätten verständigen können. Ihre Aufgabe war es, nach marodierenden Wüstenstämmen Ausschau zu halten.

»Gute Arbeit, Imsiba. Ich wünschte, ich könnte von mir dasselbe behaupten.«

»Ich hatte keine Gelegenheit, mit Kommandant Woser zu sprechen.« Imsiba schaute zu den Offizieren hinüber. »Hast du herausbekommen, warum er eine so hohe Mauer um die Nachricht von Puemres Tod gezogen hatte?«

Bak lachte trübselig. »Wenn er mein einziges Hindernis hier in Iken wäre, könnte ich froh sein.«

Der große Medja sah ihn neugierig an.

»Ich erklär's dir heute nacht. Wenn der Herr Amun sicher im Haus der Hathor weilt. Erstmal muß ich mit Woser reden.« Bak grinste und fügte hinzu: »Er hat mich rufen lassen.«

Während Imsiba zu den Wachen im Westen hinüberwanderte, ging Bak um die erschöpften Männer an den Tauen herum und hielt auf die Offiziere und Priester zu. Sie waren zu sehr ins Gespräch vertieft, um ihn zu bemerken.

»Das glaubst du doch selber nicht«, sagte Woser, »daß Kanzler Nihisy sich auf den weiten Weg bis hierher zum Bauch der Steine macht!« Bak stellte mit einiger Befriedigung fest, daß der Kommandant besorgt aussah.

Nebwa hob abwehrend die Hände. »Du verstehst mich falsch. Ich habe nur gesagt, daß ich nicht in Thutys oder deinen Sandalen stecken möchte, wenn der Mörder von Puemre nicht bald gefaßt ist.«

»Der Kanzler kommt doch nicht hierher«, sagte Inyotef. »Er hat genug mit seinem neuen Amt und der Palastbürokratie am Hals. Er wird höchstens einen Vertreter schikken.«

»Um so schlimmer«, schnaubte Nebwa. »Ein Geringer, der einen Großen vertritt, ist immer schärfer als sein Herr. Besonders, wenn der zu weit weg ist, um die wahren Umstände zu erfahren und die Entscheidungen seines Vertreters abzumildern.«

»Malst du immer mit schwarzen Farben, Nebwa?« Huy sprach leichthin, neckend sogar, aber er schaute ebenso besorgt drein wie Woser.

»Ich beschreibe die Dinge, wie ich sie sehe.« Nebwa erblickte Bak, und ein breites Grinsen erhellte die Düsternis. »Hier haben wir den Mann, der euch vor Nihisys Zorn bewahren wird!« Er begrüßte Bak mit einem Schulterklopfen. »Ihm ist noch keiner entwischt.«

»Du übertreibst«, sagte Bak automatisch und schaute rasch von einem zum anderen, um die Reaktionen mitzubekommen.

Wosers Gesicht war angespannt, seine müden Augen legten Zeugnis von ruhelosen und sorgenvollen Nächten ab. Nebsenys Mund war eine dünne, zusammengekniffene Linie. Huys Stirn war tiefer gefurcht als sonst. Senu schaute zwischen Bak und Nebwa hin und her, als verdächtigte er sie eines Einschüchterungsversuches. Inyotef lächelte; eine Angewohnheit, die Bak von früher kannte. Damit verbarg der Lotse Anspannung, Sorge, Furcht und jedes Anzeichen von Schwäche.

Nebwa schaute zur Barke und zu den Männern hinüber, die Bier aus einer Ziegenhaut tranken oder sich einölten, um den Körper vorm Austrocknen zu bewahren, sah sich an, wie sie herumsaßen und redeten oder mit geschlossenen Augen im Sand lagen. Er ließ nicht erkennen, ob er die Reaktionen der Offiziere bemerkt hatte. »Du bist bei weitem zu schlau«, erklärte er Bak. »Dich kann man unmöglich täuschen.«

»Du machst aus mir einen Mann, der mit den Göttern wandelt«, witzelte Bak.

»Du wandelst mit der Herrin Maat, soviel steht fest.« Nebwa klopfte ihm auf die Schulter und grinste Woser an. »Du wirst sehen. Wenn er nach der Wahrheit sucht, ist er wie ein Hund mit seinem Knochen. Was er zwischen den Zähnen hat, das läßt er nicht wieder los. Ich möchte nicht in der Haut des Mörders stecken, nicht für alles Gold in Wawat und Kusch zusammen.«

Bak war erfreut über Nebwa und die Reaktionen, die er hervorgelockt hatte, doch er fragte sich, ob sein Freund nicht zu weit gegangen war. Ein in die Enge getriebener Straftäter konnte wie ein Tier mit aller Gewalt auszubrechen versuchen. Wenn Bak gewußt hätte, aus welcher Richtung eine Attacke zu erwarten war, dann hätte er sich gegen sie schützen können; hier aber, wo der eine Mann so schuldig schien wie der andere, gab es keine Verteidigung.

Kenamon bedachte die beiden mit einem mißbilligenden Blick, unglücklich über Nebwas Spiel und mißtrauisch, was Baks Anteil daran anging. »Hast du die Neuigkeiten vernommen, mein Sohn?«

Bak bemerkte den Tadel in der Stimme des Älteren und die tieferliegende Besorgnis. Ein Tonfall, der zu dem ernsten Gesicht des Kommandanten paßte. »Was ist los? Stimmt etwas mit Amun-Psaro nicht?« Kaum waren die Worte herausgesprudelt, da wußte er, daß er einen Fehler gemacht hatte. Wenn einer der anwesenden Offiziere das vermutete Attentat auf den König vorhatte, dann hatte Bak sein Wissen darum mit einer knappen, unüberlegten Frage verraten.

Woser sah ihn von der Seite an. »Doch nicht mit dem König. Mit dem Prinzen.«

»Vor nicht einmal einer Stunde kam ein Bote zu Kommandant Woser«, erklärte Kenamon. »Er brachte Nachricht von Amun-Psaro, der ernstlich um das Leben seines Sohnes fürchtet. Er hat nicht länger die Geduld, in Semna abzuwarten, wie der Herr Amun langsam den Fluß hinaufgereist kommt. Er bringt das Kind nach Iken.«

»Mögen die Götter uns gnädig sein.« Baks Stimme war flach und tonlos, sein Kopf wie leergefegt.

»Da der Fluß immer noch zu tief steht, um den ganzen Weg ungehindert von Stromschnellen segeln zu können, wird Amun-Psaro auf der Wüstenstraße kommen. Sein Gefolge ist groß, mehr als einhundert Leute, Diener inbegriffen; so werden sie nicht allzu schnell reisen können, aber sie sollten binnen zwei Tagen hier sein.«

Bak machte sich nicht die Mühe, seine Bestürzung zu verbergen. Mit der Ausnahme des Attentäters konnte wohl niemand ihre wahre Quelle erraten: Der kuschitische König war auf dem Weg nach Iken, in die Heimat des Mannes, der ihn töten wollte. Wie eine Honigbiene, die auf das glänzende Netz zusummt, in dem die Giftspinne schon lauert.

Bak sah zu dem goldenen Schrein hinüber und sandte dem Gott, der darin weilte, ein Stoßgebet. Laß uns rasch das stumme Kind finden, flehte er, denn eine andere Spur haben wir nicht.

10. Kapitel

»Wir haben den Markt von einem Ende zum anderen durchsucht.« Kasaya stand neben dem sitzenden Bak auf dem Dach eines Lagerhauses am Fluß. »Niemand hat den Jungen zu sich genommen, und mögliche Verstecke haben wir auch nicht übersehen.«

»Dann müßt ihr morgen in größerem Umkreis suchen«, sagte Bak verbissen. »Wir müssen ihn finden, bevor Amun-Psaro nach Iken hereinmarschiert.«

Sie sprachen laut, damit sie einander über dem aufgeregten Stimmengewirr verstehen konnten. Die Volksmassen waren zum Fluß geströmt, und so herrschte großes Gedränge, denn jeder wollte einen besseren Blick auf die anlandende Flotte bekommen: auf die goldene Barke des Herrn Amun und die Schiffe, die ihn auf dem kurzen Stück zwischen Gleitbahn und Hafen begleiteten.

»Das sollte nicht allzu schwer sein, Herr.« Der junge Medja war mit den Augen und Gedanken bei der Prozession, die langsam den Fluß hinauf kam, die Beschläge poliert, die Masten und Stagen bannergeschmückt, die Mannschaften in ihre besten Stücke gehüllt. »Mit Feldwebel Imsiba und der Hälfte unserer Männer hier müßten wir Iken doch an einem Tag ganz durchkämmt haben.«

Bak schnaufte. »Wie glücklich du dich doch schätzen darfst, daß du mit offenen Augen schlafen und deine Arbeit träumend verrichten kannst.«

Kasaya sah ihn verwirrt an, dann wurde er rot. »Sie müssen beim Herrn Amun bleiben?«

»Wie es ihre Pflicht ist.«

»Ja, Herr.« Kasaya schaute wieder zu der glitzernden Barke. Der Wunsch, zu bleiben und das Spektakel mit anzusehen, stand ihm deutlich ins Gesicht geschrieben. »Ich muß zum Markt. Ich übernehme die erste Wache und Paschenuro die zweite, da wird er noch Zeit haben wollen, sich einen ruhigen Platz zum Übernachten zu suchen.«

»Setz dich hin!« befahl Bak. »Wie ich Paschenuro kenne, hat er längst ein Bett gefunden, und nun sucht er gerade nach der dicksten und fettesten Ente fürs Abendessen.« Und bestimmt gleich noch was Leckeres fürs Bett, dachte er.

Mit einem erfreuten Lächeln setzte Kasaya sich neben ihn auf das großgerippte Dach, das aussah, als hatte man es mit halbierten Fässern gedeckt und anschließend verputzt. So hoch über den Bäumen und den Menschenmengen hatten sie freien Blick auf die Flotte.

Obwohl das Volk vom Großteil des üblichen Pompes ausgeschlossen blieb, war es von der Ankunft des Gottes ebenso hingerissen wie das Volk von Buhen - und es war bei weitem bunter gemischt. Zwischen den schmucklosen Soldaten Kemets standen Männer und Frauen voller Federn, Tätowierungen und exotischem Schmuck, den Zeichen der Stämme aus dem Süden und den Wüsten im Osten und Westen. Sie trugen Kleidung jeglicher Farbe, Form und Größe, vom knapp bemessensten Lendenschurz bis zu kunstvoll gearbeiteten, farbenprächtigen Umhängen. Je näher die Barke kam, desto lauter wurde das Gemurmel.

Sobald der Herr Amun sicher im Haus der Herrin Hathor angekommen war, seinem festen Aufenthaltsort in Iken, würde die Menge sich zerstreuen. Der Markt würde weit voller sein als üblich und das Kind Ramose so gut wie überhaupt nicht zu finden. Eine Aussicht, die Bak nicht gerade aufzumuntern vermochte.

Die Männer auf dem Pier - Kommandant Woser, seine Offiziere, die Priester der Herrin Hathor, fünf der hiesigen Prinzen und zwei Wüstenhäuptlinge - traten von einem Bein aufs andere, zupften Schurze und Umhänge zurecht und rückten Waffen gerade, wischten sich den Staub von den Sandalen. Bak konnte ihre Gedanken erraten. Aus dem Herrn Amun, der ursprünglich nur über Nacht hatte bleiben sollen, war ein Gast auf unbestimmte Zeit geworden. Ein eher unwillkommener Segen. Jeder von ihnen hatte eine gute Miene aufzusetzen – und sie bis zum Ende durchzuhalten.

Im Bug des anführenden Kriegsschiffes, das mit roten und weißen, fröhlich flatternden Wimpeln geschmückt war, erblickte Bak Inyotef. Kerzengerade stand er da, ohne jedes Anzeichen von Gebrechlichkeit. Sein Gesicht war ausdruckslos, der Amtsstab lag fest in seiner Hand. Da die Gleitbahn nicht weit von den Piers entfernt lag, waren die Rahen gesenkt und das Segel verstaut worden. Zum rhythmischen Klang einer Trommel schlugen die Ruder ins Wasser und schoben das Schiff flußauf. Die eingeölten Körper der Ruderer glänzten im milden Abendlicht.

Danach kam die vergoldete Barke des Herrn Amun, deren langer, schmaler Rumpf mit mehr als unterarmdicken Tauen am Kriegsschiff befestigt war. Der goldene Kahn glitt über das Wasser, das von den letzten Strahlen der Sonne in geschmolzenes Kupfer verwandelt wurde. Vor dem Podium, auf dem die goldene Barke ruhte, stand die weißgewandete Gestalt Kenamons, die niederen Priester an seiner Seite. Der Schrein oben auf der Barke war an allen Seiten geöffnet, damit das Volk das schlanke, goldene Abbild in seinem Innern anschauen und bewundern konnte. Das Raunen erhob sich zu donnernden Ausrufen der Bewunderung.

Zwei schlanke Handelsschiffe dienten als Eskorte, eines auf jeder Seite der glitzernden Barke. Imsiba und die Medja-Polizei standen im vorderen Schiff, Nebwa und sein Wachtrupp im hinteren. Als Bak seine Männer dort so stramm und prächtig stehen sah, schwoll ihm das Herz vor Stolz. Und der Kamm gleich mit, mußte er feststellen. Sie waren die beste Polizeimacht der Welt, war er plötzlich überzeugt, gerade die rechte Wache für den Herrn Amun, den größten aller Götter.

»Du hast ein seltenes Talent, Bak.« Nebwa sah sich in Sennufers Freudenhaus um und rümpfte die Nase. Hinter dem Dunst von Bier und Schweiß roch es unbestimmt nach toten Mäusen. »Ganz egal, in welche Stadt es dich verschlägt, im Handumdrehen hast du das übelste Etablissement aufgespürt und bist Stammgast dort.«

Bak lachte. »Nofery möchte ihr Freudenhaus in einen Palast verwandeln. Wird es dir besser gefallen, wenn du dich wie ein Pfau kleiden und nach Lotus duften mußt, damit sie dir Einlaß gewährt?«

»Nofery und ein Haus für die hohen Herrschaften führen?« Lachend zog Nebwa ein klumpiges, strohgefülltes Kissen in die Ecke, wo Bak es sich auf einem Hocker bequem gemacht hatte, dann setzte er sich und winkte Sennufer nach einem Krug Bier. »Imsiba ist noch nicht hier?«

»Er dürfte gleich kommen.« Bak war versucht, ihm von Noferys Behauptung zu erzählen, daß sie und Amun-Psaro sich einst geliebt hatten, aber er verwarf den Gedanken als leichtfertig. Nebwa mußte am nächsten Morgen nach Buhen zurück, da gab es Wichtigeres zu besprechen. »Er hatte zu warten, bis der Herr Amun sicher und wohlbehalten im Haus der Herrin Hathor war und Kenamon und die anderen Priester in dem Haus, das ihnen der oberste Schreiber vermietet hat.«

»Der alte Mann wird müde.« Nebwa lächelte und fügte hinzu: »Ich bin fest überzeugt, daß er es sich trotz seiner Erschöpfung und einer ungewissen Zukunft gutgehen läßt. So etwas wie das Land Wawat hat er im ganzen Leben nicht gesehen, und seine Neugierde kennt keine Grenzen.«

»Nachdem der Herr Khnum ihn auf der Töpferscheibe geformt hat, hat er die Vorlage weggeworfen«, sagte Bak mit einem zärtlichen Lächeln.

Imsiba kam durch die Tür. »Meine Freunde!«

Seine große, muskulöse Gestalt und die feste Stimme zogen die Blicke sämtlicher Anwesenden auf sich: ein Dutzend abgebrühte Schiffer, ein paar aus dem Süden, der Rest aus Kemet, und vier Soldaten, die frisch von der Wüstenpatrouille zurück waren, an Leib und Gesicht verbrannt von Wind und Sonne. Die meisten waren am Spielen und tranken ein Gebräu, das so frisch war, das es mehr nach Brot als nach Bier roch.

Imsiba ließ sich von Sennufer einen Krug in die Hand drücken, schob einen Hocker zu Bak und Nebwa hinüber und setzte sich. Sie sagten keinen Ton, bis die anderen Gäste das Interesse verloren hatten. Draußen auf der Gasse wurde es dunkel. Sennufer entzündete einige Öllampen, verteilte sie im Raum. Bald wurde das Spiel spannend, das Gerufe laut und rauh, und die Schiffer und Soldaten vergaßen die Offiziere in ihrer Mitte. Bak erzählte seine Geschichte, ließ keine Einzelheit seines bisherigen Aufenthaltes in Iken aus. Bis er geendet hatte, bedeckte die Schwärze der Nacht das Land, und die Luft drinnen war dick vom öligen Rauch.

»Wenn Puemre ermordet worden ist, weil er von einem geplanten Attentat auf Amun-Psaro wußte, warum sollten die anderen Offiziere seinen Mörder dann decken?« Nebwa schüttelte nachdrücklich den Kopf. »Das ergibt doch keinen Sinn.«

»Was meinst du, wie oft ich zu genau diesem Schluß selbst gekommen bin?« fuhr Bak ihn an, wütend darüber, daß ihm nichts besseres hatte einfallen wollen. »Sie haben alle miteinander vor siebenundzwanzig Jahren gegen die Kuschiten gekämpft. Sollte das ihren Blutdurst nicht gestillt haben?«

»Hast du diesen Krieg eigentlich mitgemacht?« fragte Nebwa Imsiba.

Der große Medja schüttelte den Kopf. »Im Jahr davor ist mein Dorf überfallen worden. Ich bin zusammen mit den anderen Kindern verschleppt worden, nach Iken glaube ich, und hier haben mich die Soldaten den Stammesleuten weggenommen. Als die Armeen von Kemet gegen Kusch zogen, lebte ich längst in Waset, auf einem Landgut des Herrn Amun.«

»Ich war auch noch ein Junge.« Nebwa wirbelte den dicken Bodensatz in seiner Trinkschale herum. »Mein Vater war Soldat, ein Feldwebel wie du, und wir wohnten in Nordwawat – in der Festung von Kubban. Er ist mit der Armee gen Süden gezogen und als Held zurückgekehrt.«

»Ich war noch nicht einmal geboren.« Bak, den Umstände und Alter vor der aufregenderen Kindheit seiner Freunde bewahrt hatten, war sich selten so jung und unschuldig vorgekommen. »War der Krieg etwas so Besonderes, daß die bloße Erinnerung aus Männern Mörder macht?«

Imsiba zuckte mit den Schultern und sah Nebwa fragend an.

»Mein Vater hat oft vom Krieg erzählt, von Heldentum und Beutezügen. Meine Mutter dagegen mehr vom Abschiedsschmerz. Und von der Angst.« In seine Schale starrend rief Nebwa sich die Erzählungen seines Vaters ins Gedächtnis zurück. »Akheperkare Thutmosis, der Vater unserer Königin, war im Schlaf gestorben, und nun lag die Regentschaft in den Händen seines Sohnes, Akheperenre Thutmosis. Die elendigen Kuschiten hielten unseren neuen König für zu schwach und unsicher, um sein Geburtsrecht zu verteidigen, und rührten kräftig in der Suppe der Unzufriedenheit, stachelten die Häuptlinge des südlichen Wawats zum Aufstand an. Buhen stand auf der Kippe, wie alle Festungen am Bauch der Steine, und selbst wir so weit im Norden in Kubban fürchteten, belagert zu werden.

Der König sandte eine Armee, und die Aufständischen von Wawat fielen wie das Korn unter der Sichel. Unsere Soldaten marschierten bis nach Kusch, erschlugen die Krieger, verheerten die Dörfer, machten Beute und Gefangene. Auf beiden Seiten starben viele Männer, bis der Anführer des Aufstandes, ein Stammeshäuptling von großem Mut und geringem Verstand, auf dem Schlachtfeld gefangengenommen wurde. Seine Krieger streckten die Waffen. Unsere Armee marschierte in seine Hauptstadt ein und nahm alles Wertvolle mit. Der König wurde wieder auf den Thron gesetzt, als gebrochener Mann. Sein

Erstgeborener kam als Geisel nach Kemet, und seither herrscht Frieden, bis zum heutigen Tag.«

Bak hatte die Geschichte schon früher gehört, aber sie war ihm nie so bedeutsam erschienen. »Meinst du, daß dieser Sohn Amun-Psaro war?«

Nebwa zuckte mit den Schultern. »Vielleicht.« Er dachte einen Moment nach und nickte. »Wahrscheinlich.«

Bak griff nach dem Strohhalm. »Von Nebseny abgesehen haben alle Offiziere, die in der Nacht, als Puemre starb, auf Wosers Versammlung waren, diesen Krieg mitgemacht: Woser, Huy, Senu und Inyotef. Wenn Amun-Psaros Vater ihr Feind war ...« Mit einem Kopfschütteln verwarf er den Einfall, noch bevor er ihn ausgesprochen hatte. »Nein. Wenn das der Fall wäre, müßte Amun-Psaro auf Rache aus sein, und nicht sie.«

»Die Antwort muß woanders liegen«, sagte Imsiba.

Ein Schiffer fuhr brüllend auf, wie vom Skorpion gestochen, und wankte hinaus. Über sein Pech lachend, breiteten die restlichen Spieler ein Dutzend kleiner Elfenbeinschnitzereien auf dem Boden aus und feilschten darum, wer was gewonnen hatte. Bak, Nebwa und Imsiba saßen schweigend da, arbeiteten jeder für sich eine Theorie aus, die sich den anderen präsentieren ließ.

Bak stieß einen langen, enttäuschten Seufzer aus. Jeder Weg, den sie einschlugen, brachte sie weiter von der Lösung ab. »Nebwa, du hast jahrelang in Wawat gedient und kennst die meisten der Offiziere hier oder wenigstens ihre Stellvertreter. Erzähl mir alles über Woser und seine Offiziere, was du nur kannst.«

Nebwa runzelte die Stirn. »Ich komme auf meine erste Frage zurück: Wenn der eine Puemre ermordet hat, warum sollten die anderen ihn decken?«

»Wenn ich darauf eine Antwort hätte ...« Bak schüttelte seine Verwirrung ab und grinste. »Gut, ich gebe es zu. Ich bin verzweifelt. Wirst du mir nun meinen Willen lassen und mir antworten?«

Über das Eingeständnis lachend, zog Nebwa mit einem Winken Sennufers Aufmerksamkeit auf sich, zeigte auf das Regal Bierkrüge und hielt drei Finger empor. »Woser war schon immer ranghöher als ich, so hatten wir wenig miteinander zu tun. Über sein Privatleben weiß ich gar nichts; bis du sie erwähnt hast, wußte ich noch nicht einmal, daß er eine Tochter hat.« Er wartete, bis Sennufer die Krüge ausgeteilt hatte und wieder verschwunden war. »Seinem Ruf nach ist er ein hervorragender Offizier, der längst hätte weiter aufsteigen sollen, aber er hat zuviel Zeit in den Grenzländern verbracht, um die Aufmerksamkeit derjenigen auf sich zu ziehen, die in der Hauptstadt zu entscheiden haben. Ihm soll vor langer Zeit eine goldene Fliege verliehen worden sein, aber ich weiß nicht wann oder wo.«

»Wo wir gerade von Kommandant Woser sprechen ...« Imsiba nickte zur Tür.

Bak sah sich um und murmelte einen giftigen Fluch. Starr vor unterdrückter Anspannung stand der Kommandant auf der Schwelle, den Mund entschlossen zusammengekniffen. Als er eintrat, wurde es totenstill um ihn herum, so erschrocken waren die Schiffer und Soldaten über sein Erscheinen.

Was will er hier, dachte Bak, an diesem bescheidenen Ort? Hätte nie erwartet, daß er hier einen Fuß hereinsetzt. »Erzähl mir von Nebseny«, forderte er Nebwa auf.

»Woser kommt hierher.«

»Wenn du auf das stärkste aller Metalle nur genug Druck ausübst, wird es auch brechen.«

»Aber nicht immer da, wo du es gerne hättest.«

»Erzähl mir von Nebseny«, wiederholte Bak, der merkte, daß Woser hinter ihm näherkam.

Nebwa wischte sich den Zweifel aus dem Gesicht. »Wir sind uns nie begegnet, und über ihn als Menschen weiß ich gar nichts.« Er spielte mit seiner Trinkschale, als ob er sich der Stille im Raum oder des Grundes dafür überhaupt nicht bewußt war. »Er steht im Ruf, ein guter Offizier zu sein, der stets einen kühlen Kopf bewahrt und sich nicht scheut, in der Schlacht an der Spitze seiner Männer zu stehen.«

»Leutnant Bak.« Wosers Stimme klang gepreßt, sie verriet den gezügelten Zorn. »Truppenführer Nebwa und Feldwebel Imsiba. Seid ihr nur am Trinken oder störe ich eine Unterredung?«

Bak setzte ein freundliches Lächeln auf. »Wir haben heut nacht kaum Zeit, uns zu vergnügen, also haben wir unsere Arbeit mitgebracht. Willst du dir einen Hocker heranziehen und dich zu uns setzen, Herr?«

Nebwa sah sich übertrieben im Raum um und kicherte. »Wie du siehst, kümmern sich Polizeioffiziere weniger um ihre Umgebung als wir, die wir das geregeltere Leben in einer Garnison gewöhnt sind.«

Sein Grinsen verbergend drehte Imsiba sich um und fragte Sennufer nach einem Hocker. Woser betrachtete das Haus, den drahtigen Besitzer und die anderen Gäste mit kalter Verachtung. Die Schiffer und Soldaten saßen steif da und brachten keinen Ton hervor.

»Nebwa erzählt mir gerade, was er über einige deiner Offiziere zu berichten weiß«, versuchte Bak den Kommandanten zu sticheln.

Woser ließ sich auf den angebotenen Hocker fallen und beugte sich zu Bak hinüber. »Meine Offiziere sind ehrenwerte Männer.« Er sprach beinahe flüsternd, damit die Worte nicht weit trugen, aber seine Stimme war fest und ließ Zorn ahnen. »Du hast kein Recht, sie wie Mörder zu behandeln, und es gibt auch keinen Grund, sie als solche anzusehen.«

»Kommandant Thuty hat mir die Autorität verliehen, so zu handeln, wie ich es für richtig halte.« Bak sprach mit ebenso fester Stimme. »Möchtest du hier sitzen und hören, was Nebwa zu sagen hat? Oder lieber in Unwissenheit bleiben, bis ich mir den Mann greife, der Puemre ermordet hat?«

Woser wandte sich ab und faßte die anderen Gäste ins Auge. »Macht weiter, ihr, oder geht woandershin.«

Ein Schiffer klaubte die Wurfstöckchen auf und schleuderte sie mit einem Schrei über den Boden. Ein Soldat rief Sennufer an und bestellte mit dem Finger einen Krug Bier. Andere Männer tranken hastig aus ihren Schalen. Sie nahmen ihre Gespräche wieder auf, die Stimmen zu laut, nervös. Woser schwang zurück und starrte Bak an.

Nebwa warf seinem Freund einen raschen Blick des Verstehens zu, als hätte er zum ersten Male begriffen, mit welchen Hindernissen Bak zu kämpfen hatte. »Ich kenne Truppenführer Huy seit Jahren, wenn auch nicht gut. Er ist, mit Unterbrechungen, in Wawat stationiert, soweit ich zurückdenken kann. Unsere Wege haben sich oft gekreuzt, aber wir waren nie zur gleichen Zeit in derselben Garnison stationiert. Mein Vater hat stets mit Respekt von ihm gesprochen, und ich habe ihn immer gemocht und als einen ehrenwerten Menschen und Offizier angesehen. Er kennt ganz Wawat besser als jeder andere, den ich kenne. Falls es hier je zum Krieg kommt, wird sein Wissen den Unterschied zwischen Sieg und Niederlage ausmachen.«

Während Nebwa redete, beobachtete Bak verstohlen Woser. Der Kommandant schien erfreut über die lobenden Worte und überrascht. Sein Kinn sank zurück, die Fäuste wurden wieder zu Händen, die Schultern entspannten sich.

»Huy ist ein stiernackiger alter Bursche«, fügte Nebwa hinzu, »und so störrisch, wie man nur sein kann. Wenn er erstmal einen Entschluß gefällt hat, dann steht der felsenfest. Man sagt, ganz gleich woran er glaubt, er wird mit seinem Leben dafür einstehen.«

»Eine bewundernswerte Eigenschaft, will ich meinen.« Woser schnaubte mißbilligend. »Ich fürchte um die Armee von heute und das Wohlergehen Kemets. Ihr Jüngeren habt kein Pflichtgefühl und keine Ideale mehr.«

Bak preßte die Lippen aufeinander, um über diesen Punkt nicht in Streit auszubrechen. Das Regiment von Amun war die beste Streitmacht, die Kemet je gehabt hatte, und die anderen wiederaufgebauten Regimenter standen ihm bestimmt in nichts nach. Wollte Woser ihn mit einem Köder ablenken? Oder hielt er die Vergangenheit wirklich für besser als die Gegenwart? Bak sah zu Nebwa. »Was ist mit Leutnant Senu?«

Nebwas Blick wanderte zum Kommandanten und fiel dann auf den Krug Bier. »Wie Huy hat er die meiste Zeit seines Lebens in Wawat zugebracht, aber er ist auch schon weiter flußauf eingesetzt worden. Ich war nie mit ihm in derselben Garnison und habe ihn, glaube ich, heute bei der Gleitbahn zum ersten Mal gesehen.«

»Er ist ein aufrechter, anständiger Mann.« Woser schlug das von Sennufer angebotene Bier aus. »Ein guter, zuverlässiger Offizier.«

»Zweifelsohne«, murmelte Bak.

»Ich habe von Leutnant Senu gehört«, warf Imsiba ein. »Die Geschichte mag stimmen oder nicht, aber unter diesen Umständen ist sie es wohl wert, erzählt zu werden.« Er sprach mehr zu Woser als zu Bak. »Er soll einmal einen Feldwebel beim Handel mit einem ansässigen Häuptling erwischt haben, Waffen aus Kemet gegen junge, unberührte Mädchen einzutauschen, die man von den Medjaju verschleppt hatte. Senu hat die beiden erschlagen und zur Mahnung im Dorf zurückgelassen.«

Woser sah Imsiba fest in die Augen. »Eine Geschichte, mehr nicht. Senus Akte ist sauber.«

Im Gesicht des Medja flackerte ein winziges Lächeln auf, und er senkte einlenkend den Kopf. »Wenn du es sagst, Kommandant Woser.«

Bak konnte die Gedanken seines Freundes fast lesen: Senu hatte eine goldene Fliege verdient und keinen Verweis. Bak war geneigt, dem zuzustimmen.

Widerstrebend wandte er seine Gedanken dem letzten Verdächtigen zu, Inyotef. Warum, fragte er sich, fühle ich mich schuldig, sobald ich nur an ihn denke? Es war ein reiner Unfall, als sein Bein verletzt wurde, und nicht irgendein Fehler von mir. »Kannst du mir etwas über den Lotsen Inyotef erzählen?« fragte er Nebwa.

Nebwa sah ihn scharf an, als wunderte er sich, wie Bak sich dazu hatte bringen können, diese Frage zu stellen. »Ich habe ihn viermal getroffen, immer wenn Männer aus meiner Einheit halfen, ein Boot über die Gleitbahn zu schleppen. Ich kann nicht behaupten, daß ich ihn besser kenne als Senu, aber ich habe viel Gutes über ihn gehört. Man hält ihn für den besten Lotsen zwischen Abu und Semna.«

»Das sollte er auch sein«, sagte Woser spitz. »Er hat die Wasser von Wawat jahrelang befahren. Lange bevor er ein Kommando übernahm, hat er hier als Schiffer gedient.«

»Das erste Mal soll er mit der Armee von Akheperenre Thutmosis gekommen sein«, fuhr Nebwa fort. »Er ist oft nach Kemet heimgekehrt, aber jedesmal zog es ihn wieder in den Süden, wenn auch selten so weit. Nun ist er zum ersten Mal hierher an den Bauch der Steine versetzt worden. Davor hat er in Abu gelebt.«

Bak verschloß sein Herz vor einer zweiten Woge der Schuld und fragte: »Hat er irgendeinen Grund, sich zu schämen?«

Nebwa warf ihm erneut einen Blick zu. »Wenn seine Füße festen Boden berühren, soll seine Zunge scharf werden, und manchmal soll er mit seinem Amtsstab zuschlagen. Seine Frau hat ihn vor einem Jahr oder so verlassen, mitsamt den Kindern, und manche glauben, daß er sie einmal zu oft geschlagen hat.«

Bak konnte sich nicht erinnern, daß Inyotef je die Beherrschung verloren hätte. War er durch den Unfall so verbittert? So rachsüchtig geworden? Bak betete, daß der Grund dafür woanders lag – oder, besser noch, daß die Geschichte gar nicht erst stimmte.

»Eine solche Anschuldigung hat sie nie erhoben«, sagte Woser, wie um auf seine Gedanken zu antworten. »Sie hat mir gesagt, daß es ihr in Iken nicht gefiel und sie wieder in einem fruchtbareren, freundlicheren Land leben wollte. Wie konnte ich ihr einen Vorwurf machen, wo meine eigene Tochter ebenfalls von hier fort möchte?«

»Du scheinst nie an irgend jemandem etwas auszusetzen zu haben, Herr.« Bak sah ihn nachdenklich an. »Eine überraschende Eigenschaft für jemanden, der es bis zum Kommandanten gebracht hat.«

»Ich habe an dir etwas auszusetzen, junger Mann.« Woser saß kerzengerade da, mit festem Blick. »Du bist so erpicht darauf, hier und jetzt einen Mörder zu fassen, daß du dich einfach nicht woanders nach weit passenderen Verdächtigen umsehen willst.«

»Nach einem namenlosen Händler?« Bak lachte ohne Humor. »Erkennst du meine Absicht denn nicht? Je früher ich die Unschuldigen ausscheide, desto eher werde ich den Schuldigen fassen.«

Woser sah ihn einige Augenblicke lang an, das Gesicht ausdruckslos und verschlossen. Unvermittelt, als ob er zu einem plötzlichen Entschluß gekommen war, stand er auf. »Ich kann keine Zeit mehr auf den Mord an Puemre verschwenden. Ich habe eine höchst wichtige Aufgabe zu vergeben, eine, die dir gut ansteht.«

Bak sah zu Nebwa und Imsiba. Sie schienen genauso überrascht wie er und ebenso argwöhnisch.

»Wie du gewiß bemerkt hast, Leutnant Bak ...« Woser sprach mit einem Spott, der verletzen sollte. »... ist in Iken der Wohnraum knapp. Darum habe ich beschlossen, König Amun-Psaro und sein Gefolge – mehr als einhundert Leute, wie du sicher gehört hast – in der alten Festung auf der Insel hinter der Fahrrinne unterzubringen. Sie ist nicht mehr als eine Ruine, übersät mit heruntergefallenen Steinen und dem Müll der ganzen Händler und Hirten, die dort all die Jahre gelagert haben. Ich kann keinen meiner Offiziere erübrigen, also wirst du dafür verantwortlich sein, das Gebäude bewohnbar und sicher zu machen. Du bekommst soviele Männer, wie du brauchst.«

Bak war sprachlos. Das war nicht nur ein Befehl, das war ein geschickter Zug. Die Aufgabe konnte einen Großteil seiner Zeit verschlingen, Stunden, die er sonst in seine Ermittlungen gesteckt hätte.

»Ich weiß, daß ich dich damit von deinen anderen Pflichten fortziehe, aber es wäre ja nur für ein paar Tage.« Woser lächelte fast. »Sobald die Festung sauber und sicher ist, hast du nichts weiter zu tun, als für Amun-Psaros Sicherheit zu sorgen, solang er auf der Insel weilt. In den Mauern der Stadt wird Truppenführer Huy für sein Wohlergehen verantwortlich sein.«

Am liebsten hätte Bak sich widersetzt, aber das war mit seinem Gewissen nicht zu vereinbaren. Da Amun-Psaros Leben bereits in seiner Hand lag, konnte er den Sicherheitsvorkehrungen auch nur dann trauen, wenn er sie selbst traf. »Dann kommt der Herr Amun wohl auch auf die Insel, um bei der königlichen Gesellschaft zu sein?«

Woser sah ihn an, als hatte er den Verstand verloren. »Der Gott kommt ins Haus der Herrin Hathor. Wir können doch Althergebrachtes nicht auf den Kopf stellen, nur um die Bedürfnisse eines kuschitischen Königs zu befriedigen.«

»Und der Prinz?« fragte Bak grimmig, denn er fürchtete, die Antwort längst zu kennen. »Wie ich gehört habe, ist er zu krank, um Tag für Tag so weit transportiert werden zu können.«

»Er wird in dem Haus untergebracht, das wir Kenamon überlassen haben. Dort ist er ständig in seiner Obhut und nur ein paar Schritt vom Haus der Göttin entfernt; eine leichte Reise, selbst wenn er getragen werden muß.«

Bak murmelte einen herzhaften Fluch. Wann immer Amun-Psaro seinen Sohn sehen wollte, würde er den Kanal überqueren und mitten durch die untere Stadt spazieren müssen, dann zur Hochebene hinauf und durch die Straßen der Festung. Und wieder zurück, zweimal am Tag völlig verwundbar, wenn nicht öfter. Und der für seine Sicherheit verantwortliche Huy mochte ebensogut auch derjenige sein, der seinen Tod plante.

»Dieses Schwein«, spuckte Nebwa.

Imsiba schüttelte entrüstet den Kopf. »Einem so engstirnigen Mann wie ihm hätte ich eine so gerissene Art, dir die Hände zu binden, nie zugetraut.«

Bak saß im Vorderraum ihrer Unterkunft auf einem Hocker und starrte das Paar im flackernden Schein dreier handtellergroßer Öllampen finster an. Er wollte sich mit Wosers Verderbtheit nicht länger beschäftigen. »Nebwa, wann ist deine Arbeit in Buhen erledigt?«

»In zwei Tagen, höchstens drei.« Nebwa ordnete kniend Kasayas Schlafmatte. »Morgen geht es zurück nach Haus, übermorgen werden das Gold und die Ehrengaben aus der Schatzkammer verschifft, und sobald das erledigt ist, geht die Reise los.«

»Du mußt Kommandant Thuty alles berichten, was du heute gehört hast, und fragen, ob er dich zurück nach Iken kommen läßt.«

»Das hatte ich vor.« Nebwa zog sich aus und setzte sich auf die Decke. »Wieviel Mann soll ich mitbringen? Reicht eine halbe Einheit aus?«

Baks Stimmung begann zu steigen. Wenn Woser vorhatte, ihm Fußfesseln anzulegen, dann würde er schwer enttäuscht sein. »Laß mir zwanzig von denen hier, die die Barke gezogen haben. Mit Paschenuro an der Spitze werden sie einen guten, soliden Kern von vertrauenswürdigen Männern abgeben. Ich glaube nicht, daß ich auf der Insel mehr brauche.«

»Und was ist mit mir?« fragte Imsiba und hob Speer und Schild auf, um für die Nacht in die Festung zurückzukehren. »Ich muß beim Herrn Amun bleiben, ich weiß, aber gibt es keine andere Möglichkeit, dir zu helfen? Zum Beispiel Kenamon zu bitten, bei Woser Fürsprache einzulegen?«

»Sag Kenamon nichts. Solang es sich vermeiden läßt, will ich ihm keine weiteren Sorgen bereiten.« Bak wartete, bis Imsiba widerstrebend nickte, dann: »Beim ersten Tageslicht werde ich die Insel besichtigen. Sobald ich weiß, was alles getan werden muß, komme ich und gebe dir Bescheid. Kasaya und ich suchen weiter nach Puemres Mörder, also stell dich darauf ein, daß Paschenuro dich fragt, falls ich nicht erreichbar bin, wenn er Hilfe braucht.«

Imsiba hatte ein verschmitztes Funkeln in den Augen. »Woser wird sich gar nicht freuen, wenn er hört, daß du die Arbeit, die er dir aufgebürdet hat, einfach verteilst.«

Bak grinste. Sich so um die Befehle des Kommandanten herumzumogeln, war herrlich. »Er hätte sich diese Aufgabe nicht aus den Fingern gesaugt, wenn Nebwa ihm nicht so einen Schrecken eingejagt hätte. Er hat meine Fähigkeiten lobgepriesen, als wäre ich der Gott der Polizisten.«

Die Hände hinterm Kopf verschränkt, streckte Nebwa sich auf der Decke aus, ohne sich von dem Vorwurf treffen zu lassen. »Meine Zunge geht mir manchmal durch, ich weiß.«

»Ich muß los«, sagte Imsiba. »Unsere Männer werden schon fürchten, daß ich zuviel Bier getrunken und mich verlaufen habe.« Er winkte ihnen zum Abschied und ging.

Bak erstickte die Flammen von zwei Lampen, die dritte ließ er brennen, während er sich auszog. Wann immer eine Brise mit ihr spielte, tanzten Schatten durch den fast dunklen Raum. »Erzähl mir von deinem neugeborenen Sohn, Nebwa. Wie geht es ihm?«

»Er ist einfach vollkommen. Sieht gut aus, ist schlau ...«

Bak war mit den Gedanken ganz woanders und hörte nur halb zu, während seine Hände seinen Leib entkleideten, die Kleidung auf einen Hocker legten und seine Füße ihn zum Schlafpodest trugen. Die Nacht war zu heiß für ein Laken, also warf er es zur Seite. Als er sich vorbeugte, um die dritte Lampe zu löschen, schnarchte Nebwa bereits.

Bak schloß die Augen und ließ sich langsam wegdämmern. Irgend etwas bewegte sich, etwas in seinem Bett, etwas, das lebte. Er riß die Augen auf. Still lag er da, sagte nichts, hörte sein Herz in der Brust trommeln. Von Nebwas leisem Schnarchen abgesehen, lag der Raum still. Er mußte geträumt haben.

Er wollte sich schon auf die Seite drehen, da fühlte er wieder eine Bewegung, den Druck von etwas Rundem, Kaltem und Feuchtem an seinem Arm. Fühlte sich an wie eine Schlange. Eine Schlange? Mit einem Aufschrei schoß er aus dem Bett.

»Wa...?« murmelte Nebwa. »Was? Was ist los?«

»Raus hier! Schnell!« Bak hastete zur Tür, einem vagen Rechteck, das ein wenig heller als der Raum war. Da seine Augen sich an das Dunkel gewöhnt hatten und der Himmel voller Sterne war, lag die Gasse wie ein langes, gerades, ausgetrocknetes Flußbett vor ihm, leer und nackt.

»Was ist denn los?« fragte Nebwa ein, zwei Schritte hinter ihm.

»Da war etwas in meinem Bett«, sagte Bak grimmig. »Eine Schlange wahrscheinlich.«

»Du glaubst doch nicht...« Nebwa ließ den Satz zwischen ihnen in der Luft hängen, den unaussprechlichen Gedanken.

»Das Haus stand leer, bevor wir eingezogen sind«, dachte Bak laut. »Nein, Nebwa. Sie ist bestimmt schon die ganze Zeit dort gewesen und hatte sich bloß vor uns versteckt.« Er klopfte seinem Freund auf die Schulter. »Ich besorge uns Licht, damit wir etwas sehen können. Wir können nicht ins Bett, solange das Viech dort herumkriecht und einen warmen Körper zum Kuscheln sucht.«

Er trottete die Gasse hinab, so nackt wie am Tag seiner Geburt. Soweit sich sagen ließ, hatte sein Gebrüll keinen von den Nachbarn geweckt, die in den nahegelegenen Häusern oder auf den kühleren Dächern schliefen. An der ersten Kreuzung blieb er stehen. Weiter vorn war ein Speerträger auf Nachtwache zu sehen, eine Fackel in der Hand. Der rundliche Jüngling, kaum alt genug, um sich rasieren zu müssen, war von Baks Geschichte nicht sonderlich überrascht; in die alten Häuser drangen oft Schlangen ein.

Mit großen Schritten ging es zurück. Der Soldat hielt die Fackel durch die Türöffnung, und sie lugten alle hinein. Soweit zu erkennen war, befand sich die Schlange nicht auf dem Boden. Bak ergriff einen Speer, der an der Wand lehnte, sog Luft ein, als ob es Mut war, und schlich auf die Schlafplattform zu. Nichts rührte sich, das Bett sah leer aus. Er zog das Laken mit der Speerspitze auseinander. Unter den Falten erwachte etwas zum Leben, versuchte sich freizuwinden, zischelte. Das ganze Bett schien sich zu bewegen, und dann fielen Laken und Schlange ineinander verwickelt vom Podest. Bak warf sich nach hinten, und das Herz schlug ihm bis zum Hals.

Ein kleiner, flacher Kopf kam aus dem Leinen geglitten, ein bräunlicher Leib folgte. Der Kopf erhob sich, und hinter ihm blähte sich eine Brillenzeichnung auf. Eine Kobra. Eines der tödlichsten Reptilien. Sie zischte Bak und die Männer in der Türöffnung an. Bak nahm dem Wachmann die Fackel ab und näherte sich der Schlange. Er hielt sie mit der Flamme auf Abstand, bat die Herrin Wadjet, die von der Kobra verkörperte Göttin, mit einem raschen Gebet um Verzeihung und stieß zu. Die Speerspitze fuhr durch die Brillenzeichnung, nagelte die Schlange an das Schlafpodest. Sie peitschte umher, bis der Wächter ihr mit seinem Speer den Rest gab.

»Ich habe mehr als dreißig Jahre in Wawat verbracht«, sagte Nebwa und starrte auf den zerstörten Leib. »Aber so weit im Süden habe ich noch keine Kobra gesehen.«

Der Wachmann tippte sie an, als wollte er sich vergewissern, daß sie wirklich tot war. »Ich hab' schon eine gesehen, vor ein oder zwei Monaten. Sie war mit einer Schiffsladung Korn gekommen. Ich dachte, jemand hätte sie erschlagen, aber vielleicht ist sie vorher abgehauen.«

»Wahrscheinlich hat sie eher jemand gefangen«, murmelte Nebwa.

Bak erschauderte bis ins Mark. Ein so gefährliches Haustier gab eine gute Waffe ab, falls man einen König wie Amun-Psaro töten wollte. Oder einen neugierigen Polizeioffizier.

11. Kapitel

Bak erwachte mit etwas, das einer seiner Medjaju, der im vergangenen Jahr in Ausübung seines Dienstes getötet worden war, eine Klette im Lendentuch genannt hätte. Er brannte darauf, den Mann zu bekommen, der ihm die Kobra ins Bettzeug getan hatte. Wenn das Ziel gewesen war, daß er sich nicht länger einmischte, dann war die Sache gründlich schiefgegangen.

Bei Sonnenaufgang verabschiedete er sich von Nebwa, schickte die zwanzig entliehenen Speerträger nach Werkzeugen und Baustoffen ins Magazin und eilte zum Markt, um Paschenuro von der neuen Last auf seinen Schultern zu erzählen. Den engen, gewundenen Gängen zwischen den Ständen folgend, die bereits die ersten Kunden anzogen, hielt er nach seinen beiden Medjaju Ausschau. Er tauschte ein paar Fayenceperlen gegen ein Frühstück ein – einen flachen Laib Brot und eine Schale dicken Linseneintopfes – und aß im Gehen.

Obwohl es noch früh war, hatten die Besitzer der hölzernen, mit Schilfmatten oder Palmwedeln gedeckten Stände ihre Schalen schon aufgestellt: wohlriechende Kräuter, Amulette und Glücksbringer, Linsen und Bohnen, Pinzetten, Rasierer und Messer aus Bronze und was es sonst noch an Kleinwaren gab. Die größeren Stücke waren an den dünnen Wänden aufgereiht: feuersteingeschärfte Sicheln und hölzerne Pflüge, Stoffballen, große Amphoren mit Bier, Öl, gesalzenem Fisch oder Fleisch, kleinere Krüge mit Wein oder Honig. Hirten und Bauern der Umgegend hatten Binsenmatten ausgelegt und schichteten nun rote, grüne und gelbe Berge aus frischem Obst und Gemüse auf. Männer wie Frauen rückten Körbe zurecht, die mit saftigen Datteln oder süßen, klebrigen Kuchen, mit Brot, Eiern oder Korn gefüllt waren. An die Querstangen einiger Unterstände wurde ungerupftes Geflügel gehängt, während man woanders Fisch auf dem Boden ausbreitete.

Bak gefielen die Stände der Männer und Frauen am besten, die von weit flußauf gekommen waren. Wie sie da mit untergeschlagenen Beinen auf dem Boden saßen oder sich auf niedrige Hocker kauerten, waren sie ebenso exotisch wie ihre Waren. Klein und dick, groß und dünn. Bemalt, tätowiert, mit Ziernarben versehen oder eingeölt, mit rotem Lehm oder weißer Asche beschmiert. Manche fast nackt, andere kunstvoll gewandet, nur wenige wie jemand aus Kemet angezogen. Und was sie feilboten! Gelbbraune oder getupfte Tierhäute, riesenhafte Stoßzähne aus Elfenbein, Eier und Federn vom Strauß, seltene Hölzer und Brocken von Edelsteinen, Tiere in Käfigen, Sklaven in Ketten.

Die Kundschaft, obwohl zu dieser frühen Stunde noch rar gesät, war ebenso beeindruckend: Bauern und Dörfler aus der Gegend, Städter, Soldaten, Schiffer und Händler aus Kemet im Norden und Viehtreiber, Bauern und Dörfler weit aus dem Süden. Jeder Mann, jede Frau hatte Gegenstände zum Tauschen mitgebracht, Lebensmittel und Luxusgegenstände, die für sie gewöhnlich, für die anderen aber erstrebenswert oder selten waren.

Hinter einem Stück nackten, hartgetretenen Sandes erblickte er Paschenuro; er saß auf der Lehmziegelmauer einer Koppel, in der sich Schafe und Ziegen befanden, und redete mit einem kahlen, spitzbäuchigen Bauern. Wolken feinen Staubes wogten über den blökenden und meckernden Tieren auf, die ohne besonderen Grund umhertrotteten. Weitere Koppeln enthielten Esel, ein einsames Maultier, das in diesem Teil der Welt ein seltener Anblick war, sowie lang- und kurzhörnige Rinder, die mit Schnauben, Gebrüll oder dem Senken der Hörner gegen ihre Gefangenschaft aufbegehrten. Staub hing in der Luft, die schwer war vom Geruch des Viehs und den Ausdünstungen des Mistes.

»Man hat den Jungen gesehen«, sagte Paschenuro, nachdem der Bauer gegangen war. »Aber er ist wie ein Geist, im einen Moment hier, im nächsten schon wieder verschwunden. Heute suchen wir die Häuser am Markt nach seinem Versteck ab, egal ob sie bewohnt sind oder nicht, und die Lagerhäuser gleich mit.«

Bak sah zu den Dächern zwischen Markt und Hafen hinüber. Wenn die Gebäude vollständig genutzt wurden, dann brauchten zwei Mann eine Woche, um sich zwischen den eingelagerten Gütern umzusehen. Er hätte Woser am liebsten durchgeschüttelt, bis ihm die Zähne klapperten. »Ich muß dich von dieser Arbeit abziehen und dir eine andere geben. Nebwa hat mir ein paar Männer überlassen, und davon bekommt Kasaya vier zur Unterstützung.«

»Eine andere Arbeit?« fragte der Medja überrascht. »Ich dachte, das Kind zu finden, wär wichtiger als alles andere.«

Bak lachte kurz und hart auf. »Für uns ja, aber Kommandant Woser hat seine eigenen Prioritäten. Er hat mir befohlen, die Inselfestung herzurichten, damit Amun-Psaro dort sicher und bequemlich wohnen kann. Mir bleibt nichts anderes übrig, als dich zum Anführer der Männer zu machen, die das zu erledigen haben.« Er schlug nach einer Fliege, die vor seinem Gesicht herumsummte. »Komm, treiben wir Kasaya auf, dann brauche ich es nicht zweimal zu erzählen.«

Paschenuro konnte nicht aufhören, den Kopf zu schütteln. »Wie kann der Kommandant so etwas tun, Herr? Warum tut er das?«

»Du hättest dir keine Männer aus Buhen leihen brauchen.« Huy beschattete seine Augen mit der Hand und sah zu, wie sich das Boot mit Nebwas Speerträgern vom Pier entfernte. »Puemres Einheit hat seit seinem Tod keinen Anführer mehr. Ich hatte vor, sie dir zu unterstellen, bis du nach Buhen zurückgerufen wirst oder Kommandant Thuty jemand anderen schickt.«

Noch eine Aufgabe, die meine Zeit verschlingt, dachte Bak. Eine Einheit Speerträger anzuführen, beanspruchte den ganzen Tag. »Nebwa hat sie mir angeboten, und ich habe akzeptiert«, sagte er unverbindlich. »Was eine ganze

Einheit angeht ... ich glaube nicht, daß ich so viele Männer brauche, aber solang ich die Insel nicht gesehen habe, kann ich es nicht beurteilen.«

»Wollen wir aufbrechen?« fragte Huy und trat in das Boot, das er ihm besorgt hatte. Unter seinem Gewicht begann es zu schaukeln, und der Rumpf kratzte an den Steinen.

Bak band das Boot los, sprang hinein und stieß sie ab. Er setzte sich ans Steuer, ergriff die Ruder und brachte das Boot auf die spiegelglatte Oberfläche zwischen den beiden Pieren hinaus. Es war klein und gedrungen, und man kam leicht allein damit zurecht. Ein wahres Vergnügen. Er hätte gern das Segel ausprobiert, aber das würde bis zur Rückfahrt warten müssen. Wie in Buhen kam auch hier der Wind hauptsächlich aus Norden.

Bak mußte zugeben, daß Huy alles tat, um ihm seine Arbeit zu erleichtern. Freigiebig hatte er ihm Werkzeug, Material und Nahrungsmittel überlassen, hatte ihm so viele Männer versprochen, wie nötig waren, und dafür gesorgt, daß zwischen Iken und der Insel ständig zwei Lastschiffe verkehren konnten. Und er hatte ihm das Boot ausgesucht. Er hatte Bak sogar angeboten, ihn auf dieser ersten Fahrt zur Insel zu begleiten, um ihn durch die gefahrvollen Strömungen oberhalb der Schnellen zu geleiten. Würde jemand, der ein Attentat auf den König der Kuschiten vorbereitete, so entgegenkommend sein? Gewiß - solange eine Zusammenarbeit ihm Vorteile brachte.

Am Ende des Piers packte die Strömung das Boot mit überraschender Kraft und zog es rasch flußab.

»Schön weit in den Kanal hineinrudern«, wies Huy ihn an. »Du willst nicht auf die lange Insel getrieben werden, sondern drum herum.«

Bak nickte und rief sich die Lage der Inseln ins Gedächtnis, wie er sie vom schwindelnden Hauptwall aus gesehen hatte, während seiner ersten Unterredung mit Huy. Oben im Süden war der Strom breit und relativ frei von Hindernissen. Bis er sich direkt vor der Stadt in eine Vielzahl von Kanälen aufspaltete, die meist über steinerne Inseln und Felsnadeln hinweg und um sie herum sprangen, wirbelnde, wilde Stromschnellen, die unmöglich zu befahren waren. Die Insel, die Iken am nächsten lag, war der langgezogene, schmale Haufen zerschmetterten Felses, auf dem der Mann mit der Schleuder ihm und seinen Medjaju aufgelauert hatte. Erdige Nischen gaben den dürren, aber zähen Bäumen und Büschen einen Halt, von denen die meisten wohl unter Wasser lagen, wenn der Fluß weiter stieg.

Die Insel dahinter hatten die steigenden Wasser mittlerweile in zwei Stücke geteilt, die nur noch durch einen schmalen Streifen miteinander verbunden waren. Die Kuppe im Norden, die hoch genug war, um auch in der stärksten Flut über Wasser zu bleiben, beherbergte Bäume, Buschwerk und die Inselfestung. Bak mußte das Boot um die lange, schmale Insel herumschwingen lassen und den zweiten Kanal hinunterfahren.

Huys Anweisungen folgend stieß er die Ruder ins Wasser, und seine kraftvollen Züge brachten sie durch die Strömung. Als sie die Südspitze der langen Insel passierten, konnte Bak sehen, wie das Wasser über die flachen Stellen platschte und an Land knabberte, das vor ein oder zwei Tagen noch trocken gewesen war. Er ließ das Boot in den zweiten Kanal einschwenken und fuhr quer zur Strömung auf die Festungsinsel zu. Eine dritte Strömung packte das Boot und zog es nach rechts auf ein paar rauhe Inselchen zu, die sich am Abzweig eines Seitenlaufes erhoben. Dahinter grollte wütend das Wasser und ragten Felsen schroff aus Wogen von Schaum empor.

»Vorsichtig!« warnte Huy.

Bak war schon eifrig dabei, das Boot mit Steuer und Rudern zur Mitte des Kanals auszurichten. Er war froh, daß Huy mitgekommen war. Für jemanden aus Kemet, wo der Strom ruhig und breit dahinfloß und die größte Gefahr war, auf Grund zu laufen, stellten diese wilden Wasser eine neue und beunruhigende Erfahrung dar.

Bis zur Landungsstelle war der Kanal frei von Hindernissen. Die Festung entpuppte sich als ein schlichtes Gebäude aus geraden Lehmziegelmauern, die auf eine steinbefestigte Basis gestellt waren, die den Umrissen der Insel folgte. In Abständen wurde die Anlage von gedrungenen Vorwerken gesichert. Das Gefährt, mit dem Nebwas Männer gekommen waren, lag an der felsigen Küste vertäut, und die letzten stiegen gerade aus. Die anderen schleppten im Gänsemarsch Lastkörbe eine steile Böschung hinauf und durch ein teilweise zerfallenes Tor.

Während sie stromab trieben, verklang das Tosen in ihrem Rücken, und ein anderes, kehligeres Grollen wurde lauter. Von der Wucht erschreckt, stand Bak auf. Vielleicht hundert Schritt hinter dem Festungstor wurde der Kanal weiß und wütend, ein wildes Durcheinander von Fels und Wasser und Schaum. In der Gischt, die von dem Mahlstrom aufstieg, waberte ein doppelt mannsgroßer Regenbogen.

»Nun siehst du, warum wir die Schiffe über Land ziehen«, sagte Huy.

»Sie würden zu Stücken zerschmettert.« Von dem Anblick eingeschüchtert, ließ Bak sich auf den Sitz fallen und hielt auf das flachere Wasser bei der Insel zu. »Ich habe diese Schnellen vom Gürtelwall aus gesehen, aber auf so große Entfernung verlieren sie viel von ihrer Eindruckskraft.«

»Ein Stück weiter werden die Felsen noch schlimmer, bevor es dann wieder besser wird.«

Der große, schlanke Offizier hob das Tau auf und formte eine Schlinge. Als das Boot ans Ufer schlug, warf er sie über einen von der Sonne ergrauten und vom Gebrauch polierten Pfosten. Sie folgten dem letzten Soldaten den steilen, felsigen Pfad hinauf in die Festung.

Im Tor blieb Bak stehen und sah sich um. Seine erste Reaktion war Bestürzung. Diesen Ort eine Festung zu nennen, war eine maßlose Übertreibung. Er war nicht mehr als ein befestigter Wall, der ein ungefähres Rechteck umschloß, das über zweihundert Schritt breit und viermal so lang war, gedacht als Unterschlupf für Bauern und Vieh, falls es zu einem Angriff kam. Dem jämmerlichen Zustand der Mauern und dem vielen Schutt auf dem Boden nach zu urteilen, war die Festung seit Jahren vernachlässigt worden, wahrscheinlich seit dem Krieg gegen Kusch – wenn nicht länger.

Auch Nebwas Speerträger waren entmutigt. Sie standen in der Mitte der Festung und sahen sich mit langen Gesichtern um, ohne wie üblich herumzulästern.

Paschenuro schickte sie mit einem abschließenden Befehl an die Arbeit, dann schritt er über den schuttübersäten Boden und betrachtete stirnrunzelnd die schäbige, verfallene, baufällige Anlage. »Nicht gerade der Ort, wo ich einen König unterbringen würde, Herr.«

»Ein Palast wird das nie werden«, stimmte Bak mit finsterem Blick zu. »Die Frage ist: Können wir hier bis morgen nachmittag nicht nur für Bewohnbarkeit, sondern auch für Wohnlichkeit sorgen?«

Der Medja brachte ein mattes Lächeln zustande.

Huy beäugte die verfallenen Mauern. »Ich habe seit etlichen Monaten keinen Fuß mehr in die Festung gesetzt. Sieht schlimmer aus, als ich dachte.«

»Nun gut, sehen wir uns die Sache mal an.« Bak hoffte, hoffnungsvoller zu klingen, als er sich fühlte. »Dann können wir beschließen, was zu tun ist.«

Die drei folgten den Mauern, wichen Bäumen, verwucherten Büschen und Ziegelhaufen aus, stolperten über versteckte Wurzeln, machten Sätze über verdächtige Löcher in der Erde hinweg und wichen den meist schon getrockneten Hinterlassenschaften von Mensch und Tier aus. Sie untersuchten die zerfallenen Teile der Festung und ermittelten den nötigen Aufwand, um rasche, aber effektive Reparaturen zu machen. Schließlich stiegen sie eine Treppe hinauf, die Wind und Wasser so sehr abgetragen hatten, daß sie nicht mehr als eine steile, unregelmäßige Rampe war. Vom Wall aus, nicht weit vom Tor entfernt, sahen sie auf die Festung hinab. Nebwas Speerträger, die eine Fläche für ihr Lager freiräumten, lachten und schwätzten schon wieder, als hielte die Welt für sie keinerlei Sorgen bereit. So ein Leben ohne Verantwortung, dachte Bak, muß etwas sehr Schönes sein.

Sich des tosenden Wassers im Rücken kaum bewußt, ging er die vor ihm liegende Arbeit durch. Rechtzeitig fertig zu werden, würde schwierig, aber nicht unmöglich sein. »Der Boden muß geräumt und gesäubert werden«, wies er Paschenuro an. »Laßt die Bäume und Büsche stehen, jedenfalls fürs erste. Sie geben ein wenig Leben, dann sieht alles nicht so öde und verlassen aus. Die heilen Ziegel hebt auf, und was wir sonst noch gebrauchen könnten. Den Rest werft in den Fluß.«

»Ja, Herr«, sagte Paschenuro.

»Die Mauern sind euer größtes Problem«, sagte Huy und sah zu einer langen, ungleichmäßigen Lücke in der nordwestlichen Ecke hinüber. »Ihr habt keine Zeit, neue Ziegel zu machen.«

»Wir füllen die Löcher mit Schutt«, sagte Paschenuro.

»Damit Amun-Psaro über unseren ungeschickten Festungsbau lachen kann?« Bak schüttelte den Kopf. »Nein. Wenn niemand etwas dagegen hat«, er sah kurz zu Huy, »dann können wir die alten, verlassenen Häuser von Iken ausbeuten. Wir brechen alle heilen Ziegel heraus und bringen sie über den Fluß hierher.«

»Eine hervorragende Idee!« Huy lächelte zustimmend. »Mit ausreichend Männern kannst du diese Festung in einen Ort verwandeln, der sich für einen König geziemt.«

»Ich muß dein Angebot mit Puemres Einheit annehmen«, sagte Bak widerstrebend. »Paschenuro wird die Hälfte der Männer hier auf der Insel brauchen und dazu vier oder fünf Maurer, die ihnen zeigen, wie man die Ziegel setzt. Der Rest sollte zum Sammeln und Verschiffen in Iken bleiben.«

»Abgemacht!« Huy nickte. »Puemres Feldwebel Minnakht ist ein guter Mann. Du kannst ihm den Befehl über die Männer in der Stadt ruhig anvertrauen.«

Nun, da das schlimmste seiner Probleme gelöst war, gestattete Bak sich, freier zu atmen. Er machte sich nicht vor, daß die Aufgabe leicht war, aber sie war ganz gewiß zu bewältigen. Wenn der Herr Amun ihm – und seinen Arbeitern – geneigt war, dann sollte alles fertig sein, bevor Amun-Psaro in Iken ankam.

Bak stand am Tor und sah zu Nebwas Speerträgern zurück, dem Kern seines Arbeitstrupps. Ihre Zeltunterstände waren errichtet, eine Feuerstelle angelegt, die Werkzeuge verteilt, Lebensmittel und Materialien verstaut. Ein Mann kniete an der Feuerstelle und gab Gemüse in einen Topf, ein zweiter formte Brot. Am nördlichen Ende der Festung hatten sich ein halbes Dutzend Soldaten verteilt, um den Steinboden und die festgestampfte Erde zu säubern, während der Rest Körbe voller Schutt durch ein fernes Tor zum Fluß schleppte. In der Kürze der Zeit hatten sie eine Menge geschafft, und doch schien die Arbeit vor ihnen endlos zu sein.

»Sobald wir wieder in Iken sind, gehen wir zu den Baracken«, versprach er Paschenuro. »Bis zum Mittag sollte hier Hilfe eintreffen und lange, bevor es dunkel wird, die erste Ladung Ziegel.«

Der Medja nickte und eilte zu seinen Leuten zurück. Als Bak sich abwandte, um Huy hinunter zum Boot zu folgen, schweifte sein Blick ungewollt zu dem tosenden Mahlstrom flußab. Von seinem Standort aus war kein Wasserfall zu sehen, aber die zunehmende Geschwindigkeit des Flusses, das ferne Tosen und die Unmengen von Gischt in der Luft ließen vermuten, daß das Flußbett stückweise abfiel, nicht auf einmal, sondern in einer Reihe von Kaskaden.

Manchmal, so wußte er, befuhren Schiffe diese Stromschnellen; wenn der Fluß zu seiner größten Höhe angestiegen war und über viele der Felsen eine schützende Wasserschicht gelegt hatte. Dann standen Männer auf den Inseln oder auf nicht überschwemmten Felsen und zogen ihr Gefährt an dicken Tauen flußauf oder hielten es in den tiefsten Fahrrinnen, während die Strömung es flußab trug. Sein Mitleid gegenüber Inyotef wandelte sich zu Bewunderung; für solche Arbeiten übernahm der Lotse also die Verantwortung.

Bak sah etwas in dem Dunst, ein verschwommenes Bild, das sich von dem gischtenden, rollenden Wasser abhob. Für einen Augenblick sah es aus wie Kopf und Schultern eines Mannes. Nein, dachte er. Unmöglich. Der Umriß verschwand, und Bak glaubte fest, seiner Einbildungskraft aufgesessen zu sein. Da sah er ihn erneut, diesmal bewegte er sich im sanfteren Wasser unterhalb der Stromschnelle gemächlich quer zur Strömung auf die lange Insel zu. Ein zweiter Umriß trat aus dem Dunst hervor, dann ein dritter. Der erste erreichte das flache Wasser am Ufer und erhob sich. Ein Mann. Nein, ein Junge!

Bak starrte ihn an und konnte nicht glauben, daß irgendein Mensch dieses Wildwasser zu überleben vermochte. »Täuschen mich meine Augen oder –?«

Unter ihm sah Huy den Fluß hinab und lachte. »Die Männer und Jungen hier schwimmen in diesen Gewässern mühelos, sie benutzen aufgeblasene Ziegenhäute, um wieder an die Oberfläche zu kommen, wenn der Herr Hapi sie hinunterzieht. Als ich das zum ersten Mal gesehen habe, dachte ich auch, daß mir meine Augen einen Streich spielen.«

»Entweder haben sie mehr Mut als ich, oder sie sind tollkühn.«

»Der Fluß ist der Mittelpunkt ihres Lebens, Leutnant, von der Geburt bis zum Tod und vom Morgen bis zum Abend. Sie kennen seine Gewohnheiten, das ganze Jahr hindurch, und wissen sie zu ihrem Vorteil zu nutzen.«

Bak beobachtete, wie der letzte Junge auf die Insel watete und wie ein Hund das Wasser abschüttelte. »Ich halte mich für einen guten Schwimmer und bin auch nicht wasserscheu, aber diese gischtenden Sturzfälle können mich nicht gerade reizen.«

»Du hast Glück, daß du schwimmen kannst. Ich würde in einem stillen Teich ersaufen.«

»Du hast es nie gelernt?«

»Warum, meinst du, segele ich mit solcher Achtsamkeit?«

Bak bemerkte Huys Unbehagen und ließ das Thema fallen. Er wollte den Offizier weder demütigen, noch konnte er es sich leisten, ihn zu befremden.

Er machte das Segel los, ein strahlendgelbes Rechteck aus schwerem Stoff, und zog die Rahen nach oben. »Nebwa sagt, du hast den Großteil deines Lebens in Wawat verbracht.«

Huy setzte sich in den Bug des Bootes, das Gesicht nach vorn. »Ich habe im Norden Kemets gelebt und in den Festungen an unserer Ostgrenze gedient, und einmal war ich als Gesandter im Lande Keftia, aber Wawat sehe ich als meine Heimat an.«

»Du hast dir das Gold der Tapferkeit verdient, hab ich gehört, für dein Kämpfen in diesem unfruchtbaren Land.«

»Vor siebenundzwanzig Jahren ist das gewesen, weit im Süden, im Lande Kusch.« Huy lächelte bei der Erinnerung. »Damals war ich jung, ein frischer Rekrut mit mehr Mut als Verstand. Ich kämpfte ohne nachzudenken und riskierte mein Leben, als ob ich unsterblich wäre.« Er sah Bak an und kicherte. »Dank meiner Narrheit gab ich einen guten Helden ab und trug mir zum Beweis die goldene Fliege ein.«

Bak sah Stolz auf seinem Gesicht und die Bescheidenheit eines wahrhaft tapferen Mannes. Er hoffte, daß nicht Huy der gesuchte Mörder war. »Hattest du Gelegenheit, Amun-Psaros Vater zu sehen?«

»Nur aus der Ferne und erst, als die Schlacht vorbei war. Er war ein Gefangener, die Arme in Fesseln, das Haupt gebeugt vor Gram. Er hatte Hunderte und Aberhunderte von guten und wackeren Männern verloren.«

»Und Amun-Psaro? War er auch dort?«

Huy schüttelte den Kopf. »Er war noch ein Kind, zu jung, um mit seinem Vater in die Schlacht zu ziehen. Ihn lernte ich erst später kennen.«

»Du hast ihn tatsächlich gekannt?« In seiner Überraschung hätte Bak beinahe vergessen, das Segel so auszurichten, daß sie an der Südspitze der langen Insel vorbei kamen.

Huy sah ihn verwundert an. »Er war unsere Geisel. Hast du das nicht gewußt? Er ist im Königshaus aufgewachsen.«

»Und dort bist du ihm begegnet?«

»Ich war dabei, als man ihn nach Waset brachte.« Huys Stimme klang entfernt, als folgte sie seinen Gedanken in die Vergangenheit. »Während es den Fluß hinab zur Hauptstadt ging, verbrachten wir etliche Tage miteinander. Anfangs paßte ich nur auf, daß er nicht fliehen und zu seinem Vater zurückkehren konnte. Später, als wir so weit fort waren, daß er nicht länger an eine Rückkehr nach Kusch denken konnte, spielten wir miteinander und machten Ringkämpfe und gingen Angeln und auf die Jagd. Ich rede mir gern ein, daß ich ihn seine Einsamkeit vergessen ließ und den Schmerz, so fern von Heimat und Familie zu sein.«

Bak hatte das Gefühl, in einem einfachen Wüstenwadi auf einen Klumpen Gold gestoßen zu sein. Huy hatte Amun-Psaro nicht einfach bloß gekannt, er hatte ihn gut gekannt. Gut genug, um sein Feind zu werden? »Dann wart ihr gute Freunde.«

»Er war mein Bruder.« Huys Lächeln wurde ironisch. »Ich war sehr jung, im Herzen noch ein Kind. Als wir einander am Tor des Königshauses Lebewohl winkten, liefen mir Tränen die Wangen hinunter. Ich wußte, daß ich ihn nie wiedersehen würde, und so war es auch.«

Er sagte die Wahrheit, das war Bak gewiß, aber war es die ganze Wahrheit? »Dann mußt du schon sehr auf das Wiedersehen gespannt sein.«

»Er wird sich nicht an mich erinnern. Es ist zu lange her.« Huy sprach leichthin, aber Bak hörte etwas anderes heraus: die Hoffnung, daß Amun-Psaro ihn doch erkennen würde. Als den Freund, den er vor so vielen Jahren verloren hatte? Oder als einen alten Feind?

»Leutnant Bak!« Ein Junge von sieben oder acht stand am Ende des Nordpiers und brüllte. »Leutnant Bak!«

»Was ist los?« Bak senkte die Rah und ließ das Boot mit dem Restschwung in die stillen Wasser des Hafens gleiten.

»Ich habe eine Nachricht für dich, Herr. Von dem Medja Kasaya.«

»Erzähl.«

»Er hat den Gesuchten gefunden. Du sollst sofort zum Markt kommen. Zu den Tierkoppeln.«

Am Ende des Marktes blieb Bak stehen und schaute über die sandige Ödnis zu den Koppeln hinüber. Irgendwo hinter sich hatte er Huy verloren. Der Offizier hatte darauf bestanden mitzukommen, weil er dabei sein wollte, wenn Bak mit Feldwebel Minnakht und den Männern von Puemres Einheit sprach.

Bak erkannte Kasaya sofort. Der große Medja stand neben einer Koppel, in der ein hochaufgeschossener Kuschite in einem knappen Lendentuch versuchte, einen gewaltigen, langhörnigen Bullen anzubinden. Das wütende Tier stampfte brüllend umher und wühlte eine Staubwolke auf, die nicht nur Kasaya halb verschluckte, sondern auch drei der Speerträger, die bei der Suche geholfen hatten, und einen kleinen, dunkelhäutigen Jungen. Er verschwand fast neben Kasaya, der ihn mit seinen riesigen Händen bei den schmalen Schultern gepackt hielt. Bak eilte mit großen Schritten auf sie zu.

Der Junge beobachtete ihn dabei mit großen, erschreckten Augen. Kasaya muß ihm doch längst klargemacht haben, daß wir keine Bedrohung darstellen, dachte Bak, sondern daß wir dafür sorgen wollen, daß er am Leben bleibt. Warum also hat er solche Angst?

Unvermittelt riß sich der Junge aus dem Griff des Medjas los, tauchte unter der hervorschießenden Hand eines Speerträgers weg und rannte durch den Staub auf eine Reihe von Ställen am Rande des Marktes zu.

»Haltet ihn!« schrie Bak. Sie mußten den Jungen unbedingt von der Menge fernhalten, in der er nahezu unmöglich wiederzufinden sein würde.

Er sprintete durch den Sand, um ihm den Weg abzuschneiden. Kasaya und die Speerträger verteilten sich, bildeten einen Halbkreis, um ihm den Jungen in die Arme zu treiben. Bak rannte bis auf zehn Schritt an ihn heran, dann verlangsamte er, bereit zuzugreifen. Kasaya und die Speerträger kamen näher. Der Junge, der so verzweifelt ausschaute wie eine Gazelle, die von einer Meute wilder Hunde gestellt wurde, hielt verblüffenderweise stracks auf Bak zu. Bak wollte ihn packen. Der Junge wich nach unten und zur Seite aus. Baks Finger berührten heißes, schweißiges Fleisch, und schon war ihm der Junge wieder entschlüpft, um Momente später in der Menge zu verschwinden.

Wütend wirbelte Bak zu seinen Männern herum. »Ihr Schwachköpfe! Wie konntet ihr ihn so einfach entkommen lassen?«

»Ich konnte ihn nicht halten, Herr.« Kasaya sah niedergeschmettert aus. »Ich konnte es nicht, ich schwöre. Er ist so schlüpfrig wie ein Aal.«

Bak nahm einen langen, tiefen Atemzug, um seinem Zorn und seiner Enttäuschung Herr zu werden. Er hatte ihn ja ebenfalls entkommen lassen. »Wo steckt der vierte Mann, den ich dir geschickt habe?«

»Wir haben ihn in dem Warenlager zurückgelassen, wo der Junge sich versteckt hat.« Kasaya deutete auf die Mitte der fünf miteinander verbundenen Lagerhäuser, vielleicht fünfzig Schritt entfernt. »Ich befahl ihm, auf seine Sachen aufzupassen.«

»Der Junge wird dort nicht wieder hingehen.« Bak starrte finster zum Markt hinüber. Die bevorstehende Suche war nahezu hoffnungslos. »Teilen wir uns auf.«

Mit Bak in der Mitte betraten sie das Gedränge. Die Gänge waren vollgestopft mit Männern, Frauen und Kindern aus allen Schichten und Berufen, mit Menschen, die am Bauch der Steine lebten und anderen, die von weither gekommen waren, um den Herrn Amun zu sehen. Die einen feilschten über Preise. Die anderen wanderten von Stand zu Stand, drückten Früchte und Gemüse, schüttelten Krüge, beförderten das Unterste der Körbe nach oben, um das perfekte Stück zu finden – oder etwas Verfaultes. Ein paar suchten die Waren nach Sonderangeboten ab oder betrachteten sehnsüchtig Dinge, die für ihre mageren Verhältnisse unerschwinglich waren.

Hitze und eine Vielfalt von Gerüchen hingen über den Lebensmittelständen, Schmiedeöfen und Menschenmassen. Schreie und Gelächter erhoben sich über das allgemeine Gemurmel. Bak bekam von hinten einen Schubs, schulterte einen Mann zur Seite und wurde selbst aus dem Weg gefegt. Er stieß mit dem Zeh gegen einen Ziegel, der die Ecke eines Leintuches beschwerte, und stolperte in einen Esel hinein, der den Kopf herumwandte und nach ihm schnappte. Schweiß troff ihm den Rücken und die Brust hinab. Sein Gesicht war von Zorn und Enttäuschung umwölkt und hielt alle, denen er auf die Zehen trat, davon ab, scharfe Kommentare abzulassen.

Ein Kreischen. Das helle, entsetzte, fassungslose Kreischen einer Frau. Der ganze Markt verstummte, als warteten die Leute auf den nächsten Schrei. Das nachfolgende, neugierige Raunen schwoll zu einem Mißklang der Spekulation und der Angst an.

Bak rannte in die Richtung, aus der das Kreischen gekommen war, und schubste die Leute aus dem Weg. Er trug seinen Amtsstab nur selten, nun aber bedauerte er, ihn in Buhen gelassen zu haben. Die Frau dort vorn brach in Schluchzen aus, und er hastete auf sein Ziel zu, einen Ring von Leuten, die sich bereits um das Unglück eines anderen zu sammeln begannen. Er durchbrach den Ring und blieb wie angewurzelt stehen. »Nein!« entfuhr es ihm. »Nein!«

Mutnefer, die Tochter des Schmiedes, war auf den Knien, beugte sich über den kleinen, dunkelhäutigen Jungen. Ihr Körper bebte unter den Schluchzern, die aus ihrem tiefsten Innern drangen. Der Junge lag auf der Seite im Staub, inmitten eines Dutzends hinuntergefallener Amphoren und einer Pfütze Blut. Die knochigen Arme und Beine weit von sich gestreckt, Augen und Mund aufgerissen, im Tode ebenso erschreckt wie im Leben. Ein letzter Tropfen Blut hing am unteren Ende des langen, tiefen Schlitzes in seiner Kehle.

»Truppenführer Huy ist bei der Leiche geblieben, wie du gebeten hast, Herr. Er hat dafür gesorgt, daß die Menge sich zerstreut.«

Kasaya starrte verbissen geradeaus, unfähig, seinem Blick zu begegnen. Auch das Lager aus Stroh konnte er nicht ansehen, das hinter einem Regal von Wasserkrügen, Kohlenpfannen und Schalen in einer Hinterecke des Lagerhauses versteckt war, beleuchtet von einer Fackel oben an der Wand. Das Bettzeug war schmutzig und fleckig, eine ungespülte Schale hatte Ameisen angezogen. Eine größere Schale war mit Kinderschätzen angefüllt: einem Krokodil und einem Hund aus Holz, einem Ball, einem Boot, einem Messer samt Scheide, das einmal Puemre gehört haben mußte, und einer kleinen elfenbeinernen Schreibtafel mit Tinte und Stiften.

Bak, der neben dem behelfsmäßigen Bett kniete, konnte die Dinge selbst kaum ansehen. Er fühlte sich ebenso schuldig wie Kasaya und die Speerträger. Hätten sie das Kind nicht aufgespürt, so wäre es seinem Mörder vielleicht nie in die Arme gelaufen. »Und die anderen?«

»Sie waren allesamt auf dem Markt, Herr.«

»Allesamt?« fragte Bak ungläubig.

»Ja, Herr.« Kasaya schluckte schwer. »Kurz nachdem du weg warst, kam Kommandant Woser nachsehen, was die Aufregung zu bedeuten hatte, zusammen mit seiner Tochter, Herrin Aset. Sie hat begriffen, daß der Schock Wehen auslösen könnte, und Mutnefer gleich weggeführt. Dann kamen die Leutnants Nebseny und Senu und Inyotef herbeigeeilt, jeder aus einer anderen Richtung.«

Bak rieb sich die Augen, als wollte er die dort lagernden Bilder hinwegwischen. Nicht einer war Zeuge des Mordes gewesen oder hatte den Jungen auch nur bemerkt, nicht einmal Mutnefer, bis er sie hinten am Kleid gepackt hatte, weil seine Beine unter ihm nachgaben.

Bak stand auf, klopfte Kasaya auf die Schulter und schenkte ihm ein mattes Lächeln. »Hol mir einen Korb und dann sag Nebwas Männern, sie sollen Paschenuro auf der Inselfestung Bericht erstatten. Wir bringen die Habseligkeiten des Jungen zu Mutnefer. Ihre Geschwister werden das Spielzeug mögen, und den Rest kann sie zur Erinnerung behalten.«

Nachdem Kasaya fortgeeilt war, säuberte Bak die Schale mit einer Handvoll Stroh von den Ameisen, schüttelte das Bettzeug aus und faltete es sorgfältig und tat alles zusammen mit den anderen Dingen in den Korb. Jedes einzelne Stück versetzte seinem Herzen einen Stich, vertiefte seine Entschlossenheit, Puemres Mörder zu fassen, diesen Mann, der so tief gesunken war, daß er ein hilfloses Kind abstach. Innerlich kochend sah er sich um, um sicherzugehen, daß er alles hatte, und um nach ... was zu suchen? Nach einer Tonscherbe mit einer Skizze auf der Oberfläche? Er stocherte im Stroh herum, fand nichts.

Er richtete sich wieder auf und studierte die Ecke, in der das Bett gewesen war, die Töpferwaren drumherum. In Armeslänge vom Lager des Jungen lag neben einem Stapel Schalen ein breithalsiger Wasserkrug, der eigentlich bei den anderen Krügen hätte stehen müssen. Bak hob ihn auf. Etwas klapperte darin.

Ein Stoßgebet an den Herrn Amun schickend, stellte Bak den Krug auf den Kopf. Vier Scherben fielen heraus, jede mit groben Skizzen bedeckt, manchmal drei oder vier Bilder übereinander, so daß sie schwer auseinanderzuhalten waren. Ein Bild, das sich deutlicher abzeichnete, stellte zwei Männer aus Kemet dar; der eine stieß dem anderen eine Waffe in den Schlund, darunter eine gewellte Linie, Wasser. Die Figuren ähnelten denen auf der Skizze, die er in Puemres Haus gefunden hatte, so sehr, daß sie beide von der gleichen Hand stammen mußten.

Der Junge mußte die Bilder gemalt haben, nicht Puemre. Was gab es für eine bessere Möglichkeit, sich zu verständigen, wenn man weder sprechen noch hören konnte? Hatte er die Skizzen nur für seinen Herrn gemacht? Oder hatte er vorgehabt, sie jemand anders zu geben, Mutnefer vielleicht, als eine Warnung? Die Wahrheit würde nie herauskommen, aber Bak gefiel die letztere Vorstellung besser.

12. Kapitel

»Soweit also meine Geschichte.« Bak wischte die letzten Reste geschmorter Ente aus der Schale und stopfte sich die Brotkrume in den Mund. »Alles, was ich hier erlebt und getan habe, von meiner Ankunft vor drei Tagen bis vorhin, als ich diese Skizzen im Versteck des Jungen fand.« Er nickte zu den vier Tonscherben, die neben ihm auf der festgestampften Erde lagen.

Kenamon, der im Schneidersitz inmitten eines Durcheinanders von Leinen- und Papyruspäckchen, kleinen Krügen und Schalen saß, sah von der gräulichen Quartzschale in seinem Schoß auf. »Kommandant Woser hat einiges zu erklären.«

»So ist es. Aber ist er des Mordes schuldig und des geplanten Attentates auf einen König? Oder hält er bloß eine Privatangelegenheit geheim?«

Sie saßen im Hof des geräumigen Hauses, das der alte Priester für sich und seine Mitarbeiter angemietet hatte. Neben dem Haus der Hathor gelegen, in dem der Herr Amun weilte, bot es angenehme und geziemende Unterkunft für den Sohn Amun-Psaros und die ihn betreuenden Priester-Ärzte. Auf der einen Hälfte des Hofes war ein Pavillon errichtet worden, um den Bewohnern Schutz vor der Sonne zu bieten. Im Schatten einer Mauer lehnten sieben Wasseramphoren, der einzige Hinweis auf die Familie, von der das Haus sonst bewohnt wurde.

Kenamon band die Ecken eines Leinenpäckchens auf

und schüttelte eine Handvoll kleiner, spitzer Blätter heraus, die blaßgrün und staubtrocken waren. Er tat sie in die Schale, machte den Knoten wieder zu und legte das Päckchen zur Seite. »Ich könnte mit ihm sprechen, wenn du es wünschst, und ihn an seine Pflichten den Göttern und unserer Herrscherin Maatkare Hatschepsut gegenüber erinnern.«

»Ich möchte dir jetzt noch keine Mühen bereiten.« Sonst hätte Bak darüber gelächelt, daß Kenamon bei jeder sich bietenden Gelegenheit die Namen so mächtiger Menschen und Götter im Munde führte, aber der Tod des kleinen Ramose hatte ihn zu sehr erschüttert. »Ich halte es für verfrüht aufzudecken, daß ich von einem möglichen Anschlag auf das Leben Amun-Psaros weiß. Wenn ich bis morgen nicht mehr herausbekommen habe, hole ich dich ab, sobald du die Morgenwaschungen für den Herrn Amun abgehalten hast.«

Imsiba kam durch die Tür geeilt. »Mein Freund! Du hast nach mir geschickt!«

Bak wußte nicht, wie er die Nachricht hätte abmildern können. »Wir haben das taubstumme Kind gefunden, Imsiba, und nun ist es tot.«

Der große Medja murmelte etwas in seiner Muttersprache. Der grimmige Ausdruck auf seinem Gesicht ließ über die Bedeutung keinen Zweifel. »Wie ist das passiert?«

Bak erzählte es ihm. Während er sprach, zerstieß der gebrechliche alte Priester die Blätter mit einem hölzernen Stößel, und ein scharfer Geruch begann alle anderen zu überdecken. Kenamon fügte mehrere schwarze Samen hinzu, die wie Mohn aussahen, und streute eine Prise Kupferspat darüber. Er zerstieß die Substanzen weiter, kräuselte die Nase, nieste.

Nachdem Bak seine Geschichte beendet hatte, mußte er Imsiba mit der Beteuerung besänftigen, daß Kasaya keine gröberen Fehler gemacht hatte als alle anderen. »Wenn du schon jemandem einen Vorwurf machen willst, dann mir. Ich fand es wichtiger, den Jungen aufzutreiben als unsere Suche geheimzuhalten. Nun haben wir dank meiner Hast nur ein totes Kind und ein paar ineinandergemalte Skizzen vorzuweisen.«

Imsiba bückte sich über die Scherben. »Diese hier?« fragte er und hob sie auf, um eine nach der anderen zu studieren.

Bak nickte. »Ich wollte sie hier bei Kenamon lassen. Meine Unterkunft ist wie eine Frau in einem Freudenhaus: offen für alle, die hineinwollen.«

Imsiba streckte die Scherbe vor, auf der ein Mann den anderen beim Wasser erstach. »Du hattest recht, mein Freund. Der Junge hat den Mord an Leutnant Puemre mitangesehen.«

Und dieses Wissen hat ihn umgebracht, dachte Bak bitter. »Die anderen lassen sich nicht so einfach deuten.« Er hob ein Bruchstück auf und studierte die Vielzahl von Bildern, versuchte, hinter ihren Sinn zu kommen. »Ich dachte, zu dritt könnten wir wenigstens ein paar Kritzeleien voneinander unterscheiden.«

»Zuerst laßt mich diesen Brei fertigstellen.« Kenamon öffnete einen kleinen Krug und goß Honig über die Mixtur, fügte drei rötliche Tropfen aus einer gläsernen Phiole hinzu und genug Bier, um eine dünne Paste zu erhalten. Während er sie glattstrich, erklärte er: »Der Schreiber, von dem wir dieses Haus gemietet haben, hat einen Abszeß am Hals. Ich werde ihn öffnen und anschließend einen Breiumschlag auflegen.«

»Da haben wir ein leeres Boot.« Imsiba starrte auf die Scherbe in seiner Hand. »Und hier tritt ein Soldat auf dem Schlachtfeld gegen den Feind an. Nein. Sieht eher so aus, als ob er marschiert.«

»Auf der hier ist ebenfalls ein Boot, aber ein bemanntes«, sagte Bak. »Es hat kein Segel, also ist es entweder irgendwo vertäut oder es fährt flußab.«

Kenamon bedeckte die Quartzschale mit einem Tuch und verknotete es. Dann stellte er die Medizin zur Seite und hob die letzten beiden Scherben auf. Diejenige, auf der Puemres Tod dargestellt war, legte er gleich wieder zurück.

»Das hier könnte eine Armee sein.« Bak hielt Imsiba die Scherbe vor die Augen. »Siehst du die vielen Profile dieses Mannes?«

Der Medja nickte und studierte die Skizze. »Männer, die Seite an Seite marschieren. Ja, eine Armee. Aber wessen? Hast du den Kopfschmuck bemerkt?«

»Das ist kein Kopfschmuck, das sind Haare.«

»Konnte der Knabe denn kein besserer Künstler sein?« grollte Imsiba.

Der ältliche Priester drehte seine Scherbe um eine Vierteldrehung herum, sah sie sich näher an und kicherte. »Seine Figuren sind weder geschickt ausgeführt noch schön, aber er hat Talent. Ich weiß ganz genau, was er uns hiermit sagen wollte.« Er hielt ihnen die Skizze hin, ein wirres Gemenge von Geraden und Kurven, und fuhr mit dem Finger die Umrisse entlang, die er erkannt hatte: ein ungeschickt gezeichneter Mann, der eine Krone trug und in lüsterner Umarmung mit einer Frau lag.

»Der Mann ähnelt dem auf der Scherbe in Puemres Haus«, sagte Bak zufrieden. »Dort war ebenfalls ein Mann mit einer Krone abgebildet. Ich dachte gleich, daß Amun-Psaro damit gemeint war, und das tue ich auch jetzt.«

»Die Frau trägt den breiten Brustschmuck einer Frau aus Kemet«, sagte Kenamon.

Bak haßte es, den alten Mann enttäuschen zu müssen, aber ... »Onkel, diese Halsketten gibt es nicht mehr nur in Kemet. Erst letzten Monat habe ich einen Händler auf dem Weg nach Kusch getroffen, mit einer Truhe voller Perlenschmuck, darunter auch Halsketten.«

»Wie alt soll der Junge gewesen sein?« beharrte Kenamon. »Nur sechs oder sieben Jahre, hast du gesagt. Zu jung, möchte ich meinen, um dieses Bild zu schaffen, ohne vorher einen Mann und eine Frau beieinander gesehen zu haben.«

»Amun-Psaro hat er jedenfalls nicht gesehen«, sagte Bak

hartnäckig. »Der König hat seit ich weiß nicht wann keinen Fuß mehr nach Kemet oder Wawat gesetzt.«

»Mutnefer bringt doch gerade Puemres Kind zur Welt«, erinnerte Imsiba sie. »Wo war der Junge, als sie beieinanderlagen? Nicht weit weg, glaube ich.«

Kenamon hob die Hände und lächelte ergeben. »Ich gebe zu, meine Lösung nicht genug durchdacht zu haben. Aber ich glaube, daß der Knabe zu jung und unschuldig war, um einer Lüge Gestalt zu verleihen. Er muß gesehen haben, wie ein Mann mit einer Krone bei einer Frau lag, entweder mit eigenen Augen oder durch die von jemand anderem.«

»Puemre konnte sich mit ihm verständigen«, sagte Imsiba.

»Nebwa zufolge ...« Bak stand auf, um den Hof zu durchqueren, und ließ seinen Gedanken freien Lauf. »Als der kuschitische König vom Tode Akheperkahre Thutmosis' erfuhr, stachelte er die Völker in Südwawat zum Aufstand an. Vielleicht hat in der Gegend auch eine Frau aus Kemet gelebt, vielleicht die Mutter oder Schwester oder Tochter oder Geliebte eines der Offiziere, die nun hier in Iken stationiert sind, und sie wurde von den Rebellen nach Kusch verschleppt, als Geschenk für den König – oder einen jugendlichen Prinzen auf der Schwelle zur Mannbarkeit.«

Imsiba nickte. »Hat das Mädchen Mutnefer nicht gesagt, daß der Leutnant von Rache sprach?«

»Kurz bevor er starb.« Bak durchmaß den Hof erneut, schwang herum, machte sich ein drittes Mal auf den Weg. »Wir wissen, warum Puemre ermordet wurde: um ihn zum Schweigen zu bringen. Und wenn diese Skizze ein ernstzunehmender Hinweis ist, dann wissen wir – oder glauben zu wissen – warum jemand Amun-Psaro ermorden will: um den Tod oder die Schändung oder sonst eine Gewalttat gegenüber einer Verwandten oder Geliebten zu rächen.«

»Siebenundzwanzig Jahre sind eine lange Zeit, um einen Groll zu hegen«, machte Imsiba ihn aufmerksam, »besonders wegen einer Sache, die im Krieg passiert ist, und wenn sie noch so schändlich war.«

»Ziemlich weit hergeholt, das stimmt.« Bak runzelte die Stirn. Seine Theorie vermochte ihn selbst nicht zu überzeugen. »Um so mehr, wo mich Woser und seine Leute so mit Unwissenheit blenden. Rache ist etwas Persönliches, ein Mann gegen den anderen, und kein Gemeinschaftswerk.«

Bak fand Kasaya auf dem Dach, zusammen mit vier der Medjaju, die den Herrn Amun flußauf begleitet hatten. Sie saßen in einem Schattenstreifen der Festungsmauer und teilten geschmorte Ente, Linsen mit Zwiebeln und eine Melone miteinander. Da ihre Verpflegung üblicherweise weitaus weniger üppig war, blühten sie während ihrer vorübergehenden Abordnung regelrecht auf. Bak nahm einen Schnitz der süßen, grünlichen Melone entgegen und hockte sich zu ihnen, um zu warten, bis das fette Federvieh verzehrt war.

Nachdem das Quartett die Treppe hinuntermarschiert war, gingen Bak und der junge Medja quer über das Dach zur Vorderseite des Hauses, von wo aus sie auf die breite Nord-Süd-Straße hinunterschauen konnten, die die beiden gewaltigen, turmbewehrten Festungstore miteinander verband. In einem schattigen Torweg schlief ein glänzend gelbfarbener Hund. In einer staubigen Gasse, die zu weit entfernt war, als daß man es noch hören konnte, spielte ein Kind von zwei oder drei Jahren. Über den Dächern waberte Hitze. Die Gerüche von brennender Holzkohle, Speiseöl und Dung wurden von einem Wind herangetragen, der zu sanft war, um den Schweiß zu trocknen, der ihre Körper hinunterrann.

»Ich brauche eine Waffe, Kasaya, etwas, mit dem ich Wosers Mauer des Schweigens durchbrechen kann.«

Der hünenhafte junge Medja runzelte verwirrt die Stirn. »Du willst mit dem Dolch in der Hand zum Garnisonskommandanten gehen?«

»Du verstehst mich falsch«, lächelte Bak. »In diesem Fall

spreche ich vom Wissen als einer Waffe. Je mehr ich über Woser weiß, desto besser bin ich bewaffnet, wenn ich die Wahrheit aus ihm herauspressen gehe.«

Kasaya ging ein Licht auf. »Ach so! Informationen!«

Bak unterdrückte ein Lächeln und sah sich den jungen Medja an. Groß, breite Schultern, schmale Hüften, ein ansehnliches und dennoch unschuldiges Gesicht. »Ich wüßte nicht, wer mir dabei besser helfen kann als du.«

»Du hältst so viel auf mich, nachdem ...« Unglücklich starrte Kasaya auf seine großen, nackten Füße. »... nachdem ich den Jungen habe sterben lassen?«

Bak legte ihm eine Hand auf die Schulter. »Wir haben beide heute morgen versagt, du und ich, und wir können das nie wieder gutmachen. Aber wir wollen doch nicht, daß sein Tod ungesühnt bleibt. Wir wollen seinen Mörder fassen.«

Kasaya reckte das Kinn und drückte das Kreuz durch. »Wie kann ich dir behilflich sein, Herr?«

»Ich habe keine Ahnung, wieviele Diener im Palast des Kommandanten arbeiten. Wie ich die Herrin Aset erlebt habe, glaube ich nicht, daß sie auch nur einen Handschlag im Haushalt tut, also dürften es eine ganze Menge sein. Diener laufen überall umher, sie sehen und hören viel und sagen wenig.«

Vor dem Nordtor schrie ein Esel vor Angst oder Schmerzen auf. Bak und Kasaya sahen hinüber. Ein Mann zeterte, Hufe trampelten auf festgetretenen Boden, und dann kam der Esel durch das Tor gestürmt, und die Körbe auf seinem Rücken hüpften im Rhythmus der trabenden Hufe. Ein wohlbeleibter Mann in einem knielangen Schurz kam hinterhergerannt, verfolgte ihn mit erhobenem Stock bis ganz zum Südtor hinab, wo sich ihnen eine Wache in den Weg stellte und den Esel beim Halfter schnappte.

Das Paar auf dem Dach konnte sich seines Lachens nicht erwehren. Bak war froh über die Unverwüstlichkeit des jungen Medja – und, was das betraf, auch über seine eigene. Selbst wenn er von Schuldgefühlen geplagt wurde, brachte Kasaya noch genug Munterkeit auf, um durchzustehen, was getan werden mußte.

»Geh zum Palast des Kommandanten.« Bak sah über die Dächer zu Wosers Residenz. »Sei nett. Besonders zu den Frauen: zu denen, die älter sind und mütterlich, und zu denen in deinem Alter. Stell keine Fragen. Wenn du meinst, daß es hilft, dann sag, daß ich dich wegen einer Kleinigkeit deiner Pflichten enthoben habe. Wenn du ihnen so etwas anvertraust, bringt dir das vielleicht ihr Mitgefühl ein, und sie vertrauen dir auch etwas an, etwas, das sie in Wosers Haus gesehen und gehört haben.«

Kasaya dachte über den Auftrag nach, und ein Lächeln fegte ihm den Ernst aus dem Gesicht. »Als ich dich kommen sah, hatte ich Angst, bestraft zu werden. Statt dessen bekomme ich anscheinend eine Belohnung.«

»Sie haben ihn alle gehaßt«, sagte Minnakht.

Puemres Feldwebel, ein großer, schwerer Mann in den späten Zwanzigern mit einer krummen Nase und einer häßlichen Narbe auf dem Schenkel, stand neben Bak, die Hände auf den Hüften, die Beine weit gespreizt, und sah seinen Männern zu, wie sie Ziegel aus der teilweise zerfallenen Wand eines alten Lagerhauses schnitten. Nicht auch nur einer von ihnen schien mit dieser geringen Arbeit zufrieden zu sein.

»Es gefällt mir nicht zu glauben, daß sie ihn beneidet haben«, fuhr er fort. »Ich respektiere jeden von ihnen. Aber was soll ich sonst glauben? Oh, ich weiß, daß Leutnant Puemre einem manchmal auf die Zehen trat, aber er ist als Adeliger aufgewachsen. Sind die nicht alle so?«

»Mein Umgang mit dem Adel hat sich in Grenzen gehalten«, sagte Bak und ließ seine Stimme neutral und kritiklos klingen.

Minnakht bedachte ihn mit einem kurzen, amüsierten Blick. »Ich habe gehört, man hätte dich nach Buhen versetzt, weil deine Faust Umgang mit einem adeligen Kinn hatte. Oder war's eine Nase?«

Bak war immer wieder verblüfft, wie sich unnützes Wissen über die ganze Südgrenze verbreitete. Als Polizeioffizier hielt er es für das beste, dieses besondere Thema eines natürlichen Todes sterben zu lassen, indem er ihm keine Aufmerksamkeit schenkte. »Wie ich sehe, kommen mehr als die Hälfte der Ziegel kaputt herunter. Ist das schon die ganze Zeit der Fall?«

Der Feldwebel hörte auf zu lächeln. »Der Lehm ist seit Jahren nicht mehr befeuchtet worden, und das Stroh, mit dem er gebunden wurde, ist längst verrottet. Komm, ich zeig's dir.« Er ging zu einem Haufen Ziegel, die so sehr zerbrochen waren, daß sie eher wie Erdschollen in einem frisch gepflügten Feld aussahen. Er hob einen Brocken auf und zerrieb den dunkelbraunen Lehm zwischen den Fingern zu Staub. »Siehst du?«

Baks Stimme wurde fest, wie die eines Offiziers, der zu einem Untergebenen sprach. »Habt ihr es schon mit anderen Mauern in den anderen Stadtteilen versucht?«

Der unerwartete Befehlston ließ den Feldwebel erstarren. »Nein, Herr, aber ich bezweifle ...«

»Dann tut das. Die Gebäude können nicht alle zu gleichen Zeit erbaut worden sein, und es gab bestimmt auch mehr als einen Ziegelmacher oder Maurer. Der Binder dürfte unterschiedlich sein, die Konsistenz, die Art der Trocknung. Je nach Standort müßten die Ziegel auch unterschiedlich verwittert sein.«

Minnakht kniff nachdenklich die Augen zusammen, dann machte er ein zustimmendes Gesicht. Ohne ein weiteres Wort wählte er fünf Männer aus und schickte sie zu verschiedenen Ruinen.

Bak sah zu, wie langsam und gewissenhaft ein Mann in der Nähe einen Ziegel aus der Wand löste. »Sag ihnen, sie sollen aus diesen armseligen Wänden größere Blöcke auf einmal schneiden. Die Inselfestung hat nicht nur kleine, sondern auch etliche große Löcher.«

»Ja, Herr.« Der Feldwebel ging durch das verfallene Gebäude und erteilte die neuen Anweisungen. Als er wieder zurück war, sah sein Trupp schon besser gelaunt aus und er schon etwas einverstandener mit diesem neuen und unerprobten Offizier, dem sie da unterstellt worden waren.

Zufrieden mit der vorsichtigen Akzeptanz ließ Bak seine Stimme wieder normal klingen. »Ich habe gehört, daß Puemre für kurze Zeit in meinem alten Regiment gedient hat, dem Regiment von Amun. Warum ist er so schnell nach Wawat gewechselt?«

»Die Offiziere dort waren ihm zufolge junge Männer, die fest in ihren Positionen saßen und einem Neuankömmling wenig Chancen ließen. Er glaubte, daß er an der Grenze schneller aufsteigen konnte.«

»Also kam er nach Iken, wo alle Offiziere ältere Männer sind, die fest in ihren Positionen sitzen.«

Minnakht starrte stur geradeaus, und seine Stimme nahm einen defensiven Ton an. »Wenn die Wahrheit herausgekommen wäre, hätten sich die Offiziere dort wahrscheinlich ebenso von ihm abgewandt, wie sie es hier getan haben.«

Ja, dachte Bak; wie die meisten integren und mutigen Männer hatten sie für einen Mann nichts übrig, der sich für etwas Besseres hielt. »Du sollst gut mit ihm ausgekommen sein.«

»Er war nicht gerade leicht zufriedenzustellen, aber er war ein guter Offizier – der beste, den ich je kannte.« Der Feldwebel wandte sich ab, damit Bak ihm nicht ins Gesicht sehen konnte, und seine Kehle wurde rauh. »Brauchte irgendwer von uns Hilfe, er war zur Stelle, mit seiner Zeit und seinem Vermögen. Zogen wir in den Kampf, er war in der ersten Reihe, und er war der Tapferste. Sobald er erst einmal mit den Umständen an der Grenze vertraut geworden war, hat er nicht ein Scharmützel geplant, das fehlging.«

Bak war über das tiefe Empfinden Minnakhts verblüfft, der Mann schien eher um einen Freund als um einen Offizier zu trauern. »Was ist mit Herrin Mutnefer? Hat er dir von ihr erzählt?«

»Oft. Eine freundliche und sanfte Frau nannte er sie, seine Liebe bis in alle Ewigkeit. Er wollte sie mit zurück nach Kemet nehmen.« Minnakht liefen die Augen über. Mit einer verärgerten Grimasse wischte er die Tränen fort. »Er wollte sie zu seiner Frau machen.«

Bak sah ihn scharf an. »Zu seiner Frau? Mir hat sie gesagt, zu seiner Konkubine.«

»Er hat mir mehrmals gesagt, daß er sich mit seinem Vater darüber auseinandersetzen wollte, aber ihr hat er das nie erzählt. Er hatte sie damit überraschen wollen.«

Bak hatte selten eine so traurige Geschichte gehört. Kein Wunder, daß Minnakht so mitgenommen war. »Sie soll es besser nie erfahren. Ihr Leben ist mühselig und ärmlich genug. Zu wissen, was hätte werden können, würde es nur doppelt so hart machen.«

»Von mir erfährt sie das nie, dessen kannst du dir sicher sein.« Minnakht sah Bak an, als suchte er nach seiner Zustimmung. »Ich möchte sie mir zur Frau nehmen, falls sie mich haben will.«

»Mutnefer?« fragte Bak, erschrocken über das Geständnis.

»Meine Frau ist vor zwei Jahren während der Geburt verstorben. Seit ihrem Tod habe ich kein großes Bedürfnis nach Heim und Familie verspürt, aber jetzt ist die Zeit gekommen. Ich möchte Mutnefer, und ich würde das Kind gern als mein eigenes annehmen.«

»Weißt du genau, daß Minnakht in den Baracken war, als Puemre ermordet wurde?« fragte Bak.

»Ja, Herr.« Paschenuros Blick war auf die Reihe Männer gerichtet, die alte, trockene Ziegel den Pfad vom Lastboot zur Inselfestung hinaufschleppten. »Er hat dort die Nacht verbracht, wie immer.«

Sie standen am Tor und schauten zu, wie die Männer mit ameisengleicher Geduld und Zielstrebigkeit zu Werke gingen. Die Sonne sank auf den westlichen Horizont zu, die Schatten wurden länger, der Nordwind trug die starke Hitze des Tages fort. Über dem Tosen der Stromschnellen erklang das scharfe Gezwitscher eines Sperlings. Der Ziegelhaufen an Deck schrumpfte rasch. Die Besatzung füllte ihre Fracht in die Körbe, die an den Schultertragen der Fußsoldaten hingen. Die wiederum stapften den steilen Pfad hinauf, die ungewohnte Last vorsichtig balancierend, und luden die Ziegel am Fuß der Mauern ab, wo sie zu dem Gerüst oder den Rampen hinaufgehoben wurden, von denen aus der Wall geflickt wurde.

»Würden seine Leute für ihn lügen?« fragte Bak.

»Es waren auch noch andere da, Durchreisende, die nichts davon hätten: elf Wachsoldaten, die eine Karawane mit seltenen Hölzern für das Königshaus nach Norden begleiteten und drei Speerträger auf dem Weg den Fluß hinauf, um in Semna ihren Dienst anzutreten.«

»Mir leuchtet ein, daß er Mutnefer zu seiner Frau machen will«, gab Bak zu, »aber als er es mir gestand, war ich wegen des naheliegenden Schlusses ernsthaft besorgt. Würde ich davon ausgehen, daß Puemre das Opfer eines ganz gewöhnlichen Mordes war, hätte ich ihn auf der Stelle festgenommen.«

»Ich kann ihn gut leiden.« Paschenuros Blick war auf ein zweites Lastboot gerichtet, das um das Ende der langen Insel kam, ein zuvor ungenutztes Boot, das Minnakht aufgetrieben hatte, nachdem seine Männer mehrere reiche Ziegelquellen entdeckt hatten. »Leutnant Puemre konnte froh sein, ihn in seiner Einheit zu haben.«

»Paschenuro!« Ein Maurer hoch oben auf einem Gerüst, winkend.

Bak konnte sehen, daß seine Anwesenheit eine zusätzliche Last darstellte, die der Medja nicht gebrauchen konnte. »Bis zum Einbruch der Nacht hast du viel um die Ohren, also laß dich nicht aufhalten. Ich kann die Reparaturarbeiten auch überprüfen, ohne dich mitzuschleppen.«

Bak war mehr als zufrieden mit dem, was getan war. Die Reparaturen am langen Ostwall, den die natürliche und menschliche Erosion am meisten mitgenommen hatte, waren abgeschlossen. Der frische Mörtel, der die Flicken zusammenhielt, ließ sich nicht verdecken, aber die Mauer war vollständig und bis auf die beschädigten Vorwälle, die von innen nicht zu sehen waren, ohne jedes Anzeichen der Vernachlässigung. Er ging zum wesentlich kürzeren Nordwall und dem klaffenden Loch in der Westecke hinüber, wo die meisten Männer beschäftigt waren. Paschenuro hatte versprochen, daß der gesamte Abschnitt in Ordnung kam, bevor es dunkel war.

»Diese Männer verdienen eine Belohnung.«

Bak fuhr herum, mehr über den Widerhall seiner eigenen Gedanken erschrocken als darüber, daß da plötzlich jemand hinter ihm war. »Senu! Was führt dich auf diesen Außenposten?«

Der kleine, gedrungene Leutnant sah zu, wie ein Korb Ziegel zu den beschädigten Wehranlagen hinaufgezogen wurde. »Ich stieß auf Feldwebel Minnakht und seine Leute, die gerade einen Block alter Häuser niederrissen und sie Ziegel um Ziegel aus Iken fortschafften. Ich wollte mit eigenen Augen sehen, wohin das ganze Zeug verschwindet.«

Was hat ein Wachoffizier hier draußen zu suchen, fragte Bak sich, besonders wenn es schon so spät ist und er bald die Männer zu inspizieren hat, die für die Nachtwache eingeteilt sind? Gewiß, Senu hat die meisten Männer hier kommandiert, bevor die Einheit Puemre unterstellt worden ist; aber dann kommt er immer noch viel zu spät. »Ein paar Häuser lassen wir stehen«, grinste er. »Die, die vollständig bewohnt sind.«

Senu lachte. »Nicht weit von meiner Unterkunft liegt ein Lagerhaus, das ihr gern abreißen könnt. Früher ist es mal ein Kornspeicher gewesen, aber heute lagern dort bloß noch Ratten.«

»Wenn du es ernsthaft abgerissen haben willst, dann sprich mit Minnakht.«

»Mach ich. Das Ungeziefer ist überall.« Senu betrachtete den Ostwall mit übertriebenem Interesse. »Wie kommt deine Suche nach Puemres Mörder voran?«

Ein Fischzug, dachte Bak; warum überrascht mich das nicht? »Heute habe ich auf eine falsche Fährte gesetzt und einen größeren Rückschlag erlitten, aber ich bin zuversichtlich, den Schuldigen demnächst gefaßt zu haben.«

Falls Senu bemerkte, wie inhaltslos diese Worte waren, so zeigte er es jedenfalls nicht. »Inzwischen soll es noch einen anderen Toten gegeben haben. Ein unschuldiges Kind. Ob es wohl derselbe Täter gewesen ist?«

»Ich hatte keine Zeit, die Fäden miteinander zu verknüpfen, aber sollte es bloß ein Zufall sein, daß der Junge so kurz nach seinem Herrn starb?« Ohne Senu Gelegenheit zur Antwort zu geben, ergriff Bak seinen Arm und zog ihn an der fertigen Mauer entlang. »Komm, ich zeig dir, was wir hier tun.«

Im Gehen zeigte er auf diverse Reparaturen, dann sagte er: »Man hat mir erzählt, daß du einmal mit unserer Armee in Kusch gekämpft und dir das Tapferkeitsgold verdient hast.«

»Das ist lange her, siebenundzwanzig Jahre.« Senus Gesicht umwölkte sich. »Ich war noch grün hinter den Ohren und eher tollkühn als mutig. Ich tat, was ich tun mußte, um am Leben zu bleiben, und der König gab mir eine goldene Fliege dafür.«

Bak starrte den Offizier an, die Geringschätzung in seiner Stimme war überraschend. »Freut dich die Auszeichnung denn gar nicht?«

»Freuen?« Senus Lachen war hart und bitter. »Ich trage die Fliege nur, wenn es sein muß. Nur zu den förmlichsten Anlässen.«

Senu hatte tiefe Wunden, begriff Bak, tief in seinem Herzen. Was war geschehen? Genug, um ein Attentat auf Amun-Psaro zu planen? »Du hast gegen Amun-Psaros Vater gekämpft?«

»Gekämpft?« bellte Senu. »Er hat uns in ein Wadi gejagt und zertreten wie Ungeziefer. Nicht einer von vieren hat überlebt.« Er kniff die Lippen zusammen und schüttelte den Zorn, der seine Züge umwölkte, regelrecht ab. »Hat deine Suche nach dem Mörder in irgendeine bestimmte Richtung geführt?«

»Wir engen sie langsam ein.« Bak grüßte den Kapitän des Lastschiffes, der beim Tor ein paar letzte Worte mit Paschenuro wechselte, bevor es nach Iken zurückging. »Was hat euch vor der kuschitischen Armee gerettet?«

»Woser kam mit seiner Einheit.« Senus Schnauben spiegelte die Bitternis seiner Erinnerungen wider. »Er war Leutnant und noch grüner als ich, aber er hatte frische Truppen und den Mut der Herrin Sekhmet. Als der kuschitische König sah, daß er das Opfer seiner eigenen Falle zu werden drohte, zog er sich zurück, und diejenigen von uns, die sich in den Felsen verkrochen hatten, blieben am Leben.«

»Du mußt doch auch etwas richtig gemacht haben, Leutnant. Das Tapferkeitsgold wird nicht einfach so verliehen.«

»In unserer Verzweiflung haben wir etliche Kuschiten niedergemacht.« Senus Lachen war scharf und spröde. »Macht die Anzahl der erschlagenen Feinde den Helden aus? Nein, sondern die Art und Weise, wie er sich dem Feind entgegenstellt.«

Bak nickte, obwohl er Senus so umfassende Ablehnung der goldenen Fliege nicht begriff. Ein Teil der Geschichte fehlte noch, soviel war klar. »Man hat mir erzählt, daß du für viele Jahre in Wawat gedient hast und sogar noch weiter im Süden, im Lande Kusch.«

»Meine Frau stammt aus diesem Teil der Welt, und meine Kinder sind alle hier geboren.« Senu sah zu den zwei Männern am Tor. »Ich sehe den Bauch der Steine als meine Heimat an.«

Der Kapitän winkte Paschenuro zum Abschied und eilte den Pfad zum Ufer hinab.

»Haben dich deine Pflichten je an den Hof Amun-Psaros geführt?«

Senu starrte dem Kapitän hinterher. »Moment!« rief er. »Ich muß gehen!« sagte er zu Bak. »Die Männer, die zur

Abendwache eingeteilt sind, dürften schon auf mich warten.«

Er schwang herum und eilte mit großen Schritten hinaus. Bak folgte ihm bis zum leeren Tor und sah zu, wie er den Pfad zum jeden Moment ablegenden Schiff hinunterhastete. Ein weiteres Versorgungsboot, das letzte für diesen Tag, war ein kurzes Stück flußauf vor Anker gegangen und wartete darauf, den Platz an der Anlegestelle zu bekommen, wo es leichter entladen werden konnte. Bak drehte sich um und ging wieder hinein. Daran, daß Senu die Wachen inspizieren mußte, gab es nichts zu rütteln; aber Bak hatte den Eindruck, daß der hastige Rückzug mit dieser Pflicht nur wenig zu tun hatte.

13. Kapitel

Nach einer abschließenden Unterredung mit Paschenuro wegen zusätzlichen Baustoffen und Rationen beeilte Bak sich hinauszukommen, weil er vor Einbruch der Dunkelheit auf dem Weg sein wollte. Er hatte nicht den Wunsch, diese trügerischen Wasser in der Dämmerung zu befahren, und es in der Nacht zu versuchen, wäre reiner Selbstmord gewesen.

Vor dem Tor blieb er wie angewurzelt stehen. Sein Boot war verschwunden, nicht länger am Pfosten vertäut. Mit einem Fluch auf den Lippen sah er den Fluß hinauf, in der Annahme, jemand hatte es sich geliehen. Das Versorgungsboot umrundete die Südspitze der langen Insel und hielt auf Iken zu. Davon abgesehen war der Kanal leer. Er wirbelte herum, sah den Fluß hinab. Dort war das Boot, vielleicht fünfzig Schritt entfernt, auf dem halben Weg zwischen der Landungsstelle und den tosenden Fällen. Leer schaukelte es auf den Wellen, den Bug flußauf gerichtet, und schlug gegen das Felsenufer. Das Tau hatte sich irgendwo unter der Wasseroberfläche verfangen und hielt das Boot wie ein Anker auf der Stelle, aber bei der starken Strömung war es nur eine Frage der Zeit, bis es sich wieder losriß.

Bak fluchte knurrend und rannte den Pfad hinab. Wie konnte das verdammte Boot sich selbständig gemacht haben? Er brach durch das spärliche Gestrüpp am Ufer, folgte einer Reihe von Bäumen nordwärts, die mit den Wurzeln schon im steigenden Wasser standen, und riskierte auf dem rauhen, steinigen Boden einen Knöchel. Empört schoß ein Sperling von Zweig zu Zweig, aber sein Geschimpfe wurde vom Donnern der Stromschnellen verschluckt. Auf der Höhe des kleinen Bootes spritzte Bak knöcheltief ins Wasser, ohne an mögliche Gefahren wie scharfe Steine oder alte, ausrangierte Speerspitzen zu denken. Als er nach dem Rumpf griff, schwang das Heck fort, wurde von einer Laune der Strömung außer Reichweite gezogen. Oder von den abscheulichen Göttern.

Er tat noch einen Schritt in den Fluß, knietief jetzt. Die Strömung zerrte ihm an den Beinen, wollte ihn umwerfen. Noch ein Schritt, schenkeltief und kühl, die Strömung noch einmal stärker. Er streckte die Hand nach dem Boot aus. Es entzog sich ihm, schoß mindestens zwei Schritt flußab und ein Stück vom Ufer weg, dann blieb es mit einem Ruck stehen. Sein Anker, ein Fels wahrscheinlich, schien über den Grund zu rutschen. Bak hatte keine Zeit zu verlieren. Das Boot konnte sich jeden Moment losreißen und in die Stromschnellen getrieben werden.

Noch zögerte er; ihm fielen die Jungen ein, die am Morgen aus den Schnellen aufgetaucht waren, und er wünschte sich eine ihrer Ziegenhäute herbei. Ein zweckloser Gedanke, und so biß er die Zähne zusammen und tauchte unter, stieß sich kräftig vom Boden ab. Die Strömung packte ihn, und im selben Moment trug ihn sein Schwung zum Boot. Er hielt sich am Bug fest. Das zusätzliche Gewicht riß das Tau frei, und das Boot begann sich zu drehen, trieb rasch auf die brodelnden Wasser zu und machte jedwede Vorstellung zunichte, sich an Bord zu hieven. Rasch packte er das Tau und schob sich mit kräftigen Schwimmstößen auf das Ufer zu. Das Boot schien zum Leben zu erwachen. Es versuchte, sich aus seinem Griff zu reißen, aber er war ein guter Schwimmer, und die Strecke war kurz.

Nahe bei den Bäumen bekam er Boden unter den Füßen und stand auf. Er war so dicht an die Schnellen gezogen worden, daß er die Gischt spüren konnte, die der Nordwind hinübertrug. Als er ans Ufer watete, zitterten ihm vor Erschöpfung und Anspannung die Knie. Das Boot war wie ein störrisches, bockendes Fohlen. Er wischte sich das Wasser aus dem Gesicht, zerrte das Boot dichter ans Ufer, wo die Strömung nicht so stark war, und setzte sich auf einen Felsen. Er mußte erst einmal Luft holen – und dem Herrn Hapi danken, daß er ihm und dem Boot gestattet hatte, sicheres Land zu erreichen.

»Leutnant!« Ein von den Schnellen erstickter Schrei.

Bak glaubte, ihn sich nur eingebildet zu haben, aber er sah sich trotzdem um. Hinter ihm kam Paschenuro die steile Böschung hinabgestürzt, durch das Gestrüpp und die wasserzerfressenen Felsen unterhalb der Festungsmauer. Drei weitere Männer, von denen einer eine Rolle Seil über der Schulter trug, eilten dem Medja nach. Ein Rettungstrupp.

»Bist du wohlauf, Herr?«

»Woher wußtet ihr ...?«

Während er noch fragte, wanderte sein Blick schon die hohe Lehmziegelmauer hinauf und blieb an der verfallenen Ecke hängen, in der die meisten Männer arbeiteten. Mindestens der halbe Trupp beugte sich rufend und applaudierend über das Gerüst und die Brustwehr, ohne das Getöse der Fälle übertönen zu können. Bak mußte lachen. Er war zu sehr damit beschäftigt gewesen, das Boot zu retten, um zu bemerken, daß er Publikum hatte.

Paschenuro bedeutete ihnen mit einem Winken, zurück an die Arbeit zu gehen. »Wir wollten eigentlich eher bei dir sein und mit anpacken, Herr, aber du warst zu schnell.«

Ein Zerren am Haltetau in seinen Händen erinnerte Bak

daran, daß die Arbeit noch nicht erledigt war, und der Wind an seinen nassen Schultern warnte ihn davor zu trödeln; die Nacht würde bald hereinbrechen.

Er beeilte sich, ihnen für ihr Erscheinen zu danken, und fügte hinzu: »Ich bin zu nahe bei den Schnellen, um das Segel hissen zu können. Du wirst mir helfen müssen ...« Er nickte zu dem Mann mit dem Seil, einem hageren Speerträger namens User. »... das Boot bis zur Landungsstelle zurückzuschleppen. Der Rest von euch kann wieder an die Arbeit gehen. Ihr werdet in der Festung mehr gebraucht als hier.«

Paschenuro und seine Gefährten eilten davon. User befestigte sein Seil am Boot und platschte knietief ins Wasser. Seite an Seite wateten die beiden flußauf, das Boot im Schlepptau, vorsichtig auftretend, nach verborgenen Felsen, Wurzeln oder Aushöhlungen tastend. Es war holperig und glitschig, und einmal wäre User der Länge nach in den Fluß gefallen, wenn Bak ihn nicht gehalten hätte. Das Boot blieb an überfluteten Büschen und Felsen hängen. Eine Schlange schwamm vorbei. Ein paar bräunliche Gänse glitten über die Wasseroberfläche dahin.

Wie oft Bak schon auf das Tau in seiner Hand geschaut hatte, wußte er nicht, aber plötzlich hielt er inne und schenkte ihm seine ganze Aufmerksamkeit. Der größte Teil des Endes war glatt und eben, nicht zerfranst und zerrissen, wie es hätte sein müssen, wenn es sich durchgescheuert hatte. Der Schauder, der von seinem Rückgrat ausging, hatte nichts damit zu tun, daß er von Kopf bis Fuß klatschnaß war. Jemand hatte das Seil halb durchtrennt. Wozu, wußte er nicht. Um ihn auf der Insel zu halten? Oder war etwas schiefgegangen? War das Messer zu scharf gewesen und hatte mehr Fäden durchtrennt als beabsichtigt? Hatte jemand gewollt, daß er in das Boot stieg und das Seil riß, bevor er noch das Segel hissen konnte, so daß er seinen Tod in den Schnellen fand?

Er stapfte weiter, ohne seinem Gefährten etwas zu sagen. Es gab weder einen Grund, Sorge und Furcht in Users

Herz und damit in den ganzen Arbeitstrupp zu pflanzen, noch sollte sich das Gerücht ausbreiten, jemand versuchte ihn zu ermorden. Zuerst, dachte er, kam die Warnung: der Mann mit der Schleuder. Dann ein eindeutiger Anschlag auf sein Leben: die Schlange in seinem Bett. Und nun das. Seit der ersten Warnung hatte Puemres Mörder einen weiten Weg zurückgelegt.

Am Pfosten bei der Landungsstelle hing noch ein kurzes Stück des Haltetaues. Bak entließ User mit einem Dankeschön, band das Tauende los und warf es ins Boot. Bevor er an Bord kletterte, suchte er das gesamte Boot nach Anzeichen ab, daß sich jemand daran zu schaffen gemacht hatte. Die Falleine hatte sich im Block an der Mastspitze verheddert, so daß sich das Segel nicht hissen ließ, bis das Knäuel entwirrt war. Die Leine konnte sich selbst so verknotet haben, aber er war zu mißtrauisch, um diese Möglichkeit in Betracht zu ziehen. Als er nichts weiter fand, legte er ab, hißte das Segel und hielt auf Iken zu, alle Sinne in Alarmbereitschaft. Erst hinter der Südspitze der langen Insel war er wieder entspannt genug, um sich mit dem Stück Seil befassen zu können, daß er ins Boot geworfen hatte. Wie erwartet war das Ende glatt und sauber, bis auf ein Bündel zerfetzter Fasern, die wie die Barthaare einer Katze aussahen.

Er richtete das Segel aus, füllte es mit Wind, und setzte sich nachdenklich ans Ruder. Als sie das Boot vertäut hatten, war das vorletzte Lastschiff gerade entladen worden; er erinnerte sich genau daran. Kein vernünftiger Mensch hätte das Tau da durchtrennt. Die Landungsstelle war wie ein Ameisenhügel gewesen, mit Dutzenden von Männern an Deck und auf dem Pfad zum Festungstor. Das letzte Versorgungsschiff des Tages hatte stromauf geankert und darauf gewartet, anlegen zu können. Das Seil mußte angeschnitten worden sein, nachdem das erste Schiff abgelegt hatte und das zweite seinen Platz einnahm. Zu diesem Zeitpunkt hatten beide Mannschaften so viel zu tun gehabt, daß sie kaum auf ihre Umgebung hatten achten können.

Und was denjenigen anging, der das Seil durchtrennt hatte, so war zu diesem Zeitpunkt nur einer seiner Verdächtigten auf der Insel gewesen: Senu.

Nein, das war viel zu offensichtlich. Senu war zu klug, um selbst mit dem Finger auf sich zu zeigen. Oder hatte er mit Absicht schuldig wirken wollen, damit Bak jeden verdächtigte, nur nicht ihn?

Wie immer so weit im Süden war der Sonnenuntergang kurz, eine lodernde Scheibe mit roten und orangenen Strahlen, die sich weiter, als das Auge reichte, nach Norden und Süden zogen. Als Bak das Boot mit Segel und Ruder auf die ruhigen Gewässer zwischen den beiden Piers ausrichtete, entbot der Herr Re der Welt der Lebenden seinen letzten Gruß und sank für die zwölf Stunden der Nacht in die Unterwelt hinab. Die Strahlen wanderten aufwärts, erhellten den Himmel und verdunkelten den langen Schatten der Steilwand, der die untere Stadt bedeckte.

Der lodernde Himmel ließ die im Hafen liegenden Schiffe aufleuchten, verlieh dem Zedernholz eines schlanken Reiseschiffes ein kräftiges Rotbraun und den drei weniger majestätischen Frachtschiffen, deren Rümpfe aus gewöhnlicheren Hölzern bestanden, ein matteres Graubraun. Die roten, grünen, gelben und blauen Muster der Vordecks und Kabinen erwachten zum Leben, ebenso die einfallsreicheren, amulettartigen Ornamente an den Bugen. Die Schiffe ächzten auf den sanften Wellen. Ein Erpel, der es sich an Bord des Reiseschiffes gemütlich gemacht hatte, quakte eine mit ihren Jungen vorbeischwimmende Gans an. An Deck eines Frachters ließen es sich drei nackte Schiffer gutgehen, der eine angelte, die anderen witzelten herum und erteilten ihm überflüssige Ratschläge.

Im goldenen Gleißen der Wasseroberfläche machte Bak eine dunkle Gestalt aus, die am Ende des Piers herumschwamm. Sie reckte einen Arm empor. Er winkte zurück, obwohl er keine Ahnung hatte, wer der Schwimmer sein mochte. Zwischen Inyotefs Boot und einem Fischerboot fand er eine Lücke und machte sich daran, sein eigenes kleines Gefährt anzulanden.

Bis er alles sicher für die Nacht verstaut hatte, war die Sonne versunken, und der Himmel wurde grau und enthüllte einen fahlen, zunehmenden Mond und Lichttupfen, die sich bald zu Sternen klären würden. Bak betete, daß Kasaya daran gedacht hatte, aus Kenamons Küche etwas zu essen mitzubringen. Der junge Medja konnte überhaupt nicht kochen, schon ein einfacher Eintopf überstieg sein Können. Und obwohl es Bak nach einer anständigen Mahlzeit verlangte, hatte er nach diesem anstrengenden, aufreibenden Tag keine Lust, selbst zu kochen oder für etwas zu essen zu sorgen.

Zwischen den Booten tauchte Inyotefs Kopf aus dem Wasser auf. »Du hattest einen langen Tag, Bak. Hab ich dich nicht in der Morgendämmerung mit Huy aus dem Hafen fahren gesehen?«

Bak grinste. »Dann bist du es gewesen, der mir aus den Tiefen des Flusses zugewunken hat. Ich dachte schon, dem Herrn Hapi wären Arme gewachsen.«

Inyotef lachte. »Du bist gesegelt, als wärest du an diesen Wassern geboren worden. Ein Augenschmaus.«

»Aus deinem Munde ist das wirklich ein Kompliment.« Bak kniete nieder und bot ihm eine Hand an. »Willst du schon raus? Bei mir gibt es Bier und mit ein wenig Glück auch etwas zu essen.«

»Und ein paar Fragen wohl auch?« Inyotef schwamm an den Pier heran und streckte die Hand aus. »Woser meint, ich stünde auf deiner Liste der Verdächtigen ziemlich weit oben.«

Bak ergriff seine Hand und zog. Inyotef war schwerer, als er aussah, schien nur aus Muskeln zu bestehen. Als er auf die Füße kam, fragte Bak sich, ob er vorhin vielleicht zur Insel geschwommen war, um das Tau zu durchtrennen. Mit einer Verschnaufpause auf der langen Insel war die Strecke durchaus zu schaffen, und ein guter Schwimmer, der den Fluß kannte, konnte vielleicht sogar die Strömungen für sich nutzen.

Nein! Schuld überschwemmte Baks Herz. Die Vorstellung war lachhaft! Inyotef hatte ein krankes Bein. »Ich verdächtige alle und jeden.« Er lächelte, um es in einen Scherz zu verwandeln. »Aber manche Leute mehr als die anderen.«

Inyotef betrachtete ihn im schwindenden Licht, und schließlich lachte er kurz auf. »Ich habe nichts getan, dessen ich mich schämen müßte. Frag, wen du willst.«

»Jetzt geht's mir besser.« Mit einem zufriedenen Lächeln stellte Bak seine leere Schale auf dem Dach ab und griff nach einem neuen Krug Bier. Er brach den vertrockneten Lehmstopfen, warf die Stücke beiseite, füllte seine Trinkschale und kostete vorsichtig. Da das Ikener Bier nicht nur von Männern aus dem Norden, sondern auch von denen weit aus dem Süden gemacht wurde, schwankte die Qualität vom einen Krug zum anderen beträchtlich.

»Ein Festmahl für Maatkare Hatschepsut höchstselbst.« Inyotef biß einen ordentlichen Happen vom Ende eines dicken Schenkelknochens ab. »So zartes Fleisch habe ich nur selten gegessen.«

»Das haben wir zweifelsohne dem Herrn Amun zu verdanken. Bestimmt war dieser Ochse das Abendopfer, und anschließend haben ihn sich die Priester und meine Medjaju geteilt.«

Als sie das Haus erreicht hatten, war Kasaya nirgends zu sehen gewesen, aber sie hatten drei übereinandergestellte Hocker vorgefunden und obenauf einen Korb mit Essen und Trinken. Die Vorsorge war berechtigt gewesen. Sie hatten eine Maus dabei erwischt, wie sie um die Beine des unteren Hockers herumschoß und einen Weg nach oben suchte.

Sie hatten das Essen mit aufs Dach genommen, um zuschauen zu können, wie die Nacht herabfiel. Die Sterne waren glitzernde Punkte an einem Himmel so schwarz wie Obsidian. Der Nordwind kühlte den Schweiß auf Baks Brust und kräuselte ihm die Haare auf den Armen. Das ferne Heulen eines Schakales beschwor einen Chor bellender, jaulender Hunde herauf. Dann und wann hörte er die winzigen Krallen der Ratten, die in den Schatten auf etwas zu fressen lauerten. Der süßliche Geruch eines Duftholzes, Zimt vielleicht, das Überbleibsel eines früheren Opfers, stieg aus dem Korb empor und kämpfte gegen die nachlassenden Gerüche der Stadt an: Tierdung, heißes Speiseöl, Essen und Schweiß.

»Soviel ich weiß, hast du einst in Kusch gekämpft und dir das Tapferkeitsgold verdient«, sagte Bak, um zu seinen Fragen überzuleiten.

»Das ist lange her.« Inyotef lächelte. »War in den sorglosen Tagen meiner Jugend, als alles ganz fürchterlich wichtig war und das Leben endlos schien.«

Bak erinnerte sich, daß Huy etwas ähnliches gesagt hatte, oder war es Senu gewesen? »Die meisten Leute machen um ihre Erfolge viel Wind«, sagte er mit einem ebenso freundlichen Lächeln, »und so war ich sehr überrascht, von der Ehrung zu hören. Du hast mir in all den langen Stunden, als wir nordwärts nach Mennufer gesegelt sind, nicht ein Wort davon gesagt.«

»Und auch nicht von der zweiten goldenen Fliege, die ich mir in Keftia eintrug.« Inyotefs Lächeln erkaltete, und seine Stimme nahm einen scharfen Ton an. »Ich bin doch kein Aufschneider, junger Freund.«

Bak fühlte, wie seine Wangen zu glühen begannen, und beschäftigte sich damit, einen dicken Streifen Fleisch auszuwählen und in Brot zu wickeln. »Du bist auf dem Schlachtfeld auch Amun-Psaros Vater begegnet?«

»Ich habe dem Königshaus stets vom Deck eines Schiffes aus gedient.« Die Kälte wich aus der Stimme des Lotsen, und ein trockenes Lächeln umspielte seine Mundwinkel. »Du bist doch nicht so weit in meine Vergangenheit vorgedrungen, wie ich dachte. Anderenfalls würdest du mich genausogut kennen, wie ich mich selbst kenne. Meine

Erfolge, meine Niederlagen. Meinen Wohlstand, meine Gewohnheiten, wie oft ich einen Haufen mache und wo.«

Bak rief sich ins Gedächtnis zurück, wie geschickt der Lotse es verstand, jemanden auf seinen Platz zu verweisen, wie schnell er zum Angriff übergehen und das Gespräch an sich reißen konnte. Bak kniff die Lippen zusammen; er würde sich nicht an der Nase herumführen lassen. »Ich muß mir mein Brot verdienen, Inyotef, ganz genau wie du. Wenn ich in Iken Bericht erstatte, wird Kommandant Thuty auf jedes meiner Worte achten, auf jede Begründung, die ich ihm gebe, falls ich die Wahrheit nicht habe herausbekommen können.«

Die versteckte Drohung hing zwischen ihnen in der Luft, unsichtbar, aber deutlich.

Inyotef brach das Schweigen mit einem schnellen, harten Lachen. »Dein Exil in Wawat hat dich hart und eigensinnig gemacht, Bak, wie dieses unfruchtbare, öde Land. Aber ich vermute, dafür bist du auch ein besserer Mann geworden, ein besserer Offizier.«

Bak nahm es als Kompliment und lächelte. »Du bist vor siebenundzwanzig Jahren auf einem Kriegsschiff in den Gewässern bei Semna gesegelt?«

»Einem Frachtschiff. Ich war ein gewöhnlicher Schiffer damals. Der Laderaum war voll mit Waffen und Vorräten für unsere Armee in Kusch.« Inyotef hielt inne, knabberte an seinem Knochen, zwang Bak nachzubohren, wo Nachbohren nicht nötig gewesen wäre.

Bak machte sich nicht die Mühe, seine Ungeduld mit dem Spielchen zu verbergen. »Wie hast du dir das Tapferkeitsgold verdient?«

Inyotefs Gesichtsausdruck war in der Dunkelheit nicht auszumachen, aber seine Stimme klang verdächtig nach jemandem, der einen kleinen Sieg genoß. »Unser Schiff lief auf eine Sandbank auf. Ein Trupp Kuschiten sah uns in der Falle sitzen, ohne Chance, uns eigenhändig zu befreien. Da sie begierig auf unsere Fracht waren, kamen sie über die Dünen gehetzt und beschossen uns mit Brandpfeilen. Unser Segel brannte lichterloh, und wir büßten den Mast ein. Wir hatten nur wenige Männer übrig, um den Feind abzuwehren, denn wir mußten die vielen kleinen Feuer löschen, die von Bug bis Heck aufloderten. Ich glitt mit drei anderen, die auch schwimmen konnten, in den Fluß, und wir buddelten so lange den Sand weg, bis unser Schiff wieder freikam.«

»Bewundernswürdig«, sagte Bak, der sich die Szene vorstellte, die Verzweiflung, auf einem brennenden Schiff gefangen zu sein. »Damit hattest du dir eine goldene Fliege verdient und noch mehr.«

»Sie hat mir etliche Türen geöffnet, und bald war ich Offizier.« Inyotefs Stimme wurde wieder trocken. »Du hast mich doch nicht in deine Unterkunft mitgeschleppt, um über die Abenteuer meiner Jugend zu plaudern. Was willst du wirklich wissen?«

»Ich sehe hier eine Ironie, eine Situation, die ich sehr interessant finde.« Den Spieß umdrehend nahm Bak einen Bissen Brot und Fleisch, kaute, schluckte, spülte mit Bier nach. »Nicht nur du, sondern auch Huy und Senu und Woser haben tapfer gegen die Kuschiten gekämpft. Nun seid ihr vier hier in Iken zusammen stationiert. Und Amun-Psaro, ein großer Stammeskönig des heutigen Kusch, kommt mit dem angehenden Thronfolger hierher. Sohn und Enkel des Mannes, den ihr bekämpft habt.«

»Ironie?« schnaubte Inyotef. »Das ist die Realität des Reiches, Bak, wo ein gemeinsames Handelsinteresse Jahre des gegenseitigen Mißtrauens und der Feindschaft auslöschen kann.«

Bak hatte nicht vor, sich auf eine Debatte über dieses abgedroschene Thema einzulassen. »Huy hat mir erzählt, er wäre nach unserem Sieg in Kusch einer derjenigen gewesen, die den jungen Amun-Psaro bewacht haben.«

»War er, und ich auch.«

»Du bist mit ihnen den Fluß hinunter?« japste Bak.

Inyotef lachte leise. »Witzig, ich hatte es ganz vergessen.

Aber es überrascht mich nicht, daß Huy es noch weiß; es war nicht gerade eine schöne Erfahrung für ihn.«

Bak kniff die Augen zusammen. »Mir hat er erzählt, die Fahrt genossen und sich mit Amun-Psaro angefreundet zu haben, beim Spielen und Angeln und auf der Jagd.«

»Wie die meisten Menschen erinnert auch er sich lieber an die angenehmen als an die unangenehmen Dinge.« Inyotef beäugte den Knochen, suchte nach einem Stück Fleisch, das er übersehen hatte. »Er ist ein jämmerlicher Schiffer, voller Angst vor Stromschnellen und rauhem Gewässer.«

»Das hat er mir auch erzählt.«

»Dann kannst du dir wohl vorstellen, wie es für ihn war, als unser Schiff auf dem Hochwasser durch den Bauch der Steine fuhr. Ich habe noch nie einen so ängstlichen Mann gesehen.«

»Ich hätte auch Angst gehabt«, gab Bak zu. »Es fällt schwer zu glauben, daß das Wasser so hoch steigt, daß diese Riffe und Felsen den Rumpf eines großen Kriegsschiffes nicht mehr aufreißen können.«

»An vielen Stellen tut es das auch nicht. Aber es gibt Fahrrinnen. Wenn die Flut am höchsten ist und Männer auf den größeren Inseln stehen und das Schiff mit Tauen leiten, ist es ...« Inyotef lachte. »Aufregend, aber einigermaßen sicher. Für Amun-Psaro war die Fahrt so etwas wie ein Abenteuer, für Huy jedoch ...« Er führte den Satz nicht zu Ende und schüttelte den Kopf. »Letztes Jahr sah ich Huy allein gegen vier bewaffnete Männer kämpfen. Schmuggler. Verzweifelte, gefährliche Männer. Er zeigte nicht auch nur einen Hauch von Furcht. Aber er hatte festen Boden unter den Füßen. Setz ihn auf ein Boot, laß es auf den Wellen schaukeln, und er wird ganz blaß vor Angst.«

Bak schluckte den letzten Bissen Brot und Fleisch hinunter. Die Krümel von seinem Schoß fegend fragte er: »Wie war Amun-Psaro denn so?«

Inyotef zuckte mit den Schultern. »Eigentlich war er nicht viel anders als jeder andere Junge von zehn Jahren oder so. Auf alles neugierig, leicht zu beeindrucken, unschuldig, immer auf Spaß aus. Gleichzeitig war er bis ins Innerste seines Wesens ein Prinz, ein königliches Geschöpf, das genau wußte, wie hoch es über den gewöhnlichen Sterblichen stand.«

Bak nippte an seiner Schale und rief sich Huys Worte ins Gedächtnis. »Er war mein Bruder«, hatte der Gruppenführer gesagt. Konnte ein gewöhnlicher Soldat, ein Wächter, einem Kind wie ein Bruder sein, das von königlichem Geblüt war? Das mit den Göttern wandelte? »Sind Senu und Woser mit euch zusammen nach Kemet zurückgekehrt?«

»Es sind noch andere Schiffe mit uns nach Norden gefahren, im Verband. Wir kannten uns damals noch nicht, also weiß ich auch nicht, ob sie an Bord waren.«

Bak sah den Lotsen an und wünschte, sein Gesicht besser sehen zu können. »Eine Frage habe ich noch, Inyotef, vielleicht die wichtigste heute abend. Ich bitte dich als einen alten Freund, sie mir offen zu beantworten.«

Inyotef legte den Knochen mit der Sorgfalt und Genauigkeit eines zutiefst erschöpften Mannes auf die Blätter in den Korb zurück. »Habe ich dich je angelogen?«

»Ich wollte dich nicht beleidigen«, sagte Bak und hob beschwichtigend die Hände. »Meine Worte waren wenig durchdacht, ich weiß. Aber deine Offizierskameraden sind alles andere als ehrlich zu mir.«

Inyotef kicherte. »Du bist Polizist.«

Die höhnische Bemerkung traf, besonders von jemandem, den Bak als seinen Freund ansah. »Es war von Anfang an klar, daß Kommandant Woser und die anderen Offiziere – vor allem Huy, Senu und Nebseny – gar nicht wollen, daß ich Puemres Mörder fasse. Sie haben mir sogar oft genug im Weg gestanden. Warum?«

Das Kichern wuchs sich zu einem vollen Lachen aus. »Du siehst Hindernisse, wo keine sind, Bak. Sie wollen die Herrin Maat ebensosehr zufriedenstellen wie du.«

Mein guter Freund, dachte Bak empört. Der Mann, dessen Ungehaltenheit keine Grenzen kennt, wenn ich auch nur andeute, daß er vielleicht nicht ganz die Wahrheit sagt. Er fragte sich, wieviele von Inyotefs anderen Antworten ebenso irreführend gewesen sein mochten.

Bak lag ausgestreckt auf der Schlafmatte und sah zu den Sternen empor. Bald nach Inyotefs Abschied hatte er sein Bettzeug mit aufs Dach genommen, nicht ohne es vorher kräftig für den Fall ausgeschüttelt zu haben, daß sich wieder irgendein tödliches Geschöpf darin verbarg. Er fragte sich, warum Kasaya noch nicht aus dem Palast zurückgekehrt war, dachte an all die Arbeit, die Paschenuro und die Männer auf der Insel geleistet hatten und die noch vor ihnen lag, und wurde das Gefühl nicht los, daß seine Suche nach Puemres Mörder und damit auch nach dem Attentäter ins Leere führte.

Er war nahe daran einzuschlafen, aber noch wach genug, um die Geräusche der Nacht hören und ihre Gerüche schmecken zu können. Das sachte Klatschen von Schilfsandalen in der Straße und der Geruch verbrennenden Öles wiesen auf die Speerträger hin, die gerade ihre Nachtrunde drehten. Das entsetzte Quietschen einer Maus und ein kehliges Fauchen kündeten vom Mitternachtsmahl einer Katze. Hundegeknurr erzählte vom Kampf um einen Knochen oder ein Weibchen oder ein kleines Tier, das der eine gefangen hatte und die anderen haben wollten. Weinen und der Gestank von Exkrementen erzählte von einem Baby mit Durchfall. Das Kichern einer Frau auf dem Dach nebenan und das sanfte Murmeln eines Mannes leiteten zum Rascheln von Bettzeug über, zu schweren Atemzügen und Seufzern der Verzückung. Vertraute, beruhigende Laute. Baks Lider wurden schwer, und er schlief ein.

»Leutnant Bak. Schläfst du, Herr?«

Er öffnete die Augen, schüttelte den Schlaf ab und setzte sich auf. »Kasaya! Was gibt es? Was ist passiert?«

»Gar nichts. Aber ich dachte, daß du es vielleicht wissen möchtest.« Der hünenhafte Medja saß neben ihn gekauert da und sprach so leise, daß seine Stimme nicht mehr bis zu den nahegelegenen Dächern hinübertrug. »Ich habe im Palast eine Frau gefunden, die mit dir reden will, eine Dienerin namens Meret.«

»Sie will jetzt mit mir reden?« fragte Bak verwundert.

Kasaya schüttelte den Kopf. »Morgen bei Sonnenaufgang. Nicht weit vom Fluß, wo die Frauen sich morgens zum Waschen versammeln.«

»Hat sie keine Angst, daß ihr Herr durch die anderen Frauen von dem Treffen erfährt?«

»Die meisten kümmern sich vor dem Wäschewaschen ums Frühstück, aber sie hat mehr Bettzeug und Kleidung als alle anderen zusammen, also muß sie früher anfangen. Die Stelle, die sie meint, ist von Bäumen geschützt. Man kann jeden sehen, der kommt, und ist für die untere Stadt oder die Festung völlig unsichtbar.«

»Warum will sie mir helfen? Will sie sich für eine tatsächliche oder eingebildete Kränkung von Seiten Wosers oder Asets rächen?«

»Nein, Herr.« Kasaya schaute auf seine Knie und spielte mit den Fingern. »Sie ist ... Na ja, sie ist Witwe, Herr, und einsam.«

Bak widerstand dem dringenden Wunsch zu grinsen. »Und du kehrst heut nacht wieder in ihr Bett zurück.«

»Ja, Herr.«

Mit einem Schulterklopfen schickte Bak ihn davon. Während die leisen Fußtritte des Medjas unten auf der Straße verklangen, legte er sich wieder hin. Er bedauerte die Notwendigkeit, die Frau auf eine so billige Weise benutzen zu müssen, aber er hatte keine andere Wahl. Alles was er tun konnte, war zu beten, daß sie für den Durchbruch sorgen konnte, den er so dringend benötigte.

Bevor es das nächste Mal dunkel wurde, würde Amun-Psaro durch die Tore der Festung marschieren, aber die Identität des Mannes, der ihn ermorden wollte, war noch genauso unklar wie zu Beginn. Vieles deutete auf eine Verschwörung unter den Offizieren hin, aber Bak lehnte diese Theorie ab. Die Vorstellung, daß vier hochstehende Offiziere, die alle in der gleichen kleinen Garnison stationiert waren, Amun-Psaro genug haßten, um ihm den Tod zu wünschen, ging über jede Wahrscheinlichkeit hinaus. Die Tatsache, daß sie ausgerechnet hier stationiert waren, als Amun-Psaro beschloß, nach Iken zu kommen, war eine Laune der Götter und nicht die Folge eines ausgeklügelten Planes. Und daß sie allesamt einen Krieg riskierten, nur um einen persönlichen Groll zu befriedigen, klang auch nicht gerade einleuchtend. Wenn er aus Woser die Wahrheit herausbekommen konnte, ließ sich die Angelegenheit vielleicht ein für allemal aus der Welt schaffen.

14. Kapitel

Als Bak den Fluß entlangging, blieb er dicht bei den Bäumen, um so oft wie möglich in die langen Schatten des Morgens einzutauchen. Wenn Woser von diesem Treffen erfuhr, würde er Meret nicht gerade dafür danken, seine Privatangelegenheiten weitererzählt zu haben, und das ausgerechnet auch noch dem Polizeioffizier, dessen Anstrengungen zu vereiteln er sich solche Mühe gab. Sie würde ohne Zweifel geschlagen werden, und das wollte Bak nicht auf dem Gewissen haben.

Der Herr Re stand noch zu tief, um zu sengen, und so war der Morgen friedlich und mild. Die Luft war süß, der Himmel von einem klaren, strahlenden Blau. In den Bäumen lärmten die Vögel so laut, daß das Rascheln der Blätter im Wind und das ferne Murmeln der Stromschnellen darin untergingen.

Vielleicht zwanzig Schritt vor ihm trat Kasaya zwischen den Bäumen hervor und watete in den Fluß. Er hüpfte herum wie ein Kind des Herrn Hapi, er tauchte, rollte und überschlug sich, ließ sich von der Strömung hinabtragen, um sich anschließend wieder flußauf zu kämpfen. Wahrscheinlich protzte er vor der Frau, stellte seine Jugend und

Männlichkeit zur Schau, seinen großen, wohlgeformten Leib und sein fröhliches Gemüt.

An der Stelle, wo der Medja ins Wasser getreten war, blieb Bak stehen. Vor ihm beschrieben die Bäume einen Bogen, formten einen sandigen Halbkreis am Ufer, der mit verwitterten Felsen und Büschen gesprenkelt war, die aus Flecken fruchtbarer, schwarzer Erde wuchsen. Während der höchsten Flut vermutlich ein Stauwasser, nun aber der ideale Platz für die Frauen der Umgegend, um ihre Wäsche zu waschen. Über einigen Büschen und Felsen lagen bereits Leintücher zum Trocknen aus, die so weiß waren, daß es in den Augen brannte.

Am Ufer kniete eine schmalgesichtige Frau von vielleicht siebzehn Jahren, und während sie ein weinbeflecktes Kleid mit einer weißlichen Substanz schrubbte, die wahrscheinlich Natron war, sah sie immer wieder zu Kasaya und lachte vergnügt über seine Schau. Ihr langes, weißes Hemdkleid war bis zu den Schenkeln hochgerafft und entblößte Beine, die ebenso schlank und muskulös waren wie die nackten Arme. Das Haar hatte sie zurückgestrichen und unter einer beutelartigen Haube versteckt. Der Schweiß rann ihr über das Gesicht, ihr Kleid war am Rücken und unter den Armen bereits durchnäßt.

Bak schlurfte mit den Sandalen, damit sie ihn kommen hörte. Sie sah hinüber und wurde rot, dann kam sie hastig auf die Füße, preßte sich das Wäschestück an den Busen und machte verlegen einen Knicks.

Im Verdacht, daß Kasaya seine Wichtigkeit übertrieben hatte, winkte Bak ab. »Mach nur weiter mit deiner Arbeit, Herrin Meret.« Er kniete neben den Bäumen nieder, um sie wissen zu lassen, daß er ihre Bitte um Heimlichkeit ernstnahm. »Kasaya sagt, du bist gewillt, mir von Kommandant Wosers Haushalt zu erzählen.«

Sie nickte, stumm vor Scheuheit – oder vielleicht vor Scham über das, was zu tun sie im Begriff war.

»Niemand wird erfahren, daß du mir etwas erzählt hast, das verspreche ich dir.«

»Kasaya sagt, du bist ein Mann, der sein Wort hält«, murmelte sie, fiel auf die Knie und beugte sich über das flekkige Kleid. »Frag, was du willst.«

Da Meret die niedere Tätigkeit des Wäschewaschens zu erledigen hatte, vermutete Bak, daß sie eine der geringeren Dienerinnen war, die in der Küche halfen, die Betten machten und fegten und wischten. Aber in einer Festung an der Grenze, wo die Haushalte klein und wenig förmlich waren, half sie Aset sicher auch einmal bei der Toilette. Und mit den anderen Bediensteten klatschte sie auf jeden Fall.

»Wie hat sich Herrin Aset gegenüber Leutnant Puemre benommen? Machte sie den Eindruck, etwas für ihn zu empfinden?«

»Die Herrin ist ein Kind.« Merets Lächeln war zärtlich und vergebend. »Ihre Mutter starb, als sie sehr jung war, noch ein Baby. Hätte ihr Vater wieder geheiratet, hätte sie auch gelernt, eine Frau zu sein. Statt dessen hat er ihr immer alles gegeben, was sie wollte, und sie von Leid und Sorgen abgeschirmt. Sie hat ihn völlig in der Hand, und da sie es nicht besser weiß, schäkert sie mit allen Männern herum, um sie in die Knie zu zwingen, wie sie es mit ihrem Vater tut. Leutnant Puemre war da keine Ausnahme.«

Unvermittelt brach sie ab und errötete, augenscheinlich war ihr die Zunge etwas durchgegangen.

Für eine scheue Frau eine lange Rede, dachte Bak, und eine seltsame dazu. Zwei beinahe gleichaltrige Frauen, die eine Haushaltsgehilfin, die andere ihre verwöhnte Herrin. Der ideale Nährboden für Eifersucht, und dennoch betete die Frau, die gar nichts besaß, diejenige an, die alles hatte. Um Meret zum Sprechen zu bringen, mußte Kasaya ihr ganz schön den Kopf verdreht haben.

»Und Leutnant Nebseny?« Bak sah, wie der Medja das Wasser verließ, um sich unter einen Baum zu setzen, von dem aus er den Weg im Blick hatte und gleichzeitig zuhören konnte. »Nach dem, was ich so gesehen habe, scheint er ihr Sklave zu sein, wenn auch ein widerspenstiger.«

»Sie sind miteinander verlobt.«

Bak pfiff überrascht. »Davon hab ich noch kein Wort gehört. Warum redet niemand darüber?«

»Sie will ihn nicht heiraten.« Als Meret seine erhobene Augenbraue bemerkte, fügte sie rasch hinzu: »Nicht, um ihm wehzutun, sie hegt zärtliche Gefühle für ihn. Aber vor allen Dingen möchte sie in Kemet leben, während er gern an der Grenze dient. Sie fürchtet, daß sie nicht glücklich werden.«

Bak schnaubte ungläubig. »Woser läßt dieses Spielchen zu?«

»Nur ungern.« Meret spritzte mehr Natron auf den Stoff und schrubbte den Fleck zwischen ihren Knöcheln. »Die Verlobung geht auf seinen Wunsch zurück. Er und der Leutnant stehen sich so nahe wie Vater und Sohn.« Ihr fiel etwas ein, und sie lächelte. »Deshalb hat Aset so schändlich mit Leutnant Puemre geschäkert. Sie fand es amüsant, zugleich ihrem Vater trotzen und ihren Verlobten necken zu können.«

Nicht necken, dachte Bak, sondern zurechtstutzen. Noch wahrscheinlicher war, daß sie sich nicht auch nur einen Deut darum scherte, was die beiden dachten. Sie wollte nur einen Adeligen heiraten und ein leichtes Leben im Wohlstand führen, auf einem großen Landgut in Kemet. »Wie hat Puemre reagiert?«

»Er hat geschäkert, aber mit Abstand.« Ihr Gesicht umwölkte sich. »Wir Diener wußten von der Frau, mit der er zusammen war, der Tochter des Schmiedes Senmut. Wir versuchten Aset zu warnen, aber ...« Wieder das sanfte, vergebende Lächeln. »Sie ist sich ihrer Reize immer sehr sicher gewesen.«

»Hat deine Herrin ihn denn bekommen?«

Meret hob ihren Blick. »Das weiß ich nicht.«

Sie sah ihn offen und direkt an, ohne Arglist oder Scheu. Der falsche Blick einer Lügnerin, da war er sich sicher. »Ich frage nicht, ob sie ihn dazu bekommen hat, ihr die Heirat zu vesprechen, Meret. Das hätte sie in alle Welt hinausgerufen. Ich will wissen ...« Er hielt inne, gab seinen Worten mehr Nachdruck. »Ich muß wissen, ob sie in seinen Armen gelegen und sich von ihm ein Kind hat machen lassen.«

»Nein!« Sie riß die Augen auf, und die gespielte Unschuld wurde von Bestürzung ersetzt.

»In den Baracken erzählt man sich das aber.«

»Darum vielleicht ...« Sie schlug sich mit der Hand vor den Mund. »Nein, das ist nicht wahr!«

Es war deutlich, daß er einen wunden Punkt berührt hatte. »Die einfachen Soldaten und die Händler, alle erzählen sie sich, daß Aset schwanger ist und Puemre der Vater war.«

»Er hat sie nie angerührt! Sie hat mit ihm geschäkert, das ist alles! Ich sollte es doch wissen, ich wasche ihr die Laken und Kleider.« Die deutliche Anspielung auf die Menstruation ihrer Herrin ließ sie erröten. Sie senkte die Augen und murmelte: »Warum müßt ihr Männer immer das Schlimmste annehmen?«

Aus dem Konzept gebracht starrte Bak sie an. Sicher, er hatte das Schlimmste angenommen, aber nicht so, wie sie dachte. Er hatte sich Wosers und Nebsenys mangelnde Zusammenarbeit mit einem Komplott gegen Amun-Psaro erklärt. Nun hatte diese niedere Dienerin ihn unwillentlich daran erinnert, daß die auf der Hand liegende Erklärung oft auch die richtige war.

Er stand auf, trat zu ihr und packte sie bei den Schultern, zog sie auf die Füße. »Hör mir zu, Herrin! Du mußt offen und ehrlich zu mir sein. Wenn nicht, könnten viele Unschuldige sterben!«

Sie starrte ihn mit großen Augen an, verschreckt.

Er schüttelte sie nicht allzu sanft, rang ihr ein Nicken ab. »Erzähl mir, wie Woser und Aset und Nebseny miteinander umgehen, wenn sie alle im selben Raum sind.« Es war zu sehen, daß sie nicht begriff. »Sind sie völlig ungezwungen? Oder scheint jeder eine geheime Schuld zu tragen und die anderen beiden mißtrauisch zu beobachten?«

»Woher weißt du das?« flüsterte sie, plötzlich ganz ehrfürchtig.

Er drückte ihr einen dicken Kuß auf die salzige Stirn und entließ sie. »Kasaya«, rief er und ging auf die Bäume und den Pfad zu, der zurück nach Iken führte. »Sei gut zu dieser Frau. Wenn ich nicht völlig falsch liege, hat sie mir die Hälfte der Antworten gegeben, nach denen ich gesucht habe.«

»Ich bete, daß deine Vermutung zutrifft«, sagte Kenamon. Der ältliche Priester eilte neben Bak die Straße hinab, im Schatten der weißverputzten Gebäude, die die große Nord-Süd-Achse der Festung säumten. Der tiefe Schatten gab den Sorgenfalten auf seiner Stirn zusätzliche Tiefe. »Wenn immer der eine die anderen beiden deckt, dann sind sie vielleicht auch alle drei unschuldig.«

Bak zog den alten Mann in einen offenen Hausflur, um einem verschwitzten Zwerg und seinem trappelnden Zug von vier Eseln auszuweichen, die mit Tonkrügen in einem verbrannten Rot beladen waren. »Wenn ich auch nur einen Namen von der Liste meiner Verdächtigen streichen kann, dann bin ich schon ein Günstling der Götter. Wenn ich zwei streichen kann, werde ich mich fühlen, als hätte mich der Herr Amun persönlich bei der Hand genommen.«

»Und wenn es nun einer der beiden war?«

Bak grinste. »Ich glaube nicht, daß ich eine so einfache Auflösung heil überstehen würde.«

»Welche Rolle spielt Herrin Aset in diesem Drama?«

»Wenn ich mich nicht täusche, war sie die Abgöttin, um die Vater und Verlobter herumgetanzt sind.«

»Kommandant Woser hätte sie längst einem strengeren Mann zur Frau geben sollen.«

Der letzte der Esel trottete vorbei, und sie eilten weiter. Die Straße war geschäftig zu dieser frühen und kühleren Stunde, erfüllt vom Geschwätz der Soldaten und Händler, die in der Festung zu tun hatten. Nur zwei Frauen begegneten ihnen, eine Offiziersgattin und ihre Dienerin. Die letztere trug einen leeren Korb, und sie hielten auf das Südtor zu, von dem aus es in die untere Stadt und zum Markt hinunterging.

An einer Querstraße kamen die beiden Männer an einem Kontingent neuer Rekruten vorbei, zehn Jünglingen, die so frisch dabei waren, daß sie noch nach Bauernhof rochen. Ein angegrauter Speerträger trieb sie im Schnellschritt voran. Dahinter strömten die Garnisonsoffiziere und ihre Feldwebel aus dem Palast des Kommandanten, sie hatten eine Unterredung hinter sich, die einberufen worden war, um die Präsentation der Waffen vor dem Stadttor vorzubereiten. Bak grüßte diejenigen, die er kannte, mit einem Nicken: Huy, Senu, Inyotef und Nebseny. Der letztere sah durch ihn hindurch, als gab es ihn gar nicht.

»Ich wünsche dir, daß du mit Woser mehr Glück hast«, murmelte Kenamon. »Er ist ein eigensinniger junger Mann und auf der Hut.«

»Aset ist der Schlüssel, mein Onkel, davon bin ich überzeugt.«

Sie betraten das Gebäude und eilten eine lange Halle hinab bis zu einem steingefliesten, säulenverzierten Innenhof. Nahe bei der Tür stand ein hochaufgeschossener Wachtposten, er gähnte und besah sich die Neuankömmlinge mit dem gelangweilten Blick eines Mannes, der noch nie Ärger gehabt hatte und auch nicht mehr damit rechnete, je welchen zu bekommen. Durch ein offenes Tor waren verschiedene Schreiber zu sehen, ihre Federn kratzten auf den Rollen, die sie im Schoß ausgebreitet hatten. Woser stand in der Tür des Raumes, der ihm als Büro diente, und funkelte einen Händler an, der äußerst aufgebracht schien, einen geschmeidigen, jungen Mann, der einen breiten Brustschmuck aus Perlen trug, bronzene Armreife und an jedem Finger einen glitzernden Ring.

»Ich will keine weiteren Beschwerden mehr hören«, sagte Woser. »Du bringst deine Tiere woanders unter und damit Schluß.«

Das Gesicht des Händlers wurde rot, seine Augen blitzten vor Zorn. »Ich habe vierundachtzig erschöpfte Esel, Kommandant. Sie sollten sich hier von der langen Reise erholen. Du zwingst mich, sie weiterzutreiben bis ganz nach Kor.«

»So ist es.« Woser war offensichtlich nicht in der Stimmung, einem Menschen oder Tier Mitgefühl entgegenzubringen. »König Amun-Psaros Gefolge reist mit einer großen Anzahl Packtiere. Sie werden jede Koppel brauchen, die wir bieten können.«

Mit einem zornigen Gesichtsausdruck kehrte der Händler ihm den Rücken zu und stampfte hinaus.

Woser starrte Bak an, bemerkte den ältlichen Priester hinter ihm, setzte ein müdes Lächeln auf. Mit einem einladenden Kopfnicken ließ er sich in seinen Armstuhl fallen. »Ich muß gestehen, daß ich im Moment nichts lieber täte, als Amun-Psaros ganzen Zug umzudrehen und wieder dorthin zu schicken, wo er herkommt. Man sollte glauben, daß der Herr Amun schwerer zu unterhalten ist, aber nein: Er steht im Haus der Herrin Hathor still und hoheitsvoll in seinem Schrein, während wir diese Stadt für einen wilden König aus einem wilden Land völlig auf den Kopf stellen.«

»Amun-Psaro ist in Waset zum Mann gereift, im Königshaus«, sagte Kenamon. »Ich bezweifle, daß er auch nur ein bißchen weniger zivilisiert ist als unsereiner.«

»Das wird sich herausstellen.« Woser sah Bak an. »Huy sagt, daß die Festung in Riesenschritten bewohnbar wird. Du wirst dir eine Belobigung einhandeln.«

»Meine Leute arbeiten gern, und sie rackern sich ab.« Ohne eine Einladung abzuwarten, zog Bak einen Hocker zwischen den rollengefüllten Körben hervor und bot ihn Kenamon an, der sich dem Kommandanten gegenüber setzte. Bak bevorzugte es stehenzubleiben, damit Woser zu ihm aufschauen mußte. »Wir sind nicht gekommen, um über die Festung zu plaudern. Wir wollen über die Nacht reden, in der Puemre ermordet worden ist.«

Für einen Moment krallte Woser seine Finger um die Stuhllehnen, dann entspannte er sich wieder. Hätte Bak nicht auf Anzeichen der Spannung geachtet, wäre ihm der Reflex entgangen. »Was kann ich da noch erzählen? Ich rief meine Offiziere zusammen, um die Reise des Herrn Amun nach Semna durchzusprechen. Nachdem wir an Plänen aufgestellt hatten, was wir konnten, sind sie fort und ich ins Bett gegangen, um zu schlafen.«

»Und deine Tochter? War Herrin Aset auch in ihrem Bett?«

»Natürlich.« Die Antwort kam zu schnell. Die Rechtfertigung erforderte mehr Nachdenken und ein verlegenes Lächeln. »Sie ist längst erwachsen, aber für mich immer noch ein Kind. Ich sehe jede Nacht nach ihr, so wie ich es getan habe, als sie klein war. Ich hoffe, daß du ihr das nicht sagst. Sie wäre darüber nicht erfreut.«

Bak konnte sich die Szene vorstellen, die Aset machte, wenn sie herausfand, daß ihr Vater jede Nacht nach ihr sah. Ihr nachschnüffelte, würde sie es wohl nennen. Er ging zur Tür und rief den Wachmann. »Geh zu den Wohnräumen hinauf und bring Herrin Aset hierher.«

»Du kannst doch nicht ...«

»Setz dich, Kommandant!« Kenamons sonst so sanfte Stimme war voller Autorität. »Leutnant Bak erfüllt seine Pflicht so, wie er es für richtig hält, und du wirst ihn gewähren lassen.«

Woser ließ sich mit bleichem, verkniffenem Gesicht in seinen Stuhl fallen. Kenamon war ein hochstehender Priester, dessen Wünsche man nicht einfach ausschlug. »Du hast weder das Recht noch einen vernünftigen Grund, meine Tochter zu verhören, Leutnant. Sie hat mit dem Mord an Puemre nichts zu tun.«

Bak vernahm das leise Klatschen von Sandalen im Hof und sah sich um. Aset kam die Säulenreihe entlanggelaufen, den Blick auf ihn gerichtet, das Gesicht ebenso angespannt und sorgenvoll wie das ihres Vaters. Der Wachmann folgte dichtauf. Entweder traute er ihr nicht oder, was wahrscheinlicher war, er war einfach neugierig.

Bak wandte sich zu Woser um, die Stimme kaum mehr als ein Flüstern, der Tonfall steinhart. »Wenn du auch nur ein Wort sagst, bevor ich es dir gestatte, dann klage ich dich des Mordes und des Verrats an.«

»Des Mordes und ...« Woser sah erschreckt von Bak zu Kenamon. »Was?«

»Er hat jedes Recht dazu«, sagte Kenamon ernst, »und guten Grund.«

Aset schoß an Bak vorbei, der die Tür halb blockierte. Als sie das angespannte Gesicht ihres Vaters sah, warf sie dem Priester kaum mehr als einen Blick zu. »Was ist geschehen, Vater? Was hat er ...« Sie sah zu Bak. »Was hat er gesagt?«

»Geh und hol Leutnant Nebseny«, befahl Bak der Wache. »Bring ihn her, so schnell du kannst.«

»Ja, Herr.« Der Soldat, dessen Gesicht zum Leben erwacht und dessen Langeweile von Neugierde, Aufgeregtheit und Entschlossenheit ersetzt worden war, wirbelte herum und eilte davon.

Aset sah von einem zum anderen. Daß nun auch noch nach Nebseny geschickt wurde, hatte sie sichtlich verunsichert. Als sie ihren Vater hilfesuchend ansah, schüttelte dieser den Kopf. Ihrem verwirrten Gesichtsausdruck nach konnte sie damit ebensowenig anfangen wie Bak.

»Herrin Aset«, sagte er und wandte sich zu ihr herum. »Dein Vater behauptet, du wärest im Bett gewesen, als Puemre ermordet wurde.« Er hob die Hand, um einer Antwort vorzubeugen, und behauptete: »Das warst du nicht, wie ich weiß, ja du warst nicht einmal in diesem Gebäude.«

»Wer hat das gesagt? Jemand aus der Dienerschaft?« Obwohl ihre Stimme zitterte, reckte sie trotzig das Kinn. »Es ist gelogen. Ich war die ganze Nacht hier, wie mein Vater.«

Kenamon schenkte ihr einen düsteren Blick und setzte zu reden an, aber da waren auf den Steinfliesen draußen schon schnelle Schritte zu hören. Was immer er hatte sagen wollen, er schien es sich für später aufzuheben.

Bak, der Aset beobachtete, sah im Augenwinkel, wie Nebseny grimmig um drei Schreiber herumkam, die mitten im Hof über die Bedeutung einer seltenen Hieroglyphe stritten. Der Verlockung, dem jungen Offizier auf den Nerven herumzutrampeln, war nicht zu widerstehen.

»Ich nehme an, daß Leutnant Nebseny in jener Nacht auch hier war«, höhnte er. »Ich frage mich, ob er wohl dein Bett geteilt hat. Oder war Puemre schon wieder zurück, um dir Gesellschaft zu leisten?«

Nebseny kam durch die Tür geplatzt und riß Bak bei der Schulter herum. »Du Schwein!« Er holte mit der Faust aus, Mordlust in den Augen, und schlug zu.

Bak, den die tollkühne Handlung nur wenig überraschte, blockte die Faust mit dem Arm ab. Mit der Geschwindigkeit langer Übungsstunden packte er Nebseny beim Handgelenk, riß ihn herum und schob ihm die Hand so hoch zwischen die Schulterblätter, daß ihm ein Ächzen entfuhr.

Kenamon schnappte nach Luft, erschüttert von dem Ausbruch der Gewalt. Woser rutschte auf seinem Stuhl nach vorn, im Begriff, seinem jungen Freund zu Hilfe zu eilen. Die Schreiber im Hof kamen schnatternd wie die Eichelhäher herbeigehuscht, um durch die Tür zu glotzen. Der Wachmann stand wie gelähmt da, ohne zu wissen, gegen wen er vorzugehen hatte.

»Tu ihm nicht weh!« flehte Aset. »Bitte!«

Bak fiel ein, wie sie sich über Nebseny gebeugt hatte, als der Bogenschütze und er vor ein paar Tagen ineinandergekracht waren. Wenn er dem jungen Mann nur genug Schmerz zufügte, sagte sie gewiß die Wahrheit. Aber das war nicht sein Stil. Er schob die Hand höher, entlockte ihm ein weiteres Ächzen, und stieß ihn heftig nach vorn. Der Bogenschütze stolperte durch den Raum und fiel zu Wosers Füßen auf die Knie.

Bak bemerkte die Schreiber und den Wachsoldaten bei der Tür. »Laßt uns allein. Hier gibt es nichts zu sehen.«

»Kehrt wieder an die Arbeit zurück«, sagte Woser. Er stand auf und schenkte ihnen ein angestrengtes Lächeln. »Das ist alles nur ein Mißverständnis, mehr nicht.«

Flüsternd zogen die Schreiber sich zurück. Der Wachmann entspannte sich, er schien den Worten seines Kommandanten bereitwillig zu glauben. Bak stand ernst da und schwieg, wartete ab, daß ihnen niemand mehr zuhören konnte.

»Ihr habt von Anfang an gelogen«, sagte er dann, und sein Blick schoß von einem fassungslosen Gesicht zum nächsten. »Nicht nur mich belogen, sondern auch euch gegenseitig. Jetzt will ich die Wahrheit wissen.«

»Bitte erklärt euch endlich«, sagte Kenamon. »Wenn ihr nicht bald offen und ehrlich sprecht, fürchte ich um ganz Wawat und das Land Kemet selbst.«

Das Gesicht umwölkt von Sorge und Verwirrung, sank Woser in seinen Stuhl zurück und sah den alten Priester an. Nebseny stand auf, starrte Bak an, seinen Kommandanten, Aset; seine Verwirrung kämpfte mit dem Zorn und der Scham über seine rasche Niederlage.

»Wir waren alle drei hier in diesem Haus«, sagte Aset mit deutlicher Herausforderung in der Stimme. »Du kannst nichts anderes beweisen.«

Bak wünschte, er hätte das Recht gehabt, sie vor sich knien zu lassen, mit entblößtem Rücken, und sie mit einem dünnen Akazienzweig auszupeitschen. Sie zwang ihm einen Schritt mehr auf, als er eigentlich hatte gehen wollen. »Kommandant Woser, Leutnant Nebseny, ihr seid des Mordes an Leutnant Puemre angeklagt sowie des versuchten Verrates am Königshaus.« Er sprach mit harter und kalter, fast durchdringender Stimme. »Und du, Herrin Aset, wirst dich wegen Beihilfe vor dem Vizekönig zu verantworten haben.«

Nebseny schnaubte. »Du mußt verrückt sein.«

»Keine Beleidigungen, junger Mann«, sagte Kenamon ruhig. »Wir wissen, daß Puemre Kenntnis von einer Verschwörung hatte, die fälschlicherweise dem Königshaus zur Last gelegt werden und in diesem Lande Wawat jeden nur erdenklichen Schaden anrichten könnte.«

»Die Anklage ist ein Witz.« Woser sah Bak finster an. »Du fürchtest dich dermaßen vor Puemres Vater, willst dermaßen verzweifelt einen Mörder vorweisen, daß du wie wild um dich schlägst.«

Der alte Priester schüttelte traurig den Kopf. »Mein Herz blutet für dich, Kommandant. Du würdest jederzeit das Leben für deine Tochter geben, und doch verschließt du die Augen vor der Wahrheit.«

»Woher soll ich wissen, was die Wahrheit ist? Dieser sogenannte Polizist hat mir keine weiteren Einzelheiten verraten.«

»Hast du es denn verdient, ins Vertrauen gezogen zu werden?« donnerte Bak. »Du hast versäumt, Puemres Tod zu melden, und hast mir von dem Augenblick an, als ich durch das Tor dieser Stadt kam, nur Steine in den Weg gelegt.« Er durchquerte den Raum, schwang herum, kam zurück und baute sich direkt vor dem Kommandanten auf. »Ich würde gern glauben, daß du damit bloß deine Tochter schützen wolltest, dieses dumme, junge Ding, das immer seinen Willen bekommt, weil es genau weiß, wie es mit dir umzugehen hat, dieses dumme Kind, das die Herrin Maat höchstselbst belügen würde, wenn es damit nur dich und seinen Verlobten schützen kann.« Er schwang zu Aset herum und schnappte: »Kannst du diese Anklage leugnen, Herrin?«

Sie reckte den Kopf und verweigerte jede Antwort. Nebseny sah sie an, und Röte zog über sein Gesicht, als hatte er zum ersten Male gemerkt, daß sie wirklich etwas für ihn empfand. Woser wand sich in seinem Stuhl, beschämt von einer so großen Schwäche in seinem Herzen und seinem Zuhause.

»Auf Verrat steht die Todesstrafe, Kommandant.« Bak sprach mit drohender Stimme und hoffte, daß Woser ihn nicht zwang, Farbe zu bekennen.

»Ich habe weder meine Götter verraten noch mein Land, und ich wüßte nicht, wie sich das Gegenteil beweisen ließe.« Woser schloß resigniert die Augen. »Aber der Vorwurf, ein so abscheuliches Verbrechen begangen zu haben, würde ruinieren, was von meinem Leben noch übrig ist, und das meiner Tochter und des Mannes, der für mich wie ein Sohn ist, gleich mit. Ich werde euch alles sagen, was ihr wollt.«

»Vater!«

Woser brachte das Mädchen mit einer Handbewegung zum Schweigen. »Wie du vermutet hast, Leutnant, habe ich in der Nacht, als Puemre ermordet wurde, meine Residenz verlassen, kurz nachdem meine Offiziere sich verabschiedet hatten. Ich ging in die untere Stadt hinab, zu einer Frau, die dir bestätigen wird, daß ich die Nacht über bei ihr war. Ihre Diener wissen über mein Kommen und Gehen Bescheid, sie werden ebenfalls für mich bürgen. Ebenso die Wache in diesem Teil der Stadt.«

Aset starrte ihn mit offenem Mund an. Wenn es Bak nicht soviel Anstrengung gekostet hätte, Woser zum Reden zu bringen, hätte er gelacht, doch da er fürchtete, seinen hart erkämpften Vorteil wieder zu verlieren, unterdrückte er den Drang.

Woser schenkte dem Mädchen ein schiefes Lächeln. »Selbst ich brauche ein eigenes Leben, meine Tochter.«

Sie brachte ein schwaches Lächeln zustande. »Ach, Vater, ich hatte solche Angst! Ich wußte, daß du in jener Nacht nicht in deinem Bett geschlafen hast, und ich dachte ...« Sie senkte den Blick und errötete. »Ich dachte, du hättest diese abscheulichen Gerüchte über ...« Ihr versagte die Stimme, sie schluckte schwer.

Sein Gesicht wurde ernst. »Als ich bei Dämmerung durch das Südtor kam, sah ich dich durch die Straßen eilen, ohne eine Frau an deiner Seite, die dich heil nach Hause bringt.« Seine rauhe Stimme brachte ans Licht, wie ungern er eine Frage stellte, vor deren Beantwortung er sich fürchtete. »Wo bist du gewesen?«

»Ich war bei den Baracken und habe Nebseny gesucht.«

Nun war es an Nebseny, mit offenem Mund dazustehen.

»Ich habe über eine Stunde auf dich gewartet und mit

den Männern geredet, die auf Wache waren.« Sie sah ihn kurz und schuldbewußt an. »Sie sagten, daß du wieder mit Puemre gestritten hättest und es fast zu Handgreiflichkeiten gekommen wäre. Später erfuhr ich, daß er dich beschuldigt hat, deine Männer von einem Scharmützel zurückgezogen zu haben, bei dem er dringend Hilfe gebraucht hätte, aber zu der Zeit dachte ich ... Nun, du kannst dir sicher denken, was ich dachte. Darum habe ich ihnen schließlich das Versprechen abgenommen, niemandem von meinem Besuch zu erzählen.«

Nebseny schenkte ihr ein bitteres Lächeln. »So schlecht denkst du von mir, daß du mir zutraust, mich von hinten an ihn heranzuschleichen und umzubringen, statt mich ihm entgegenzustellen, wie es sich für einen Mann gehört.«

»Tu ich nicht!« weinte sie. »Ich weiß nur, daß du nicht da gewesen bist, wo du hingehört hättest: in den Baracken, im Bett.«

»Ich war auf dem Festungswall und bin immer wieder hin und hergelaufen. Ich hatte von den Gerüchten gehört, die in den Baracken kursierten. Ich versuchte, den Mut aufzubringen, deinem Vater zu sagen, daß ich nicht den Rest meines Lebens in schmutzigen Laken verbringen will.«

Aset senkte den Kopf, bedeckte ihr Gesicht mit den Händen.

»Dann müssen die Wachen dich gesehen haben«, sagte Bak.

Nebseny nickte, den Blick auf seine Verlobte gerichtet, die ihm weit wichtiger war als sein Alibi. Zögernd ging er zu ihr und nahm sie in die Arme. »Nicht weinen, meine Geliebte. Deine Dienerin Meret ist inzwischen bei mir gewesen. Sie hat mir versichert, daß die Geschichten reine Erfindung sind.«

Aset klammerte sich an ihn und verbarg ihr Gesicht an seiner Brust.

Woser, der das Paar mit sichtlicher Erleichterung und

einer müden Befriedigung betrachtete, mußte Baks prüfenden Blick bemerkt haben. Er sah zu dem Mann auf, der ihn gerade erst so in die Enge getrieben hatte, und lächelte zaghaft. »Ich bin dir mehr als Antworten schuldig, Leutnant. Wie kann ich dir behilflich sein?«

»Dem Prinzen schien es während des Nachtlagers besser zu gehen, aber kaum war die Karawane heute morgen wieder auf dem Weg, da bekam er einen neuen Anfall.« Der Bote, ein kleiner, drahtiger junger Mann, stand in Habachtstellung und wiederholte die Botschaft, die ihm aufgetragen worden war. Schweiß lief ihm das Gesicht hinab und grub Rinnen in den Staub auf seiner Haut. »König Amun-Psaro hat vorgehabt, Iken bei Einbruch der Nacht zu erreichen. Er ist höchst betrübt über die Notwendigkeit, die Reise so nah und doch so fern wieder unterbrechen zu müssen.«

Bak runzelte die Stirn und versuchte enttäuscht auszusehen, damit seine Erleichterung über den Aufschub verborgen blieb, der für ihn und die Männer herauskam, die sich auf der Inselfestung abrackerten. Kenamon, so stand zu befürchten, würde krank vor Sorge über die Verzögerung werden, bis er seinen Patienten zu Gesichte bekam; aber so gut wie jedem anderen in Iken mußte die Ruhepause willkommen sein.

Woser sah mit ernstem Gesicht nach Süden über die Wüste hinweg, als konnte er im fernen Dunst das kuschitische Lager ausmachen. Ein Windstoß ließ einen Staubwirbel den schmalen Wehrgang entlangtanzen und peitschte ein trockenes, zerfetztes Blatt über die Brustwehr.

Sie standen oben auf dem gewaltigen äußeren Wall der Festung. Da Bak es vorgezogen hatte, die Bedrohung von Amun-Psaros Leben unter größerer Geheimhaltung zu besprechen, als im Palast gegeben war, hatte Woser ihm vorgeschlagen, ihn auf einer seiner regelmäßigen Überraschungsinspektionen zu begleiten. Bak, der nicht gemerkt hatte, wie heiß und drückend es geworden war, hatte bereitwillig zugestimmt. Inzwischen bereute er, nicht einen Spaziergang am Fluß vorgeschlagen zu haben.

»Du mußt Amun-Psaro ausrichten, daß mein Herz mit Enttäuschung erfüllt ist«, sagte Woser zu dem Boten. »Ich hatte gehofft, ihn heute in Iken begrüßen zu können. Da jedoch die Gesundheit des Prinzen wichtiger als alles andere ist, verstehe ich die Notwendigkeit, seine Ankunft zu verschieben. Ich werde zum Herrn Amun eilen und inbrünstig beten, daß das Kind morgen wieder reisen darf.«

»Da spricht ein wahrer Diplomat«, grinste Bak, nachdem der Bote davongeeilt war.

Woser schenkte ihm ein kurzes Lächeln. »Die viel zu vielen Jahre an der Grenze und der Umgang mit all den Botschaftern von Königen und Königinnen haben meine Zunge so glatt gemacht wie die einer Hofschranze.«

Sein Blick wandte sich dem letzten Wachtposten zu, den es zu inspizieren galt, einen hartgesotten wirkenden Mann von annähernd vierzig, den die vielen Jahre in der Sonne knusprig braun gebrannt hatten. Der Mann ging vor seinem Kommandanten in Habachtstellung, den Blick auf einen fernen Punkt gerichtet. Ernst und kompetent wirkend, überprüfte Woser Kleidung, Waffen und Gesundheitszustand.

Während Bak wartete, lehnte er sich mit den Ellbogen auf die dicke Lehmziegelmauer und sah auf die Wüste hinaus. Die gelbbraune Ebene erstreckte sich, soweit das Auge reichte, hier und dort von dunklen Graten und Kuppen hervortretenden Granits unterbrochen. Der starke Westwind wirbelte feinen Sand auf, tauchte den Himmel in ein blasses Gelb und verhüllte die Sonne mit einem Schleier. In der Ferne waren Himmel und Erde nicht mehr voneinander zu unterscheiden, alles ging ineinander über. Ein Tuch aus Schweiß und Staub bedeckte Baks Leib, und er konnte die Wüste auf der Zunge schmecken, die winzigen Stücke versengten und abgeschliffenes Steines, die der Wind aus fernen Ländern herübertrug. Unter den breiten Perlenarmbändern juckte seine Haut. Er sehnte sich nach einem Bad, und glücklicherweise hatte er nun vielleicht bald Zeit dafür.

Der Wachtposten ging weiter, und Woser kam neben Bak getreten. »Ich denke immer gern, daß mir in dieser Garnison nichts verborgen bleibt.« Sein Gesicht war von Sorge und Selbstvorwürfen verdüstert. »Wie konnte ich eine Verschwörung gegen Amun-Psaro übersehen?«

Bak sah ihn nicht gerade mit Mitgefühl an. »Hast du Huy und deinen anderen Offizieren tatsächlich gesagt, daß sie sich mir in den Weg stellen sollen?«

Woser besaß den Anstand zu erröten. »Ich machte ihnen klar, daß der Mörder uns allen meiner Meinung nach einen Gefallen getan hat. Mehr habe ich nicht gesagt.«

»Mit anderen Worten, du hast ihnen eine bequeme Rechtfertigung für ihren Unwillen und ihre mangelnde Hilfsbereitschaft geliefert.« Bak hörte den Vorwurf in seiner Stimme und begriff, daß er die Angelegenheit auf sich beruhen lassen mußte oder riskierte, sich dem Offizier, dessen Zusammenarbeit er dringend benötigte, wieder zu entfremden.

»Was meinst du, wieviele beteiligt sind?« fragte Woser.

»Einer, wenn man den Skizzen des taubstummen Jungen trauen darf. Und ich bin mehr denn je bereit, ihnen zu glauben.« Bak konnte nicht umhin, hinzuzufügen: »Besonders nun, da ich die Alibis von Nebseny und dir überprüft habe und genau weiß, daß ihr beide unschuldig seid. Die Vorstellung einer Verschwörung hat mir nie gefallen.«

Woser wandte sich ab, die Schultern hochgezogen, die Hände hinterm Gesäß verschränkt, und ging das kurze Stück des Wehrganges bis zum Eckturm hinauf. Bak starrte auf seinen Rücken, plötzlich wieder von Zweifeln erfüllt, von der Frage, wie ein Mann allein hoffen konnte, einen König zu ermorden, einen Mann, der stets von Wachen und Dienern umgeben war. Könnte ich falsch liegen, fragte er sich. Habe ich die eine Verschwörung des Schweigens nur aufgedeckt, um gleich auf die nächste zu stoßen?

Woser kam zurück, mit unglücklichem, doch entschlossenem Gesicht. »Ich kenne meine Stabsoffiziere seit vielen Jahren, Leutnant, und ich bezeichne jeden einzelnen von ihnen als einen Freund. Aber wenn du es wünschst, gebe ich dir einen ungestörten Ort und schicke sie einzeln zu dir. Ich gebe dir die Erlaubnis, sie zu fragen, was du willst. Benutze den Stock, wenn es sein muß.«

Jedweder Zweifel, den Bak über den Kommandanten gehabt haben mochte, fiel in sich zusammen. »Da Amun-Psaro in der Wüste bleibt, habe ich noch einen Tag Aufschub. Vielleicht sind die Götter mir gewogen, und ich kann die Anzahl meiner Verdächtigen auf einen zusammenstreichen, bevor der König in die Stadt marschiert. Wenn nicht, werde ich dein Angebot wohl leider annehmen müssen.«

15. Kapitel

»Amun-Psaro sollte nie einen Fuß in diese Mauern setzen.« Bak sagte das, als machte das Aussprechen den Gedanken zu einer ernsthaften Möglichkeit. »Es gibt viel zu viele Dächer hier, zu viele unbewohnte Häuser und Ruinen.«

Halb oben auf der offenen Treppe stehend, die den Palast des Kommandanten mit den Wehranlagen verband, sah er stirnrunzelnd auf die Stadt hinab, die sich unter ihm erstreckte, ein Flickenteppich aus weißen Dächern, engen, sengendheißen Straßen und kleinen, schattigen Höfen. Mehrere der Blocks sahen aus, als hatte eine riesige Maus willkürlich an ihnen herumgeknabbert und hier eine Lehmwand zum Einsturz gebracht und dort ein ganzes Haus. Hitze stieg von dem flachen, weißen Dach unter ihm auf, trocknete die Schweißperlen auf seiner Haut. Von einem nahegelegenen Dach wehte der Geruch der nassen Tiefen hinüber, dort hatte ein Nachbar seinen morgendlichen Fang zum Trocknen ausgelegt.

Kenamon, der mit Woser, Imsiba und Nebseny am Fuße der Treppe stand, beschattete seine Augen mit der Hand und sah zu dem hohen Wall der Zitadelle hinüber, der über dem Haus der Hathor und der kleinen Gestalt eines Wächters dräute, der auf den Wehrgängen über dem Tempel Patrouille lief. »Die Gänge dort oben wollen mir gar nicht gefallen«, sagte er, und die Besorgnis ließ seine Stimme weinerlich klingen. »Sie scheinen der ideale Platz, um einen ganzen Köcher von Pfeilen hintereinander abzuschießen.«

»Auf den Wehranlagen werden nur die absolut vertrauenswürdigsten Männer patrouillieren«, erklärte Woser entschieden. »Aus der Ecke droht ihm keine Gefahr, das kann ich dir versichern.«

Bak stapfte die Treppe zum Dach hinab. »Du tätest gut daran, dort oben ein paar Bogenschützen aufzustellen«, sagte er zu Nebseny, »Männer mit ruhigen Armen und weiter Reichweite. Männer, denen du bei deinem Leben traust.«

Der junge Offizier, der sich an den plötzlichen Wandel im Umgang mit Bak noch nicht gewöhnt hatte, wurde rot. »Da habe ich genau die richtigen: zwanzig Bogenschützen und einen Feldwebel, die gerade erst aus dem fernen Land Naharin gekommen sind. Sie hegen ganz sicher keinen Groll gegen einen König aus Kusch.«

»Wunderbar.« Bak ging zum Rand des Gebäudes und sah zu einer graugetigerten Katze hinab, die im Schatten eines Torweges lag und fünf wuschelige Kätzchen säugte, deren Augen sich noch nicht geöffnet hatten. Die anderen Offiziere und er waren auf eine Vorsichtsmaßnahme gekommen, die etliche andere überflüssig machen würde, aber um mit einem religiösen Brauch zu brechen, benötigten sie Kenamons Zustimmung. Seit sie sich in Wosers Büro versammelt hatten, waren sie um den heißen Brei herumgestrichen, und Bak wußte immer noch nicht, wie er am besten fragen sollte. »Ich glaube nicht, daß der Prinz in Gefahr ist...«, er sah zu Imsiba, »... ihr müßt ihn gut bewachen, deine Männer und du.«

Imsiba hatte selten so ernst ausgesehen. »Wir werden

Tag und Nacht bei ihm bleiben, mein Freund. Er wird nicht einen Moment allein sein.«

»Es ist Amun-Psaro, um den ich mir Sorgen mache«, grummelte Woser und vermied sorgsam, Kenamon dabei anzusehen. »Wir haben jede erdenkliche Vorsichtsmaßnahme getroffen, aber die Sicherung ist lückenhaft.«

»Und das wird sie auch bleiben, es sei denn ...« Nebseny sah zu Bak hinüber, ohne den Satz zu beenden, und lud die Last vollständig auf seine Schultern.

Bak konnte nicht länger ausweichen. »Auf der Inselfestung wird Amun-Psaro in Sicherheit sein. Dort brauchen wir uns überhaupt keine Sorgen zu machen. Das schwache Glied in unserer Kette der Verteidigung – und glaub mir, mein Onkel, es ist mehr als schwach – ist die Fahrt von der Insel zum Hafen und der Marsch durch die Stadt zum Tempel. Solange der Prinz nicht gesund ist, wird das Leben des Königs jeden Tag zweimal auf dem Spiel stehen.«

Kenamon kniff die Lippen zusammen. »Worauf willst du hinaus?«

Aus dem resoluten Blick des alten Mannes konnte Bak schließen, daß er längst ahnte, was die Offiziere von ihm wollten. »Würdest du uns gestatten, auf der Insel einen Schrein zu errichten und den Herrn Amun dort zu beherbergen?« Seine Stimme wurde leidenschaftlich vor Überzeugung. »Bitte willige ein, mein Onkel, ich flehe dich an. Dann können der König und sein Sohn Tag und Nacht zusammensein, vor jeder Bedrohung sicher, statt daß es zweimal am Tag durch Straßen geht, die schwer bis unmöglich abzusichern sind.«

Der ältliche Priester schüttelte todernst den Kopf. Doch anstatt sofort rundweg abzulehnen, verschränkte er die Hände hinter dem Rücken und begann das Dach entlangzugehen, den Kopf nachdenklich gebeugt.

Unten in der Straße erklang ein Fauchen. Bak sah sich um und entdeckte einen orangefarbenen Kater, der sich an die getigerte Katze und ihre hilflosen Jungen heranschlich.

Sie fauchte ihn an, mit einem Buckel und einem Schwanz, der sich zu seiner doppelten Größe aufgeplustert hatte. Der Kater ließ sich überhaupt nicht stören, sein Schwanz zuckte hin und her, so erpicht war er darauf, eines der winzigen, blinden Geschöpfe zu stehlen. Bak ergriff das erstbeste, was ihm in die Hand kam, eine steinerne Spindel, und schmetterte sie über dem Kater gegen die Wand. Er schreckte hoch, machte noch in der Luft kehrt und schoß davon.

»Es tut mir leid, mein Sohn.« Mit ernster, unglücklicher Miene tätschelte Kenamon ihm die Schulter, wie er es bei seinem Lieblingsschoßtier getan hätte. »Der Herr Amun muß im Haus der Hathor bleiben.«

Warum, wollte Bak fragen. Ist ein Schrein ihm nicht mehr gut genug, jetzt wo er ein großer und mächtiger Gott ist? »Wir nehmen uns den angesehensten Tischler von Iken, um den Schrein zu bauen, und den talentiertesten Goldschmied, um ihn zu belegen. In einer ruhigen Ecke aufgestellt, wird der Herr Amun in ihm sicher und wohlbeschützt vor Mensch und Tier und den Elementen sein. Er wird es dort viel bequemer haben, denn ihm wird die ganze Festung gehören und nicht nur ein kleiner Raum in einem Tempel, den er sich teilen muß.«

Kenamon schenkte ihm ein zärtliches Lächeln. »Du sprichst mit einer goldenen Zunge, mein Junge, aber der oberste Seher hat mir persönlich gesagt, daß der Gott bei der Herrin Hathor weilen muß.«

Mit einem unterdrückten Fluch sah Bak die anderen an. Woser guckte enttäuscht, und Imsiba und Nebseny schienen unfähig, sich etwas besseres auszudenken. Er kniete sich an den Rand des Daches und starrte in die Gasse hinab, um Zeit zum Nachdenken zu gewinnen. Es mußte eine Möglichkeit geben, um diese Anweisung herumzukommen. Die Kätzchen waren inzwischen allein und nur noch zu dritt. Wo steckte ihre Mutter? War der Kater doch noch zurückgekehrt und hatte die beiden anderen geraubt?

Jede Regel konnte gebrochen werden. Man mußte nur

einen Weg finden, daß niemanden irgendeine Schuld traf. Die Katzenmutter kam aus den Schatten des Hauses, hob ein Kätzchen am Nackenfell hoch und schlich wieder zurück. Sie brachte ihre Kleinen an einen neuen, einen sichereren Ort.

Ein Lächeln breitete sich auf Baks Gesicht aus, und er richtete ein stilles Dankesgebet an die Herrin Bast, die Katzengöttin. »Und wenn wir auf der Insel noch einen zweiten Schrein für die Herrin Hathor errichten?« Er hob eine weitere Spindel auf, die zerbrochen war, und behielt die Gasse im Auge, um sicherzugehen, daß der Kater seine unschuldige und jetzt ungeschützte Beute nicht doch noch bekam. »Es wäre ein neues Haus, aber von angemessener Größe. Würdest du dann zustimmen, den Herrn Amun dorthin zu bringen?«

Imsiba und die anderen Offiziere kämpften schwer, angesichts dieser unverfrorenen Idee nicht loszulachen. Sie starrten Kenamon an und nickten. Der Priester, dessen Mundwinkel vor unterdrücktem Schmunzeln zuckten, ging zum Rand des Daches und sah in die Gasse hinab. Die Katzenmutter kam aus dem Haus geschlichen und hob ein weiteres Kätzchen auf. Kenamon begann schallend zu lachen. »Gegen eine so verheißungsvolle Einmischung der Herrin Bast könnte nicht einmal der oberste Seher höchstselbst etwas einzuwenden haben.«

Paschenuro rollte die Augen himmelwärts. »Erst gibst du uns einen Tag zusätzlich, damit wir nicht so ackern müssen, und dann sollen wir dir auch noch einen Schrein bauen. Hört das denn nie auf?«

Die Leichenbittermiene des Medja brachte Bak zum Lachen. »Du solltest wie ich heilfroh sein, daß wir so leicht davonkommen. Sobald die Festung bewohnbar ist und Amun-Psaro und der Herr Amun hier angekommen sind, haben sich die meisten unserer Sorgen erledigt.«

»Wir werden bis weit in die Nacht schuften müssen, fürchte ich.«

Als Bak klar wurde, welch gewaltige Verantwortung er Paschenuro aufgebürdet hatte, ernüchterte er. »Woser ist gerade dabei, einem Tischler und einem Goldschmied zu erklären, was sie zu tun haben. Minnakht sucht nach den besten Hölzern der Stadt, und Nebseny plündert die Schatzkammer. Alles, was ihr zu tun habt, ist, uns im geschütztesten Winkel der Festung einen sauberen, geraden Sockel zur Verfügung zu stellen.«

Unbewußt folgten sie mit den Augen den kleinen Sandwirbeln, die über den Boden fegten. Sobald der Nordwall ausgebessert war, würde dort die windstillste Ecke sein.

Nachdem sie entschieden hatten, wo der Schrein stehen sollte, wanderten sie an den Wällen entlang, überprüften die erledigte Arbeit und besprachen die Anstrengungen, die noch unternommen werden mußten. Der Boden war vom einen Ende zum anderen gesäubert worden, der Schutt fortgeschleppt. Ein halbes Dutzend Männer glätteten Unebenheiten und füllten Löcher aus. Zwei trimmten die Grünpflanzen und schnitten zu tief hängende Äste ab. Vom Koch und seinen Gehilfen abgesehen, hatten die restlichen Männer sich auf den Gerüsten und Leitern am langen Westwall verteilt, von Seilen gesichert. Sie lachten und scherzten und stritten, schimpften auf Paschenuro und sogar auf Bak. Sie waren Männer, die eine Arbeit genossen, die bald hinter ihnen lag, eine Arbeit, auf die sie stolz sein konnten und die sie nie wieder würden verrichten müssen.

Bak war zufrieden mit den Männern und ihren Anstrengungen, und er sagte es ihnen auch. Was Paschenuro anging, so leistete Bak einen stillen Schwur, seine Sache Kommandant Thuty vorzulegen, sobald sie wieder in Buhen waren. Der Medja war es wert, zum Feldwebel befördert zu werden.

»Ich dachte, du solltest der erste sein, der es erfährt.« Bak, der vor Selbstzufriedenheit fast platzte, prostete Inyotef zu. »Als der Mann, der Tag für Tag dafür verantwortlich gewesen wäre, Amun-Psaro über den Fluß zu setzen, wärst du seinen ganzen Aufenthalt über sein Sklave gewesen.«

Einer der Schiffer und Soldaten, die auf dem Boden von Sennufers Freudenhaus beim Knöchelspiel im Kreis saßen, brüllte heiser. Gelächter war die Antwort, und jemand entlockte einem Hocker mit den Fäusten einen Trommelwirbel. Hinter dem schweren Vorhang, der vor die Tür zum Brauraum gezogen war, kicherte eine Frau.

Inyotef bedachte die Spieler mit einem gequälten Blick. »Dann schulde ich dir schon wieder einen Krug Bier, scheint's.«

Bak griff nach seinem Krug und stellte ihn Kopf, ohne daß etwas passierte. Er hielt ihn hoch und bedeutete Sennufer, Nachschub zu bringen. »Den Gott und den König an derselben Stelle zu haben, ist für alle angenehmer – und sicherer.«

Inyotef hob eine Braue. »Daß die Sicherheit dabei eine Rolle spielt, kann ich mir gar nicht vorstellen. Doch nicht hier in Iken. In ganz Wawat gibt es nur eine Stadt, in der noch weniger zu befürchten wäre, Buhen.«

Am liebsten hätte Bak seinem Freund von dem drohenden Attentat auf Amun-Psaro erzählt, aber das war unmöglich, solange er ihn noch nicht von seiner Liste der Verdächtigten gestrichen hatte. »Hast du denn nicht von dem Kind gehört, dem mitten auf dem Marktplatz die Kehle aufgeschlitzt worden ist? Ich möchte gar nicht an die Folgen denken, wenn so etwas Amun-Psaro oder jemandem aus seinem Gefolge zustößt.«

»Ich habe von dem Jungen gehört.« Inyotef tat einen langen, bedauernden Seufzer. »Schrecklich, wenn jemand so jung und auf solche Weise sein Leben lassen muß. Er soll Puemres Diener gewesen sein.«

Bak merkte, daß das eher eine Frage als eine Feststellung war, aber er hatte Inyotef nicht zum Freudenhaus gebracht, um Auskünfte zu geben. »Erzähl mir, was du von Senu weißt.«

Ein benebelter, nackter Mann schob den Vorhang zur

Seite und stolperte aus dem Brauraum, seine Geschlechtsteile mit einem zerknüllten, schmutzigen Schurz bedekkend. Gleich danach kam eine dürre, junge Frau, die sich ein zerknittertes Kleid den stattlichen Hintern hinunterschob. Während das Paar im Gänsemarsch durch den Raum und zur Tür hinaus schwankte, brüllten die Spieler, klopften sich auf die Schenkel, johlten.

»Dein Sinn für Freudenhäuser ist noch nie langweilig gewesen«, lachte Inyotef, »aber der Ehre halber muß ich dir sagen, daß du ihn noch um einiges verfeinern solltest.«

Bak grinste. »Wie du gestern so schön gesagt hast, ich bin Polizist.«

Der Lotse betrachtete ihn über den Rand seiner Trinkschale hinweg, als vermutete er, aufgezogen zu werden. Dann zuckte er mit den Schultern und trank. »Wenn du meinst, daß Senu Puemre ermordet hat, dann mußt du dir etwas neues einfallen lassen, mein junger Freund. Er ist ein anständiger Mensch und ein guter Soldat. Ich wüßte niemanden, den ich auf dem Schlachtfeld lieber an meiner Seite hätte.«

»Wirklich ein großes Lob.« Bak rückte seinen Hocker zurecht, um das Gesicht seines Gefährten in der Düsternis besser sehen zu können. »Habt ihr auch nach Feierabend miteinander zu tun?«

Die Knöchelchen prasselten über den Boden. Ein Spieler jauchzte vor Freude, seine Gegner ächzten.

Inyotef verzog mißbilligend das Gesicht, ob wegen der Störung oder wegen der Frage, blieb unklar. »Senu hat eine Frau aus dieser verfluchten Wüste geheiratet. Er hat Kinder gezeugt, die nichts anderes kennen als Iken und den Bauch der Steine. Er hat sich sogar eine der größeren und fruchtbareren Inseln genommen und zieht Feldfrüchte auf wie ein Einheimischer.« Inyotef lachte scharf und spöttisch. »Wir reden nie über etwas anderes als unsere Arbeit. Ich habe nicht behauptet, daß wir uns gut kennen.«

Bak hörte Bitternis und Neid heraus, Eigenschaften, die ihn unangenehm berührten, besonders bei einem Freund.

»Wie der Rest von euch hat auch er deutlich gemacht, Puemre gehaßt zu haben. Und das anscheinend aus gutem Grunde.«

Inyotef schnaubte. »Er lebt nur für sein Zuhause. Das Soldatentum ist nicht mehr als eine Arbeit, die ihm das Brot auf den Tisch bringt. Wenn er nicht so sehr mit seiner Familie beschäftigt gewesen wäre, hätte er mitbekommen, daß Puemre auf seine Einheit aus war, und der Sache einen Riegel vorgeschoben.«

Nach dem, was Bak über Puemre gehört hatte, war zu bezweifeln, daß ihn irgendeine Vorsichtsmaßnahme lange hätte aufhalten können. »Senu macht kein Geheimnis daraus, daß er nur ungern Wachoffizier ist. Ist er mit dem Verlauf seines Lebens und seiner Karriere ebenso unzufrieden?«

»Ich respektiere ihn«, sagte Inyotef vorsichtig, »und von dem abgesehen, was ich gerade gesagt habe, mag ich ihn auch. Er ist kein Mann, der jemanden hinterrücks ermordet, das kann ich dir versichern.«

Bak konnte das »Aber« bereits hören.

»Aber er ist«, fuhr Inyotef fort, »wie jeder von uns das Opfer der launischen Götter geworden, besonders in seinen jungen Jahren.«

»Auf Pech folgt Glück wie der Tag auf die Nacht«, gab Bak einen Gemeinplatz von sich, den eine ältliche Tante ständig gepredigt hatte, eine abscheuliche Banalität, die aber manchmal ganz nützlich war. »Du jedoch stellst Senu als ein Opfer dar, was aus dem Glücksversprechen eine Lüge macht.«

»Er bekam die goldene Fliege verliehen, aber die Freude darüber währte nur kurz.«

Bak sah seinen Freund aus schmalen Augen an. »Sag mir, was du weißt, Inyotef. Tanz nicht um den heißen Brei herum und hör auf, mich mit Andeutungen zu reizen.«

»Es passierte vor langer Zeit während unseres Krieges gegen Kusch. Er war gerade erst Feldwebel geworden und noch unerfahren.« Inyotef starrte in seine Trinkschale, als widerstrebte es ihm zu reden, wirbelte das Bier herum, daß die Hefe nach oben stieg. »Er ... er hat Anordnungen mißachtet, hörte ich, und seiner Einheit befohlen, die kuschitische Armee zu verfolgen. Die meisten seiner Männer wurden erschlagen, aber sie hielten dem Feind lang genug stand, daß eine frische und größere Streitmacht hinzukommen und ihnen helfen konnte, die Schlacht zu gewinnen.« Der Lotse hielt inne, sah Bak mit einem traurigen Lächeln an. »Seine Tapferkeit trug ihm die goldene Fliege ein, aber sein Ungehorsam dämpfte, was eine glorreiche Laufbahn hätte werden können. Nun weißt du, warum er verbittert ist.«

Die Geschichte entsprach der, die Senu erzählt hatte, aber sie besaß eine andere Färbung, die ihn tollkühner erscheinen ließ und als eine Gefahr für seine eigenen Leute. Bak hatte Senus Verbitterung zwar bemerkt, aber er hatte sie auf die Verluste von Menschenleben zurückgeführt und nicht auf eine ruinierte Karriere, wie Inyotef es tat. Die Wahrheit lag zweifelsohne irgendwo dazwischen. Was die Frage anging, ob Senu nun einen Grund hatte, Amun-Psaro zu ermorden, oder nicht, so schien Bak ihrer Beantwortung nicht nähergekommen zu sein.

»Wann triffst du dich mit Huy?« fragte Inyotef.

»Nachmittags.« Bak sah zum Himmel hinauf. Die Sonne, eine goldene, von dem gelblichen Dunst in der Luft vergrößerte Scheibe, hatte ihren Zenit gerade erst durchlaufen. Damit blieb ihm noch mindestens eine Stunde, um Minnakht und seine Leute mit einer letzten Ladung gebrauchter Ziegel zur Insel zu schicken. Er fügte mit einem Lachen hinzu: »Woser hat ihm heute morgen gesagt, daß die Männer mit der Arbeit fast fertig sind. Er möchte das Wunder mit eigenen Augen sehen.«

Ein kurzes Lächeln flackerte über Inyotefs Gesicht. »Ich wollte eigentlich mit euch hinüberfahren, aber ihr fahrt so spät ab, daß ich es nicht mehr schaffe.«

Sie bogen vom Pfad ab und traten ein paar Schritt hinter

dem Nordpier ans Ufer. Bak nickte zu dem gedrungenen Lastkahn hinüber, der nahebei vertäut lag und dessen mit breiten Balken versehener Rumpf nur wenig aus dem Wasser ragte. »Du bringst das Kornschiff nach Askut hinauf?« Askut war eine Inselfestung etwa auf halbem Wege zwischen Iken und Semna.

»Erst in ein oder zwei Tagen.« Erneut ließ Inyotef ein Lächeln aufblitzen. »Der Kapitän und seine Mannschaft möchten dabeisein, wenn Amun-Psaro in die Stadt marschiert. Ich kann ihnen gar keinen Vorwurf machen. Die Ankunft des Herrn Amun dürfte neben dieser farbenprächtigen, über die halbe Wüste verteilten Karawane ziemlich blaß aussehen.«

Bak war froh, daß Kenamon nicht mitbekam, wie schlecht der Gott im Vergleich mit einem Stammeskönig aus dem elendigen Kusch abschnitt. Er kniete nieder und spritzte sich Wasser ins Gesicht und auf Brust und Schultern. Es war nicht das Bad, das er sich erhofft hatte, aber es mußte genügen. »Wenn du gar kein Schiff zu lotsen hast, was ist dann so wichtig, daß du nicht mit uns kommen kannst?«

Inyotef schlüpfte aus seinen Sandalen und watete bis zu den Knien ins Wasser. »Ich möchte die Schnellen weiter flußab überprüfen. Wenn ich weiß, wie hoch der Fluß gestiegen ist, dann kann ich abschätzen, wie lange es noch dauert, bis die Felsen so tief im Wasser liegen, daß ein Schiff darüber hinweggetragen wird.«

Bak nickte verstehend und stand auf. »Dann bis morgen früh. Ich glaube nicht, das Amun-Psaro vor Mittag eintrifft, also hast du mehr als genug Zeit, dir unser Werk anzusehen, bevor du gebraucht wirst, um ihn überzusetzen.«

»Ich freue mich schon darauf.«

»Dieses Schwein!« Bak starrte wütend auf sein Boot hinab. Es lag auf der steinernen Uferbefestigung zwischen den beiden Pieren auf der Seite. Das Innere war naß, an einigen Stellen hatten sich Pfützen gesammelt. Im Bug klaffte ein kleines, gezacktes Loch. »Jemand hat ein Leck hineingeschlagen! Wer? Und wieso?«

»Um uns von der Insel wegzuhalten?« Huy schnaubte, so abwegig war der Gedanke. »Bestimmt nicht! Es gibt zu viele andere Möglichkeiten, dorthin zu kommen.«

Oben auf der Böschung stellten ein Dutzend Schaulustige die wildesten Vermutungen an, wer der Schuldige wohl war. Ein Speerträger der Hafenpatrouille hielt sie fern, während sein Partner vor dem Bug kniete und ebenso verwirrt dreinschaute wie Bak und Huy.

»Du hast niemanden gesehen?« fragte Bak den Schiffer, der das Boot gerettet hatte.

»Nein, Herr.« Der kleine, muskulöse Mann in dem schlechtsitzenden Lendentuch kratzte sich den zerzausten Kopf. »Ich war auf dem Lastschiff allein, saß im Schatten des Vordecks, angelte und döste. Es war schön da, windig, nicht zu heiß. Dann wachte ich auf, vielleicht von einem Geräusch, ich weiß es nicht. Als ich dein Boot sah – halb abgesoffen war es schon –, da brüllte ich wie ein Ochse, der im Sumpf feststeckt. Sie kamen rasch herbei.« Er nickte zu den zwei Bauern hinüber, die ihm zu Hilfe geeilt waren. »Wir sprangen rein, und zu dritt haben wir es gerade noch rechtzeitig rausgekriegt.«

»Wenn ich den erwische, der das getan hat ...« Bak ließ die Drohung in der Luft hängen, damit seine Zuhörer Gelegenheit bekamen, sich jede nur erdenkliche Strafe vorzustellen.

Huy kniete sich neben den Speerträger und untersuchte das Loch mit den Fingern. »Ich kenne einen Zimmermann, der mehrere kleine Boote gebaut hat. Er kann das vielleicht flicken, aber nicht vor Einbruch der Dunkelheit.«

»Laß ihn holen«, sagte Bak knapp.

Mit einem ebenso knappen Nicken ging Huy die Böschung hinauf. Er wechselte ein paar leise Worte mit dem Speerträger, der die Gaffer mit einem scharfen Befehl und dem Zurschaustellen von Speer und Schild vertrieb. Sobald der letzte Mann verschwunden war, hastete er im Auftrag seines Truppenführers davon.

Die Hände in den Hüften stand Bak da und starrte auf das Leck. Er war zornig, aber mehr als alles andere war er verwirrt. Dies war schlichte Zerstörung und keine Bedrohung seines Lebens, wozu also sollte es gut sein? Auf der Suche nach einer Antwort schossen seine Gedanken von hier nach dort. Sie blieb ihm verborgen.

Als die beiden Offiziere ablegten, neigte die Sonne sich schon dem westlichen Horizont entgegen. Huys Boot war älter als Baks und brauchte einen neuen Anstrich, aber wie der Offizier erklärte, war es für die kurzen Reisen brauchbar, die er oft zu den Inseln südlich von Iken unternahm.

Bak saß im Bug und sah anerkennend zu, wie Huy das Segel hißte und eine unstete Brise einfing, die sie aus dem Hafen trug. Sobald sie in der Mitte des Kanals waren, ließ er das Segel killen, griff nach den Rudern und wartete, daß die Strömung das Boot nordwärts zur langen Insel trug. Bak fiel ein, daß Huy erklärt hatte, nicht schwimmen zu können, und Inyotef ihm panische Angst vor dem Wasser unterstellte. Baks Erfahrung nach waren nur wenige so ängstliche Männer in der Lage oder bereit, es zu vollendeten Seglern zu bringen. »Du führst das Boot mit bewundernswertem Geschick. Kaum zu glauben, daß du Angst vor dem Wasser hast.«

Huy schenkte ihm einen ironischen Blick. »Du hast mein schlechtgehütetstes Geheimnis herausgekriegt, wie ich sehe.«

Bak lachte. »Jeder von uns hat eine Schwachstelle. Es kommt nur darauf an, sie zu überlisten, und das hast du anscheinend getan.«

»Solang meine Füße trocken bleiben, geht's mir gut.« Ein wachsames Auge auf den struppigen Ast einer Tamariske gerichtet, der neben ihnen trieb, ruderte er sie mit kraftvollen, sicheren Schlägen durch die Strömung. »Als ich als Soldat zum ersten Mal unterwegs war, wurde mir klar, daß ich meine Angst entweder in den Griff bekommen oder den Narren abgeben mußte. Da ich es nicht über mich brachte, schwimmen zu lernen, übte ich mich im Bootfahren.«

»Inyotef sagt, ihr zwei und Amun-Psaro seid auf einem Kriegsschiff die Schnellen hinunter.« Bak sah ein Felsgemenge zu ihrer Rechten, aufschäumende Wasser, die durch die Lücke zwischen einer Insel und einem tiefliegenden Stück Land schossen, das langsam vom Fluß verschluckt wurde. »Das muß ein unvergeßliches Erlebnis gewesen sein.«

»Die tollste Untertreibung, die ich je gehört habe.« Huys Lachen enthielt keine Prise Humor. »Hat er dir erzählt, daß er mich an dem Tag fast ertränkt hätte?«

Erschrocken fuhr Bak herum. »Mit welcher Absicht?«

»Ach, er wollte nichts Böses.« Das gleiche humorlose Lachen. »Als wir uns Kor näherten, stieß er mich über Bord, weil er glaubte, die Not würde mich schwimmen lehren. Aber ich kam in Panik, schluckte Wasser und ging unter wie ein Stein. Inyotef stand da wie gelähmt, zu überrascht und verwirrt, um etwas tun zu können. Es war Amun-Psaro, der mich vor dem sicheren Tod bewahrt hat, dabei war er noch ein Kind.« Er lenkte das Boot ostwärts, um das obere Ende der langen Insel zu umfahren. Der Rumpf stieß gegen den treibenden Ast. »Inyotef machte sich tausend Vorwürfe. Er bat mich um Verzeihung, und ich verzieh ihm. Aber wenn ich je den Willen hatte, schwimmen zu lernen, so habe ich ihn damals verloren.«

Bak war von der Geschichte schockiert, und daß Inyotef sie verschwiegen hatte, ärgerte ihn. Er konnte sich die Scham vorstellen, die der Lotse verspüren mochte, aber er war zu verärgert, um Mitgefühl aufzubringen. Wenn er von dem Zwischenfall früher gewußt hätte, hätte ihm das etliche Schritte seiner Suche nach dem Attentäter erspart. Huy verdankte dem kuschitischen König sein Leben. Die Wahrscheinlichkeit, daß er einen Anschlag auf ihn plante, ging gegen null.

Etwas Kaltes berührte ihn am Fuß, riß ihn von der Grübelei in die Wirklichkeit zurück. Seine Sandalen wurden von einer länglichen Pfütze umspült, die auf dem flachen Kiel hin und zurück wellte, gespeist von einem Rinnsal, das aus einem Spalt zwischen zwei Brettern drang. Leise fluchte er vor sich hin, war sich Huys Ängsten und seiner Neigung zur Panik plötzlich sehr bewußt.

Er bemerkte, daß der Ast immer noch am Boot hing, gleich bei der undichten Fuge, als waren ein paar Blätter an einer rauhen Stelle unterhalb der Wasserlinie hängengeblieben. Und die Außenseite des Rumpfes hätte in Längsrichtung doch völlig glatt sein müssen. Schwer bemüht, seine Miene ausdruckslos und seine Bewegungen gemächlich erscheinen zu lassen, damit Huy nichts mitbekam, faßte er ins Wasser und untersuchte den Rumpf mit den Fingern. Der Ast kam frei. Wo er gewesen war, ertastete Bak eine Bruchkante im Holz und etwas weiter unten eine runde Vertiefung. Für einen Moment war er unsicher, welchem Zweck sie diente, aber die Antwort ließ nicht lange auf sich warten: darin hätte der Holzpflock stecken sollen, der die beiden Bretter zusammenhielt.

Mit einem wachsenden Gefühl der Dringlichkeit beugte Bak sich weiter hinaus und faßte ein Stück tiefer. Dort fand er eine zweite, diesmal dreieckige Vertiefung. Sein Magen machte einen Satz. An dem Brett fehlte nicht nur der Holzpflock, sondern auch noch eine Kramme. Es konnte jeden Moment ein Stück weiter herausspringen und ein Leck von der Größe seines Unterarmes öffnen.

Verstohlen hielt er nach einem sicheren Hafen Ausschau. Sie hatten das obere Ende der langen Insel passiert, und Huy legte sich ins Ruder, um das Boot in die Strömung zu bringen, die sie bis hinunter zur Landungsstelle der Festungsinsel tragen würde. Bak glaubte nicht, daß das Boot so lange flott blieb.

Zu ihrer Rechten zweigte der Kanal ab, der hinter die

Festungsinsel führte, von zwei Felsen unterbrochen, die zu flach und zerklüftet waren, um mehr als ein paar Bäume und Büsche zu beherbergen. Hinter der größeren der beiden Inselchen begannen zürnende und brodelnde Stromschnellen.

»Bring uns näher an diese Insel heran.« Bak sagte das mit einer Stimme, die hoffentlich kühl und beruhigend klang.

»Stimmt etwas nicht?« wollte Huy wissen.

»Wir haben ein kleines Leck. Ich möchte lieber ...«

Ein scharfes Krachen brechenden Holzes ließ ihn verstummen. Die Stütze, die das Ruder hielt, fiel zusammen. Das Ruder zuckte in Huys Hand und brach aus der Halterung. Auf einmal zum Leben erwacht, fuhr das Boot seitwärts in den Kanal, außer Kontrolle. Huy starrte fassungslos auf das nutzlose Steuer, und die Farbe wich aus seinem Gesicht.

Das eigene Entsetzen abschüttelnd, riß Bak ihm die Ruder aus den Händen und versuchte, das Boot wieder auszurichten, bevor der Druck auf den Rumpf zu groß wurde. Es war zu spät. Mit einem schauerlichen Ächzen wurde das gelockerte Brett weiter aufgebogen, und Wasser drang ein. Rasch hielt er Huy die Ruder hin. Vielleicht halfen sie ihm, über Wasser zu bleiben.

»Nein!« schrie Huy und begann um sich zu schlagen.

Das Boot fiel unter ihren Füßen ab, schleuderte sie in den Fluß. Bak sah, wie Huy den Mund aufriß vor Entsetzen, die Augen, sah ihn untergehen. Der Ast der Tamariske packte eines der Ruder, und gleichzeitig wurde Bak von der Strömung ergriffen und mitgerissen. Einen Moment später war er unter Wasser.

16. Kapitel

In der Trübnis konnte Bak das Boot sehen, Huy und den Ast der Tamariske, geisterhafte Bilder, die auf unsichtbaren Wellen unter der Oberfläche des bräunlichen, grünlichen Wassers zu schaukeln schienen, eine Täuschung, die von der schlammgefilterten Sonne und den Schatten geschaffen wurde. Dicht über sich sah er die zerbrochene Stütze und das lose Steuerruder an ein paar Längen zerrissenen Taus hängen, um ihre Freiheit kämpfend. Er sah das Ruder in seiner Hand, es hatte sich in den Blättern und gebogenen Zweigen des Tamariskenastes verfangen. Er sah einen Schwarm winziger Fische, eine Tonscherbe. Er sah Huy, der mit Armen und Beinen um sich schlug, die Augen weit aufgerissen und die Wangen vom Wasser aufgebläht, in unbeherrschbarem Schrecken. Er spürte, wie die Strömung sie flußab trug, auf den Mahlstrom am nördlichen Ende der Inselfestung zu.

Sein Herz machte einen Satz bis in den Hals hinauf, und dann war er wieder da. Panisch schnappte er nach Luft, sog statt dessen Wasser ein, würgte. Der Sand, der Geschmack von Fisch und das verschluckte Wasser weckten seinen Selbsterhaltungstrieb wie mit einem Tritt. Er stieß Ruder und Ast weit von sich, um sich in den rauhen, geschwungenen Zweigen nicht zu verfangen. Seine andere Hand war leer, das zweite Ruder mußte bereits in den ersten Momenten verlorengegangen sein. Er streckte die Hände nach der Oberfläche aus, trat mit den Beinen, kämpfte sich an die saubere, frische Luft empor.

Keuchend sah er sich um, versuchte sich zu orientieren. Dann fiel ihm Huy ein. Entsetzt. In Panik. Ertrinkend. Sofort tauchte er wieder unter. Wenn er ihn nicht fand, solange sie noch dicht beieinander waren und in - hoffentlich - sicherer Entfernung von den hämmernden Schnellen, dann fand er ihn nie - oder zu spät.

Ohne jede Ahnung, wo er war oder in welcher Richtung er Huy zuletzt gesehen hatte, drehte er sich langsam im Kreis, suchte die trüben Tiefen nach der großen, schlanken Gestalt ab. Ein Stück flußauf war der dunkle Schatten des Bootes zu sehen, der Mast und das vollgesogene Segel hingen zuunterst. Nicht länger von seiner menschlichen Fracht beschwert stieg das Boot langsam auf. Ein strammer Flußbarsch glitt vorbei, die Schuppen ein schillerndes Silber. Dann kam etwas, das wie das Hinterteil eines Esels aussah, gefolgt von einem raubgierigen Fischschwarm. Das Wasser, das Bak geschluckt hatte, schien plötzlich nach Tod zu schmecken.

Als Huy nirgends zu sehen war, wandte er sich wieder zum Boot um. Mit etwas Glück war der Offizier nicht weit abgetrieben. Auf das Boot zuschwimmend, versuchte Bak, nicht an die Strömung zu denken, die hier schon schneller und kräftiger floß als dort, wo sie über Bord gegangen waren, oder an die Krokodile, die er in den ruhigeren Wassern auf der anderen Seite der langen Insel gesehen hatte, oder daran, wie er mit einem panischen Huy zurechtkommen sollte. Er wollte gar nicht daran denken, daß er den Älteren vielleicht nicht mehr fand. Das gefleckte Licht lockte ihn zur Oberfläche, zur Luft, aber er widerstand. Je länger er es unter Wasser aushielt, desto wahrscheinlicher war, daß er in Huys Nähe blieb.

Das Boot bockte wie ein verspieltes Fohlen, der Bug tauchte hinab, das Heck strebte zur Oberfläche. Der Menge Sonnenlicht nach zu urteilen, die durchs Wasser drang, würde es bald wieder schwimmen. Unten beim Bug erblickte Bak etwas Weißes und etwas, das ein strampelndes Bein sein mochte. Er schwamm darauf zu. Die Entfernung war gering, höchstens zwei oder drei Schritt, aber weitaus anstrengender, als er erwartet hatte. Er brauchte einen ordentlichen, tiefen Atemzug, um seine Muskeln wieder mit Kraft zu erfüllen.

Er durchbrach die Oberfläche, und im selben Moment kam auch der Bug nach oben, und daneben Huy, der wie wild versuchte, sich an dem umgedrehten Rumpf festzuhalten, aber auf der glatten Fläche keinen Halt fand. Bak sah das Entsetzen auf seinem Gesicht, die Verzweiflung.

Er holte Luft, dann schwamm er zu dem Älteren und griff nach seinem Arm. Im selben Moment warf Huy sich nach oben, zu entsetzt von der plötzlichen Berührung, um zu begreifen, wer da hinter ihm war, und versuchte erneut, auf das Boot zu klettern. Ob er begriff, daß sein Gewicht es wieder hinunterdrückte oder in seiner Panik glaubte, daß es flott war, vermochte Bak nicht zu sagen. Bak tauchte unter und näherte sich ihm erneut, wollte die strampelnden Beine packen. Huy trat ihm auf den Kopf und drückte sich selbst nach oben, griff nach dem Bug, drückte Bak tiefer unter Wasser.

Mit einem stillen, aber herzhaften Fluch tauchte Bak weg. Seine Brust schmerzte, und er mußte husten. Beine und Körper fühlten sich schwer und unbeholfen an, zu ungeschickt, um gegen die immer schnellere Strömung anzukämpfen. Er schwamm auf das Licht zu, wohl wissend, daß ihm die Zeit davonlief. Aber er war seiner Beute zu nahe, um ohne einen letzten Versuch aufzugeben. Er tauchte so auf, daß er direkt vor dem Offizier herauskam.

Diesmal sah Huy ihn und erkannte ihn auch. Er drehte sich vom Rumpf weg und hechtete auf ihn zu, schlang seine Arme um ihn, preßte ihm die Arme an die Seiten. Gemeinsam gingen sie unter. Sich des Feuers in der Lunge bewußt und seiner rasch schwindenen Lebenskraft, versuchte Bak sich freizukämpfen. Huy klammerte sich mit der Kraft der Verzweiflung an ihn. Mit fast ebenso großer Verzweiflung zog Bak sein Becken zurück und rammte dem Älteren das Knie in den Schritt. Das Wasser dämpfte den Schlag, aber er war immer noch schmerzhaft genug. Huy zuckte zurück und krümmte sich zusammen. Bak packte ihn am Arm und kämpfte sich mit einer letzten verzweifelten Anstrengung seiner erschöpften Muskeln nach oben.

Huy war wie ein Anker. Baks Glieder waren bleischwer, dem Drang luftzuholen war fast nicht mehr zu widerstehen. Er sah sie beide schon ertrinken.

Und dann durchbrach sein Kopf die Oberfläche.

Er hielt den Kopf des älteren Offiziers aus dem Wasser, schnappte nach Luft, hustete, schnappte wieder nach Luft. Das Wasser, das er verschluckt hatte, machte sich bemerkbar. Ihm war schlecht, und er war erschöpft bis auf die Knochen, aber die Strömung zerrte an ihm, und die Stromschnellen tosten. Er sah sich um, sah, daß sie auf einen schmalen, aufgewühlten Kanal zwischen zwei kleinen Inseln zurasten, zwei emporragenden Felsen. Wahrscheinlich der Seitenkanal südlich der Inselfestung. Die Schnellen dort waren nicht so gefählich wie die unterhalb der Festung, aber trotzdem würden sie beide umkommen in diesen wirbelnden Wassern. Er war zu erschöpft, um gegen den Mahlstrom anzukämpfen, und Huy war bewußtlos, und so würden sie beide gegen einen Felsen nach dem anderen gerammt werden wie Lumpenpuppen.

Bei der Geschwindigkeit, mit der sie den Fluß hinuntertrieben, mußte der erste Wirbel jeden Moment kommen.

Huy stöhnte, hustete Wasser und sah sich benommen um. Sah die tosenden Schnellen, das rasende Wasser und versteifte sich entsetzt, klammerte sich fest. Bak war zu erschöpft für einen langen, mühseligen Kampf, und das Wildwasser war zu nahe, also machte er eine Faust und hieb sie Huy unters Kinn. Huys Kopf fiel zurück, die Augen schlossen sich, und er erschlaffte wieder.

Über dem Kanal war im Norden die Festungsinsel zu sehen, aber das Gebäude lag ganz am anderen Ende und blieb hinter aufragenden Felsen und Buschwerk verborgen. Es war zu weit weg, und die Schnellen lärmten zu sehr, als daß seine Bewohner einen Hilferuf hören konnten, zu weit weg für einen erschöpften Schwimmer, der noch dazu mit einem Bewußtlosen geschlagen war. Der Anziehungskraft von freundlichen Gesichtern und warmem Essen widerstehend, wandte Bak sich dem winzigen, kargen Eiland im Süden zu. Er nahm einen tiefen Atemzug, mehr zur moralischen Unterstützung als aus Notwendigkeit, und begann, Huy hinter sich her zu ziehen. Der Offizier war eine schwere Bürde, zog ihn hinab und bremste ihn. Schaumflocken wurden ihnen entgegengespült, Gischt erfüllte die Luft.

Er war so zerschlagen, daß er nicht begriff, sie in Sicherheit gebracht zu haben, bis er ins Stolpern geriet. Er kämpfte sich auf die Füße, zerrte Huy an Land und fiel auf die Knie. Seinen Kopf zur Erde beugend, richtete er ein stilles Dankesgebet an den Herrn Amun.

»Ich verdanke dir mein Leben.« Nicht weit vom Wasser saß Huy mit bleichem, fast grünem Gesicht an einen großen, rauhen Stein gelehnt, ließ sich von der Sonne die Kleider trocknen und den mißhandelten Körper heilen. »Wenn ich eine Tochter hätte, wäre sie dein. Aber ich habe keine Tochter, und alles andere wäre zu gering, um es dir damit zu vergelten.«

»In gewisser Weise hast du es mir schon vergolten. Ich weiß nun ganz genau, daß du nicht der Mann bist, den ich suche.«

Bak saß auf einem zerklüfteten Felsbrocken, dem höchsten Punkt der Insel, und behielt mit einem Auge den Kanal im Auge, auf dem die Schiffe zwischen Iken und der Festungsinsel pendelten. Er war müde und zerschlagen, Arme und Beine waren schwach und zitterig, die Knie abgeschürft. Sein schmutziggrauer Schurz war vom Saum bis zum Gürtel aufgerissen. Es war spät, die Sonne ging fast schon unter, aber mit etwas Glück und der Gunst des Herrn Amun würde noch ein Boot den Weg machen, bevor es dunkel war. Er hatte nicht den Wunsch, die Nacht auf diesem Haufen zerklüfteter, wasserzerfressener Felsen zu verbringen, durchnäßt von der Gischt, die immer wieder von dem kurzen, aber heftigen Stück Stromschnellen herüberwehte, in das sie beinahe geraten wären.

Huy brachte ein schwaches Lächeln zustande. »Ich hab' dich beinahe ertränkt. Wie kannst du dir sicher sein, daß meine Panik nicht gespielt war?«

»Ich glaube, nicht einmal der Herr Amun selbst kann aus jemandem einen so begabten Schauspieler machen«, sagte Bak trocken, »aber ich habe auch noch einen gewichtigeren Grund.«

Sie sprachen beide lauter als normal, um sich über den tosenden Wassern verständlich zu machen.

»Und der wäre?« fragte Huy.

»Als wir den Hafen erreichten, stellten wir fest, daß mein Boot offensichtlich grundlos zerstört worden war. Also benutzten wir deines. Es ist auch beschädigt worden, aber so, daß wir es erst bemerken konnten, als es schon zu spät war. Wenn du die schmutzige Arbeit selbst verrichtet hättest, wärst du nie an Bord gegangen.«

Huys Gesicht wurde womöglich noch blasser als zuvor. »Mein Boot ist sabotiert worden?«

Bak beschrieb den Schaden am Bug, das Fehlen von Pflock und Kramme. »Und so, wie die Halterung weggebrochen ist, muß sie auch beschädigt worden sein.«

Als Huy die Wahrheit zu dämmern begann, machte er ein grimmiges Gesicht. »Wir hatten beide sterben sollen.«

»Genau.« Bak rieb sich den Nacken, versuchte den Schmerz aus seinen Muskeln zu vertreiben. »Mit meinem Boot wäre ich vielleicht allein hinausgefahren, aber nun, wo es ein Leck hatte, konnte ich das nicht mehr. Du warst den größten Teil des Tages damit beschäftigt, deinen Offizieren und ihren Leuten beim Exerzieren für ihre Präsentation vor Amun-Psaro zuzusehen, also konntest du mit deinem Boot nicht los, bevor sie nicht fertig waren.«

Huy murmelte einen wilden Fluch. »Ich habe die Männer angetrieben wie die Ochsen und keinen Hehl daraus gemacht, daß ich früh fertig sein wollte, um mit dir zur Insel fahren zu können.«

»Es hätte vieles schiefgehen können.« Baks Stimme war so ernst wie Huys Gesicht. »Ich hätte zum Beispiel eine Fähre zur Insel nehmen, auch wenn ich das noch nie getan habe, und dort auf dich warten können. Aber das habe ich nicht. Alles ist genau so abgelaufen, wie unser Möchtegernmörder es geplant hatte.«

Huy schaute einem Reiher zu, der in einem flachen Stauwasser auf der anderen Seite des Kanals watete, und runzelte die Stirn. »Ich kann verstehen, daß Puemres Mörder deinen Tod will, besonders, wenn du ihm dicht auf den Fersen bist. Aber warum meinen?«

Bak sah den älteren Offizier fragend an. »Was weißt du über den Mord an Puemre, das du mir nicht gesagt hast?«

»Warum sollte ich irgend etwas zurückhalten?« schnappte Huy. »Puemre war ein Schwein, ja, und ich habe keinen Grund, ihm nachzutrauern, aber sein Tod - jeder Tod - ist eine Beleidigung der Herrin Maat. Eine Lüge würde diese Beleidigung nur noch größer machen.«

»Du mußt etwas wissen«, beharrte Bak.

Huy kam hastig auf die Knie - nicht zum ersten Mal - und beugte sich über den Fluß. Er würgte einmal, zweimal, dreimal, erbrach Wasser, das gelb vor Galle war, und verkrampfte sich dabei vor Schmerz und Erschöpfung. Schließlich lehnte er sich wieder gegen den Fels zurück und schloß die Augen. Bak ließ ihn in Ruhe. Huy war ein starker und entschlossener Mann, aber er war nicht mehr der Jüngste. Er hatte die heißeste Zeit des Tages in der sengenden Sonne verbracht und war beinahe ertrunken. Er hatte sich Baks Respekt verdient, und er hatte das Recht, in Ruhe gelassen zu werden, während er sich sammelte.

»Ich weiß, daß Puemres Vater der Kanzler ist«, sagte Huy, die Augen immer noch geschlossen, »ein Favorit von Maatkare Hatschepsut höchstselbst, und es ist natürlich wichtig für dich, daß du seinen Mörder ergreifst. Aber du scheinst mir deine Arbeit zu ernst zu nehmen.«

»Nihisy habe ich ganz vergessen«, gestand Bak mit einem leisen Lachen über sich selbst. »Ich war zu sehr mit Amun-Psaro beschäftigt.«

Huy starrte ihn durchdringend an. »Amun-Psaro? Wovon sprichst du? Hast du irgendwelche Geheimnisse mit dir herumgeschleppt, die die Arbeit dieser Garnison betreffen?«

Bak erzählte ihm rasch alles, was er wußte. »Jetzt siehst du, warum ich es nicht wagte, dir zu trauen«, schloß er, »und warum ich all die Fragen gestellt habe.«

»Woser sagte uns, daß seiner Meinung nach ein Händler Puemre ermordet hat. Ich nahm ihn beim Wort.« Huy schnaubte. »Wahrscheinlich, weil es einfacher war, einen Fremden zu verdächtigen als einen Freund.«

»Der Kommandant hatte eine falsche Fährte ausgelegt. Er fürchtete, daß Nebseny der Mörder war und sogar, daß Herrin Aset es getan haben könnte.«

»Du hättest dir Zeit und Mühen gespart, wenn du zu mir gekommen wärst.« Huy rieb sich die vom Wasser rotgeränderten Augen. »Woser liebt Aset mehr als alles andere. Seit dem Tod ihrer Mutter ist sie sein einziger Daseinsgrund. Vielleicht kann er jetzt, wo du die Lage zwischen den dreien geklärt hast, endlich Sithathor heiraten. Er besucht die Witwe schon, seit er Kommandant von Iken ist.«

Zwei Krähen stießen hinab, landeten auf einem Fels, der ein paar Schritt unterhalb der Schnellen aus dem Fluß ragte. Die eine hüpfte zum Wasser und hielt mit flatternden Flügeln das Gleichgewicht, während sie an dem aufgedunsenen Kadaver einer Ratte herumpickte. Ihre Gefährtin krächzte, rief eine dritte Krähe herbei, die auf einer anderen kleinen Insel in einer Akazie hockte.

»Was mich betrifft«, fuhr Huy fort, »so mochte ich Puemre nicht, weil er mir die Schuld an den vielen Gefallenen während seines ersten Scharmützels geben wollte. Aber da alle Welt weiß, daß seine Anschuldigung keine Substanz hatte, trug ich keinen aufgestauten Zorn mit mir herum, keine Rachegelüste.«

»Du bist mir zu dicht ans Ertrinken geraten, um länger unter Verdacht zu stehen«, erinnerte Bak ihn. »Wenn ich richtig vermute, dann ist entweder Inyotef oder Senu mein Mann.«

»Ich kann mir keinen von beiden als Attentäter vorstellen.«

»Ich bin überzeugt, daß ich recht habe«, sagte Bak ebenso unnachgiebig wie der ältere Offizier.

»Und wenn du dich irrst?«

»Dann habe ich keine andere Wahl, als mir jeden einzelnen Mann dieser Garnison vorzunehmen, viel zu viele für die paar kurzen Stunden, bis die Kuschiten kommen. Der Gedanke ist unerträglich.«

»Wir können und werden Amun-Psaro mit Wachen umgeben, mit der ganzen Garnison, wenn nötig.« Die Gewißheit schwand aus Huys Stimme. »Aber wenn sich herausstellt, daß einer von ihnen der Täter ist ...«

Bak hatte nicht den Wunsch, schon wieder die verschiedenen Möglichkeiten durchzuspielen, wie der König zu schützen war, denn jede einzelne konnte fehlschlagen. Fruchtloses Herumgrübeln führte zu Enttäuschung und Niedergeschlagenheit, zwei Gefühlen, die klarem Nachdenken nur im Weg standen. »Erzählst du mir von Senu und Inyotef, Herr?«

Ein winziges Lächeln glitt über Huys Gesicht, wahrscheinlich wegen der Förmlichkeit von einem Mann, der ihn erst vor kurzem in die Lenden getreten und bewußtlos geschlagen hatte. »Senu hat einen Fehler gemacht, als er jung war, wie es vielen unerfahrenen Männern passiert. Er sah seine Einheit eine Schlacht gewinnen und drängte sie zum Sturm, ohne die Männer zur Linken und Rechten zu beachten, die Art, wie die Front bröckelte, die Zahl der Verwundeten. In seinem Siegesrausch drängte er seine Männer weit nach vorn und ließ zu, daß sie in einem trockenen Flußbett umzingelt wurden. Puemre hat ihn diesen Fehler nie vergessen lassen.«

»Puemre hat selbst einen schweren Fehler gemacht.«

»Er gab jedem die Schuld, nur nicht sich selbst, Senu aber macht sich schon sein Leben lang Vorwürfe.«

Ein Schwarm Schwalben fiel vom Himmel herab, kleine, geflügelte Geschosse, die aufgeregt zwitscherten. Hin und her schossen sie über dem Wasser, hielten sich an einer Wolke Insekten gütlich, die zu klein waren, um vom menschlichen Auge wahrgenommen zu werden.

»Inyotef hat mir erzählt, daß Puemre ihn ständig an sein Alter und sein verkrüppeltes Bein erinnern mußte«, sagte Bak.

»Ich habe sowohl Senu als auch ihm geraten, Puemre einfach zu ignorieren, mit dem Argument, daß er sowieso bald seine Verbindungen spielen und sich in die Hauptstadt versetzen lassen würde, wo er in den Fluren der Macht herumspazieren könnte. Der Mann, der ihn zu verletzen suchte, dachte ich, würde sich höchstens selbst verletzen.«

Bak sah ihn lange und nachdenklich an. »Du hast mir erzählt, daß er deine Stelle wollte. Eine Stufe von vielen, hast du gesagt. Zuerst würdest du seinem Ehrgeiz zum Opfer fallen, dann Woser und Kommandant Thuty und schließlich der Vizekönig. Puemre konnte doch schwerlich an zwei Orten gleichzeitig sein: hier in Wawat und im weit entfernten Kemet.«

Ein Hauch von Rosa legte sich über Huys Blässe. »Sein Aufstieg zur Macht hier an der Südgrenze war mein ganz persönlicher Schrecken, und ich hielt es nicht für klug, ihn zu teilen. Die Stärke einer Garnison liegt im Zusammenhalt ihrer Truppen. Ich wollte keine inneren Reibereien zwischen den Offizieren. Es gab sowieso schon schlechte Stimmung genug.«

Bak, der ebenfalls ab und zu die Wahrheit zurechtstutzte, bis sie in die Notwendigkeiten paßte, lächelte verstehend. Huy war ein anständiger Mann, dem jeder gute Offizier voller Stolz dienen würde. »Hast du irgendeine Idee, warum Senu oder Inyotef Amun-Psaro hassen könnten? Ich spreche jetzt ebensosehr von der Vergangenheit wie von der Gegenwart.«

»Ich habe keine Ahnung.« Huy sah einer Libelle zu, wie sie das Inselchen umrundete. »Ich habe einfach keine Ahnung.«

Bak sah, daß es Huy widerstrebte zu reden, daß er eine Wahrheit in seinem Herzen verschlossen hielt, die er lieber nicht aussprach. Während er auf die Enthüllung wartete, von der er wußte, daß der Offizier sie der Ehre wegen machen mußte, sah er den Schwalben nach, die ihren Hunger gestillt hatten und gen Westen flogen, zu der

Steilwand, in der ihre Nester versteckt lagen. Eine Bewegung fing seinen Blick, Gelächter drang an sein Ohr. Der kurze, gedrungene Bug eines Bootes erschien hinter der Insel im Norden, ein Frachtschiff auf seinem schwerfälligen Weg von der Festung flußauf. Er sprang auf die Füße, auf den Fels, winkte mit den Armen.

Bak kniete neben Huy, der mit überkreuzten Beinen im Bug des Frachtschiffes saß und an einer Schale berauschenden Bieres nippte, das mit Datteln gesüßt und verstärkt worden war. Kurz hinter der langen Insel hatte der Wind nachgelassen, und die Mannschaft hatte zu den Rudern gegriffen. Ein betagter Schiffer sang ein altes Flußlied und klopfte auf einer großen, umgedrehten Steingutschale den Takt für die Ruderer. Der Fluß lag glatt und ruhig unter dem Abendhimmel, eine Lage Kupfer, mit Gold versehen. Von den Bäumen am Ufer stieg Vogelgesang auf. Rauchschwaden trieben von der Stadt herüber, kitzelten die Nüstern, versprachen Essen. Hoch oben schwebte ein Falke einsam und prächtig durch sein Königreich in den Wolken.

Bis auf die Schiffer und ihre beiden unerwarteten Passagiere war das Lastboot leer und lag hoch im Wasser. Lebensmittel und Baumaterial waren auf der Festungsinsel gelöscht worden, und die Männer, die zum Arbeiten hinübergefahren worden waren, blieben die Nacht über dort. Bak, dessen Geister von einem Krug des gewöhnlichen Bieres geweckt worden waren, das ihm mehr mundete als das süßere Gebräu, hatte Huy seit ihrer Rettung beobachtet. Aus dem sorgenvollen Gesichtsausdruck des älteren Offiziers schloß er, daß es an der Zeit war, mehr Druck auszuüben.

»Ist dir inzwischen irgendein Grund eingefallen, warum Senu oder Inyotef Amun-Psaro den Tod wünschen könnten?«

Aus seinen Träumereien gerissen schreckte Huy hoch. »Ich glaube nicht ... Nein! Ich kann dir nicht helfen.«

»Du hast an etwas gedacht, Herr. Etwas, das dir Sorgen bereitet. Deine Miene verrät dich.«

Huy starrte auf die Schale, die vom vielen Gebrauch angeschlagen war. »Die beiden sind meine Freunde, Leutnant.«

»Ist vor langer Zeit nicht auch Amun-Psaro dein Freund gewesen?« Baks Stimme war sanft, aber bestimmt. »Hat er dir nicht einmal das Leben gerettet?«

»Wie du heute.« Huy stand auf und trat an die Reling, schaute über das Wasser hinaus zur Stadt, die vom Schatten der Steilwand verschluckt wurde, und zu der gewaltigen Festung, die darüber dräute. Ihre weißen Wände schimmerten in den letzten Sonnenstrahlen. Huys Blässe war größtenteils wieder verschwunden, aber seine Augen lagen tief in den Höhlen, und die Haut darunter war dunkel vor Erschöpfung. »Senus Frau ist nicht von hier. Er hat sie vor vielen Jahren kennengelernt, als er zum ersten Mal in Kusch war. Er liebt sie mehr als alle anderen, und sie liebt ihn ebensosehr. Sie hat ihm etliche Kinder geschenkt.« Ein Lächeln umspielte seine Lippen. »Wie er in einem so chaotischen Haushalt bei Verstand bleiben kann, werde ich nie verstehen.«

Bak, der eine Enthüllung von großer Tragweite erwartet hatte, war verwirrt. »Nach dem, was ich so gesehen habe, seit ich in Wawat bin, sind Männer, die sich Frauen aus dem Süden nehmen, nichts Ungewöhnliches. Meist sind es zwar Händler, aber es kommt auch bei Soldaten vor.«

»Diese Frau«, sagte Huy mit einer Stimme, die vor Widerstreben ganz schwerfällig war, »gehört dem Geschlecht eines kuschitischen Königs an, Amun-Psaro.«

Bak versteifte sich. »Kein Wunder, daß du mir das nicht gleich erzählen wolltest.«

»Eine solche gesellschaftliche Stellung ist oft unsicher und kann manchmal regelrecht gefährlich sein«, legte Huy ihm dar, »aber mir hat jemand erzählt, der es wissen muß, daß sie zu weit unten in der Erbfolge steht, um eine

Bedrohung für den Thron darzustellen. Also braucht sie sich von Amun-Psaros Ankunft hier in Iken auch nicht bedroht zu fühlen.«

»Von wem weißt du das?« fragte Bak, der kaum in der Lage war, seine Erregung zu zügeln. »Kann ich mit ihm reden?«

»Er ist schon vor langer Zeit zur letzten Ruhe gebettet worden.« Huy mußte den Mann gut gekannt haben, denn er machte ein trauriges Gesicht. »Viele Jahre vor seinem Tod war er ein Gesandter von Akheperenre Thutmosis, und Senu hat ihn nicht nur einmal an die Höfe der verschiedenen Stammeskönige begleitet.«

Bak versuchte, sich nicht zu voreiligen Schlüssen hinreißen zu lassen. Huy hatte recht, was eine Frau von königlichem Blut betraf. Solange sie nicht die Tochter oder Schwester des Königs war oder eine zwar entfernte, aber reizvolle Verwandte, war sie nur eine unter vielen, ein Mutterschaf in einer Herde von Mutterschafen, die dem Höchstbietenden überlassen wurden. Aber was, wenn Senu dem König eine Favoritin gestohlen hatte? Unwahrscheinlich, aber ebenso plausibel wie jede andere Theorie, die ihm einfallen wollte. Er mußte so bald wie möglich mit Senu oder der Frau sprechen.

Er beschloß, vom Hafen aus stracks zu Senus Haus zu eilen, und fragte: »Hast du irgendeine ...« Seine Stimme ging in einem Trommelwirbel unter, als sie sich dem Pier näherten. »Hast du irgendeine Ahnung, wie gut Senu Amun-Psaro kennt?«

»Soweit ich weiß, hat er weder mir noch jemand anderem je davon erzählt, aber ich erzähle auch niemandem, daß ich einmal mit einem König befreundet war.«

Bak sah den Offizier neugierig an. »Die meisten Männer wären auf einen so hochstehenden Freund sehr stolz.«

»Kann ich jemanden meinen Freund nennen, den ich seit mehr als fünfundzwanzig Jahren nicht gesehen habe?«

»Dann hast du gemischte Gefühle, was ein Wiedersehen angeht.«

»Ich werde ihn nicht auf mich aufmerksam machen, das kannst du glauben.« Ein dickköpfiger Stolz glomm in Huys Augen. »Wenn er beschließt, mich wiederzuerkennen, würde mich das freuen. Wenn nicht, ist's auch gut.«

Der Offizier war um seine Bescheidenheit zu beneiden, er hatte sie zu einer seltenen Größe entwickelt. Bak beschloß, dem König ein Wort ins Ohr zu flüstern, wenn sich die Gelegenheit ergab – und wenn er Amun-Psaros Leben bewahren konnte. »Bist du jetzt soweit, mir mehr über Inyotef zu erzählen?«

»Ich weiß nur wenig über ihn.«

»Aber …?«

»Ich habe gehört …« Huy zögerte, seufzte. »Ich weiß nicht, was an der Geschichte dran ist. Ich war damals in einem ganz anderen Land stationiert.« Er nahm den letzten Schluck aus seiner Schale und stellte sie auf das Dach des Vordecks. »Amun-Psaro soll ein wildes Geschöpf gewesen sein, als er in unsere Hauptstadt kam, ein Prinz des Flusses und der Wüste, einer, der sich nie in den Mauern des Palastes halten ließ. Oh, er hat studiert wie die anderen Königskinder und auch mit ihnen gespielt und gelernt, sich wie ein Kemeter zu benehmen. Aber seine Freiheit ging ihm über alles.«

»Was für eine Rolle hat Inyotef dabei gespielt?« Bak konnte sich nur zu gut vorstellen, welche Art von Wissen ein junger Schiffer einem unschuldigen, aber willigen Jungen beibringen konnte.

»Erst hat Amun-Psaro Inyotefs Familie als seine eigene angesehen.« Huys Lächeln kehrte sich nach innen. »Eine Kleinbauernfamilie waren sie, fast so wie meine. Eine Mutter und ein Vater, um seine eigenen hochstehenden Eltern im fernen Kusch zu ersetzen. Ein oder zwei Geschwister, die knapp so alt waren wie er. Und Inyotef, so etwas wie ein älterer Bruder.«

Bak bemerkte einen Schiffer neben ihnen, der zum Haltetau wollte. Er trat zur Seite und zog Huy mit sich. »Und dann?«

Huy lachte zynisch. »Amun-Psaro wuchs zum Mann heran. Er brauchte keine Familie mehr, sondern zog aus, um das Leben zu suchen. Nach dem, was ich gehört habe, half Inyotef ihm, es zu finden.«

Bak, der in der Nähe der Hauptstadt des Südens geboren und aufgewachsen war, hatte etliche Geschichten über königliche Geiseln und junge Männer von edler Geburt gehört, die nachts aus dem Palast schlüpften, Geschichten über wilde Zechgelage und zügelloses, ausschweifendes Benehmen. Im Laufe der Zeit hatte er gelernt, zwischen Dichtung und Wahrheit zu unterscheiden, aber ein paar dieser Geschichten, so wußte er, kamen nahe an die Wahrheit heran.

»Wie alt war Amun-Psaro, als er nach Kusch zurückging?«

»Fünfzehn? Sechzehn? Ich weiß es nicht genau.« Huy packte den Rahmen des Vordecks, um sich für den Stoß zu rüsten, mit dem das Schiff anlegen würde. »Keine Woche, nachdem ich ihm Lebewohl sagte, wurde ich ins Land der Retenu versetzt und von dort aus auf die Insel Keftia. Ich war für fast zehn Jahre fort, und als ich wieder in Kemet war, war er nicht mehr da.«

Bak stellte sich breitbeinig hin und wartete auf den Stoß. Inyotef oder Senu. Welcher der beiden würde Amun-Psaros Tod wollen? Vieles deutete auf den Lotsen hin, besonders die Art und Weise, wie Huys Boot sabotiert worden war. Den Pflock und die Kramme konnte nur ein Fachmann so sauber entfernt haben. Auf der anderen Seite war Senu auf der Insel gewesen, als Baks Boot vom Tau geschnitten worden war. Und seine Frau war Kuschitin, eine Frau von königlichem Blut.

»Er könnte sonstwo sein«, sagte Huy. »Vielleicht Zuhause, obwohl am ehesten in den Baracken. Es ist Abendessenszeit.«

Sie standen auf dem Pier und schauten auf Inyotefs Boot hinab, so schlank und hübsch wie kein anderes im Hafen.

Es sah aus wie immer: Das Segel um die Rahen gewickelt, die Leinen sauber aufgerollt und weggeräumt, die Ruder unten im Bug mit einigen Längen zusätzlichem Tau. So weit Bak sagen konnte, war seit seinem letzten Besuch nichts entfernt worden. Einiges war neu hinzugekommen: ein paar aufgeblasene Ziegenhäute, Harpunen und anderes Angelgerät, darunter eine Angelrute, ein Korb für den Fang und eine Steingutschale voller Haken, Gewichte und zusätzlicher Leine, außerdem ein stattlicher, verschlossener Weidenkorb. Bak sprang ins Boot und lüftete den Deckel. Der Korb war leer.

Wenn Inyotef vorhatte, Amun-Psaro zu ermorden, dann floh er sicher auf dem Wasserweg. Schließlich war er das Ufer erst vor wenigen Stunden abgelaufen, um zu überprüfen, wie hoch das Wasser gestiegen war. Niemand in Iken kannte die Stromschnellen so gut wie er. Wenn er sie hinunterfuhr, würde niemand in der Lage sein, ihm zu folgen. Nicht einmal ein Bote konnte schnell genug Nachricht nach Norden bringen, um ihn zu fassen zu bekommen.

»Verschwunden!«

Mit einem leidenschaftlichen Fluch hielt Bak die Fackel empor, damit Imsiba und er den kleinen Vorderraum von Senus Haus untersuchen konnten. Er war sauber, aber bei weitem nicht ordentlich. Der Schlafalkoven und die Treppe zum Dach wimmelten von Spielzeug. Eine Schilftruhe, deren Deckel an die Wand geklappt war, enthielt Geschirr, zwei weitere Truhen flossen über von Bettzeug und Kleidung, als ob die Dinge hastig hineingeworfen worden waren. Ein unbenutzter Webstuhl war gegen die Wand geschoben worden, teilte sich den Platz mit einem gelbbraunen Schild, Pfeil und Bogen sowie vier Speeren. An einer der anderen Wände lehnten sieben große Wasseramphoren.

»Sie sind eine Stunde vor Einbruch der Nacht gegangen, höchstens vor zweien.« Senus Nachbarin, eine Frau im mittleren Alter mit dünnem, grauem Haar und einer Figur, die man besser verschwieg, schob ein pausbäckiges, helläugiges Baby von der einen kräftigen Hüfte auf die andere. »Ein Mann ist gekommen, der wie ein Bauer aussah, und als nächstes sah ich, daß sie fortgingen. Die ganze Familie. Senu, seine Frau und alle Kinder, vom größten bis zum kleinsten.«

Bak stellte ihr noch ein paar Fragen, aber sie konnte ihm nicht mehr sagen. Sie war erst vor kaum einer Woche nach Iken gekommen und hatte noch keine Zeit gehabt, sich mit Senus Familie näher bekanntzumachen. Die anderen Häuser des Blockes, so erzählte sie ihnen, standen entweder leer oder waren von Händlern bewohnt, Durchreisenden, die sich um ihre Nachbarn nur wenig scherten.

»Eines steht fest, mein Freund«, sagte Imsiba, nachdem sie gegangen war. »Jemand, der wegläuft, hat auch ein schlechtes Gewissen.«

Bak ging durchs Zimmer, wanderte durch zwei weitere, die ebenso verkrempelt waren, und betrat die Küche. Sie hatten augenscheinlich alles stehen und liegengelassen, nur um von hier wegzukommen. Gemüse, frisches Brot, ein frisch angesetztes Faß Bier in der Küche, mehr als eine Monatsration Korn in einer Kammer unter dem Boden, Bronze- und Perlenschmuck in einer Truhe in einem der Hinterzimmer, Senus Waffen.

»Wenn man wegläuft, läßt man doch nicht so viel zurück, Imsiba.«

»Das stimmt, aber warum hätten sie sonst so eilig aufbrechen sollen?«

Todmüde und entmutigt schüttelte Bak den Kopf. »Er hat irgendwo einen Bauernhof, hab ich gehört, aber wenn sie dorthin wollten, hätten sie dann nicht etwas zu Essen mitgenommen?«

Imsiba nahm ihm die Fackel aus der Hand. »Heute nacht können wir nichts mehr tun, mein Freund. Komm mit zu Kenamon, dort bekommst du etwas zu essen und ein sicheres und bequemes Bett.«

Ein sicheres Bett. Bak hatte sich nie als jemanden angesehen, der einen sicheren Hafen brauchte, nun aber war ihm das Angebot eine Erleichterung.

Bak lag hellwach, sah zu den Sternen und zum Mond hinauf, voller Sorgen. Er hatte seine Verdächtigten endlich auf nur zwei zusammengestrichen – und beide waren sie ihm entschlüpft. Welcher war der Schuldige? Wer würde mit Schwert oder Dolch oder Pfeil und Bogen bewaffnet wieder auftauchen, um Amun-Psaro zu ermorden? Der mögliche Zeitpunkt der Attacke ließ sich auf wenige kurze Stunden verengen, denn der König würde nur während des Weges von den Stadttoren bis zur Festungsinsel schutzlos sein. Morgen, dachte Bak. Irgendwann morgen schlägt der Attentäter zu.

17. Kapitel

»Wach auf, mein Freund!« Imsiba war über ihm und schüttelte ihn bei der Schulter. »Wach auf!«

Bak zuckte zusammen. »Was ist los?«

Neben dem Medja kniete Kenamons Schüler, ein knochiger, kahlrasierter Jüngling, der einen langen, weißen Schurz und ein breites, farbenprächtiges Perlenhalsband trug. »Mein Meister schickt mich, Herr, mit Neuigkeiten, die du wissen solltest.«

Bak setzte sich ächzend auf. Er hatte Muskelkater, die Kehle tat ihm weh, die Knie waren blaugeschlagen und zerschürft. Andenken an den Fluß. Er fragte sich, ob Huy sich ebenso steif und zerschunden fühlte.

»Gerade ist ein Bote Amun-Psaros durchgekommen, mit einer Botschaft für Kommandant Woser. Ich habe ihn aufgehalten, weil mein Meister wissen muß, wie es dem Prinzen geht. Sein Zustand scheint sich gebessert zu haben, aber gestern hat es sehr schlecht um ihn gestanden. Der König ist überzeugt, daß jede weitere Stunde Verzögerung den Jungen dichter an den Tod bringt. Er hat im ersten Morgenlicht den Aufbruch befohlen, und wenn alles gut geht, sind sie mittags hier.«

Bak schaute nach Osten hinüber. Der Herr Re stand noch zu tief, um vom Inneren der Festung aus gesehen zu werden, aber er warf seine goldgelben Arme hoch in den wolkenlosen, blauen Himmel hinauf. Die Luft war überraschend klar und kühler als den Großteil der vergangenen Woche hindurch. Wenn das Wetter so blieb, hatte Amun-Psaro den Zeitpunkt seines Einzuges bestens gewählt. Der Gedanke war bedrückend, warf einen düsteren Schatten über das, was ein großartiger, glorreicher Tag hätte werden sollen.

»Ich bete, daß Kenamon das Kind retten kann.« Imsibas Gesicht und Stimme waren so ernst wie Baks Gedanken.

»Mein Meister betrachtet jede einzelne Nachricht als das Steinchen eines Mosaiks.« Der Priester sprach mit der heiteren Gelassenheit eines zutiefst gläubigen Menschen. »Er hat viele Hinweise gesammelt, nun muß er den Jungen sehen. Wenn der Herr Amun dem Kind geneigt ist, wird eine der verschiedenen Arzneien, die er vorbereitet hat, seine Krankheit heilen.«

Bak hoffte, daß Kenamons Können dem Vertrauen des Jünglings gerecht wurde. »Wir werden dem Gott eine feine Gans opfern.«

Freudestrahlend murmelte der Priester seinen Dank und eilte davon.

Bak kämpfte sich hoch. Die Medjaju, die ebenfalls auf dem Dach von Kenamons Haus geschlafen hatten, saßen oder lagen auf ihren Matten herum und sahen neugierig hinüber. Unter seinem Blick beeilten sie sich aufzustehen, zogen sich an, rollten ihre Schlafmatten zusammen, sammelten Rasierer, Körperöle, frische Schurze und spiegelblank polierte Waffen zusammen. Da sie es gewöhnt waren, zu jeder Tages- und Nachtzeit in ihre Baracken zu schlüpfen, redeten sie wie immer nur leise miteinander. Nicht eines ihrer Worte gelangte zur Straße hinab.

Eine nervöse Spannung erfüllte die Luft, und ihre Mienen drückten eine Vielzahl von Gefühlen aus. Die Aufregung, als Ehrenwache für einen mächtigen König aus dem elenden Kusch zu dienen. Die Belastung, diesen Monarchen vor einem unbekannten Attentäter schützen zu müssen. Die Hoffnung, daß ihr Offizier das Verbrechen vereitelte – und zwar rechtzeitig genug, daß er noch seinen rechtmäßigen Platz an ihrer Spitze einnehmen konnte.

Groß und aufrecht, männlich und stark, eine Eliteeinheit, die Baks Herz mit Stolz erfüllte. Er sehnte sich danach, bei ihnen zu sein, wenn sie Amun-Psaro für die Zeit seines Besuches überstellt wurden, aber die Wahrscheinlichkeit schien gering.

»Ich muß Inyotef und Senu finden.« Er klopfte Imsiba auf die Schultern. »Du weißt, was ihr zu tun habt.«

»Ich werde die Leitung erst im allerletzten Moment übernehmen. Du sollst uns anführen, wenn du kannst.«

»Ganz Iken wird inzwischen gehört haben, daß der Herr Amun zur Inselfestung gebracht wird, damit Amun-Psaro nicht jeden Tag durch die Stadt gehen muß.« Bak hob seinen Schurz auf, betrachtete stirnrunzelnd den zerfetzten und schmutzigen Stoff, ließ ihn auf die Schlafmatte fallen. Obgleich es ihm widerstrebte, griff er nach der zweiten der beiden Garnituren, die er mitgebracht hatte, nach dem Schurz, den er eigentlich während der Übergabe der Ehrenwache hatte tragen wollen. »Also weiß ganz Iken auch, daß der König nur heute so verwundbar ist.«

»Wir bleiben dicht bei ihm«, versicherte Imsiba. »Und wenn wir alle sterben müssen, um ihn zu schützen, dann werden wir das auch tun.«

Mit dieser schrecklichen Möglichkeit wollte Bak sich gar nicht erst befassen. »Ich glaube, ich weiß, welcher meiner beiden Verdächtigen der Schuldige ist, aber um sichergehen zu können, muß ich sie beide finden. Wenn alles gut geht, komme ich zu einem befriedigenden Schluß, lange bevor er Amun-Psaro angreifen kann.« Die Worte klangen gut, aber konnte er dem Versprechen auch gerecht werden?

Bak eilte die Treppen in ein Haus hinab, das bis auf zwei Diener leer war. Kenamon und seine Priester waren zum Haus der Hathor gegangen, um die Morgenrituale abzuhalten. Ein wohlbeleibter Mann war damit beschäftigt, den Umzug auf die Felseninsel vorzubereiten, und verpackte die Kleidung und den Schmuck der Priester in geflochtenen Schilftruhen. Er behandelte jeden noch so gewöhnlichen Gegenstand, als war er derselben Achtsamkeit würdig wie die Utensilien für den Gottesdienst. Seine Frau, die ebenso dick war wie er, aber bei weitem ausgelassener, wirbelte in der ungedeckten Küche herum, buk Brot und kümmerte sich um einen dicken Fleischeintopf, der den Priestern nach ihrem Morgenfasten den Hunger stillen sollte.

Bak schlüpfte in den Raum, den Kenamon als den seinen benutzt hatte. Das Zimmer war bereits geräumt. Nur die Einrichtung war geblieben - ein Bett, zwei geflochtene Truhen und ein Tisch - und in einer Nische ein Standbild des Hausgottes Bes. Er stellte den häßlichen, krummbeinigen Gott zur Seite. Dahinter lagen die vier Tonscherben aus dem Versteck des taubstummen Jungen. Er nahm die Scherben aus der Nische und setzte sich mit gekreuzten Beinen auf den Boden, studierte die Skizzen in einem Streifen Sonnenlicht, der durch ein hohes Fenster hereinfiel.

Die Skizzen waren nicht weniger durcheinander als zuvor, aber mit einem ausgeruhten und geübteren Auge angesehen, ergaben sie eine kindliche Art von Sinn. Bak legte sie wieder zurück und stellte die Statue davor. Wenn der wohlbeleibte Diener sie nicht gefunden hatte, dann fand sie niemand.

Bak ging wieder in die Küche zurück, ließ sich von der Frau einen flachen Laib Brot geben, der mit Fleisch und Oliven gefüllt war, und hastete nach draußen auf die Straße. Im Gehen essend, eilte er durch die Festung, aus dem Tor hinaus und den Pfad zur unteren Stadt hinab. Aus vielen Häusern stiegen dünne Rauchspiralen auf und verbreiteten die Gerüche brennenden Dunges, bratenden Öles, von Fisch und Zwiebeln. Kühe riefen muhend nach ihrem Melker. Ein Taubenschwarm stob auf, wirbelte über ihm durch die Luft.

Da er wußte, wie schnell Nachrichten sich in einer beengten Gemeinschaft wie Iken verbreiten konnten, war er von dem Gedränge und Geschubse in den Straßen und Häusern nicht überrascht. Männer, Frauen und Kinder erledigten hastig ihre morgendlichen Aufgaben, sie sangen, scherzten und machten viel Wirbel, um anschließend einen Tag voller Pracht und Feierlichkeiten genießen zu können: die Ankunft Amun-Psaros mit seinem großen und farbenfrohen Gefolge, die Garnisonstruppen, wie sie ihm vor dem Tor die Waffen präsentierten, die Prozession des Herrn Amun und der Herrin Hathor, die Priester, das Militär und die kuschitische Karawane, die Flotte, die die Götter und den König und seine Leute über den Fluß zur Inselfestung tragen würde. Ein Tag, den sie niemals vergessen würden.

Besonders wenn Amun-Psaro ermordet werden sollte.

Mit einem stillen Gebet bat Bak den Herrn Amun, ihm beim Vereiteln des Attentates zu helfen, und eilte weiter. Er verließ die Hauptstraße und ging eine schmale Gasse hinab, die ihn zu einer anderen Gasse führte, die sonderbarerweise breiter, aber verwinkelter war. Er passierte das zerfallene Lagerhaus, das Senu Minnakhts Männern als Mine für Lehmziegel vorgeschlagen hatte und inzwischen bis auf die Grundmauern abgetragen war. Drei kleine Jungen, die wie die Spatzen zwitscherten, waren um eines der vielen Löcher in der Erde versammelt und stocherten mit Stöcken darin herum. Vermutlich versuchten sie, eine Ratte aufzuscheuchen, damit sie unter der Erde zum nächsten Loch floh, das von einem stabilen Käfig versperrt war. Nur war die Ratte wahrscheinlich längst weggelaufen und hatte sich durch einen anderen, längeren Gang in Sicherheit gebracht.

Bak überholte zwei ältere Jungen, die die Gasse hinauftrotteten, der eine vielleicht zwölf, der andere ein bißchen jünger, beide mit Trägern über den Schultern, an denen schwere Wasseramphoren hingen. Dann platzte er durch die Tür von Senus Haus, trat einen flachen Hocker um und blieb wie angewurzelt stehen. Anstatt leer und unaufgeräumt zu sein wie zuvor, war der Eingangsraum gefüllt mit Körben voller Bohnen, Zwiebeln, Erbsen, Melonen, Radieschen, Gurken, Kopfsalat. Eine große, schlanke Frau saß mit überkreuzten Beinen auf dem Boden, und drei Mädchen zwischen vielleicht sechs und vierzehn Jahren halfen ihr dabei, Erbsen und Bohnen in große, runde Steingutschalen zu schälen. Die Frau war schwarz wie die Nacht, die Mädchen heller, aber ebenso schlank wie ihre Mutter. Ein dunkelhäutiger Jüngling von vielleicht fünfzehn Jahren, der Senu sehr ähnlich sah, saß über ihnen auf der Treppe und sortierte eine Handvoll Angelhaken.

In einer einzigen, fließenden Bewegung sprang der Junge die Treppe hinab, packte eine Harpune, die an der Wand lehnte und holte aus, bereit, sie auf den Eindringling zu schleudern. Das jüngste Mädchen schnappte nach Luft und glitt näher an seine Mutter heran. Die anderen beiden starrten Bak aus großen, ängstlichen Augen an. Die Frau, deren Name Nefer war, wie man ihm erzählt hatte, stand so flink auf, daß ein Dutzend Erbsen über den Boden kullerten, und stellte sich wie eine Löwin, die ihre Jungen beschützt, über ihre Töchter. Ein kindliches Zischen in seinem Rücken ließ Bak herumfahren. Die Jungen mit den Amphoren standen in der Tür, um ihm den Weg abzuschneiden.

Er hob rasch die Hände, Handflächen nach vorn. »Ich bin Leutnant Bak, Leiter der Medja-Polizei von Buhen. Senu hat dir bestimmt von mir erzählt.«

»Du bist hier nicht willkommen, Leutnant. Verschwinde.« Nefer kniff den Mund zusammen.

Wie ihr Mann war sie nicht mehr jung. Die Jahre und die

vielen Schwangerschaften hatten ihren Preis gefordert, aber es war deutlich, daß sie einmal eine sehr anmutige, wenn nicht schöne Frau gewesen war.

»Ich habe keine Zeit zu verschwenden, Herrin. Ich brauche deine Hilfe, und zwar schnell!«

»Senu sagt, dir ist nicht über den Weg zu trauen. Du verdächtigst ihn, diesen elendigen Puemre ermordet zu haben, und das hat er nicht.«

»Wo ist er?«

»Ja, was meinst du denn, wo er ist?« fragte sie höhnisch. »Er hat seine Arbeit zu erledigen, und er erledigt sie. Er ist in der Festung, um sicherzugehen, daß seine Männer sich gut auf die Ankunft Amun-Psaros vorbereitet haben.«

Das mochte durchaus stimmen – aber vielleicht war Senu auch gerade in diesem Moment dabei, den Platz einzunehmen, von dem aus er das Attentat verüben wollte. Bak sah sich um und versuchte, einen sicheren und raschen Weg zu finden, sie zum Reden zu bringen. »Ihr müßt die einzige Familie in Iken sein, die so tut, als ob dies ein Tag wie jeder andere wär.«

Sie zeigte in großem Bogen auf die überfließenden Körbe. »Wenn wir dieses Gemüse nicht lagerfähig machen, wird es uns nicht durch die nächsten Monate bringen. Wir haben es doch nicht gesetzt und aufgezogen und geerntet, um es jetzt vor unseren Augen verrotten zu lassen.«

»Das ist alles frisch geerntet?« Er starrte die Körbe stirnrunzelnd an, verwirrt. »Hätte das nicht bis morgen warten können? Dann hättet ihr euch die Prozession ansehen können.«

»Wie ich sehe, hast du noch nie eine Insel bewirtschaftet«, schimpfte sie. »Wir haben die Ernte so lange auf den tieferen Feldern gelassen, wie es nur ging. Hätten wir sie gestern nicht eingeholt, wäre sie uns heute im Hochwasser verlorengegangen.«

Bak fiel der Bauer ein, den ihre Nachbarin an der Tür gesehen hatte. Er hätte beinahe laut aufgelacht. Wahrscheinlich ein Feldnachbar. Und der übereilte Aufbruch keine Flucht vor der Polizei, sondern eine Rettungsaktion. Konnte die Erklärung für ihr Verschwinden so einfach sein? »Hat dein Mann dir dabei geholfen?«

Nefer schaute auf die Berge von Feldfrüchten und lachte. »Ja, was glaubst du denn?«

»Ein Haufen Arbeit«, gab er zu. Er packte den Hocker, stellte ihn wieder auf und ließ sich nieder. Er hatte keine Ahnung von der Feldwirtschaft, aber irgendwie hatte sie es geschafft, daß er sich dumm vorkam. »Laß dich nicht aufhalten, Herrin. Mit etwas Glück bist du rechtzeitig fertig, um deinen königlichen Verwandten durch Iken ziehen zu sehen.«

Sie bedeutete ihren Kindern, zurück an die Arbeit zu gehen, und kniete nieder, um die Erbsen aufzulesen. Die Jungen bei der Tür brachten die Amphoren herein, lösten sie mit der Hilfe ihres älteren Bruders von den Schultertragen und lehnten sie gegen die Wand. Dann setzten die drei sich auf die Treppe, um zu lauschen. Und nötigenfalls beizustehen, da war Bak sich sicher.

»Wie ich sehe, hat dir jemand von meiner Verbindung zu Amun-Psaro erzählt«, sagte sie.

Ihre Gelassenheit, ihre mangelnde Besorgnis waren verwirrend. Sie benahm sich nicht gerade wie eine Frau, die Furcht im Herzen trug. »Ich habe gehört, daß du von königlichem Blut bist«, sagte er unverbindlich, um nicht zu zeigen, wie wenig er wußte.

»Ich bin seine Cousine, das Kind der Schwester seines Vaters. Ich war die elfte in der Reihe, seine Königin zu werden.« Ein Lächeln umspielte ihre Lippen. »Zu weit entfernt, um für die nahe beim Thron eine Bedrohung darzustellen, aber dicht genug, um als Ersatz im Palast behalten zu werden.«

Die Spöttelei kam so unerwartet, daß Bak grinsen mußte. »Ich bin beeindruckt. Mit einer Prinzessin habe ich noch nie gesprochen.«

Nefer schenkte ihm ein schiefes Lächeln. »Spar dir deine

Ehrfurcht, Leutnant. Der Tag, an dem Senu mich aus dem Palast holte, war der schönste meines Lebens, und ich danke der Herrin Hathor an jedem einzelnen Morgen für das Leben, das wir miteinander teilen.«

Sie trug ihr Glück wie einen Umhang, in dessen Falten es warm und sicher war. Wie weit würden sie und Senu gehen, wenn ihre Zweisamkeit auf dem Spiel stand? Er näherte sich der Frage auf Umwegen. »Wie hast du es geschafft wegzukommen?«

»Als Senu zum ersten Mal in unseren Palast kam, war er ein Abgesandter Akheperenre Thutmosis', der Kemet zu dieser Zeit regierte. Mein Cousin gab für die Gesellschaft aus Waset ein Fest, und ich war eine derjenigen, die zur Begleitung ausgewählt wurden. Obwohl ich mit den anderen Frauen weit hinter dem König saß, bemerkte Senu mich. Er wußte nicht, daß ich von königlichem Geblüt war, er sah nur eine Frau, die ihm gefiel. Also fragte er Amun-Psaro, ob er mich haben könne.«

Bak pfiff. »Das muß ihn ganz schön Nerven gekostet haben.«

»Kein anderer als Senu hätte den Mut aufgebracht«, sagte sie und lächelte den Jungen auf der Treppe zu, teilte mit ihnen den Stolz auf ihren Vater. »Zu jener Zeit gab es in Kusch keine Pferde. Amun-Psaro, der während seiner Zeit als Geisel Wagen und Gespann besessen hatte, wünschte sich aus tiefstem Herzen eine Herde. Also sagte er Senu, wenn er ihm ein edles Paar liefern konnte, einen Hengst und eine Stute, wäre ich sein.« Sie zwinkerte mit den Augen. »Ich war mir sicher, daß ich ihn zum letzten Mal gesehen hatte. Aber im darauffolgenden Jahr kehrte er mit zwei wunderschönen weißen Pferden und einem sechs Wochen alten braunen Fohlen zurück. Amun-Psaro gab mich auf der Stelle frei.«

Bak teilte ihr Lachen, ernüchterte aber rasch. Jede Antwort, die sie ihm gab, führte zu einem neuen Problem. »Wie hat Senu es als einfacher Soldat geschafft, an so kostbare Tiere zu kommen?«

»Was geht dich das an?« knurrte Senu und trat durch die Tür.

Nichts würde je einen gutaussehenden Mann aus ihm machen, aber in seiner feierlichen Aufmachung und mit den eingeölten, samtig schimmernden Muskeln war er beeindruckend. Kurzer, weißer Schurz, breiter Bronzeschmuck auf der Brust und an den Unterarmen, verziert mit blauen und roten Perlen. Bronzene Gürtelschnalle, Armreife und Fußspangen. Bis zur Vollkommenheit geschliffenes Langschwert, ein Dolch in glattpoliertem Leder, und ein goldfarbenes Schild aus Kuhhaut. Die goldene Tapferkeitsfliege hing an einer goldenen Kette auf seiner Brust.

Bak, der bereits gemerkt hatte, daß Nefer langsam Vertrauen faßte, war über das unerwartete und rüde Auftreten ihres Gatten nicht erfreut. Andererseits aber lag Senu nun nicht irgendwo auf der Lauer, um Amun-Psaro zu ermorden. »Hat Kommandant Woser heute morgen mit dir gesprochen?«

Senu starrte ihn zornig an. »Ich soll dir auf jede deiner Fragen antworten, aber bei mir zu Haus habe ich immer noch selbst das Sagen.«

Bak war sich der sechs kleinen Gesichter, die ihnen zugewandt waren, sehr bewußt, der großen, dunklen Augen, die ihren Vater anstarrten. Er hatte nicht den Wunsch, Senu in der Achtung seiner Kinder sinken zu lassen, aber die Zeit war zu knapp für taktvolles Benehmen. Er baute sich vor Senu auf und machte ein ebenso entschlossenes Gesicht wie der Wachoffizier. »Ich habe die Autorität, euch jede Frage zu stellen, die ich will. Hat Woser das nicht klargemacht?«

»Fragen kannst du.« Senu schob den Unterkiefer vor. »Antworten müssen wir dir nicht.«

Bak setzte ein spöttisches Grinsen auf. »Du behauptest, daß du nicht gern Männer im Kampf fallen siehst«, sagte er herausfordernd. »Nun, ich versuche, einen Krieg abzuwenden, und das werde ich auch schaffen, mit oder ohne deine Hilfe.«

Nefer riß die Augen auf. Sie legte sich eine Hand vor den Mund und legte den anderen Arm um das kleinste Mädchen.

Senu trat einen Schritt zurück, überrascht und verwirrt. »Du bist nicht wegen dem Mord an Puemre gekommen?«

»Teilweise schon, aber der Mord ist nicht mehr meine größte Sorge.«

Senu sah zu seiner Frau, und eine unausgesprochene Botschaft wurde zwischen ihnen gewechselt. Er setzte sich auf den Hocker, den Bak freigegeben hatte. »Frag, was du willst«, grollte er. »Ich versprech' dir keine Antworten, aber versuch' es ruhig.«

»Wirst du Amun-Psaro sehen, während er hier ist?« fragte Bak Nefer.

»Wenn wir hiermit rechtzeitig fertig werden ...« Sie ließ ihre Tochter wieder los und nickte zu den Feldfrüchten hinüber. »... dann gehen die Kinder und ich zum Hafen und sehen uns die Prozession an.«

»Wirst du mit ihm reden, meine ich.«

In dem Versuch, seine Absicht zu erkennen, runzelte sie die Stirn. »Wenn er mich rufen läßt.«

»Aber du hast nicht vor, dich ihm aus eigenen Stücken zu nähern«, hakte er nach.

Senu, der der Befragung aufmerksam gefolgt war, beugte sich auf seinem Hocker mit grimmiger Miene vor. »Damit wir uns recht verstehen, Leutnant. Nefer mag Amun-Psaros Cousine sein, aber vor allem ist sie meine Frau und die Mutter meiner Kinder. Sie ist keine Kuschitin mehr und beansprucht nicht auch nur einen Zipfel ihres Heimatlandes.«

Nefer beeilte sich, den Worten ihres Gatten den Stachel zu nehmen. »Wir haben fünf Söhne, Leutnant Bak. Sie sind dem Thron nicht näher als ich, aber sie stellen eine größere Bedrohung dar, weil sie Jungen sind. Wir wollen nicht, daß sie in einen tödlichen Kampf um den Thron gezogen werden, sollte Amun-Psaro sterben.«

»Glaub mir«, fügte Senu mit leidenschaftlicher Stimme hinzu, »wir beten jeden Tag, daß er noch viele Jahre am Leben bleibt und der Priester Kenamon seinen Erstgeborenen heilt. Der Junge ist das einzige Kind, das er mit der Königin gezeugt hat, das einzige Kind, dessen Anspruch auf den Thron unanfechtbar ist.«

Bak sah zur Treppe, wo die drei Jungen mit unverhohlener Neugierde saßen und lauschten. Er fragte sich, was sie wohl von dem Leben hielten, das sie in Iken führten, verglichen mit der Art und Weise, wie sie in einem Palast im Lande Kusch leben würden. Er widerstand dem Drang, sie zu fragen. Senu und Nefer waren beide zu sehr darauf bedacht, ihre Kinder zu schützen, als daß er ihnen direkte Fragen stellen durfte.

»Würdest du dich mit deiner Familie in Kemet nicht sicherer fühlen?« fragte er.

»Warum sollten wir davonlaufen?« Nefer, deren Augen vor Verachtung blitzten, warf eine Handvoll Erbsen in eine Schale. »Du hast meinem Mann nicht richtig zugehört, Leutnant. Ich bin keine Kuschitin. Ich habe seit meinem vierzehnten Lebensjahr hier in Wawat gelebt. Ich habe einen Namen angenommen, wie er zu einer Frau aus Kemet paßt. Ich ziehe mich an wie eine Frau aus Kemet und koche und lebe wie sie. Amun-Psaro hat keinen Anspruch auf mich und das Land meiner Geburt ebenfalls nicht.«

»Dies ist unsere Heimat«, sagte Senu und schenkte seiner Frau ein beipflichtendes Nicken. »Oh, ich meckere über meine verpfuschte Laufbahn, zeige Bitternis darüber, in diesem gottverlassenen Land Wawat gelandet zu sein, verfluche den Irrtum meiner Jugend dafür, mein Leben lang hier hängengeblieben zu sein.« Er klemmte die Hände zwischen den Knien ein und lächelte Bak ein wenig einfältig an. »Die Wahrheit aber ist, daß dieser Fehler, den ich bitter bereue, keinerlei Einfluß auf meine Karriere hatte. Um weiter aufzusteigen, hätte ich nur in den Norden nach Kemet zu ziehen brauchen. Aber dann hätten wir dieses Land Wawat verlassen müssen, den Ort, den unsere

Kinder seit jeher kennen, den Ort, den Nefer und ich ebenso lieben wie das Leben selbst.«

Bak hatte keinen Zweifel, daß Senu töten würde, um seine Familie zu beschützen – und Nefer ebenfalls. Aber keiner von beiden würde das tun, so lange es eine andere Möglichkeit gab. »Ich habe keine Ahnung von den Gebräuchen im Lande Kusch«, gestand er, die Augen auf Nefer gerichtet, »also mag dir meine nächste Frage dumm vorkommen. Würde Amun-Psaro ... Könnte Amun-Psaro dich zurückverlangen und dich wieder in seinen Palast mitnehmen?«

»Wenn er noch genauso ist wie früher«, sagte Nefer mit einem Lachen, »dann dankt er dem Herrn Amun jeden Abend und jeden Morgen, daß er die Klugheit besessen hat, mich gegen diese Pferde zu tauschen.«

Bak und Senu lachten mit ihr, und die Spannung und das gegenseitige Mißtrauen fielen von ihnen ab. Die Kinder, von denen die meisten zu jung waren um zu begreifen, begannen ebenfalls zu lachen, vorsichtig, zaghaft, erleichtert.

Sich die Tränen aus den Augen wischend, sagte Senu: »Du hast etwas von einem Krieg gesagt, den es zu verhindern gilt, und du stellst Fragen zu Amun-Psaro. Da gibt es doch einen Zusammenhang.«

Kann ich diesen Leuten vertrauen, fragte Bak sich. Ja. Sie haben nichts zu gewinnen, wenn der König stirbt, nichts zu verlieren, wenn er am Leben bleibt. »Puemre ist ermordet worden, weil er von einem geplanten Attentat auf Amun-Psaro erfahren hat.« Er zwang sich, weiterzugehen und das Undenkbare auszusprechen. »Inyotef ist der Mann, den ich suche, das steht jetzt fest.«

Die volle Wucht von Inyotefs Verrat traf ihn wie ein Schlag. Denn ein Verrat war es. Ein persönlicher, weil dieser Mann, den er gemocht und dem er vertraut hatte, ihn mit Lügen und Lächeln getäuscht und dann versucht hatte, ihn zu ermorden. Der größere Verrat, den Inyotef an seinem Land und der Gemeinschaft der Götter begangen hatte, war nicht weniger schmerzlich.

»Das hätte ich nie von ihm erwartet.« Senu, der neben Bak die Gasse hinuntereilte, schüttelte den Kopf, als wollte er Inyotefs Ränke abstreiten. »Wir waren nie besonders eng miteinander, aber ich habe immer gedacht, ihm trauen zu können.«

»Mein Gewissen hat mich jedes Mal gequält, wenn ich die Möglichkeit erwog.« Selbst jetzt, nachdem er die Hinterhältigkeit des Lotsen eingesehen hatte, fühlte er sich schlecht, wenn er sein Mißtrauen aussprach. »Das hat er bestimmt ausgenutzt, so daß ich seinen Fehlhandlungen gegenüber blind war.«

In der Ferne schmetterte eine Trompete. Drei lange Töne. Das zweite Signal, seit sie Senus Haus verlassen hatten. Sie konnten es von der unteren Stadt aus nicht sehen, aber Bak stellte sich einen Herold vor, hoch oben auf dem doppeltürmigen Südtor der Festung, die Augen auf die ferne Karawane gerichtet, die sich, bis auf eine gewaltige Wolke gelblichen Staubes unsichtbar, langsam auf der Wüstenstraße näherte.

»Wie weit noch bis zu seinem Haus?« fragte Bak.

»Ein paar Blocks, mehr nicht.«

Männer, Frauen und Kinder eilten durch die Straßen, noch kein Strom, aber ein ständiges Tröpfeln zu dem Pfad, der sie die Böschung zur Festung hinaufführen würde. Eifrige und aufgeregte Stimmen, lautes Gelächter, eine ungeduldige Mutter, die ihre Kinder anfuhr. Das Schnalzen einer Peitsche, schnelle Hufschläge und das rauhe Geschrei einer Kette von Eseln, die sich widerwillig vorantreiben ließen. Der berauschende Geruch frisch gemähten Heus biß sich mit den feineren Düften von Parfüm und gewürzten Körperölen. Eine sanfte Brise milderte die Hitze, ohne Staub aufzuwirbeln.

»Wie ich gehört habe, kann sein Zorn vom einen Moment zum anderen aufflammen, und dann bewahrt einen nur der schnelle Rückzug vor der Flinkheit seiner Fäuste.« Senu zuckte vor einem schnappenden Esel zurück. »Aber selbst wenn es um mein Leben ginge, ich könnte nicht sagen, warum er Amun-Psaros Tod wollen würde. Soweit ich weiß, sind sie sich seit Jahren nicht begegnet. Da ist doch keine Flamme zu sehen.«

»Ich vermute, eine seit langem schlafende Glut ist wieder entfacht.« Bak trat über einen grünlichen Haufen frischen Dungs hinweg, der eine Wolke von Fliegen angezogen hatte. »Erinnerst du dich an irgendein besonderes Ereignis, irgend etwas Ungewöhnliches oder Verdächtiges, wenn sich eure Wege gekreuzt haben?«

»Wir haben uns kaum gesehen. Ich habe zuviel Zeit unterwegs verbracht, mit dem Bewachen von wertvollen Schiffsladungen auf dem Weg den Fluß hinab oder mit dem Eskortieren von Abgesandten, beladen mit Geschenken für die Stammeskönige weit flußauf. Er hat ebenfalls die meiste Zeit auf dem Wasser verbracht, aber eher auf Kriegs- als auf Handelsschiffen. Soweit ich weiß, ist er nie weiter südlich als bis Semna gekommen.«

»Seltsam«, sagte Bak stirnrunzelnd. »Huy hat mir erzählt, Amun-Psaro und Inyotef wären dicke Freunde gewesen, als sie jung waren, in Waset. Man sollte meinen, Inyotef hätte darum gebeten, nach Süden zu reisen. Nicht jeder ist mit einem König befreundet.«

»Es kommt mir vor, als gab es irgendeinen ...« Senu hielt inne, dachte einen Moment nach, dann wich er einer Frau aus, die versuchte, ihr weinendes Kind zu beruhigen, und ging weiter. »Ja.« Er sah Bak an, nickte. »Ja, ich erinnere mich an eine Zeit ... Ach, fünfzehn, vielleicht zwanzig Jahre her. Inyotef hatte sein erstes Kommando bekommen, über ein ganz anständiges Kriegsschiff. Er brachte es flußauf durch den Bauch der Steine, legte in Semna wegen Reparaturarbeiten an und fuhr dann nach Süden weiter, mit der Absicht, tief nach Kusch hineinzufahren. Sein Auftrag war nichts besonderes: ein Machtbeweis für die Stammesfürsten, glaube ich, und bestimmt sollte er auch gleich Tribut eintreiben.«

Er machte erneut eine Pause, betrat eine enge Gasse, die zu beiden Seiten von kleinen Häusern begrenzt war, aus denen das Stimmengewirr der Bewohner drang. Die Gegend stank nach kochendem Öl, Schweiß und Dung. Die Quelle letzteren Geruches wurde offenbar, als aus einem heruntergekommenen Haus das Gequake eines Entenschwarmes drang.

»Der Gesandte, den ich ab Semna eskortieren sollte, hatte sich verspätet«, fuhr Senu fort. »Ich hab' immer noch auf ihn gewartet, als Inyotef drei Tage später wieder im Hafen ankam. Sein Schiff war umgekehrt. Er gab keinen Grund an, aber es ging ein Gerücht um, daß er im Lande Kusch nicht willkommen war.«

Baks Herz machte einen Satz. »Vermutest du, daß Amun-Psaro hinter der Abfuhr steckte?«

»Ich bin oft den Fluß hinaufgefahren, aber die Wahrheit habe ich nie herausbekommen.«

»Bist du oft am Hofe Amun-Psaros gewesen?«

»Nur zweimal.« Senu trat um zwei nackte Kleinkinder herum, die angesichts seiner Pracht große Augen machten. Mit einem leichten Lächeln beantwortete er Baks unausgesprochene Frage. »Ja, Leutnant, er hat mir seine wachsende Herde von Pferden gezeigt – und er versäumte es nie, sich nach Nefers Wohlergehen zu erkundigen.«

Einen Moment den Ernst seiner Mission vergessend grinste Bak. »Ich bin immer noch neugierig. Wie hast du es geschafft, das Paar zu bekommen, das du ihm gegeben hast? Ihr Wert muß doch enorm gewesen sein für einen gewöhnlichen Soldaten ohne Wohlstand oder Macht.«

»Ich habe mein Problem zu einem diplomatischen gemacht«, lachte Senu. »Ich sprach mit dem Abgesandten, und als er in unsere Hauptstadt zurückkehrte, sprach er wiederum mit dem Wesir. Dieser verdiente Politiker stimmte zu, daß ein Geschenk von zwei Pferden, Stute und Hengst, Amun-Psaro an seine Freundschaft mit dem König erinnern würde, und zwar nicht nur einmal, sondern jährlich, jedesmal, wenn ein Fohlen geboren wurde. Später, nachdem der Handel vollzogen war, nachdem Nefer mein war und die Tiere Amun-Psaros, fühlte ich mich verpflichtet, ihm zu sagen, daß die Pferde eher meinem Einfallsreichtum als meinem Wohlstand zu verdanken waren. Er fand meine Geschichte so amüsant und meine Aufrichtigkeit so bewundernswert, daß er mir eine hohe Position bei Hofe anbot. Ich entschloß mich, in der Armee von Kemet zu bleiben.«

Bak lachte herzhaft, Senu ebenfalls, bis ein weiterer Trompetenstoß sie an ihre Mission erinnerte. Sie hasteten über eine Kreuzung, passierten einen Block gepflegter, zusammenstehender Häuser und bogen in eine Sackgasse ein, die auf der einen Seite von einer Serpentinenmauer begrenzt war, die die herankrauchenden Sanddünen abhalten sollte. Kasaya stand vor einer Tür fast am anderen Ende der Gasse. Der entmutigte Gesichtsausdruck des Medja sagte ihnen, daß das Haus leerstand und keiner der Nachbarn etwas über den Verbleib des Lotsen wußte.

Senu murmelte einen Fluch.

Bak hatte nicht damit gerechnet, daß die Götter ihm die Lösung seiner Probleme einfach in den Schoß fallen ließen, aber seine Stimmung sank trotzdem. »Wenn er sich abgesetzt hat, wird er wohl kaum irgend etwas von Wert oder Interesse dagelassen haben, aber ich muß trotzdem nachsehen.«

»Dann verlaß ich euch jetzt. Die Männer auf den Wehranlagen brauchen weitere Anordnungen, und ich muß Huy und Nebseny finden und sie ebenfalls warnen. Die Männer, die sie auf den Dächern entlang Amun-Psaros Route postiert haben, müssen Bescheid wissen.«

»Außerdem mußt du Imsiba und meine Medjaju warnen. Ich werde Kasaya zur Insel schicken, um Paschenuro und Minnakht zu alarmieren.«

»Betrachte es als erledigt.« Senu machte ein paar Schritte die Gasse hinauf, blieb stehen, drehte sich um. »Amun-Psaro ist hochmütig, herrisch, gerissen. Aber er ist ein anständiger Mensch, Bak. Laß nicht zu, daß Inyotef ihn ermordet.«

Bak rang sich ein Lächeln ab. »Ein Gebet zum Herrn Amun und ein Opfer könnten helfen.«

Inyotefs Haus war viel zu groß für eine Person, fünf weitläufige Räume um einen offenen Hof, die Senus großer Familie besser angestanden hätten. Zwei Zimmer waren möbliert, und das nicht einmal gut; der Rest stand leer. Ein paar flache Hocker und Tische, mehrere Truhen für Haushaltsgegenstände, eine Schlafmatte. Die Grundausstattung, die eine Frau zurücklassen mochte, wenn sie ihren Mann verließ; die Überbleibsel einer Ehe. Das Haus war so sauber und ordentlich wie Inyotefs Boot, aber es war von einer Aura der Vernachlässigung umgeben.

Bak ging von Truhe zu Truhe und lüftete jeden Deckel. Ein großes Behältnis aus geflochtenem Schilf enthielt ein paar Laken, ein anderes Männerkleidung, ein drittes ein wenig Geschirr und Kochutensilien. In einer kleineren Truhe befanden sich Augenschminke, Parfüme und Öle. Eine Holztruhe mit feinen Intarsien enthielt Schmuck, zumeist von der bunten Sorte und von geringem Wert. Goldene Fliegen waren nicht darunter. Eine etwas größere, unverzierte Holztruhe enthielt ein paar kleine Waffen, darunter eine mächtige Schlinge – ganz bestimmt die Waffe, die beim ersten, zur Warnung dienenden Angriff auf ihn benutzt worden war.

Zum Hauptraum zurückkehrend, machte er sich an eine lange und gründliche Suche, besonders nach Hinweisen, wohin Inyotef verschwunden war und aus welchem Grunde er den Tod Amun-Psaros wollte. Er versuchte, sich völlig in die Aufgabe zu versenken, ging systematisch erst von einer Truhe zur anderen und suchte dann die Wände und Böden nach Verstecken ab. Nach dem ersten Raum durchsuchte er den zweiten, dann den dritten. Der satte Duft von geschmortem Lamm wehte durch die offenen Türen, ließ nagenden Hunger aufsteigen, verkündete die nahende Mittagszeit. Er hätte gern Schluß gemacht, um dieses trübselige Haus zu verlassen und durch die Straßen der Stadt zu gehen, um lieber nach dem Mann als nach irgendwelchen winzigen Hinweisen zu suchen, die er ebensogut übersehen wie finden konnte. Aber das sporadische Ertönen der Trompete stieß, hetzte, peitschte ihn voran.

Er war beinahe fertig und hatte für seine Mühen nichts weiter vorzuweisen als ein wachsendes Gefühl des Versagens, als Senus Ältester mit einem in Blätter gewickelten, gegrillten Fisch, einer Traube prallen Weines und zwei Krügen Bier kam. Das Essen und Trinken, die freundliche Stimme und das Lächeln waren überaus willkommen. Bak hätte den Jungen umarmen können.

»Wie weit ist die Karawane noch weg?« fragte er und riß das Fleisch von den Knochen, kaute es wie ein Mann, der seit einer Woche nichts gegessen hatte.

»Sie wird das Tor in dieser Stunde erreichen.«

Der Junge berichtete, daß sein Vater Baks Botschaften zu Imsiba und den anderen gebracht hatte. Zusätzliche Wachen waren auf Amun-Psaros Marschroute eingeteilt worden, und jeder Mann, der erübrigt werden konnte, war auf der Suche nach Inyotef. Bis jetzt hatte jeder erklärt, ihn den ganzen Tag nicht gesehen zu haben. Bak, dessen Selbstvertrauen schwankte, versuchte nicht daran zu denken, wie dumm er sich vorkommen würde, wenn jemand anders als der Lotse vorhatte, den kuschitischen König zu ermorden.

Dem Jungen war anzusehen, daß er wieder loswollte, voller Angst, das Spektakel zu versäumen, also entließ Bak ihn und ging hinaus in den Hof, um sein Mahl in einem Schattensplitter neben der Mauer zu beenden.

Gesättigt durchsuchte er den Hof mit seinem runden Ofen, den großen Wasseramphoren und Kornmieten. Er fegte gerade das letzte Korn zusammen, daß er verstreut hatte, als sich die Geräusche in der Ferne änderten. Der grelle Klang der einzelnen Trompete ging in dem Schmettern mehrerer unter. Ab und zu, wenn der Wind richtig stand, wehte das schwache Geräusch der begleitenden Klappern und Flöten durch die untere Stadt. Ein Donnern von Trommeln füllte den Hintergrund. Amun-Psaros Karawane näherte sich dem Festungstor.

Bak war auf dem Dach und mit seiner Suche beinahe fertig, als ein Tusch von Trommelschlägen die Präsentation der Waffen ankündigte. Bald würde der König ins Innere der Festung marschieren. Er und Woser würden die feierliche Prozession langsam die Hauptstraße hinab zum Haus der Herrin Hathor geleiten. Dort würden sie ihr und ihrem Gast, dem Herrn Amun huldigen. Dann würde es zusammen mit den Priestern und den Gottheiten zurück durch die Festung gehen, durch den Einschnitt in der Steilwand und in die untere Stadt zum Hafen hinab. Mit Wachen und Bogenschützen auf den Wehrgängen und Speerträgern und Bogenschützen auf den Dächern an der Straße, mußte Amun-Psaro innerhalb der Festung recht sicher sein. Es war die anschließende Strecke, die Bak am meisten Sorgen bereitete. Der Abstieg durch den Einschnitt und die Straßen der unteren Stadt würden von Hunderten von Zivilisten und Soldaten begleitet werden. Und der Hafen bot noch mehr Anlaß zur Sorge, das Durcheinander beim Besteigen des Flußfahrzeuges an einem Ort, den Inyotef besser kannte als jeder andere in Iken.

Erschöpft und mutlos ging er zum Rand des Daches und sah auf die niedrigen, goldenen Dünen vor der Mauer hinab. Lange Sandfinger, Verwehungen, die über Jahre hinweg entstanden waren, griffen nach einem fernen Häuserblock. Trocken und karg, bar jeden Lebens, eine Einöde.

Sein Blick blieb am Fuß der Serpentinmauer hängen, an einem goldbraunen Dreieck. Am Ende eines Brettes, das hinter einer Kurve hervorragte. Was machte ein Stück Holz da draußen? Es sah zu stabil aus, um in die Wüste geworfen zu werden, zu wertvoll. Mit erwachenden Lebensgeistern schritt er, die Arme weit ausgebreitet, vom Dach auf die Mauer hinüber, setzte langsam einen Fuß vor den anderen, folgte dem Verlauf der Kurve. Das Brett, so sah er bald, war das Seitenstück einer Leiter, die zum Teil von Sand bedeckt war. Aus der Art und Weise, wie sie hervorragte, schloß Bak, daß sie vergraben und von einer kürzlichen steifen Brise wieder freigelegt worden war. Von Neugierde gepackt sprang er die Mauer hinab.

Er grub die Finger in den feinen, warmen Sand, hob die Leiter auf und stellte sie hin. Sie war fast neu, nicht gerade ein Werkzeug, das man wegwarf, und hoch genug, um das Dach von Inyotefs Haus zu erreichen. Hatte der Lotse sie versteckt, um zu einem späteren Zeitpunkt zurückkehren zu können? Oder hatte er sie benutzt, um das Haus zu verlassen? Bak erforschte die Nachbarschaft, suchte nach irgendeinem anderen Gegenstand, der mit der Leiter versteckt worden sein mochte. Er fand nichts.

Er wandte sich von der Mauer ab und studierte die flachen Dünen. Die glatten, parallelen Riffel waren von den winzigen Fußspuren von Vögeln und Nagetieren gezeichnet, nicht aber von den größeren, tieferen Eindrücken, die ein Mensch hinterlassen hätte. Eine trichterförmige Unebenheit auf einem der Riffel konnte bedeuten, daß ein kleines Tier etwas Interessantes unter der Oberfläche gefunden hatte. Den Atem anhaltend, eilte Bak dorthin und legte eine große, dichtgeflochtene Schilftruhe frei. Ungeduldig und aufgeregt wischte er den Sand darauf zur Seite, brach das Siegel und hob den Deckel. Sie war gefüllt mit großen Tonkrügen, die jeder mit einem Lehmstopfen gegen Tiere und Insekten versehen waren. Ein Krug voller Korn war zerbrochen und bereits von einer Maus oder Ratte erforscht worden. In Hochstimmung versetzt, brach Bak die Stopfen aller anderen Krüge und fand Bier, Essen, Kleidung, kleine Waffen und Schmuck, darunter zwei goldene Fliegen.

Wahrscheinlich hatte Inyotef nicht gewagt, die Vorratstruhe in seinem Boot zu verstecken, aus Angst, daß jedes Fahrzeug im Hafen vor der Ankunft Amun-Psaros durchsucht wurde. Er hatte sie hier vergraben, wo niemand auf die Idee gekommen wäre zu suchen, um sie zu holen, sobald die Suche nach ihm abgeflaut war.

Das beeindruckendste Stück hob Bak sich bis zuletzt auf, einen Tonzylinder, der an beiden Enden mit Lehmstopfen verschlossen war. Er brach einen ab, griff hinein und zog eine Papyrusrolle hervor. Im warmen Sand sitzend betete er, daß sich endlich alles aufklären ließ. Dann rollte er sein Fundstück auseinander, das fleckig und eselsohrig war, vergilbt von Alter und Gebrauch. Er wagte kaum Luft zu holen.

»An meinen geliebten Bruder Inyotef«, las er. »Er, den ich mehr geliebt habe als alle anderen, ist fort. Seine vielen süßen Worte, sein Schwur, mich ewig zu lieben, waren wie die Spreu im Wind. In der einen Nacht lag er noch bei mir und flüsterte Kosenamen, am Tag darauf war er verschwunden. Eine Nachricht soll gekommen sein, ein Brief, der den Tod seines Vaters verkündete. Ohne auch nur Lebewohl zu sagen, betrat er ein Schiff ins elendige Kusch. Ich sagte mir, daß er mich rufen würde, sobald sein Thron gesichert war, aber nun sind vier Monate verstrichen, und ich habe nichts von ihm gehört. Ich kann den Schmerz nicht länger ertragen, mein Bruder. Der Fluß lockt. Denk immer an mich, liebster Inyotef, und verzeih mir.«

Die Unterschrift lautete »Sonisonbe«.

Bak atmete lange und langsam aus. Die Worte Bruder und Schwester wurden oft zwischen Geliebten verwendet, aber in diesem Falle war er sich sicher, daß Sonisonbe wirklich Inyotefs Schwester war. Das Hochgefühl, das ihn beim Finden des Briefes ergriffen hatte, das Gefühl der Vollendung, wetteiferte in seinem Herzen mit der Trauer um die von Amun-Psaro Verlassene und das dunkle Vermächtnis, das sie Inyotef hinterlassen hatte.

18. Kapitel

Bak stand am Nordpier und sah auf Inyotefs Boot hinab. Seit er es zum letzten Mal gesehen hatte, war nichts verändert worden. Segel, Leinen, Ruder und Angelzeug lagen da wie am Abend zuvor. Entweder hatte der Lotse vor, mit einem anderen Boot zu fliehen, oder er beabsichtigte Iken auf eine Weise zu verlassen, die Bak sich nicht annähernd vorstellen konnte. Bestimmt nicht auf dem Wüstenweg. Wenn er einen Pfad dicht beim Fluß einschlug, die einzig vernünftige Möglichkeit, würde er leicht gefaßt werden. Und den Fluß und sein lebenspendendes Wasser zu verlassen, war reiner Selbstmord.

Nein, dachte Bak, er ist ein Schiffer, ein Mann des Flusses. Er wird mit einem Boot fliehen. Die Formulierung war zu pessimistisch, also verbesserte er sich: Er wird mit einem Boot zu fliehen versuchen, und ich werde dort sein und ihn aufhalten.

Sich an diesen Gedanken klammernd, studierte er die Boote am Pier. Von Inyotefs abgesehen, waren nur ein Fischerboot mit gebrochenem Steuerruder und ein Floß aus Papyrusbündeln zurückgeblieben, das so vollgesogen war, daß es beinahe versank. Alle anderen waren von ihren Eigentümern belegt worden und bewegten sich durch den Hafen zum Südpier. Die Barke des Amun lag an der Uferbefestigung vertäut und schaukelte auf den sanften Wellen, ihr goldener Rumpf glitzerte in der Nachmittagssonne. An der anderen Seite des Piers lag das schmucke Kriegsschiff. Wimpel jeder Farbe flatterten an Masten und Tauwerk, Holz und Bronzebeschläge schimmerten. An Deck und auf der Kabine warteten Schiffer auf die Götter und den König, die Priester und die Würdenträger. Ihr lebhaftes Geschwätz mit den Männern an Deck der beiden schlanken Reiseschiffe, die weiter draußen lagen, trug bis an Baks Ohr.

Weder Barke noch Kriegsschiff würden den König und die Priester zur Inselfestung übersetzen. Die Barke hätte geschleppt werden müssen, und das Kriegsschiff war zu groß, um in dem Kanal, der zur Anlegestelle führte, manövriert werden zu können. Statt dessen würden die kleineren, beweglicheren Reiseschiffe benutzt werden.

Bak trat ans Ende des Piers und sah über den Fluß hinaus, dessen Wasser ein rötliches Braun waren, mit Silber gefleckt, wo die Sonne die Wellen liebkoste. Seine mißhandelten Muskeln hatten sich wieder gelockert, aber er war erschöpft und besorgt und mußte sich ständig selbst den Rücken stärken. Von Inyotefs Haus war er zum Haus der Hathor geeilt, wo Amun-Psaro und Woser der Göttin und dem Herrn Amun ihre Huldigung entgegenbrachten. Vor dem Gebäude hatten Imsiba und die Medjaju auf ihren königlichen Schutzbefohlenen gewartet, zusammen mit Huy und den anderen Garnisonsoffizieren. Er hatte sein Wissen gegen ihres getauscht: Inyotef war seit dem vergangenen Abend nicht gesehen worden.

Die Pracht zurücklassend, war er mit sechs von Huys Speerträgern, die froh waren, nicht mehr in den Straßen für Ordnung sorgen zu müssen, in die untere Stadt geeilt. Dort hatte sich Kasaya, der von der Insel zurückgekehrt war, um zu helfen, ihnen angeschlossen. Die kleine Gruppe war durch die Häuser und Lagerhallen entlang der offiziellen Marschroute gefegt und hatte die Bewohner ermahnt, nur Leute auf ihre Dächer einzuladen, die sie kannten, und alle möglichen Verstecke entweder freizulegen oder zu verrammeln, ganz gleich, ob sie nahebei oder in Pfeilnähe lagen; und die ganze Zeit hatten sie gehofft, dabei auf Inyotef zu stoßen. Die Götter waren ihnen nicht geneigt gewesen. Die Speerträger hatten ihren Schwung immer mehr verloren, und selbst der heitere Kasaya hatte sein Lächeln nur noch mit Mühe aufrechterhalten.

Bak sah zum Südpier, wo sich ein paar breitrumpfige Frachtschiffe den Platz mit drei kleineren, schlankeren Handelsgaleeren streitig machten. Die Fahrzeuge lagen tief im Wasser, die Decks wimmelten von Schaulustigen. Zwischen den Schiffen waren Fischerboote und alle Arten von Nußschalen angebunden. Bak konnte sich vorstellen, wie ihre Besitzer die Soldaten verfluchten, die sie dort festhielten und ihnen nicht erlauben wollten, sich den Fahrzeugen zu nähern, die die Götter und Fürsten zur Inselfestung tragen würden. Sobald die offizielle Gesellschaft erst einmal aus dem Hafen fuhr, würden die Soldaten sie nicht mehr halten können, soviel stand fest.

Er eilte ans Ufer zurück, passierte die Reihe Wächter, die auf der Böschung postiert waren, um die Schaulustigen vom Pier fern zu halten, und stellte sich ans Ende der Straße, die Amun-Psaro hinuntermarschiert kommen würde. Sie war von Männern, Frauen und Kindern gesäumt, und das Gemurmel ihrer Stimmen schwoll an und ab, dann und wann von einem Kinderlachen, einem Schrei oder den anpreisenden Rufen eines Straßenverkäufers übertönt. Soldaten in feierlichem Putz, die Waffen zu einem strahlenden Schimmer poliert, standen in regelmäßigen Abständen, um die Menge zurückzuhalten. Leute aus dem fernen Kemet in weißem Leinen und prächtig geschmückt. Arme, halbnackte Bauern und Nomaden, die vom spärlichen Land am Bauch der Steine lebten. Wohlhabendere Stammesleute und Dörfler in weißen Schurzen, bunten Umhängen und Schmuck. Leute von weit aus dem Süden in Häuten und Federn und Stoffen, mit Edelsteinen und Bändern geschmückt, die Gesichter und Leiber mit Ziernarben versehen oder bemalt. Bak stellte sich vor, wie die Wüstenstraßen und der Fluß während der letzten Tage von Leuten gewimmelt hatten, die weitgereist waren, um den größten aller Götter zu sehen und den kuschitischen König, der gekommen war, um ihn um Hilfe zu bitten.

Sich einen Weg durch die Schaulustigen bahnend, erspähte er einen Straßenverkäufer, der Bier und süßes Brot anbot. Er schloß einen Handel ab und spazierte, Laib und Krug in der Hand, zu einem zerfallenden Lagerhaus vielleicht zehn Schritt hinter den Volksmassen am Straßenrand. Der Speerträger, der das Gedränge beobachtet hatte, sprang von der beschädigten Mauer und berichtete, nichts Erwähnenswertes gesehen zu haben. Während er in der Menge verschwand, kletterte Bak auf die Mauer und setzte sich, ließ die Beine baumeln. Nun konnte er sowohl den unteren Teil der Straße als auch den Hafen überblicken. Er erspähte Kasaya und die anderen Speerträger zwischen den Schaulustigen, wie sie redeten und Fragen stellten und Gesichter musterten, mehr um Inyotef davon abzuhalten, in der Menge unterzutauchen, als in der Hoffnung, daß er so leicht zu finden war.

Die Menge, seine Männer und den Hafen beobachtend biß Bak Stücke von dem Brot, das mit gehackten Datteln gesüßt war, und trank sein Bier. Er sehnte sich danach, Inyotef zu vergessen und den prächtigen Anblick zu genießen. Der Tag war angenehm geblieben, der Wind so sanft und zart wie der Kuß einer Göttin. Die Luft roch nach dem Fluß und nach Fisch, nach Schweiß und Parfüm. Feiner Staub, der von vielen Füßen aufgewirbelt wurde, senkte sich auf feuchte Haut und geöltes Haar. Hunde, groß und dünn oder klein und rund, schwarz, gescheckt, weiß oder braun, trotteten zwischen den Zuschauern umher, schnüffelten an Knöcheln, untersuchten Blätterpäckchen, in denen kein Essen mehr war, forschten herum. Ein paar Esel, die ein Stück abseits angebunden waren, fraßen Heu, stampften ungeduldig mit den Hufen, peitschten mit den Schwänzen, um sich von den Fliegen zu befreien. Ein Krähentrio krächzte von den Dächern hinab, rauh, ausdauernd.

So sehr er wünschte, seinen Auftrag zu vergessen, so sehr drängte sich Inyotef in seine Gedanken. Und Angst um Amun-Psaro.

»Wenn er überhaupt angreift, dann jetzt«, sagte Hauptmann Djehuty mit lauter Stimme, um über der donnernden Masse gehört zu werden, »bevor Amun-Psaro den Pier betritt«.

Der bärbeißige, muskulöse Enddreißiger stand groß und aufrecht im Bug seines Kriegsschiffes und sah zu, wie die Priester am Kopf der Prozession sich dem Pier näherten. Er war ähnlich wie Senu und die anderen Garnisonsoffiziere aufgemacht: kurzer, weißer Schurz, breites, farbenprächtiges Perlenhalsband, Reife an Ober- und Unterarmen, Fußreife. Er trug eine Perücke aus kurzem, kleingelocktem Haar, mehrere Ringe und hatte seinen Amtsstab dabei. Neben ihm kam Bak sich wie ein gewöhnlicher Spatz neben einem strahlenden Zugvogel vor.

Baks Blick wanderte von den Priestern – knöchellange, weiße Schurze, breite Perlenhalsbänder, rasierte Köpfe, die Standarten hoch erhoben – die absteigende Straße hinab und den Pier entlang zu den Reiseschiffen, die am vorderen Ende vertäut lagen, überprüfte zum vielleicht hundertsten Male, ob alles sicher war. Er musterte den Hafen und studierte die Fahrzeuge am Südpier, die großen und kleinen Boote, die in unfreiwilliger Gemeinschaft aneinanderlagen.

»Ein guter Läufer könnte im Durcheinander des Augenblicks entkommen«, gab Bak zu, »aber bedenke: Inyotef hat ein krankes Bein. Und er ist seit langem ein Mann des Wassers, geschickter als die meisten auf einem Boot.«

Djehutys rascher Seitenblick drückte einen widerwilligen Respekt aus. »Auf einem Schiff ist er so flink, daß ich sein Hinken immer vergesse.«

Bak sah wieder zu der Prozession, zu den singenden Priestern, die mit feierlichen Mienen die Straße hinuntermarschierten, während die verzückten Massen sich unter Begeisterungsschreien von beiden Seiten heranschoben, um besser sehen zu können. Die Priester traten durch die Reihe Soldaten, die entlang der Befestigung postiert waren, auf den Pier. Die Seligkeit auf ihren Gesichtern geriet nie ins Wanken, aber Bak konnte sich nur zu gut vorstellen, wie erleichtert sie sein mußten, den offenen Hafen erreicht zu haben.

Während die vorderen Priester an dem Kriegsschiff vorbeizogen, betrat Kenamon den Pier, sein Rauchfaß vor sich schwenkend. Wie es seiner erlauchten Stellung gebührte, war er mit allen Insignien geschmückt: langer, weißer Schurz, kurzärmeliges Gewand, eine Robe aus feinem Leinen und eine goldene Brustplatte. Seine Miene war ruhig und unbesorgt, frei von solch weltlichen Sorgen wie einem befürchteten Attentat. Neben ihm ging ein Priester der Herrin Hathor, ein dicklicher junger Mann, nicht so beeindruckend, aber ebenso gelassen. Eine Wolke süßlichen Weihrauchs hing über ihnen.

Die Schiffer drängten sich an die Reling des Kriegsschiffes, die Augen groß vor Ehrfurcht, die Rufe verloren in dem allgegenwärtigen Lärm. Bak nickte Kasaya zu, der mittschiffs am Kopf des Landungsstegs stand. Den langen Speer gepackt, ließ er den Blick den Pier hinauf und hinab wandern, das Gesicht starr vor Anspannung. Huys Speerträger befanden sich an Bord der Reiseschiffe, zuschauend, wartend, aber nicht weniger in den Bann geschlagen als die Schiffer, die die Gottheiten und den König zur Insel transportieren sollten.

Hinter Kenamon kamen vier geringere Priester und läuterten den Unsterblichen mit Weihrauch und Trankopfern den Weg. Der Herr Amun folgte, seine vergoldete Barkasse schwebte hoch über den Schultern von vier priesterlichen Trägern, und sein goldener Schrein war geöffnet, so daß jedermann die schlanke, goldene Statue mit der zweifedrigen Krone auf dem Kopf sehen konnte. Vier zusätzliche Priester liefen daneben her und kühlten den Gott mit Fächern aus Straußenfedern. Eine zweite Barkasse folgte, nicht so prächtig, aber ebenso schön. Auf ihr reiste die Herrin Hathor, stand vergoldet und in ihrer menschlichen Gestalt in ihrem offenen Schrein. Sie wurde von zwei Fächerträgern begleitet, und hinter ihr kamen sieben Frauen, die lange weiße Gewänder und breite Halsbänder trugen, und jede rasselte mit einem Sistrum, das mit einem Bildnis der Göttin geschmückt war.

Bak kontrollierte das Ufer, den Hafen, den Fluß, ohne etwas Außergewöhnliches zu entdecken. Aber die Beweiskraft seiner Augen konnte die Besorgnis nicht auslöschen. Irgendwo hier lauerte Inyotef, er konnte ihn regelrecht spüren.

Die vorderen Priester gingen den Landungssteg des Reiseschiffes an der flußabgelegenen Seite des Piers hinauf. Kenamon, der jüngere Priester und die Götter bewegten sich langsam und gemessen an dem Kriegsschiff vorbei, voller Pracht. Hinter ihnen trugen zehn Männer, die zu diesem Anlaß geschoren und geläutert worden waren, die vergoldeten, intarsienverzierten und bemalten Truhen mit den rituellen Gegenständen und der göttlichen Garderobe.

Als nächstes kam ein Herold, dessen Trompete sich hoch über die Rufe der Schaulustigen erhob, die Wangen aufgeblasen, das Gesicht rot vor Anstrengung, das Instrument zu spielen. Hinter ihm marschierte das erste Kontingent von Kuschiten auf den Pier: vierzig Speerträger in Lederschurzen, die lange Federn im merkwürdig rot und gelb gefärbten Haar stecken hatten. Hinter ihnen wehten auf langen Stangen vielleicht zwanzig weiße und rote Banner. Dahinter würden Kommandant Woser und König Amun-Psaro kommen.

Die fröhlichen Fahnen erfüllten Baks Herz mit Schrekken. Er wußte ebensogut, wie er seinen Namen wußte, daß jedes Fahrzeug im Hafen durchsucht worden war, jeder Mann sich hatte verbürgen müssen, doch war er ebenso gewiß, daß Inyotef irgendwo in der Nähe war und lauerte. Den Hauptmann neben ihm ebenso vergessend wie die Schiffer, die an der Reling standen, kletterte er auf das Vorderdeck, um einen besseren Überblick zu bekommen.

In der unteren Stadt waren die Ausrufe der Zuschauer noch lauter geworden, hatten an Ehrfurcht verloren und an Begeisterung zugelegt, ein Anzeichen dafür, daß die königliche Gesellschaft vorbei war und nun die Garnisonstruppen an ihren Familien vorbeizogen. Die Handelsschiffe am Südpier sahen nicht anders aus als zuvor, die kleinen Boote jedoch machten sich ans Ablegen. In dem Moment, in dem das erste Reiseschiff die Segel setzte, würden sie durch den Hafen flitzen wie ein Schwarm eifriger Enten.

Als Bak zum Ende des Südpiers sah, mußte er fluchen. Zwei Soldaten standen dort, und der eine zeigte auf ein kleines Boot, das gerade außer Reichweite dahintrieb. Es war kaum mehr als ein Ruderboot. Mit gesenktem Mast, so daß die Spitze auf dem Bug lag, trieb es auf die Hauptströmung außerhalb des Hafens zu, die es flußab in den Weg der Reiseschiffe ziehen würde. Bak dachte an Inyotef und fluchte erneut. Aber das Boot lag zu hoch im Wasser, als daß es einen Mann beherbergen konnte.

Die Soldaten sahen zum Boot und redeten, überlegten wahrscheinlich, ob es die Mühe wert war, ihm nachzuschwimmen. Einer der beiden schüttelte den Kopf, und sie wandten sich ab, um wieder den Pier hinunterzuschlendern. Das Boot muß wirklich leer sein, sagte Bak sich, aber in seinen Gedanken nahm ein Bild Form an, das er nicht wieder loswurde: Der Lotse, wie er sich außen am Boot festklammerte und es ungesehen durch die Wasser lenkte.

Unentschlossen und besorgt sah er wieder zur Prozession. Der Block der kuschitischen Speerträger hatte sich geteilt, die Männer säumten nun beide Seiten des Piers. Drei Herolde marschierten durch die Reihen; die Trompeten hoch erhoben, die Gesichter nahe am Platzen, schmetterten sie durchdringende Töne. Als nächstes kamen die Bannerträger, ein Kontingent Kuschiten, die vor ihrem König marschierten.

Bak sah wieder über den Hafen zu dem Boot, sah es dahintreiben, ohne es aufhalten, ohne sich versichern zu können, daß keine Gefahr von ihm ausging. Weder hatte er die Möglichkeit, selbst dorthin zu gelangen, noch konnte er die Wachen auf dem Pier warnen. Sie waren zu weit entfernt, um einen Ruf hören zu können, selbst ohne den Lärm der Schaulustigen, und bis ein Bote sie erreicht hatte, würde das Boot schon dichter am Nord- als am Südpier sein – dichter bei Bak als bei ihnen. Geduld war keine seiner Stärken, aber ihm blieb keine andere Wahl.

Er riß seinen Blick von dem Boot los, um den Mann zu betrachten, der seit fast einer Woche seine Gedanken beherrscht hatte. König Amun-Psaro, ein großer, stattlicher Mann mit ergrauendem Haar und einem von Sorgen gezeichneten, aber schönen Gesicht, kam mit königlicher Miene den Pier hinauf, das Kinn erhoben, den Blick auf den fernen Horizont gerichtet. Er trug einen schlichten, weißen Schurz, ein breites Halsband aus Gold und Perlen von Lapislazuli mit passenden Armbändern, goldene Fußspangen und Sandalen. Seine Aufmachung war eine deutliche Remineszenz an seine jungen Jahre im Lande Kemet. Auf dem Kopf aber trug er das mit zwei Kobras geschmückte Diadem seines Königshauses. Neben und ein wenig hinter dem König ging mit bleichem, angespanntem Gesicht Kommandant Woser, angetan mit seinem feierlichen Besten.

In einer vergoldeten Sänfte, die von vier Männern getragen wurde, saß der Prinz, ein kleines Abbild seines Vaters. Ein fünfter Mann ging daneben her und befächerte das Kind mit Straußenfedern. An der Art, wie die Brust des Jungen sich bewegte, war zu sehen, daß er Probleme mit dem Atmen hatte. Kein Wunder, dachte Bak. Der Geruch des Weihrauches, der schon fast penetrant war, verlor sich beinahe in dem stärkeren, exotischeren Duft von Parfümen und Ölen, die aus den unbekannten Blumen und Bäumen ferner Länder gewonnen worden waren.

Imsiba und die zehn Medja-Polizisten marschierten dicht hinter ihren prächtigen Schutzbefohlenen, die Gesichter leuchtend vor Stolz und doch wachsam.

Das Boot trieb nordwärts, ungehindert.

Ein Ruf und ein Trommelwirbel lenkten Baks Aufmerksamkeit auf die Schiffe am Ende des Piers. Er betrachtete das Schiff, das die priesterliche Gesellschaft und die Götter tragen sollte; es war von mehr Menschen umgeben, als richtig gewesen wäre. Im Bug war der Kapitän zu sehen, die heiligen Barkassen ruhten an Deck inmitten eines Schwarmes von Priestern, und die lederhäutigen Ruderer saßen an ihren Plätzen. Der füllige Trommler stimmte sich schon auf den Rhythmus ein, der ihre Schläge leiten würde.

Der Kapitän des zweiten Schiffes stand unten am Landungssteg und wartete darauf, die königliche Gesellschaft willkommenzuheißen.

Bak sah wieder zum Hafen und fluchte erneut. Die kleineren Boote entfernten sich rasch vom Südpier, ihre Besitzer paddelten mit aller Kraft, um von den großen Schiffen wegzukommen; jeder wollte der erste sein, der den Hafen durchquerte und die kleine Flotte zur Inselfestung anführte. Das leere Boot schaukelte auf den Wellen, kam kaum voran, würde bald von den anderen Booten eingeholt werden. Eingeholt und umzingelt werden. In der Menge untergehen.

Amun-Psaro und die königliche Gesellschaft marschierten am Kriegsschiff entlang. Djehuty salutierte mit seinem Amtsstab, und Bak behalf sich damit, eine Hand zu erheben. Der König starrte mit majestätischer Verachtung nach vorn, Woser jedoch warf Bak einen fragenden Blick zu. Bak schüttelte kaum merklich den Kopf. Der Prinz zog vorüber, die großen, dunklen Augen aufgerissen und glänzend, das Gesicht von einem erfreuten Lächeln belebt. Krank mag er sein, dachte Bak, aber nicht zu krank, um sich zu amüsieren, oder zu hoheitsvoll, um Vergnügen zu zeigen.

Imsiba und die Medjaju zogen mit dem Kriegsschiff gleich. In offener Ehrerbietung reckte der hochgewachsene Feldwebel seinen Speer dem verschwitzten, zerzausten Bak entgegen, und die anderen Männer taten es ihm nach. Ohne sein stolzes Lächeln unterdrücken zu können, gab Bak ihnen den gleichen Salut, den er dem König gegeben hatte.

Der rhythmische Schlag der Trommel wurde stärker, schneller, lenkte seinen Blick auf die Schiffe am Ende des Piers. Das erste Gefährt legte ab, schwenkte in die Strömung, um zur Insel zu fahren. Herolde und Fahnenträger waren am Ende des Piers in Habachtstellung stehengeblieben, ein gutes Stück von der königlichen Gesellschaft entfernt, die zum zweiten Schiff marschierte. Der Kapitän fiel vor Amun-Psaro auf die Knie, die Stirn auf den Steinen, bezeugte den größten Respekt. Der Prinz grinste vor Freude. Imsiba und den Medjaju schien die Verzögerung nicht zu gefallen, sie sahen besorgt aus.

Hinter der Ehrenwache kamen die kuschitischen Edelleute, elegant wie die Pfauen und jeweils von einem eigenen kleinen Gefolge begleitet. Farbenfroh in ihrer Kleidung, ihrem Schmuck, ihren Haartrachten, repräsentierte jede Gruppe einen Stamm oder eine Provinz.

Bak sah über den Hafen hinweg, sah die zwanzig oder mehr Boote zumeist ein gutes Stück vom Südpier entfernt an der Stelle über das Wasser gleiten, wo er das leere Boot zuletzt gesehen hatte. Alle machten sie gute Fahrt, um das vorderste Reiseschiff einzuholen. Ein Schwarm von Entenküken, der einem Reiher hinterherflitzte. Soweit sich sagen ließ, war jedes Boot bemannt, die meisten gleich von drei oder vier Passagieren. Sich selbst verfluchend, daß er das treibende Boot aus den Augen gelassen hatte, suchte Bak den Fluß weiter draußen und unten ab. Dort schwammen überhaupt keine Boote, nur ein paar weiße Vögel auf den Wellen. Sein Blick schoß zum Südende der langen Insel, wo der Fluß sich zu dem Wildwasser wandelte, obwohl er wußte, daß kein Boot so schnell so weit fahren konnte. Der einzige Punkt, den er nicht einblicken konnte, war die andere Seite des Schiffes, das Amun-Psaro gerade betrat.

Baks Magen knotete sich zusammen, und er hielt die Luft an.

Das Schmettern der Trompeten, der Wirbel der Schiffstrommel. Amun-Psaro auf dem Landungssteg.

Den Moment der Betäubung abschüttelnd, sprang Bak vom Vorderdeck hinunter, schlug auf dem Deck auf und hetzte nach Kasaya rufend den Landungssteg hinab. Er platzte mitten zwischen die kuschitischen Edelleute, schulterte Männer zur Seite, trampelte ihnen auf die Sandalen und die Zehen, brachte Federn und Felle und Würde durcheinander. Kasaya folgte ihm dichtauf, mit grimmigem Gesicht, mit Schild und Speer, bereit zu töten. Die Männer sprengten auseinander wie Vögel vor einem Schakal, zu erschreckt, um zurückzuschlagen, und sie brüllten in ihrer Muttersprache Flüche, die Bak zwar nicht verstehen, aber erraten konnte.

Er stürmte durch die vorderste Gruppe von Edelleuten und rief nach Imsiba, der auf dem Landungssteg stehengeblieben war, um zu sehen, was das Durcheinander auf dem Pier zu bedeuten hatte. Der große Medja, verwirrt von dem Gedränge und nicht in der Lage, ihn durch den Lärm zu hören, sprang vom Landungssteg, um Bak zu Hilfe zu eilen. Bak sah Amun-Psaro mit seinem Sohn neben dem strahlend bemalten Deckshaus stehen, wie er über den Pier starrte und herauszubekommen versuchte, was los war. Bak sah auf dem ganzen Deck Schiffer knien, sah die Ruderer sich sitzend verneigen. Bak sah den Kapitän dastehen und den besorgten Woser auf den Landungssteg zueilen. Und er sah Inyotef, der einen langen, spitzen Dolch trug und sich achtern über die Reling zog, wo niemand ihn erwartet hätte.

Bak rief erneut, aber seine Worte gingen im Schmettern der Trompeten und dem Schlag der Trommel unter. Er warf sich durch die Ehrenwache, die vor Überraschung wie erstarrt war, nickte Imsiba zu und rannte den Landungssteg hinauf. Der Feldwebel folgte ihm, holte Kasaya ein. Bak sprang mit einem dumpfen Geräusch aufs Deck und rannte auf Amun-Psaro zu. Der König wich zurück, verblüfft über den offensichtlich gemeingefährlichen Irren und erbost, daß einem solchen Mann erlaubt worden war, so nahe an ihn heranzukommen. Nach seinem Dolch greifend, machte er einen Schritt zurück, einen zweiten, einen dritten, sah immer wieder zu Imsiba, erwartete augenscheinlich, daß der große Medja den Verrückten erledigte. Seine Schritte trugen ihn zur Ecke des Deckshauses. Inyotef schoß hinter dem farbenprächtigen Aufbau hervor, bereit zu stechen und zu töten.

Bak hechtete zum König, stieß ihn unsanft gegen das

Deckshaus und rammte Inyotef mit der Schulter. Der Lotse stolperte bis gegen die Reling zurück, die sein Gewicht abfing und ihm erlaubte, das Gleichgewicht wiederzugewinnen. Bak baute sich vor ihm auf, die Beine gespreizt, die Knie gebeugt, die Arme ausgebreitet und locker, zum Ringkampf bereit, wenn es sein mußte.

»Du!« Amun-Psaro stand hinter Bak. »Inyotef!«

Mit einer häßlichen Grimasse stieß der Lotse nach Bak, der zurückwich, und hieb nach dem König. Die Spitze der Klinge erwischte beide Männer, malte Bak einen dünnen, roten Strich auf die Brust und schnitt tief in Amun-Psaros Arm und Rippen. Bak sah das Blut aus der Brust des Königs strömen, fühlte das Brennen seiner eigenen Wunde, hörte Imsiba schreien und die Umstehenden keuchen. Er warf sich nach vorn, um hinter die Klinge zu kommen, so daß Inyotef keinen zweiten Streich vollführen konnte. Der Lotse warf sich herum und ließ sich über die Reling fallen.

Obwohl das plötzliche Verschwinden seines Gegners ihn verblüffte, reagierte Bak schnell. Er warf seine Beine über die Reling, erspähte unten das Boot und Inyotef, der nach den Rudern griff. Er ließ sich einen Moment zu spät fallen, gerade als der Lotse sich von dem Schiff abstieß. Genau dazwischen schlug er ins Wasser und sank wie ein Stein, ohne Zeit zum Luftholen gehabt zu haben. Bis er sich wieder an die Oberfläche gekämpft hatte, jagte das Boot schon am Steuerruder des Reiseschiffes vorbei und auf das Ende des Piers zu. Wenn es erst einmal die flinkeren Wasser außerhalb des Hafens erreichte, war es nicht mehr einzuholen.

Mit zusammengebissenen Zähnen und raschen, kräftigen Stößen glitt Bak durch das Wasser. Ein halbes Dutzend Medjaju standen mit wurfbereiten Speeren über ihm an der Reling. Sie zögerten, machten ratlose Gesichter. Bak brauchte einen Moment um zu begreifen, daß der Lotse zwischen die wenigen kleinen Boote gerudert war, die zurückgeblieben waren, um den kuschitischen König zur Insel zu geleiten.

Imsiba, der vom Schiff gesprungen und zum Ende des Piers gerannt war, wartete, bis Inyotef an den Booten vorbei war, dann schleuderte er seinen Speer. Die Waffe verfehlte den Lotsen um Fingerbreite und glitt hinter dem Boot ins Wasser. Inyotef sah zu dem Medja hinauf und grinste höhnisch. Bak schwamm bereits neben ihm. Imsiba riß einem erschreckten Träger die Stange aus den Händen, an der ein langes, rotes Banner hing, und warf sie nach dem Boot. Inyotef wich dem plumpen Geschoß aus, aber er bekam das Banner mitten ins Gesicht. Er schleuderte die Stange mit einer häßlichen Grimasse zur Seite und ruderte schnell vom Pier fort.

Die Verzögerung war alles, was Bak gebraucht hatte. Er hievte sich ins Heck. Das Boot tanzte unter seinem Gewicht, brachte Inyotef aus dem Takt. Der Lotse krabbelte in den Bug, wo das Segel verstaut worden war, versteckte sich zwischen dem Rumpf und dem umgelegten Mast und vollführte mit einem Ruder einen harten, gemeinen Streich. Bak wich aus, knallte gegen die Halterung des Steuers, hörte das scharfe Krachen splitternden Holzes. Er griff nach dem Steuer, verfehlte es, sah es ins Wasser rutschen. Das Boot schaukelte wild, trieb mit dem Heck auf den halbverrotteten Stumpf einer Palme zu, der von der stärkeren Strömung durch den offenen Kanal gezogen wurde. Halb fiel, halb setzte Bak sich auf einen Querbalken und hielt sich mit beiden Händen am Rumpf fest. Inyotef senkte ein Ruder ins Wasser, um das Boot wieder auszugleichen. Aber er war zu weit vorn, um irgend etwas ausrichten zu können. Eine aufgeblasene Ziegenhaut lag in der Mitte des Bootes, ein kopfloses, graues Ding, eine Mauer zwischen ihren Füßen.

Inyotef hielt Bak mit dem freien Ruder auf Abstand. »Du warst schon immer ein hartnäckiges Schwein. Ich hätte deinem Leben und deiner Jagd schon an dem Tag ein Ende setzen sollen, als du hier angekommen bist.«

»Warum hast du's nicht?« fragte Bak unwillkürlich, mit den Gedanken beim Ruder und der Frage, wie er es dem

Lotsen wegnehmen konnte. Es würde ein behelfsmäßiges Steuer abgeben, mit dem er sie ans Ufer oder auf eine Insel setzen konnte, ganz gleich wohin, nur schön weit von den Schnellen weg.

Inyotef schnaubte. »Ein Mann kann hartnäckig sein und trotzdem nicht schlau genug, um gefährlich zu werden.«

Bak lächelte über das Kompliment, das sich in der Beleidigung verbarg. »Du hältst an Rachegelüsten fest, wie ein Geizhals sich an seinen Wohlstand klammert. Ich bin überrascht, daß du mich nicht längst dafür ermordet hast, was ich deinem Bein angetan habe.«

Inyotef senkte das Ruder bis auf die Kante des Bugs hinab, um mit der Kraft seines Armes zu haushalten. Wachsam wie ein wilder Hund bellte er: »Du bist nicht mehr für meine Verletzung verantwortlich wie dieses elendige Pferd. Ich bin es gewesen, der an diesem Tag zu dicht am Landungssteg stand, ich, der so laut gelacht hat, daß das Tier erschrak.«

Bak ließ die Neuigkeit sich setzen, kostete sie, genoß sie. Dennoch war er von der Täuschung nicht überrascht. »Ich glaube nicht, daß deine Klinge mehr verletzt hat als Amun-Psaros Brustkorb, Inyotef. Es ist dir nicht gelungen, ihn umzubringen.«

»Mag sein.« Inyotef schaute auf das zerkratzte, blutende Fleisch von Baks Brust. »Aber er weiß nun, daß ich an ihn herankomme, und er weiß, daß ich nicht zu alt bin, es erneut zu versuchen. Und ich habe nichts mehr zu verlieren.«

Die unbeirrbare Zielstrebigkeit des Mannes machte Bak schwindeln. »Laß uns umkehren.«

»Du wirst mich nie einsperren.«

Baks Stimme wurde fest. »Ich werde dich nicht entkommen lassen.«

»Damit dürften wir in eine Sackgasse geraten sein.« Inyotefs Augen funkelten mit kalter Belustigung, sein Mund verzog sich zu einem humorlosen Lächeln. »Du bist zu dicht dran, um deinen Dolch mit ausreichender Kraft werfen zu können, und zu weit weg, um ihn mir in die Brust zu treiben. Ebensowenig ist mir mein Dolch zu irgend etwas nutze. Aber wenn du da sitzen bleibst und mich im Bug festhältst, kann ich das Boot nicht steuern.«

Bak sah nach vorn auf den Fluß, der rasch und gleichmäßig dahinströmte, und gefahrlos – jedenfalls so weit im Süden. Das Schiff mit den Gottheiten und den Priestern und die Flotte kleiner Boote waren in den Kanal gebogen, der sie zur Inselfestung tragen würde. Ein rascher Blick zurück zeigte ihm, daß Amun-Psaros Schiff noch immer am Pier lag und die kleineren Boote drumherum schaukelten, deren Insassen sich wunderten, warum es noch nicht abgelegt hatte. Imsiba würde nachkommen, das wußte er, aber wie lange würde er brauchen, um ein Boot zu bekommen?

Sie schienen auf das Südende der langen Insel zuzutreiben, aber das täuschte. Bald würde die Strömung sich teilen und das Boot entweder nach links tragen, den westlichen Kanal hinab, wo die Uferlinie an die Wüste nördlich der Stadt grenzte, oder nach rechts in einen der zahlreichen schmalen Seitenkanäle mit ihren flinken, wütenden Wassern und furchterregenden Felsen, oder in die schrecklichen Schnellen unterhalb der Festungsinsel.

Ein furchterregender Gedanke, bei dem Bak sich nicht länger aufhalten wollte. Die Situation mochte sich jeden Moment ändern. »Kann ich dir trauen und dich näher heranlassen, um das Boot zu rudern? Ich glaube nicht. Ich habe nur selten jemand so Betrügerischen wie dich getroffen, jemanden, der so gerissen und so falsch ist. Du wärest mit dem Mord an Puemre beinahe durchgekommen.«

Ein selbstgefälliges Lächeln trat auf Inyotefs Gesicht, eines der verwirrendsten Lächeln, an die Bak sich erinnern konnte. Zorn stieg in ihm auf, und er warf sich nach vorn, packte das Ruder, das auf dem Bootsrand ruhte, und riß es dem Lotsen aus der Hand. Inyotef knurrte einen Fluch, zog das andere Ruder aus dem Wasser, packte es wie einen Knüppel mit beiden Händen und holte aus.

Wassertropfen trafen Bak. Er duckte sich weg und hob sein Ruder. Die Waffen krachten mit einer solchen Wucht aneinander, daß ihm die Zähne aufeinanderschlugen. Das Boot schaukelte wild, Wasser schwappte hinein.

Inyotef lachte. »Willst du uns beide sterben lassen, junger Freund?«

Bak wischte sich das Wasser aus dem Gesicht, den Schweiß der Anspannung. »Falls du zufällig davonkommst, wohin willst du dann gehen? Mit der Wüste auf jeder Seite des Flusses, während sich die Nachricht nach Norden und Süden verbreitet, wie kannst du da hoffen, je wieder in Amun-Psaros Nähe zu gelangen?«

»Gehen?« schnaubte Inyotef. »Ich werde ihn hier und jetzt ermorden.«

Bak schwor einen stillen Fluch. Der Lotse hatte gerade jede nachsichtige Maßnahme vereitelt, die er hätte ergreifen können. Er hatte keine andere Wahl als ihn zu fassen, tot oder lebendig. »Haßt du ihn so sehr?«

»Er hat das Leben meiner Schwester zerstört.«

Ohne Warnung schwang Inyotef sein Ruder. Bak parierte den Schlag. Das Schiff schaukelte, drehte ab. Es trieb seitwärts in den Kanal hinein, der sie zur Inselfestung führen würde. Von dort konnte Hilfe kommen, dachte Bak und versuchte, nicht auf das Tosen der Schnellen zu hören, die den ersten Seitenarm blockierten, auf diesen Sirenengesang für ein Boot ohne Steuer.

»Du willst einen Krieg heraufbeschwören, nur um deinen unangebrachten Sinn für Familienehre zu befriedigen?«

»Unangebracht?« Inyotefs Lachen raspelte. »Er hat ihre Liebe geweckt. Während sie von einem Leben in seinen Armen träumte, ist er fortgegangen, als hätte es sie nie gegeben. Er hat ihr das Leben so gewiß genommen, wie ich ihm seins nehmen werde.«

Er war nicht zu bremsen. Er hatte zu lange mit seinem Haß gelebt, zuviel Zeit damit verbracht, auf Rache zu sinnen.

Hinter der langen Insel tauchte die Festung auf. Das Reiseschiff war an der Anlegestelle festgemacht, die Priester schritten durch das Tor und die Götter machten sich auf ihren unsicheren Weg den Pfad hinauf. Schiffer und Soldaten entluden hastig die Opfergaben und die priesterliche Ausrüstung, damit das Schiff wieder ablegen und Platz für das von Amun-Psaro machen konnte. Der größte Teil der Flotte war auf der langen Insel gelandet, wo die Passagiere einen guten Blick auf den König und sein Gefolge haben würden. Das Warten würde langweilig und öde sein; die königliche Gesellschaft hatte noch nicht einmal abgelegt.

»Amun-Psaro wird bald sicher in der Inselfestung angelangt sein«, sagte Bak. »Dort wirst du niemals Hand an ihn legen.«

»Dann werde ich bei dem Versuch sterben«, sagte Inyotef halsstarrig.

Sie mußten beide schreien, um über dem Donnern der Schnellen in dem engen, aber gewalttätigen Kanal, wo Bak und Huy beinahe ihr Leben verloren hätten, verstanden zu werden. Den tückischen Abzweig ignorierend, schwamm das Boot an den beiden Felsen vorbei, schneller jetzt, da der Mahlstrom am anderen Ende der Inselfestung nach ihm griff. Wenn Bak Inyotef überwältigen und sich in Sicherheit bringen wollte, dann durfte er nicht länger in der täuschenden Hoffnung verweilen, daß der Lotse in seiner Wachsamkeit nachließ.

Er stand auf, daß das Boot schaukelte, und winkte den Männern am Ufer zu und brüllte, hoffte, daß sie ihn über den donnernden Wassern hören konnten. Inyotef kam auf die Füße, packte sein Ruder mit beiden Händen und schlug zu. Bak, der die Attacke erwartet, ja heraufbeschworen hatte, zuckte zurück, aber nicht schnell genug. Die Kante des Ruders kratzte ihm über den Bauch, nahm eine Hautschicht mit, ließ dafür Splitter zurück. Bak packte sein eigenes Ruder mit beiden Händen, schwang es. Inyotef blockte den Schlag ab. Das Boot bockte wie ein ungezähmtes Pferd, warf die beiden Männer fast ab. Sie standen einander gegenüber, die Beine weit gespreizt, die Waffen gegeneinandergepreßt, warteten, daß das Boot sich wieder beruhigte.

Bak holte aus, versuchte zurückzutreten, um mehr Platz zu haben, stolperte über die aufgeblasene Ziegenhaut. Im Fallen schwang er das Ruder. Es prallte an Inyotefs Ruder ab und krachte ihm gegen das gute Bein, warf ihn auf die Knie. Bak kämpfte sich hoch, kam aber nicht mehr dazu aufzustehen, denn Inyotef vollführte noch im Knien schon den nächsten Streich. So schlugen sie zu und parierten sie, Mal um Mal, mit all ihrer Kraft, bis zur Verausgabung. Das Boot tanzte und hüpfte und bockte auf dem Wasser, wich aber nie von seinem Kurs den Kanal hinab ab. Der Stamm einer Palme, vielleicht derjenige, den Bak schon zuvor gesehen hatte, trieb vor ihnen dahin wie ein Leitfisch, der sie sicher und entschlossen den Weg alles Vergänglichen hinabführte.

Baks Arme wurden schwer vom Schwingen der unhandlichen Waffe, seine Beine wurden es müde, ihn aufrecht zu halten, sein Bauch brannte, seine Zähne und seine Haut schienen sich unter den dreschenden Schlägen zu lockern. Im Augenwinkel sah er das Reiseschiff, den Pfad und das Tor der Festung. Er sah Männer an Deck, die sich über die Reling lehnten und zu ihnen hinunter glotzten, und Soldaten, die den Pfad hinabgelaufen kamen. Sie schreien, dachte er. Ihre stummen Stimmen brachten ihm das Tosen der Fälle wieder ins Bewußtsein. Der kalte Schweiß auf seinem Gesicht warnte ihn wie Gischt, die von den rollenden Wassern herübergeweht wurde, vor dem gewalttätigen, reißenden Strom weiter vorn.

Ihm wurde kalt, fröstelnd vor Furcht. Er mußte diese irre Fahrt in den sicheren Tod zu einem Ende bringen.

Inyotef schwang sein Ruder. Anstatt den Schlag zu parieren, wie der Lotse es ohne Zweifel erwartet hatte, folgte Bak dem Bogen mit dem eigenen Ruder, so daß sie beide über den Bootsrand kamen. Dann nahm er all seine Kraft zusammen und preßte Inyotefs Ruder langsam hinab, drückte es gegen den Rumpf. Das Boot ruckte unter ihrem vereinten Gewicht, drohte unter ihnen wegzuschlüpfen. Inyotefs Gesicht wurde rot vor Anstrengung, an seinem Hals traten die Adern hervor. Bak fühlte sein eigenes Gesicht heiß werden, und seine Muskeln schrien nach Erleichterung. Er sah eine weiße Fläche vor ihnen liegen, Wasser, kochendes, wirbelndes, tosendes Wasser, dazwischen schwarzes, naßglänzendes Granit, die kaum sichtbare Felsbarriere, die sich durch den Fluß zog, und der Palmbaum, wie er gegen einen Felsen krachte und die Holzsplitter in den Schaum einsanken.

Inyotef sah den Ausdruck auf seinem Gesicht und warf rasch einen Blick über die Schulter. »Gib mir dein Ruder«, rief er. »Ich kann uns retten.«

Da es keine andere Möglichkeit zu geben schien, verminderte Bak erschöpft den Druck. Inyotef riß sein Ruder frei und zog gleichzeitig den langen Dolch aus der Scheide und warf sich auf Bak. Bak wehrte die Klinge mit dem Ruder ab und schlug rasch und fest zu, knallte es dem Lotsen gegen die Schläfe. Inyotef sah ihn verwundert an, der Dolch glitt ihm aus den Fingern, und er brach zusammen, fiel aus dem Boot. Bak beugte sich vor, um ihn zu packen, sah Schaum auf dem Wasser, fühlte das Boot gegen etwas Festes schlagen. Entsetzt sah er, wie die Fugen des Rumpfes sich öffneten und das schäumende Wasser eindrang. Er packte die aufgeblasene Ziegenhaut, mehr aus Instinkt als aus einem bewußten Gedanken heraus, und sackte in den wildgewordenen Fluß hinein.

Er wurde von wütenden, weißen Wassern gepackt, die wirbelten, stürzten, schäumten. Mit solcher Wucht wurde er hierhin geworfen und dorthin gewirbelt, daß er keinerlei Kontrolle mehr über seinen Körper hatte und nicht einmal mehr oben und unten unterscheiden konnte. Wie ein Kieselstein wurde er mitgerissen, von Wirbel zu Kaskade gezogen, zerschürfte sich an Steinen und dem zerklüfteten Flußbett und Dingen, die er zwar fühlen, aber nicht sehen konnte. Die wenige Luft, nach der er noch hatte schnappen können, wurde ihm rasch aus der Lunge geprügelt. Sein Schurz blieb an Treibholz hängen und zog ihn nach unten, zwischen zwei Felsen geklemmt. Er fummelte an der Gürtelschnalle herum, schaffte es aber nicht, sie zu lösen. Seine Lunge schien platzen zu wollen. Er war sich gewiß, jeden Moment zu sterben.

Die wirbelnden Wasser schüttelten ihn, hoben ihn empor und rammten ihn hinab, hoben ihn wieder, befreiten ihn mit einem Ruck aus seiner Falle. Als er begriff, daß er immer noch die Ziegenhaut hielt, preßte er sie sich fest vor die Brust und betete mit der Wildheit der Verzweiflung zum Herrn Amun. Sein Kopf durchbrach die Oberfläche. Er schnappte nach Luft.

Bevor er sich noch orientieren konnte, wurde er wieder hinuntergezogen. Die Ziegenhaut vor der Brust, versuchte er zu schwimmen, aber seine Stöße waren zu schwach und konnten gegen die Strömung nicht ankommen. Er wurde gegen einen Felsen geschleudert, die Luft wurde ihm aus der Lunge gepreßt, und dann wurde er in einen Strudel gezogen, der ihn wieder und wieder herumwirbelte, bis er den Tod schon schmecken konnte. Der Strudel spuckte ihn aus, und dann ging es wild und wilder das Flußbett hinab. Er schlug auf einen weiteren Felsen, krachte mit dem linken Arm so fest gegen einen Stein, daß er aufzuschreien versuchte. Statt dessen bekam er Wasser in die Lunge, prallte von einem dritten Fels ab und tauchte auf.

Nach Luft schnappend und Wasser aushustend ließ er sich von der Strömung ein schnelles, aber gnädigerweise ruhiges Stück hinuntertragen. Als er wieder bei Atem war, sah er sich links und rechts nach den Ufern um. Auf beiden Seiten nichts als felsige Inselchen, große, zerklüftete Steine, vom Wasser zerfressen, auf denen sich hier und dort ein wenig Sand gesammelt hatte, auf dem Gras wachsen konnte, manchmal ein oder zwei Büsche oder ein kümmerlicher Baum. Wasser schwappte an die Pflanzen, gab ihnen Leben und drohte zugleich ihre Wurzeln aus den kümmerlichen Krumen von Erdreich zu reißen.

Ein wachsendes Donnern flußab und ein feiner Nebel, der aus dem Kanal aufstieg, warnten ihn vor einem weiteren Wildwasser. Seine Kehle schnürte sich zusammen, und sein Mund wurde trocken. Zu erschöpft, um eine weitere Schnelle überstehen zu können, der linke Arm nahezu nutzlos, wandte er sich schräg zur Strömung, schwamm auf das nächste Stück Land zu, einen winzigen, pockennarbigen Stein, der nackt aus dem Strom ragte. Seine Muskeln ächzten, sein Schädel pochte, sein Arm brannte von einem Feuer, das kein Wasser löschen konnte. Die Strömung wurde stärker, zog ihn an dem Felsen vorbei, und das Tosen nahm betäubende Lautstärke an.

Vor ihm verschwand der Fluß. Das Schlimmste befürchtend, holte er tief Luft, klammerte sich an die aufgeblasene Ziegenhaut und ließ sich von der Strömung über eine schäumende Kaskade schleudern. Das stürzende Wasser drückte ihn hinab, wirbelte ihn umher und schickte ihn am Beginn einer schnellen, aber freien Strecke wieder hinauf. An die Ziegenhaut geklammert, nahm er alle Kraft und Willensstärke zusammen, die ihm noch geblieben war, und schwamm auf etwas zu, das wie eine Insel aussah, aber hoffentlich das Westufer des Flusses war.

Dann sah er Inyotef, schlaff und bleich, auf einen Felsenhügel gespült, in einem flachen Tümpel liegend. Am liebsten hätte er ihn dort liegengelassen und die Laune der Götter über sein Leben oder seinen Tod entscheiden lassen, aber das konnte er nicht. Er schwamm näher heran. Langsam, vorsichtig, sich seiner eigenen Kraftlosigkeit bewußt, seiner Erschöpfung. Wenn es zu einem Kampf kam, würde er ihn sicher verlieren.

Er näherte sich dem Felsen und besah sich die stille, bleiche Gestalt aus sicherer Entfernung. Inyotef war grün und blau geschlagen und atmete gequält. Seine Bleichheit, erkannte Bak, war die Farbe des Todes.

Er stolperte den Felsen hinauf und ließ sich neben den Verletzten fallen. Wie konnte der stolze Kapitän eines Kriegsschiffes, den er einmal gekannt hatte, sich selbst einem so scheußlichen Ende entgegengebracht haben? »Inyotef?«

Der Lotse öffnete zwinkernd die Augen. Er lächelte schwach. »Ich schätze, ich kenne ...« Er hielt inne, holte so flach Luft, wie es jemand mit gebrochenen Rippen tat. »Kenne die Schnellen doch nicht so gut ...« Wieder hielt er inne. »So gut, wie ich dachte.«

»Sag nichts«, sagte Bak mit rauher, schwankender Stimme. »Du verletzt dich nur noch mehr.«

Inyotef atmete langsam und vorsichtig. »Ist besser so.« Noch ein Atemzug. »Besser als ...« Eine Pause, ein vorsichtiges Schlucken. »... zum Tode verurteilt zu werden.« Er schloß die Augen, sein Kopf fiel zur Seite.

Bak ließ die Stirn auf die Knie sinken, traurig über den Tod eines Mannes, den er einst für seinen Freund gehalten hatte, und doch froh, daß die schreckliche Reise den Fluß hinab zu diesem und keinem anderen Ende gekommen war. Inyotef hatte die Herrin Maat beleidigt und die Waagschalen von Wahrheit und Gerechtigkeit durcheinandergebracht. Er hätte so oder so sterben müssen. Daß er sein Leben in dem Fluß ließ, der ihn ernährt hatte, schien passend.

19. Kapitel

Mildes Licht drang durch das weiße Leinen, mit dem der hölzerne Pavillon bespannt war, in dem Bak und Kenamon saßen. Der Stoff flatterte leise im Wind, schickte formlose Schatten über die Papyrusrollen, Utensilien, Beutel und Bündel voller Medikamente, die auf einer Schilfmatte neben dem Priester ausgebreitet waren. Die Gerüche von Weihrauch und Wacholder drangen aus der Türöffnung des angrenzenden Pavillons. Draußen kündete Gemurmel, von der Gegenwart der königlichen Wachen, gedämpfte Männerstimmen, vom Vorbeiziehen von Soldaten und Edelleuten. Entferntes Gelächter, das Krachen von Speer gegen Speer und ein gelegentliches Brüllen erzählten von Soldaten, die sich in der Kampfkunst übten, und ein leises, nichtendenwollendes Grummeln von den Stromschnellen vor der Festungsmauer.

»Die Schwellung wird ein paar Tage bleiben, die Verfärbung ebenfalls.« Kenamon legte Bak den Stützverband wieder an, der Hand und Unterarm fest an die Holzschiene preßte. Eine ölig grüne Salbe trat an den Rändern des Stoffes hervor. »Es ist so, wie ich gestern gesagt habe: Der Bruch sollte ohne Probleme heilen, aber du mußt den Arm wie ein neugeborenes Kind behandeln: zärtlich, freundlich, ohne etwas von ihm zu verlangen.«

»Laß dir versichern, Onkel, daß ich nicht wieder versuchen werde, ihn zu gebrauchen. Es tut viel zu weh.«

Der ältliche Priester, der auf einem niedrigen Hocker vor seinem Patienten saß, schenkte Bak denselben strengen Blick, den dieser noch aus seiner Kindheit kannte. »Der Schmerz ist da, um dich daran zu erinnern, daß du vorsichtig sein mußt. Du ignorierst ihn zu deinem eigenen Schaden.«

Bak rutschte auf dem dicken Sitzkissen wieder zurück und schenkte dem alten Mann ein schiefes Lächeln. »Wie soll ich mit dem Arm in der Schlinge eine Ehrenwache abhalten?«

Kenamon schüttelte in gespielter Entrüstung den Kopf. »Ehrenwache! Hah! Sieh dich doch an!«

Bak wußte, wie er aussah: grün und blau und verbunden. Ein verletzter Vogel mit gesträubtem Gefieder. Ein Mann, der von jedem Soldaten und jedem Zivilisten in Iken gepriesen wurde, weil er Puemres Mörder gefaßt und die Stromschnellen überlebt hatte. Ein Mann, der einen König auf die Knie gestoßen hatte, ein gottgleiches Wesen, das bislang nicht geruhte, ihn zu sich rufen zu lassen.

»Vielleicht ist es besser so«, hatte Kasaya gesagt. »Er war

sehr zornig, als ich ihn auf dem Schiff zuletzt gesehen habe. Besser du hörst nichts von ihm, als daß er dir die Hände abhacken läßt, weil du ihm auf der Königswürde herumgetrampelt bist.«

Kenamon wiederum hatte Geduld empfohlen und gesagt, daß der König sehr beschäftigt gewesen war. Er hatte immer wieder lange für die Gesundheit seines Sohnes beten und Leute empfangen müssen, die in der Hoffnung auf eine Audienz weit gereist waren, und alte Freundschaften mit Männern wie Huy und Senu hatten auch erneuert werden wollen. Bak zog es vor, dem Priester zu glauben. Immerhin hatte Amun-Psaro viele Jahre in Waset gelebt und die kultivierten Umgangsformen Kemets kennengelernt.

»Nun laß mich nach deiner Schulter sehen«, sagte Kenamon und zog eine Schale mit einer bräunlichen Paste heran, die bitter wie Wermut roch, aber auch noch andere, feinere Düfte verströmte.

Bak drehte sich folgsam um und ließ den Priester den Verband, den er am Vortag angelegt hatte, aufschneiden und einen handtellergroßen, schorfigen Bluterguß freilegen, eine von mehreren Stellen, die ihm die Schnellen bis aufs rohe Fleisch abgezogen hatten. Kenamon reinigte die Wunde, und während er sie mit der Salbe bestrich, murmelte er Gebete, Zauberformeln, die die Dämonen der Krankheit vertreiben sollten.

Ob es dem Wickel zu verdanken war oder den Worten, aus dem Feuer in seinem gebrochenen Arm wurde bereits ein Schwelen, und so entspannte Bak sich unter den kundigen Händen des Priesters. Kenamon verband die Schulter wieder und wandte sich dann einer tiefen Schnittwunde zu. Vor dem Bandagieren waren die unregelmäßigen Wundränder zusammengepreßt und mit einer dünnen Scheibe frischen Fleisches bedeckt worden. Nun entfernte Kenamon das Fleisch und suchte die Wunde nach Anzeichen einer Entzündung ab. Bak ließ die Gedanken schweifen, die Augen zufallen. Ein leises Seufzen, so zart wie das Miauen eines winzigen Kätzchens, weckte ihn aus seiner Trägheit und ließ die Hände des Priesters erstarren.

»Er ist erwacht?« fragte Bak mit einem raschen Blick zum angrenzenden Pavillon und versuchte, sich seine Besorgnis nicht anmerken zu lassen. Den ganzen Morgen über hatte er Gerüchte vernommen, daß der Prinz beinahe geheilt war, aber er fürchtete, daß die Geschichten eher Wunschtraum als Wirklichkeit waren.

Kenamon strich sich am Rand der Schale rasch die Salbe von den Fingern und wischte den Rest auf ein sauberes Leinenviereck. Dann eilte er zur Türöffnung und schaute hindurch. Sein Gesicht entspannte sich zu einem Lächeln. »Amun-Karka träumt«, flüsterte er. »Etwas Schönes. Komm gucken, wie er lächelt.«

Bak stand auf und eilte neben ihn. Der kleine, dürre Junge lag quer auf der Schlafmatte, einen hölzernen Löwen mit beweglichem Schwanz und Unterkiefer an die Wange gedrückt. Das Spielzeug war ein Geschenk von Aset. Der Atem des Jungen ging langsam und leicht, ohne Husten oder verzweifelte Atemstöße oder lautes, angstvolles Keuchen.

Der Raum roch nach Weihrauch, Wacholder, Wermut und Bier, die sich gegenseitig zu überdecken suchten. Der durchdringende Geruch stieg aus einer Schale, die neben dem Prinzen auf dem Boden stand. Sie war mit einer zweiten, auf dem Kopf stehenden Schale abgedeckt worden, dazwischen ragte ein Schilfhalm hervor. Kenamon, so wußte Bak, hatte einen heißen Stein hineingegeben, um das Gebräu zu erhitzen, und der Prinz hatte die Dämpfe durch den Halm eingeatmet.

Amun-Karka kuschelte sich an das Spielzeug, lächelte und gab wieder das Geräusch von sich, eher ein zufriedenes Seufzen als ein Ächzen.

Bak lachte leise, halb vor Scham darüber, wie besorgt er gewesen war. »Ich weiß, daß du fähiger als die meisten bist, Onkel, aber eine so rasche und wunderbare Heilung habe ich nicht erwartet.«

»Der Herr Amun hat mir das Herz und die Hände geführt, junger Mann. Ich bin sein Werkzeug, mehr nicht.« Die Erinnerung war freundlich, aber bestimmt, die eines Erwachsenen, der einem Kind etwas erklärte, daß es besser als gegeben hinnahm.

»Ohne ausreichendes Wissen und Geschick, Onkel, wärest du nicht in der Lage gewesen, seinen Wünschen zu dienen.«

»An deiner Unverschämtheit ist dein Vater schuld.« Kenamons Stimme war schroff, aber seine Augen zwinkerten vergnügt. »Er hätte wieder heiraten sollen, dann hätte seine Frau dir den Respekt beibringen können, an dem es dir heute mangelt.«

Bak hatte dem Herrn Amun viele Male gedankt, daß ihm eine Stiefmutter erspart geblieben war. »Dein Schüler sagt, du hattest Hinweise auf die Art der Erkrankung, aber wie war das möglich? Du hast den Jungen doch bis gestern nie gesehen.«

Kenamon sah zu dem Prinzen hinein, eine Mischung aus Selbstzufriedenheit und Mitgefühl im Gesicht. »Ich habe den Boten Amun-Psaros etliche Fragen gestellt, und ich habe mit Männern geredet, die in seiner Hauptstadt gelebt hatten. Über die Monate hinweg habe ich viel über Amun-Karkas Krankheit und die Art, wie er lebt, erfahren, selbst über das Wetter. Schließlich habe ich genausoviel gewußt wie seine Diener, vielleicht sogar mehr als sein Vater.«

»Und aus all den Einzelheiten über sein Leben hast du die Hinweise auf die Krankheit herausgefischt.« Wie ein Polizist, der einen Mörder sucht, dachte Bak, obwohl der Vergleich einem so großartigen Arzt wie Kenamon nicht gefallen mochte.

Kenamon ging zu seinem Hocker zurück und setzte sich. »Als wir in Buhen eintrafen, wußte ich bereits, daß er in den Monaten, bevor der Fluß steigt, am meisten leidet, wenn der Wind stark aus der Wüste im Westen herüberweht. Ich wußte, daß er auf Reisen krank wird oder wenn er im Wagen fährt oder mit seinen Hunden spielt.« Er nahm eine Portion Salbe und wartete, daß Bak sich wieder auf das Kissen setzte. »Ich glaubte, die Ursache zu kennen – sie ist bei Kindern ziemlich häufig –, aber ich war mir nicht sicher.«

Kenamon strich die Salbe auf die Schnittwunde. »Die Berichte, die während seiner Fahrt von Semna hierher eintrafen, schienen meine Diagnose zu bestätigen. Als sie dann hier waren und er so rasch auf meine Medikamente und Gebete ansprach, wußte ich, daß ich recht hatte. Er hat eine Erkrankung der Atemwege, die bei Kindern häufig vorkommt. Die meisten wachsen daraus hinaus, einige nie.«

Bak dachte an den Herrn Amun und die weite Reise, die er von Kemet gemacht hatte. Er dachte an den großen Stammeskönig, der vom fernen Kusch hierhergereist war in dem unerschütterlichen Glauben, der größte aller Götter würde seine Gebete erhören. »Hast du Amun-Psaro gesagt, daß sein Sohn vielleicht nie wieder gesund wird?«

»Er weiß, daß ich nicht mehr tun kann, als die Symptome zu lindern.« Kenamon wickelte einen festen Verband um Baks Arm, der die Wundränder zusammenhielt, und band die Enden zu einem kleinen, ordentlichen Knoten. »Ich habe ihm gesagt, wie er den Jungen am besten vor weiteren Anfällen bewahrt. Ansonsten können wir nur beten und angemessene Opfer bringen.«

»Dann werde ich auch gesund, oder?« In der Türöffnung lehnte Amun-Karka und rieb sich mit dem Fuß das Bein. Bevor der Priester antworten konnte, sahen die großen, dunklen Augen schon seinen Patienten an. »Du mußt Leutnant Bak sein, der Polizist, der meinem Vater das Leben gerettet hat. Und der die Stromschnellen hinunter geschwommen ist.«

Ohne nachzudenken sprach Bak wie mit einem gewöhnlichen Kind. »Wie hast du das denn rausgekriegt?«

Erfreut über die rasche Erwiderung lachte der Junge auf. »Weil du überall Verbände hast, wie eine Mumie.«

Bak grinste. »Sind alle Prinzen so unverschämt?«

Amun-Karka rümpfte die Nase über die dicke Luft hinter sich, dann schlenderte er zu den beiden hinüber und ließ sich neben Kenamon fallen. »Darf ich zusehen?« Seine Augen wanderten vom Priester zu Bak. »Erzählst du mir von den Schnellen? Und von dem Mann, den du verfolgt hast? Und woher du wußtest, daß er meinen Vater ermorden wollte?«

Bak hoffte, daß Amun-Psaro, sollte er ihn je zu sich rufen, ebenso freundlich und offenherzig war wie sein Sohn.

»Leutnant Bak.« Die Stimme des Herolds vibrierte vor Autorität. »Sohn des Arztes Antef in der südlichen Hauptstadt Waset im Lande Kemet. Leutnant der Wagenlenker im Regiment von Amun. Leutnant der Medja-Polizei in der Festung von Buhen. Rechte Hand des Kommandanten Thuty von Buhen.«

Der Mann trat zurück, so daß Bak, der auf den Knien lag und die Stirn auf die Bodenmatte preßte, seine Füße nicht länger sehen konnte. Alles, was er sah, war der Rand des Podiums, auf dem Amun-Psaro saß. Die rauhe Oberfläche der Matte grub sich in seine schorfigen Knie, in seinem gebrochenen Arm pochte es. Ein schweres Parfüm, das nach Lilien und Myrrhe roch, kitzelte seine Nase. Hoffentlich mußte er nicht niesen.

»Du kannst aufstehen, Leutnant«, befahl Amun-Psaro.

Bak erhob sich so anmutig, wie seine angeschlagenen Muskeln es zuließen, und ging in Habachtstellung. Der König musterte ihn schweigend, registrierte die Bandagen und Blessuren, den geschienten Arm. Bak, der sich an Kenamons Voraussage klammerte, daß das Gespräch gut laufen würde, musterte Amun-Psaro ebenso genau, jedoch nicht so offen.

Wie am Tag zuvor trug der König die Kleidung eines Königssohnes aus Kemet: schlichter, weißer Schurz, farbenprächtiges, breites Halsband sowie Bänder an Ober- und Unterarmen, Fußspangen und Ringe aus Gold und wertvollen Steinen. Zwei goldene Kobras krönten sein goldenes Diadem, und er hielt ein goldenes Zepter in der Hand. Fleckenlose weiße Verbände bedeckten die Schnitte an Rippen und Arm. Er thronte auf einem vergoldeten Armstuhl, die Füße auf einem passenden Schemel. Das königliche Hinterteil wurde von einem dicken, roten Kissen gestützt, das mit goldenen Fäden durchwirkt war, und das königliche Rückgrat lehnte an einer herrlichen, über die Stuhllehne drapierten Leopardenhaut. Jeder Zoll ein König, jeder Zoll ein Mann: groß, muskulös, löwenartig. Gutaussehend mit knapp vierzig Jahren, mußte er in seiner Jugend doppelt so anziehend gewirkt haben – besonders auf Frauen.

Rote und weiße Banner flatterten am Rahmen des Pavillons, in dem er saß. Zwei von Baks Medjaju hielten zusammen mit zwei königlichen Soldaten Wache. Außer einigen wenigen Zuschauern standen nur ein halbes Dutzend Würdenträger nahebei und flüsterten miteinander, während sie darauf warteten, auf den kleinsten Befehl ihres Führers zu gehorchen. Die rauhen, streitenden Stimmen wettender Männer, das Geräusch von Pfeilen, die sich in ihr Ziel senkten, Gelächter und vereinzeltes Ächzen zeugten von einem Wettschießen am anderen Ende der Festung.

Um die Residenz des Königs herum waren ein Dutzend Pavillons für die kuschitischen Edelleute errichtet worden: Rahmen aus aneinandergebundenen Holzlatten, über die Segeltuch gespannt war. Mit Palmzweigen gedeckte Unterstände beherbergten die königliche Küche und andere Dienstbarkeiten. Die Soldaten und Wachen mußten sich mit ein paar kleinen Zelten und der frischen Luft begnügen. Das Aroma röstenden Fleisches wetteiferte mit dem Hefeduft von frischgebackenem Brot und dem bitteren Geruch von gärendem Bier.

»Wie es scheint, verdanke ich dir mein Leben«, sagte Amun-Psaro.

»Ja, Herr.«

»Kommandant Woser sagt, er habe Inyotef als seinen Freund angesehen und ihn nie eines Fehlverhaltens verdächtigt. Er sagt, nur deine Beharrlichkeit hat dem Mordplan gegen mich ein Ende gesetzt.«

Bak vermutete, daß der König ein schlichtes Ja oder Nein als Antwort vorzog, aber wenn er jetzt nicht den Mund aufmachte, würde das taubstumme Kind Ramose einfach in der Wüste begraben und vergessen werden. »Der Junge, der Leutnant Puemre gedient hat und durch Inyotefs Hände starb, hatte Bilder hinterlassen, die auf eine Verschwörung hindeuteten. Ohne sie wäre ich ebenso blind gewesen wie der Kommandant.«

»Der Junge, ja.« Amun-Psaros Gedanken wandten sich nach innen. »Jünger sogar als mein eigener Sohn.« Er rieb sich die Augen, als wollte er sich von der Vorstellung befreien. »Ich habe Kommandant Woser gebeten, ihm ein anständiges Begräbnis zu geben. Ich bete, daß die Götter ihm in der Unterwelt Gehör und Stimme verleihen und er ein besseres Leben hat als bisher.«

»Danke, Herr.«

»Nein, Leutnant, ich bin es, der dir zu danken hat. Nicht nur mit Worten, sondern mit allen erdenklichen Annehmlichkeiten.« Amun-Psaro setzte sich auf seinem Thron auf, und seine Stimme nahm einen formelleren Ton an. »Ich wünsche, daß du mit mir in meine Hauptstadt kommst und als meine rechte Hand dienst, während ich mein Volk regiere. Ich habe wenige Männer, denen ich vertraue, und ich glaube, daß du ein wertvoller Ratgeber bist. Ich gebe dir ein gutes Haus, viel Land und Vieh. Und damit du dein Leben mit Kindern erfüllen kannst, gebe ich dir meine jüngste Schwester, eine Frau von Wert und Schönheit.«

Bak war wie erschlagen. Ein solches Angebot war das letzte, was er erwartet hatte – oder gewollt hatte, was das betraf. Es war bei weitem zu großzügig und die Aufgabe viel zu gewaltig für jemanden, der in so hohen Kreisen völlig unerfahren war, zu gefährlich, wenn man Senus Frau folgte. Aber wie sagte man nein zu einem König?

Spät an diesem Abend stand Bak hoch auf dem Festungswall und sah auf die tosenden Wasser hinab, die ihn fast das Leben gekostet hatten. Von oben sahen die Schnellen wie das Gebräu eines Dämons aus, das in einem großen Kessel kochte; das Wasser wallte und schäumte und schlug gegen die tödlichen Felsen, neckte das Auge mit einer Vielzahl von Regenbogen, die in der Gischt waberten und deren Farbenpracht hervortrat und verlosch, je nachdem, wie das Gebräu dampfte. Der Anblick erfüllte sein Herz mit ehrfürchtigem Schrecken. Wie hatte er das überlebt? In den Fluren der Macht zu wandeln, war gewiß ebenso gefährlich.

»Schwimmst du oft in solchen Gewässern?« Amun-Psaros Stimme, erhoben, um über den donnernden Schnellen gehört zu werden.

Erschreckt schwang Bak herum und fiel auf die Knie.

»Steh auf!« befahl der König. »Ich will von dir kein Katzbuckeln, Leutnant.«

Bak stand rasch auf. »Ja, Herr.«

Amun-Psaro hatte den Glanz und Prunk seines Amtes abgelegt, trug nur das königliche Diadem und das breite Halsband und die Armbänder aus Gold und Lapis, die er am Vortag während der Prozession durch die Stadt getragen hatte.

»Es ist viele Jahre her, daß ich Seite an Seite mit einem Mann aus Kemet stand und die Gelegenheit hatte, die Sprache meiner Jugend zu sprechen. Nimm mir dieses Vergnügen nicht, indem du mich in eine Nische zu den Göttern stellst.«

Bak hörte Einsamkeit in Amun-Psaros Stimme und Sehnsucht nach einer verlorenen Zeit. Der Gedanke, daß ein lebender Gott so einfache Gefühle mit gewöhnlichen Menschen teilen mochte, war ihm zwar schon dann und wann gekommen, aber daß er sich bestätigte, überraschte Bak – und berührte ihn. »Hättest du gern einen Krug Bier, Herr?« platzte es aus ihm hervor.

»Bier?« Amun-Psaro zögerte für einen Moment, lachte. »Ja, Leutnant, ein Krug Bier wäre in Ordnung.«

Bak lehnte sich über die innere Brustwehr und rief einen Soldaten an, der am Fuße der Mauer herumschlenderte. Der Mann sah den König neben dem Offizier und eilte in die Küche. Im nächsten Moment lieferte ein pausbäckiger Junge einen Korb mit vier Bierkrügen, getrockneten Fischen von der Länge eines Fingers und kleinen runden Krustenbroten ab.

Einen Bierkrug in der Hand, sah der König über den Wall, die Ellbogen auf den Ziegeln, die Augen auf den Stromschnellen. Der Herr Re, ein goldener Ball am Horizont, warf Streifen von Rot und Orange und Gelb hoch in den bleichen Himmel hinauf, strahlende Streifen zu Ehren des kuschitischen Monarchen. Amun-Psaro trank durch den Schilfhalm, starrte ihn stirnrunzelnd an und warf ihn dann in den Korb, um wie sein weniger kultivierter Gefährte aus dem Hals zu trinken. »Es scheint, daß wir beide eine gemeinsame Freundin haben, Bak.«

»Wir beide?« Wann immer Bak etwas sagte, mußte er sich ermahnen, den König nicht »Herr« zu nennen.

»Die Herrin Nofery, eine Geschäftsfrau in Buhen. Ich habe einen Brief von ihr, er kam heute mit dem Boten, der Woser Befehle von Kommandant Thuty brachte. Sie nennt dich einen guten Mann, einen der besten in der Garnison von Buhen, und einen guten Freund.«

Bak schnappte nach Luft. »Du kennst Nofery?« Noch während er sprach, fiel ihm die fettleibige alte Frau ein, wie sie neben ihm auf der Bank vor dem Haus des Todes in Buhen saß und erzählte, sie hätte einst Amun-Psaro gekannt. Er hatte ihr die Geschichte nicht abgenommen und gelacht.

»Vor vielen Jahren kannte ich sie gut. Ich war noch ein Prinz, als Geisel in Waset.« Amun-Psaro starrte vor sich hin, schaute in die Vergangenheit. »Sie war wohlgeformt und schön, die verführerischste Frau, die ich je getroffen habe, selbst bis zum heutigen Tag.« Er lachte leise vor sich hin, das Geräusch verlor sich im Donnern der Schnellen. »Damals war sie ein Freudenmädchen, und heute führt sie einen Laden. Eine einträgliche Arbeit, schreibt sie, die Fülle der Felder zu verkaufen. Ich bin froh, daß sie ihr Glück gemacht hat.«

Bak öffnete den Mund, um mit der Wahrheit herauszuplatzen, beließ es jedoch dabei. Wenn Nofery sich in strahlenden Farben darstellen wollte, dann ging ihn das gar nichts an.

»Ich sehne mich danach, sie wiederzusehen«, sagte Amun-Psaro mit wehmütiger Stimme, »aber ich werde meinen Sohn nicht nach Buhen bringen und weitere Krankheit riskieren. Und sie kann auch nicht kommen, schreibt sie, weil sie um diese Jahreszeit so viel zu tun hat und ihre hochschwangere Tochter das Geschäft nicht allein führen kann.«

Bak starrte auf den Fluß hinab, um sein Gesicht und seine wirbelnden Gedanken vor Amun-Psaro zu verbergen. Was hatte Nofery vor? Warum sollte sie lügen, wenn die Wahrheit dazu führen konnte, daß sie den Mann wiedersah, den sie einst gemocht und bewundert hatte, einen mächtigen Mann, der ihr viele kostbare Geschenke machen konnte.

»Sie war ein liebliches Geschöpf.« Amun-Psaro leerte seinen Krug und stellte ihn in den Korb zurück, lächelnd in der Erinnerung. »Schlanke, gerade Arme und Beine. Große, runde, pralle Brüste. Der Mund weich und zärtlich.«

Die Antwort kam ganz schnell und war erstaunlich einfach. Nofery besaß eine Empfindsamkeit, die er ihr nie zugetraut hätte. Sie war tatsächlich einmal schön gewesen, genau so, wie sie es ihm an jenem Tag in Buhen gesagt hatte, und sie wollte, daß Amun-Psaro sie so in Erinnerung behielt und nicht als die fette und verbrauchte alte Frau, die sie geworden war. Er bewunderte sie für ihr Opfer.

»Ich habe ihr ein Geschenk geschickt, damit sie weiß, daß ich sie nicht vergessen habe: ein Löwenjunges und einen jungen Sklaven, der es versorgen und ihr jeden Wunsch erfüllen soll.« Der König sah Bak verstohlen und unsicher an. »Meinst du, es gefällt ihr?«

Bak stellte sich Nofery in einem großen, neuen Freudenhaus vor, in prächtigen Geschäftsräumen, mit einem exotischen Maskottchen und einem Diener. »Sie wird vor Freude überwältigt sein.« Eine Untertreibung, wenn ich je eine gehört habe, dachte er. Sie wird sie vor mir auf und ab stolzieren lassen, damit ich nie vergesse, daß ich ihre Geschichte für gelogen gehalten habe.

Amun-Psaro entspannte sich, lächelte, brach den Stopfen eines frischen Kruges und hielt ihn Bak hin. Er schien freundlich genug, offen für Fragen, aber Bak zögerte, ihm die drängendste zu stellen. Neugierde fegte schließlich seine Beklommenheit zur Seite. »Wirst du mir von Sonisonbe erzählen, Inyotefs Schwester?«

Der König sah ihn kurz an und starrte dann wieder über den Fluß. »Sonisonbe. Ja.«

»Ich brauche nicht mehr zu wissen, als ich bereits tue, aber ich würde es gern verstehen.«

Amun-Psaro ließ die Stille wachsen, widerstrebend zu sprechen. Als er es schließlich tat, klangen die einer längst begrabenen Vergangenheit entrissenen Worte hart. »Ich lernte Inyotef während der Fahrt nach Kemet kennen, als ich eine Geisel war. Er war ein Schiffer, kaum ein Mann, aber älter als ich und erfahrener. Ein Mann von grenzenlosem Ehrgeiz, und einer, der ebenso hart spielte, wie er arbeitete.« Er hielt inne, hob den Krug an die Lippen, trank, stellte ihn auf die Mauer. »Huy, der wie ein Bruder für mich war, wurde an dem Tag, als wir in Waset ankamen, mit seiner Einheit nach Norden versetzt. Ich betrat den Palast und hatte keinen Freund außer Inyotef.«

Gedankenverloren spielte er mit dem Krug. »Ich fand bald eine Möglichkeit, die Mauer zu überwinden, und schlug mich zum Hafen durch, zu dem Kriegsschiff, auf dem Inyotef fuhr. An diesem Tag zeigte er mir Waset, und es war die bezauberndste Stadt, die ich bis dahin gesehen hatte. Wir stromerten stundenlang herum, und als wir müde wurden, nahm er mich mit nach Haus. Seine Eltern und seine Schwester hießen mich wie einen der ihren willkommen.«

»Hat dich im Palast niemand vermißt?«

Amun-Psaro schnaubte. »In jener Nacht wurden mir die Flügel gestutzt. Aber ich weigerte mich zu essen, und so verschlossen sie von dem Tag an vor meinen Abstechern die Augen.« Er nahm einen Schluck, aber Bak bezweifelte, daß er etwas schmeckte. »Eines Tages segelte Inyotefs Kriegsschiff nach Norden und nahm ihn mit. Zuerst spielten Sonisonbe und ich, wie wir es zuvor getan hatten, dann aber wurden Liebesspiele daraus.«

Er hob den Bierkrug hoch, stellte ihn wieder hin und sah Bak zum ersten Mal an, seit er mit der Erzählung begonnen hatte. »Inyotef kehrte als Mann von Welt zurück, erfüllt von dem Wunsch nach Vergnügungen. Da hatte ich schon viele Freunde unter den Adligen, alle mit der gleichen Leidenschaft, also habe ich monatelang meine Tage und Nächte mit Feiern verbracht. Ich trank zuviel, spielte Glücksspiele und lag in den Armen von unzähligen Frauen. Nofery war eine von ihnen. Sie stahl mir mein Herz.«

»Und Sonisonbe.«

»Sie habe ich auch geliebt.« Amun-Psaro holte tief und mühsam Luft und atmete wieder aus. »Lange bevor mein Vater starb und ich ins Land meiner Geburt zurückkehren mußte, versprach ich den beiden, nach ihnen zu schicken, sobald mein Thron sicher war. Nofery lachte, sie hielt es für einen Witz. Sonisonbe aber versprach, mir in alle vier Ecken der Welt zu folgen, wenn es sein sollte. Dann, als ich schließlich den Platz meines Vaters einnahm, wurde ich von meinen Pflichten als König überwältigt: von der Notwendigkeit, meine Schwester zu heiraten, um das Blut reinzuhalten, dem Gezänk zwischen meinen Cousins, der Notwendigkeit, ein Land und ein Volk kennenzulernen, das ich längst vergessen hatte. Ich schickte nach keiner von beiden. Ich wollte keine weiteren Verpflichtungen mehr.« Er rollte den Krug zwischen den Händen, ohne es zu bemerken. »Einige Monate später bekam ich einen Brief von Inyotef. Er teilte mir den Tod seiner Schwester mit und schwor, mich zu ermorden.«

Bak fühlte großes Mitleid mit Amun-Psaro, mit Sonisonbe und Inyotef. »Ich hörte, daß sein Schiff einmal aus Kusch zurückgewiesen wurde, also nahm ich an, daß du von seinen Mordplänen wußtest.« Er runzelte die Stirn, von einem neuen Gedanken verwirrt. »Warum bist du dann hierher nach Wawat gekommen? Du hast doch sicher gewußt, daß er Lotse am Bauch der Steine war.«

»Ich mußte das Leben meines Sohnes retten.«

»Ein vorsorglicher Mann hätte Kommandant Thuty eine Botschaft zukommen lassen und ihn gebeten, Inyotef nach Norden zu schicken, weit genug entfernt von Iken.«

Amun-Psaro zuckte mit den Schultern, als war es für ihn ebenso schwer zu erklären, wie für Bak zu verstehen. »Vielleicht wollte ich sein Unglück und meines beenden, denn wir trauerten beide in gleichem Maße um sie. Oder wollte ich mein Gewissen erleichtern, indem ich mich in seine Hände begab und die Götter über Schuld und Unschuld entscheiden ließ, mein Leben gegen ihres? Ich weiß es nicht.«

Bak verließ Amun-Psaro am Eingang von Kenamons Pavillon, und Momente später schnitt Imsiba ihm den Weg ab. Er beäugte den breiten Gold-und-Lapis-Schmuck um Baks Hals, die breiten Reife an seinen Armen, die Besorgnis in seinem Gesicht. »Was hast du ihm gesagt, mein Freund? Daß du mit ihm ins ferne Kusch gehst?«

Bak nahm den großen Medja beim Arm und führte ihn in den stillen Winkel, wo ihre Männer ihr Lager aufgeschlagen hatten. Das Lager war leer, die Männer irgendwo in der Festung, um Paschenuro zuzusehen, wie er mit dem Favoriten der Garnison von Iken das Knöchelspiel spielte. Ferne Stimmen, Gelächter und Flüche kündeten vom Auf und Ab des Spieles. Sie hockten sich neben einen dicken Fischeintopf, der von einem Kohlenbett in einem Dreifuß aus Steinen warmgehalten wurde.

»Ich bin eine Weile um die Wahrheit herumgetanzt«, sagte Bak, »aber schließlich habe ich ihm gesagt, was ich denke: Ich bin zufrieden, so wie es ist, und es zieht mich nicht zu Wohlstand und Privilegien. Also gab er mir dies statt dessen.« Er ließ die Finger über die kühlen, glatten Perlen des Halsbandes streichen. »Er nahm sie ab und legte sie mir an, mit seinen eigenen Händen.«

»Ich danke dem Herrn Amun!« Imsiba grinste. »Als ich euch lachen sah, fürchtete ich das Schlimmste.«

Bak lächelte ebenso breit wie sein Freund. Er war erleichtert, daß die Entscheidung hinter ihm lag, die Versuchung, so große Höhen zu erklimmen, Vergangenheit war. »Er verbarg seine Gefühle, aber ich glaube, er war erleichtert. Er sprach zu offen mit mir, offener als ein König es sollte, erzählte mir die tiefsten Geheimnisse seines Herzens. Er wird wahrscheinlich froh sein, wenn ich weg bin.«

»Dem Prinzen geht es gut, sagt Kenamon. Was meinst du, wann wir wieder nach Hause können?«

»Bald«, sagte Bak. »Je eher, desto besser.«

ENDE

AtV

Band 1068

Betty Winkelman
Das Gold von Ägypten

Historischer Kriminalroman

Aus dem Amerikanischen
von Susanne Tschirner

307 Seiten
16,90 DM
ISBN 3-7466-1068-0

Ägypten im goldenen Zeitalter, 1465 vor Christi Geburt: Bak, ein junger, kampferprobter Wagenlenker, ist auf einen Außenposten des Reiches verbannt worden. Hier soll er mit seinen Nubiern für Ruhe und Ordnung sorgen. Doch gleich nach seiner Ankunft wird Nakht, der Befehlshaber der Stadt, ermordet – angeblich von seiner eigenen Frau, der bezaubernden Azzia.
Bak steht vor einer Pyramide von Problemen: Er muß die Stadt befrieden, den Mörder finden und die junge Frau schützen, falls sie unschuldig sein sollte. Da entdeckt er, daß der vermeintlich untadelige Nakht eine seltsame Schriftrolle besaß – und Gold. Dabei gehört in Ägypten alles Gold dem Pharao.

AtV

Band 1167

Lynda S. Robinson
Der Falke des Pharao

Historischer Kriminalroman

Aus dem Amerikanischen von Nicole Terwort

Deutsche Erstausgabe

240 Seiten
15,00 DM
ISBN 3-7466-1167-9

In den heiligen Hallen des Gottes Anubis bereitet die Priesterschaft die Toten auf ihre Wiedergeburt vor. Um so entsetzter sind die Priester, daß offenbar an dieser geweihten Stätte ein Mord geschehen ist: Hormin, ein königlicher Schreiber, wurde erdolcht.
Tutenchamun, der junge Pharao, beauftragt seinen Günstling Meren mit den Ermittlungen. Was Meren herausfindet, läßt ihn schier verzweifeln: Zum einen hatte der ermordete Schreiber ein Heer von Feinden, zum anderen droht der Pharao das Opfer einer Verschwörung zu werden …

AtV

Band 1030

Bolesław Prus

Pharao

Roman

Aus dem Polnischen
von Kurt Harrer

3 Bände im Schuber

728 Seiten
42,00 DM
ISBN 3-7466-1030-3

Gleich einem aufregenden Schauspiel entwickelt sich vor dem malerischen Hintergrund des alten Ägyptens das Schicksal des letzten Herrschers der XX. Dynastie.
Der junge Pharao Ramses XIII. beginnt nach seiner Ernennung zum Thronfolger und zum Stadthalter von Unterägypten einen gewagten Kampf gegen die dominierende Priesterkaste. Ihr Sturz soll die unterminierte Herrschaft der Pharaonen wiederherstellen und das einst so glanzvolle ägyptische Reich zu neuer Blüte und Macht führen.

AtV

Band 1302

Kai Meyer
Der Engelspakt

Historischer Roman

239 Seiten
16,90 DM
ISBN 3-7466-1302-7

Mit der Zauberei ist es ein seltsam Ding ...
Der treue Christof Wagner hat von vielen Merkwürdigkeiten zu berichten, denn sein Meister ist eine sagenumwobene Gestalt: Doktor Johannes Faustus.
Am Pfingstmontag des Jahres 1515 scheint Faustus die letzte Stunde geschlagen zu haben: Die Inquisition hat ihn gefaßt, und sein Scheiterhaufen brennt schon, als unbekannte Reiter in die Stadt Wittenberg sprechen und sie verheeren. Faustus wird befreit, aber seine Freude ist nur von kurzer Dauer. Bald sitzt er im tiefsten Verlies der Stadt, bis ein streitbarer Mönch auftaucht, dem an der Inquisition einiges mißfällt ...

Der Auftakt zu einer neuen historischen Romanserie um Doktor Faustus, den berühmtesten Schwarzkünstler des 16. Jahrhunderts.

AtV

Band 1076

Brian Tobin
Lösegeld

Kriminalroman

Aus dem Amerikanischen
von Elfi Schneidenbach

272 Seiten
14,90 DM
ISBN 3-7466-1076-1

Baker Watt, der schon mehr Lebenszeit im Gefängnis als auf freiem Fuß zugebracht hat, wird nach einer zwölfjährigen Haftstrafe entlassen. Ein letztes, großes Ding will er noch drehen, entführt mit einem Knastkumpan den Drogenboß Tito Benitez und verlangt drei Millionen Dollar Lösegeld. Sein Plan geht davon aus, daß die Benitez-Familie nie das FBI einschalten würde, weil sie selbst viel zuviel zu verbergen hat. Aber das war ein Irrtum …

AtV

Band 1160 **Jörn Ingwersen**

Schafsköpfen

Ein Krimi auf Sylt

256 Seiten
14,90 DM
ISBN 3-7466-1160-1

Seit Jakob in mehreren Berufen gescheitert ist, lebt er in einer Hütte in den Dünen von Sylt. Eines Nachts, als er betrunken am Strand entlangwandert, findet er eine Leiche – und einen Koffer voller Geld. Doch der plötzliche Reichtum bringt ihm nichts als Schwierigkeiten. Nicht nur, daß die Polizei ihn verhört – Jakob scheint auch in einen seltsamen Bandenkrieg um die Insel geraten zu sein.
Jörn Ingwersen, der mit »Schafsköpfen« seinen ersten Kriminalroman vorlegt, ist auf Sylt aufgewachsen. Kein Wunder also, daß er die Insel wie kein zweiter kennt und ihre kriminellen Schattenseiten auszuleuchten versteht.